LES VILLES D'HIVER

DE LA MÉDITERRANÉE

ET

LES ALPES MARITIMES

PARIS. — IMPRIMERIE DE CH. LAHURE
Rue de Fleurus, 9

COLLECTION DES GUIDES-JOANNE

LES
VILLES D'HIVER
DE LA MÉDITERRANÉE
ET
LES ALPES MARITIMES

PAR ÉLISÉE RECLUS

ITINÉRAIRE DESCRIPTIF ET HISTORIQUE

CONTENANT 4 CARTES ET 1 PLAN
ET ILLUSTRÉ DE 38 VIGNETTES DESSINÉES D'APRÈS NATURE
PAR HUBERT-CLERGET

—◦◉◦—

HYÈRES — CANNES — NICE — MONACO
MENTON — SANREMO

—◦◉◦—

PARIS
LIBRAIRIE DE L. HACHETTE ET Cie
BOULEVARD SAINT-GERMAIN, N° 77
—
1864
Droit de traduction reservé

TABLE MÉTHODIQUE.

Introduction		III
Chap. I.	Le chemin de fer de Toulon à Cannes	1
Chap. II.	Hyères et ses environs	35
Chap. III.	Les montagnes des Maures, Saint-Tropez et le golfe de Grimaud	79
Chap. IV.	Cannes et l'Esterel	101
Chap. V.	Grasse et ses environs	145
Chap. VI.	Le chemin de fer de Cannes à Nice	171
Chap. VII.	Nice et ses environs	191
Chap. VIII.	La vallée du Var	275
Chap. IX.	La vallée de la Tinée	305
Chap. X.	Les vallées de la Vésubie et du Gesso. Les bains de Valdieri	325
Chap. XI.	La vallée de la Roya et les montagnes de Tende. Route de Nice à Coni	359
Chap. XII.	La Corniche française. Route de Nice à Menton.	391
Chap. XIII.	Monaco et sa principauté	409
Chap. XIV.	Menton et ses environs	427
Chap. XV.	La Corniche italienne. Les côtes de la Ligurie.	453
Index alphabétique		499

LISTE DES GRAVURES.

1. La gare de Toulon	1
2. Fréjus	21
3. La porte d'Or, à Fréjus	25
4. Cathédrale de Fréjus	27
5. Tunnel des Saoumes	30
6. La Napoule et l'Esterel	31
7. Hôtel des Iles-d'Or, à Hyères	37
8. Hyères	39
9. Place des Palmiers, à Hyères	49
10. Église Saint-Louis, à Hyères	53
11. Entrée du port de Saint-Tropez	95
12. Cannes	103
13. Château des Tours et villa Victoria	115
14. Ile Sainte-Marguerite	127
15. Vue générale de Grasse	147
16. Hôtel de ville de Grasse	151
17. Cathédrale de Grasse	153
18. Le Cours, à Grasse	155
19. Monument du golfe Jouan	173
20. Église d'Antibes	177
21. Antibes	181
22. Cagnes	183
23. Saint-Laurent et pont du Var	187
24. Pont du chemin de fer traversant le Var, près de Saint-Laurent	187
25. Vue générale de Nice	197
26. Boulevard du Midi et Ponchettes, à Nice	225
27. Port de Nice	241
28. Villefranche	247
29. Grotte de Saint-André	259
30. Bains de Valdieri	347
31. Eza	399
32. La Turbie	405
33. Roquebrune	409
34. Monaco	421
35. Menton, vue prise de la route de Gênes	433
36. Pont Saint-Louis	457
37. Ventimiglia	459
38. Sanremo	467

CARTES.

Carte generale des chemins de fer français, en tête du volume.

Provence et Alpes maritimes	1
Plan de Nice	191
Environs de Nice	244
La Corniche et les Alpes maritimes	391

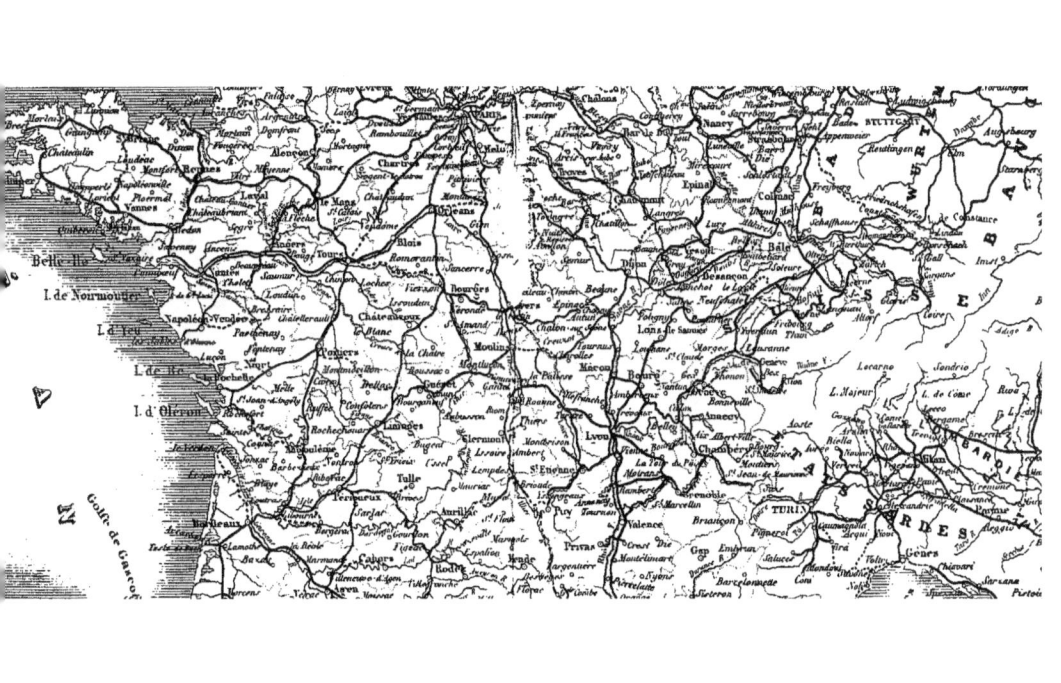

INTRODUCTION.

Les côtes de la Provence et de la Ligurie génoise sont presque une terre africaine. Elles ressemblent au littoral de Tunis et d'Alger par la hardiesse de leurs promontoires, la forme rhythmique de leurs anses dessinées en arcs de cercle, leur végétation semi-tropicale, la splendeur du ciel rayonnant qui les éclaire. On dirait que les flots, en roulant du sud au nord à travers la Méditerranée, ont apporté avec eux, au pied des Alpes, l'image des rochers et des plages qu'ils baignaient sur les côtes de Barbarie. A plus de 700 kilomètres de distance, les pentes des Alpes et des Apennins, inclinées vers le golfe de Gênes et la mer d'Antibes sont beaucoup plus semblables aux versants des hauteurs du Maghreb, qu'elles ne le sont aux contrées situées immédiatement au nord de Nice et séparées seulement par l'épaisseur d'une chaîne de montagnes. Les étroites zones de terres qui longent la Méditerranée au sud des Alpes maritimes et celles qui s'étendent au nord de l'Atlas constituent, avec les côtes méridionales de l'Espagne, une partie du monde distincte où s'opère la transition entre l'Europe et l'Afrique.

L'une des plus belles et la plus célèbre des contrées qui forment cette grande région du littoral méditerranéen s'étend au sud des Alpes, des plages d'Hyères à la concavité du golfe de Gênes. Là l'épanouissement de la grande chaîne de montagnes en plusieurs chaînons distincts, la proximité de cimes atteignant une élévation de 2500 et de 3000 mètres, enfin la diversité des formations géologiques, donnent aux rivages la plus grande variété de contours et d'aspect. A cet élément de beauté s'ajoute le contraste offert par les plantes diverses qui s'étagent sur les flancs des monts, du bord de la mer aux sommets neigeux, et qui reproduisent en miniature toutes les zones européennes de végétation, aussi bien celle du promontoire extrême de la Scandinavie que celle des falaises et des plages baignées par la Méditerranée. Les climats sont superposés, comme les cultures, sur le versant de la chaîne. La grande crête est blanche de neige pendant des mois entiers, de petits glaciers couronnent ses plus hautes cimes, tandis qu'au bord de la mer, dans les vallons abrités des vents froids par l'immense rempart des Alpes ou par ses contre-forts, l'hiver dure à peine quelques jours chaque année ou même oublie complétement de faire son apparition. Dans ce charmant pays, exposé au soleil du midi, la température moyenne est plus élevée qu'elle ne l'est bien plus au sud dans toute l'Italie centrale ; mais le grand avantage climatérique de ce pays privilégié, c'est que les écarts de température y sont moins considérables que dans toutes les autres contrées de l'Europe. La brise y modère les chaleurs de l'été ; le soleil, presque toujours brillant en hiver, y réchauffe les courants d'air froid qui descendent des montagnes en s'engouffrant dans les vallons ou qui soufflent parallèlement au rivage. En hiver, les Romains et les Napolitains doivent se rendre à deux ou trois degrés plus au nord, c'est à dire à Cannes, à Menton ou à Nervi pour trouver une température plus douce que celle de leur pays ; en été, les habitants de Paris et de Londres vont souvent chercher la fraîcheur sur les rivages de la Provence et de la Ligurie, à cinq ou huit degrés de latitude plus au sud.

Le doux climat et les paysages magnifiques de la partie du littoral, dont Nice peut être considéré comme le point central, est depuis longtemps apprécié. Pendant leurs luttes séculaires contre les fiers Ligures, si difficiles à vaincre, les Romains purent se rendre compte des avantages du pays, et, quand ils eurent enfin terminé leur conquête, ils couvrirent de villas de plaisance la colline de *Cemenelum* (Cimiès) au-dessus de Nice et les hauteurs avoisinantes. Plus tard, les patriciens de la puissante Gênes et des autres républiques du littoral ligurien surent aussi comprendre la beauté de leur admirable domaine : il suffit, pour s'en convaincre, de voir les palais et les jardins qui embellissent les sites les plus gracieux aux environs de toutes les villes de la côte. Mais la renommée du beau climat de Nice ne se répandit en France et dans le nord de l'Europe que vers le xvie siècle, à l'époque de ces affreuses guerres qui poussaient incessamment les armées comme un flot d'hommes d'Italie en Provence et de Provence en Italie. Avant de songer à la Saint-Barthélemy, Catherine de Médicis, qui aimait aussi la nature à sa manière, voulait se faire bâtir à Hyères une « maison royale entourée de jardins. » Vers la fin du xviiie siècle, Smolett et d'autres Anglais découvraient Nice, pour ainsi dire, de même que leurs compatriotes Pocock et Wyndham avaient révélé au monde des savants et des artistes l'existence du Mont-Blanc. En 1831, lord Brougham faisait connaître la ville de Cannes ; récemment, des médecins, des artistes ont signalé Menton, désormais célèbre dans les deux mondes ; maintenant Sanremo se transforme également en ville d'hiver, et voit s'accroître chaque année le nombre de ses habitants étrangers ; puis Alassio, Laigueglia, Sainte-Maxime, Bormes et l'incomparable plage de Cavalaire se peupleront à leur tour. Nul doute que, dans un avenir rapproché, le littoral de la Provence et de la Ligurie n'offre dans tout son développement une succession non interrompue de villas, semblable à cette rue de palais et de jardins qui s'étend déjà de Voltri à Gênes et à Nervi, sur une longueur de 30 kilomètres. L'espèce de fascination qu'exerce la mer, et principalement la Méditerranée, sur tous les habitants de l'intérieur du continent et des contrées du nord, la beauté des points de vue que célèbrent les poëtes et que dessinent les artistes, l'action bienfaisante exercée par le climat sur les malades, enfin la toute-puissance de la mode attireront graduellement vers la côte une nombreuse population flottante, et transformeront ses villes en de vastes caravansérails. Bientôt la route de la Corniche, si fréquentée, va être remplacée par un chemin de fer qui deviendra l'une des grandes voies des nations et facilitera la répartition des voyageurs dans tous les endroits propices de l'antique Ligurie, future résidence d'hiver de l'Europe entière.

On sait que le climat général de la Provence proprement dite est souvent désagréable à cause de la sécheresse de l'atmosphère, de l'intensité des chaleurs, du manque d'ombrage, de la redoutable violence du *mistral*, ce « maître de l'air », et des nuages de poussière qui se développent en longs tourbillons sur les grandes routes. Parmi les villes d'hiver du littoral, Hyères et Nice ne sont pas complétement abritées contre le mistral, et là, pas plus qu'ailleurs, on n'a pris de mesures pour abattre la poussière épaisse qu'y soulève le vent; mais le climat de ces villes est bien distinct de celui de la Provence occidentale. La proximité de la mer et la plus grande abondance des pluies y saturent l'air de vapeur d'eau, les vents y sont moins brusques, les forêts, les vergers, les nombreux jardins rafraîchissent, purifient et parfument l'atmosphère. Bien qu'il soit limitrophe à cet effroyable désert des Basses-Alpes, où l'on ne verra bientôt plus d'habitants, mais seulement des ravins d'érosion, des talus d'éboulement, des vallées de pierres et des montagnes croulantes, le département du Var est le plus riche en forêts de la France entière ; les arbres y couvrent plus du tiers de la superficie totale du sol. C'est aussi l'une des régions de la France les plus riches en sources.

Deux groupes de montagnes, complétement isolés l'un de l'autre et du système des Alpes, contribuent à donner au littoral du sud-est de la Provence son admirable beauté et le climat qui le distingue : ce sont les Maures et l'Esterel. Le premier groupe de hauteurs, rarement visité, parce que la grande route d'Italie et le chemin de fer le contournent au nord, fut autrefois un petit royaume des Sarrasins d'Afrique ; c'est de là qu'ils partaient pour aller faire leurs incursions dans le Dauphiné, en Piémont et jusque dans les montagnes de la Savoie. Le massif schisteux et granitique des Maures, environné de tous côtés par les plaines et par la mer forme comme un monde à part, malheureusement presque désert. Aujourd'hui les acheteurs de bois et de liége sont les seuls qui parcourent les belles forêts des Maures; il est temps que d'autres voyageurs apprennent à connaître les vallées nombreuses de cette contrée, ses promontoires abrupts, aussi beaux que ceux de la Grèce, ses charmantes plages sablonneuses au-dessus desquelles se penchent les palmiers d'Afrique.

Le massif de l'Esterel, qui s'élève entre Fréjus et Cannes, est plus connu que le groupe des Maures, grâce à la route de voitures qui le traverse obliquement et au chemin de fer suspendu aux flancs de ses admirables promontoires de porphyre rouge, brillant au soleil comme de la braise enflammée. Mais les forêts de pins et de chênes-liéges qui couvraient autrefois l'Esterel ont été détruites, et maintenant il ne reste guère que des fourrés de bruyères et d'arbousiers ou bien la roche nue.

Les montagnes auxquelles le littoral de la Ligurie niçoise doit la beauté de ses contours et la douceur de son climat font partie de la grande arête vertébrale de l'Europe ; ce sont les Alpes maritimes. A 80 kilomètres au nord de Nice, à l'origine de la vallée de la Tinée, cette chaîne s'épanouit en plusieurs chaînons qui rayonnent au sud et au sud-est, l'un, pour se souder à la grande chaîne italienne des Apennins, les autres, pour s'affaisser par degrés jusqu'au rivage de la Méditerranée. C'est entre ces diverses ramifications des Alpes maritimes que coulent la Roya, le Var et les affluents de ce dernier, la Vaire, la Tinée, la Vésubie, l'Estéron. Les vallées sauvages de tous ces cours d'eau présentent, dans la partie moyenne de leur développement, une série de bassins et d'étranglements successifs. Les bassins sont charmants de fraîcheur et de verdure ; les défilés ou *clus* sont d'un aspect effrayant. De chaque côté du torrent se dressent des rochers à pic ou surplombants, hauts de plusieurs centaines de mètres, et portant au sommet de leurs escarpements les murailles pittoresques de quelque ancien village : on se trouve comme perdu dans une fissure de l'écorce terrestre, et l'obscurité dont on est environné semble d'autant plus horrible qu'on vient de quitter les plaines du littoral, toutes inondées de lumière.

En amont de ces clus aux parois calcaires s'ouvrent de vastes cirques entourés de montagnes granitiques aux formes alpestres, aux crêtes neigeuses, aux longues pentes boisées. Les villages d'Entraunes, de Lieussola, de Saint-Martin-Lantosque, situés dans les bassins verdoyants où viennent se réunir les premières eaux descendues des montagnes en cascades et en rapides, sont destinés à remplacer pendant la saison d'été les résidences du littoral. Grâce aux nouvelles routes qui commencent à pénétrer maintenant dans les vallées supérieures, les étrangers domiciliés à Nice pourront, en l'espace de quelques heures, échanger les rues poudreuses de la ville et les bords desséchés du Paillon pour de frais vallons remplis du murmure des ruisseaux et du bruissement des feuilles, embellis par la vue des neiges et des rochers, parfaitement abrités contre les vents du nord par la crête des grandes Alpes. Les villes d'hiver situées sur le littoral doivent se compléter par la création de villes d'été dans les hautes vallées des montagnes avoisinantes.

C'est dans ces pittoresques vallées des Alpes, aussi bien que dans les villes de la côte et sur les rivages de la Méditerranée, entre Toulon et Gênes, que je demande à conduire le voyageur.

ÉLISÉE RECLUS.

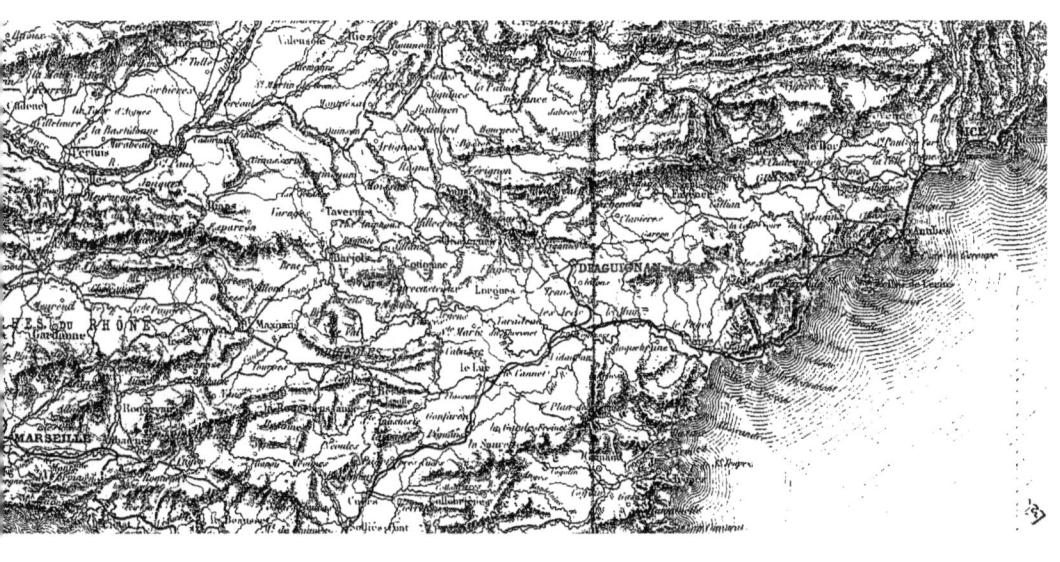

Gare de Toulon.

LES VILLES D'HIVER.

CHAPITRE I.

LE CHEMIN DE FER DE TOULON A CANNES.

DE TOULON A CANNES.

Ce chemin de fer, qui continue celui de Marseille à Toulon, fait partie du réseau de la compagnie de Lyon-Méditerranée : c'est une section de la grande voie qui longera dans tout son développement les côtes de la Méditerranée, de Gibraltar et de Malaga à Naples et à la pointe méridionale de l'Italie. Alors Toulon, Cannes, Nice et toutes les villes d'hiver de la Provence et de la Ligurie seront en communication directe avec les diverses métropoles de l'Europe.

Cannes est à 1056 kilomètres de Paris par le chemin de fer de Paris à Lyon et à Marseille, et par l'embranchement du littoral qui va de Marseille à Nice en touchant à Toulon. La plupart des trains qui parcourent cette énorme distance de plus de 1000 kilomètres s'arrêtent à Lyon et à Marseille[1]. Actuellement (commencement de 1864) il n'existe que deux convois directs entre Paris et Nice par Toulon et Cannes. La durée du trajet, y compris les temps d'arrêt de 30 minutes à 1 heure à Lyon et à Marseille, est de 22 heures et de 26 heures 50 minutes. Si l'on tient surtout à voir la vallée du Rhône et le bord de la mer, il faut prendre le train qui part de Paris à 7 heures 45 minutes du soir. Le prix total du voyage de Paris à Cannes, par ces trains *express*, est de 118 francs 30 centimes.

Trois convois font tous les jours le trajet de Marseille à Cannes. La distance est de 194 kilomètres. Le voyage s'accomplit en 5 heures, en 6 heures 40 minutes et en 7 heures. Prix : 21 fr. 75 c. ; 16 fr. 30 c. ; 11 fr. 95 c.

La partie du chemin de fer comprise entre Toulon et Cannes a 127 kilomètres de longueur ; elle est exploitée de Toulon aux Arcs depuis le 1er septembre 1862, et des Arcs à Cannes depuis le printemps de 1863. Elle suit le tracé de la grande route, si ce n'est dans la section de Fréjus à la Napoule, où elle longe le bord de la mer, révélant ainsi aux touristes les admirables sites qu'offrent les promontoires et les ravins de l'Esterel, jadis si rarement visités. Les voyageurs qui arriveront à temps pour choisir leur place dans le wagon

---

[1]. Pour la description détaillée de cette grande voie de communication et des localités qu'elle dessert, nous renverrons nos lecteurs à l'*Itinéraire général de la France*, par Adolphe Joanne (2 vol.), ou aux *Itinéraires illustrés de Paris à Lyon*, par Ad. Joanne, et de *Lyon à la Méditerranée*, par Ad. Joanne et Jules Ferrand. Paris, Hachette et Cie.

feront bien de prendre la droite, afin de voir à leur aise les vallées et les montagnes boisées des Maures, les larges plaines verdoyantes de l'Aille et de l'Argens, et le rivage de la mer, de Fréjus à Cannes. Actuellement (février 1864), trois convois, faisant le trajet en 3 heures 40 minutes et en 4 heures 25 minutes, desservent la ligne tous les jours. Prix : 14 fr. 25 c., 10 fr. 65 c. et 7 fr. 80 c.

Les stations de cette section du chemin de fer sont situées aux distances suivantes de Marseille (Toulon, 67 kil.) :

75 kil. *La Garde.*	102 kil. *Carnoules.*	144 kil. *Le Muy.*
78 kil. *Hyères.*	105 kil. *Pignans.*	150 kil. *Roquebrune.*
81 kil. *Solliès-Farlède.*	110 kil. *Gonfaron.*	159 kil. *Fréjus.*
84 kil. *Solliès-Pont.*	121 kil. *Le Luc.*	162 kil. *Saint-Raphaël.*
90 kil. *Cuers.*	130 kil. *Vidauban.*	171 kil. *Agay.*
98 kil. *Le Puget de Cuers.*	136 kil. *Les Arcs.*	194 kil. *Cannes.*

LA GARDE.

Après avoir dépassé les murailles, les redoutes, les forts qui défendent les approches de Toulon, et traversé des campagnes un peu nues parsemées d'innombrables bastidelles, on atteint le village de la Garde : c'était le nom du pittoresque château qui se dresse sur une colline de formation basaltique au-dessus de l'amphithéâtre des maisons en désordre. La forteresse du XVIe siècle, aujourd'hui complétement en ruine, est un point stratégique important. Les différentes armées qui ont assiégé Toulon pendant les siècles modernes commençaient toujours leurs opérations par le siége et la prise de la Garde. En 1793, c'est là que se trouvaient les avant-postes de l'armée républicaine.

A l'est de la Garde, le chemin de fer traverse des campagnes couvertes de vignes, de vergers, de jardins. Au nord s'élève la montagne du Coudon, aux escarpements blanchâtres de la forme la plus hardie. Au sud, les hauteurs boisées de la Colle-Noire et du Paradis cachent la vue de la Méditerranée.

HYÈRES.

C'est là une simple station qu'il faut bien se garder de confondre avec la ville d'Hyères, située à 9 kilomètres au sud-est, et dont il sera nécessaire de changer le nom quand l'embranchement d'Hyères et des Vieux-Salins sera construit [1].

SOLLIÈS - FARLÈDE.

Le village qui a donné son nom à la station est situé à 1 kilomètre environ à l'ouest du chemin de fer, à la base des premiers renflements de terrain qui se redressent vers les rochers escarpés du Coudon. Il a été fondé, pendant les guerres de religion, par le connétable de Lesdiguières, qui voulait ainsi punir d'une révolte les habitants du village de Solliès-Ville, que l'on aperçoit à 2 kilomètres au nord sur les pentes d'une colline.

La station de Solliès-Farlède est celle où l'on descend pour se rendre au grand village de *la Crau* (2600 hab.), situé à 2 kilomètres au sud-est, au milieu de campagnes fertiles qui produisent en quantité des fruits et des primeurs pour les marchés de Paris et de Marseille. C'est près de la Crau, en face du beau château moderne de la Castille, que commence le canal d'irrigation qui va porter la vie et la verdure dans les jardins d'Hyères; à une petite distance à l'est du village et de la rive gauche du Gapeau, jaillit la source très-abondante de la Mounache. La montagne escarpée,

[1]. Pour la description de la ville d'Hyères et des environs, voir le chapitre II.

qui se dresse au sud de la Crau, est le Fenouillet, souvent gravi par les touristes.

SOLLIÈS - PONT.

Ce gros bourg, chef-lieu de canton peuplé de 3000 habitants, doit la dernière moitié de son nom à sa situation sur les deux bords du Gapeau. Comme Solliès-Farlède, il dépendait autrefois de Solliès-Ville dont les murailles, à demi ruinées et semblables aux rochers sur lesquels elles sont bâties, produisent un effet pittoresque dans le paysage.

D'après la tradition, que corroborent les découvertes archéologiques, l'antique Solliès a été bâtie par les Romains. Son église, classée parmi les monuments historiques, reposerait sur les fondements d'un ancien temple consacré au soleil : de là le nom du village et de toutes les colonies ses filles. Après avoir été détruite par les Maures, l'église fut rebâtie dans le style gothique ; mais il reste encore un pilastre romain et un fragment de cintre qui semblent indiquer par leurs dimensions que le temple dépassait considérablement en hauteur l'édifice actuel. Dans les environs, on a trouvé un grand nombre de médailles romaines de diverses époques. Au XIVe siècle, à la suite d'affreuses guerres, Solliès-Ville devint pendant quelque temps le repaire des *Touchins* ou *Matouchins*, malheureux paysans que l'excès de la misère poussait à l'insurrection.

Aux alentours de la bourgade très-active, mais très-peu intéressante de Solliès-Pont, on peut faire de charmantes excursions, principalement sur les bords du Gapeau. Cette rivière, dont les eaux fraîches et pures alimentent en aval plusieurs canaux d'irrigation, va se jeter dans la mer près des Vieux-Salins ; elle fait mouvoir, dans la partie supérieure de son cours, les roues d'un grand nombre d'usines (papeteries, huileries, fabriques de plâtre, tanneries), qui donnent beaucoup d'animation au paysage sans rien lui ôter de sa beauté. Le village de *Solliès-Toucas*, près duquel jaillit l'importante source du Thon, occupe un site charmant. Il en est de même de *Belgencier*, à 8 kilomètres de Solliès-Pont. C'est à Belgencier que naquit Peyresc, le savant ami de Gassendi : il avait établi près du village un jardin d'acclimatation.

Pour se rendre aux **Chartreuses de Montrieux**, qui sont les principaux buts d'excursion dans la vallée du Gapeau, il faut encore marcher pendant plus d'une heure après avoir dépassé Belgencier; mais on est bien récompensé de la fatigue, car d'après le grand romancier qui a su décrire d'une manière admirable aussi bien les paysages du Midi que ceux de la France centrale, « c'est là la véritable oasis de la Provence, toujours très-accidentée et très-hérissée de dentelures pittoresques, mais fraîche, étroite, mystérieuse, ombragée, avec ce délicieux Gapeau qui court rapide et clair dans un lit de fleurs.... Le chemin de sable est charmant sous un berceau de verdure épaisse, à côté du ruisseau qui sautille. »

La Chartreuse moderne, connue sous le nom de Montrieux-le-Jeune, est située dans un petit vallon latéral, à quelques centaines de mètres au sud du Gapeau. C'est un ensemble de constructions sans intérêt. L'ancien couvent, abandonné pendant la Révolution, a été racheté en 1845 par les moines de la Grande-Chartreuse, qui l'ont fait restaurer et considérablement agrandir; mais ils n'ont pas remplacé les boiseries sculptées et les autres œuvres d'art qui se trouvaient autrefois dans la chapelle, et que les églises des environs se sont distribuées. Autour de la clairière du couvent s'étend une belle forêt, offrant aux artistes d'admirables points de vue, et aux botanistes d'abondantes récoltes. « La forêt de Montrieux, dit George Sand, a toute la flore du Midi, plus celle de la Savoie et d'une partie des Alpes : arbres et plantes basses; c'est une variété et une richesse infinies. »

Montrieux-le-Vieux, situé à 1 kilomètre plus à l'ouest, sur le bord du Gapeau, est l'ancien couvent des Chartreux, le *Mons Rivulorum*, ainsi nommé à cause des nombreuses sources qui jaillissent aux environs. Il a été fondé vers la fin du XIIe siècle, par Guillaume de Valbelle, et devint en 1341 l'asile de Gérard, le frère de Pétrarque. Les constructions de cet ancien couvent ne sont plus aujourd'hui qu'un amas pittoresque de ruines, à côté desquelles s'élève une maison de campagne moderne; mais « le site est sauvage, délicieux, âpre, tout cela à la fois. » Des hauteurs environnantes, on jouit de beaux points de vue sur la vallée du Gapeau, sur la large plaine de Signes où ce petit fleuve prend sa naissance, sur les escarpements de la Sainte-Baume. — Ceux qui redoutent la fatigue peuvent se rendre en voiture de Solliès-Pont, d'Hyères ou de Toulon aux ruines de Montrieux-le-Vieux.

La station de Solliès-Pont dépassée, le chemin de fer laisse à gauche un joli château du XVIIe siècle et traverse le Gapeau pour monter, dans la direction du nord-est, les pentes peu sensibles d'une plaine très-abondamment arrosée. Les oliviers, qui cachent aux regards les hameaux et les maisons de campagne, produisent l'huile la plus célèbre du département. Les vins du pays sont aussi très-estimés.

CUERS.

Cuers, chef-lieu de canton peuplé de 4300 habitants, est une petite ville située à plus d'un kilomètre de la station, au pied d'une colline et sur les bords d'un *réal* que forment plusieurs petits torrents. Elle est encore entourée de ses vieilles murailles et dominée par les ruines d'un château féodal où l'on montre aux visiteurs, outre des passages souterrains, un puits d'une grande profondeur.

Cuers fut fondée, pour la seconde fois probablement, après l'expulsion des Sarrasins du Fraxinet[1]. Vers la fin du règne de Henri III, les bandes indisciplinées du comte de Carcès et du baron de Vins, qui, sous prétexte de défendre la religion catholique, dévastaient les campagnes et pillaient les villages, furent deux fois battues à Cuers par les habitants des communes voisines. La première fois, les paysans mal armés mirent en déroute 7 à 800 hommes que le seigneur de Vins avait laissés à Cuers, reprirent plusieurs châteaux des environs, et finirent par se débander, croyant avoir achevé leur œuvre. Mais avant de se séparer, les soldats des communes se promirent mutuellement de rentrer en campagne si leur existence et leurs biens venaient de nouveau à être menacés. En effet, ils durent bientôt recommencer la lutte contre le baron de Vins, « furieux d'avoir vu ses cavaliers si rudement battus par des hommes inhabiles, armés pour la plupart de bâtons ferrés ou de quelques méchantes hallebardes. » Encouragés par un arrêt du Parlement de Provence qui déclarait de Vins et ses partisans rebelles, factieux et troubleurs, et qui engageait les bons et fidèles sujets du roi à s'armer et à leur courre sus, les soldats des communes reprennent les villages et les châteaux occupés par les carcistes, et rencontrent pour la seconde fois les troupes du baron devant Cuers. « La petite armée, composée en majeure partie des habitants d'Hyères et de sa vignerie, ne donne pas à l'ennemi le temps de se reconnaître. Les cavaliers du baron, quoique cuirassés et corcelés, ne résistent pas à cette furieuse attaque et se mettent à fuir; les larges feutres, les panaches, les riches manteaux jonchent la route[2]. »

Aux environs de Cuers, on peut visiter la charmante vallée de Pierrefeu (voir chapitre III), et à 3 kilomètres à l'ouest, près du hameau de Valcros, la grotte appelée Baume de la

---

1. Voir ci-dessous la Garde-Freinet, chapitre III.
2. Alph. Denis, *Promenades pittoresques à Hyères.*

Glu. Au nord s'ouvre le ravin de la Tour, que domine l'aride montagne de Saint-Clément, haute de 707 mètres.

LE PUGET DE CUERS.

Petit chef-lieu d'une commune aux hameaux épars contenant ensemble une population de plus de 2000 habitants, le Puget est situé à 1 kilomètre de la station, au pied d'une colline qui portait l'ancien village et que couronne encore une tour carrée. La plaine élevée que traverse le chemin de fer est arrosée par un grand nombre de ruisseaux parallèles qui vont se réunir au Réal-Martin, en amont de Pierrefeu. A une petite distance au sud se relèvent les pentes des Maures que recouvraient encore récemment des bois toujours verts. A l'est, au sommet d'une colline dont le chemin de fer contourne la base, on aperçoit les ruines de l'ancien village de Château-Royal et la chapelle de Notre-Dame de Carnoules, fréquentée les jours de fêtes par de nombreux pèlerins.

C'est sur le territoire du Puget que pendant le mois d'août 1863 éclata le terrible incendie qui dévora, sur une longueur de près de 16 kilomètres, les magnifiques forêts de châtaigniers, de sapins et de chênes-liége du Puget, de Carnoules, de Pierrefeu, de Collobrières. On trouva, au milieu des débris fumants, une quantité prodigieuse de lapins et de perdreaux étouffés et rôtis; des bandes de loups et de sangliers, poussés par la terreur, vinrent se réfugier dans les plaines.

CARNOULES.

Ce village, qui dépendait autrefois de Château-Royal, fut incendié, en 1388, à l'époque où le fameux routier, Raymond de Turenne, parcourait la Provence; il ne fut rebâti qu'un siècle plus tard. Carnoules n'offre aucun intérêt; mais les environs en sont charmants. A 7 kilomètres au nord, dans la pittoresque vallée de l'Issole, se trouve le village de *Besse*, construit sur le rivage d'un petit lac circulaire. Le nom du brigand Gaspard, né à Besse au commencement du XVIIIe siècle, est aussi connu en Provence que l'est en Dauphiné celui du fameux Mandrin.

PIGNANS.

Pignans, bourg de 2700 hab., doit peut-être son nom aux forêts de pins qui recouvrent les pentes des montagnes environnantes. Il est situé dans une étroite vallée d'un charmant aspect, où les champs sont ombragés à la fois par l'olivier au feuillage pâle et délicat, et par le marronnier aux branches touffues et d'un vert sombre. Comme toutes les communes de cette partie de la Provence, Pignans possède aussi de grands bois de chênes-liége exploités pour la fabrication des bouchons. De petites usines, parmi lesquelles des papeteries et des distilleries d'eau-de-vie, se montrent à travers les arbres sur le bord des ruisseaux. Pignans est la patrie de Jules Gérard, le célèbre tueur de lions, qui s'efforce maintenant d'ajouter la gloire du voyageur à celle du chasseur en ouvrant une route commerciale des bouches du Niger au port d'Alger, par Tombouctou.

C'est à Pignans, ou bien à la station suivante, que descendent les voyageurs qui veulent aller visiter l'ermitage de **Notre-Dame des Anges**, situé à 779 mètres d'altitude, sur l'un des plus hauts sommets du groupe des Maures. En 1793, les habitants insurgés élevèrent des retranchements sur cette montagne et s'y maintinrent pendant quelque temps; ils s'emparèrent même de la personne du général Lapoype et ne le relâchèrent qu'en prenant sa femme pour otage. De la plate-forme qui porte la chapelle des Anges, on jouit d'une des plus belles vues qu'offre le massif des montagnes des Maures.

Au delà de Pignans le chemin de fer s'élève par une forte rampe vers le petit col de Gonfaron qui sépare les affluents du Gapeau de ceux de l'Aille et de l'Argens, et réunit le massif des Maures à celui des montagnes de Brignolles. Le col, haut de 800 mètres environ, est à peine marqué. Les deux versants, faiblements inclinés, ne forment qu'une seule et même campagne verdoyante.

GONFARON.

La station de Gonfaron, la plus élevée de toute la ligne, est située à 199 mètres de hauteur, à une petite distance au nord du village, bâti en amphithéâtre sur le flanc d'une colline escarpée. Au sommet du rocher se trouve une chapelle où les habitants avaient autrefois l'habitude de consulter le sort par un moyen bien simple : ils jetaient des morceaux de papier qui s'éparpillaient au vent et finissaient par tomber dans les champs destinés à produire de bonnes récoltes pendant l'année. Cet usage n'existe plus; mais il est à croire que dans les derniers temps les morceaux de papier se seraient répartis uniformément sur les campagnes environnantes, car presque tous les habitants se sont enrichis par la culture de leurs vignes, que l'*oïdium* a toujours épargnées. L'exploitation des forêts de chênes-liége constitue également un grand revenu pour le pays. La population du village s'élève à 2500 âmes.

Au delà de Gonfaron le chemin de fer ne descend pas directement au nord-est par la vallée de l'Aille; mais, se détournant vers le nord, il s'engage dans des tranchées de grès rouge ou violet, dont quelques-unes ont 20 mètres de profondeur, et longe la base de hautes collines coupées de ravins où jaillissent un grand nombre de sources. A droite la vue s'étend sur la chaîne boisée des Maures et sur l'admirable plaine de l'Aille et du Riutort, l'une des plus belles et des plus riches de la France entière. C'est là que doivent aller ceux qui ne comptent trouver en Provence que des rochers nus, des rangées de pâles oliviers et des tourbillons de poussière. Cette vaste plaine, qui sans aucun doute fut autrefois recouverte par les eaux d'un lac, est d'une exubérante fécondité et rappelle aux voyageurs qui ont vu l'Asie Mineure les vallées verdoyantes de Smyrne et de Brousse. « La terre de ces champs est si meuble, disait de Saussure en parlant des campagnes du Luc, que deux ânes suffisent pour la labourer, avec une charrue si légère, qu'après le travail, l'un des ânes, ou le laboureur lui-même, l'emporte sur son dos. »

LE LUC.

Le bourg du Luc, chef-lieu de canton, peuplé de 3600 habitants, est situé à 2 kilomètres au nord de la station à l'issue d'un petit vallon, dont les eaux vont à l'est s'unir à la rivière d'Aille. On trouve à la station des voitures publiques pour Brignolles, pour la Garde-Freinet et pour Saint-Tropez (voir chapitre III). Dans la ville, à l'*hôtel de la Poste*, on peut aussi se procurer des voitures particulières.

Le Luc est probablement d'origine romaine; mais pendant le moyen âge il dut être, comme la plupart des villages voisins, souvent abandonné et souvent reconstruit. A l'époque des guerres de religion il devint l'un des boulevards du protestantisme. En 1590, les Ligueurs s'en rendirent maîtres et l'on montre encore l'église où les vieillards, les femmes et les enfants se réfugièrent dans le vain espoir d'être épargnés : ils furent tous mis à mort. En vertu de l'édit de Nantes, le Luc fut désigné comme l'un des trois lieux de la Provence où les protestants auraient le droit de célébrer leur culte. Le bourg, jadis célèbre par une importante abbaye, conserve une église dont le transsept paraît avoir été construit au XIII⁰ siècle. La tour, de forme octogone, porte le millésime de 1027. Sur la façade, près de la porte d'entrée, on voit un bas-relief en marbre, assez fruste, représentant une chasse au sanglier.

Les habitants du Luc font un commerce assez considérable d'huile, de vin, d'eau-de-vie, de liége. Les marrons, qui jouissent chez les gourmets d'une si grande réputation sous le nom de marrons de Lyon, viennent en grande partie du Luc et des communes voisines. On cite, comme fournissant les meilleurs marrons, la charmante vallée des Mayons, située à 3 heures de marche environ du Luc, dans le cœur des montagnes des Maures : on y remarque, sur une éminence, quelques pans de murs et les souterrains d'un vieux château, appelé *Casteu dei Mouros*. La montagne de Sauvette, qui domine au sud le hameau des Mayons, s'élève à la grande hauteur de 779 mètres. C'est, avec le pic de Notre-Dame des Anges, la plus haute cime du groupe des Maures.

A 3 kilomètres à l'est du Luc se dressent, sur une colline, la vieille tour et les murailles ruinées du village de *Cannet du Luc*, aujourd'hui bien déchu de son ancienne importance. L'église est un édifice du X⁰ siècle classé parmi les monuments historiques. Des fouilles entreprises à la base orientale de la colline du Cannet, dans le domaine de Saint-Maisse, ont fait découvrir des traces d'une piscine romaine, des carreaux de marbre, des verres, des tuyaux de plomb et une petite conque en pierre qui recevait l'eau d'un canal.

Les voyageurs qui s'arrêtent à la station du Luc peuvent aller visiter la grotte de Saint-Michel et les cataractes de l'Argens sans passer à Vidauban. Ces curiosités naturelles sont situées à environ 2 heures de marche au nord-est du Luc.

La station du Luc dépassée, le chemin de fer longe le pied de la colline qui porte le village du Cannet, laisse à gauche la bastide de Saint-Maisse et la chapelle de la Trinité, construite presque entièrement en pierres tumulaires chargées d'inscriptions, puis, tournant au nord, pénètre tout à coup dans le charmant bassin de Vidauban.

VIDAUBAN.

Vidauban (*Vicus Albanorum*) est un ancien village de fondation romaine; mais depuis l'époque où ses premières maisons furent élevées, la richesse de son territoire et son excellente position stratégique sur la voie aurélienne, au confluent de l'Argens et de la Florieye, lui ont valu bien des attaques et bien des malheurs. « Il fut détruit trois fois, d'abord par les Sarrasins du Fraxinet, puis à la suite de querelles avec les habitants des villages du Cannet et de Taradeau, et plus tard pendant les guerres de religion. Après tant de vicissitudes, Vidauban fut repeuplé par de pauvres familles des communes environnantes. En 1707, il fut brûlé et saccagé de nouveau par les troupes du duc de Savoie. Aujourd'hui c'est un assez beau village régulièrement percé. » Sa population est d'environ 2400 habitants; l'industrie de la soie y occupe un certain nombre d'ouvriers. On y élève beaucoup de volailles, notamment des dindons.

Dans les environs de Vidauban, les voyageurs peuvent faire de très-agréables promenades. Au nord, c'est le *château d'Astros* qui domine le confluent de l'Argens et de la Florieye; au sud, c'est la colline conique de grès rouge qui porte la *chapelle de Sainte-Brigitte* et dont la cime, haute de 190 mètres, commande un très-beau panorama, déjà signalé par de Saussure. Mais c'est la gracieuse **vallée de l'Argens** qui offre les buts d'excursion les plus intéressants. A 2 heures environ à l'ouest du village, on pénètre dans une gorge étroite où l'on voit le fleuve plonger du haut d'un rocher et s'engloutir dans un abîme. Les eaux engouffrées de l'Argens ne reparaissent au jour qu'à 1 kilomètre plus en aval. Près de la cataracte, plusieurs grottes s'ouvrent dans les parois du rocher de la rive gauche. L'une de ces cavernes, dans laquelle le jour pénètre d'en haut par une fissure, a été agrandie par le travail de l'homme et dédiée à saint Michel. C'est dans cette chapelle souterraine et dans les grottes voisines que les habitants du Luc et du Cannet se réfugiaient, dit-on, à l'approche des Sarrasins. Non loin de la cataracte, sur la terrasse du Plan de la Vache, s'élève un superbe noyer, ayant 8 mètres de circonférence à la base.

Au delà de Vidauban on aperçoit à gauche, au milieu des arbres et sur le penchant d'une colline, une vieille tour en ruine qui peut-être est d'origine mauresque, puis on franchit l'Argens près de son confluent avec la Florieye sur un viaduc de trois arches en maçonnerie, de 30 mètres d'ouverture chacune. C'est le plus important travail d'art de toute la ligne entre Toulon et Saint-Raphaël.

LES ARCS.

Ce village, peuplé d'environ 2800 habitants, est situé au débouché d'un petit vallon entre deux collines plantées d'oliviers. Sa large rue, ses places ombragées, son jardin public lui donnent un aspect assez moderne; mais il n'en est pas moins d'une origine antique, ainsi que le prouvent les monuments romains des environs, et diverses inscriptions trouvées dans le sol. Le nom actuel, les Arcs ou *Castrum de Arcubus*, est pour la première fois signalé vers la fin du XIe siècle.

Les débris du château féodal, consistant en une simple tour carrée, n'offrent pas d'intérêt. On visite à 1 kilomètre au sud-ouest des Arcs une construction romaine, qui peut-être fut autrefois un *columbarium* ou monument funéraire, et qui a été transformée en moulin à huile et à farine. Jusqu'à la hauteur de 3 mètres environ, la base de l'édifice était, dit M. Bunel « une maçonnerie pleine et massive, dans laquelle il a fallu creuser avec le pic, comme dans un roc, pour établir les usines actuelles. » A 5 ou 600 mètres plus au sud se trouvent les débris d'une espèce de rotonde qui porte le nom de *Mounastié* (monastère) et qu'on croit avoir été un établissement des Templiers.

Une autre ruine, incontestablement romaine, est le vieux *pont de l'Argens* dont les culées se montrent au-dessus de l'eau, à 100 mètres en aval du pont moderne de la route, à 2 kilomètres au sud des Arcs. C'est là ou dans les environs que se consomma la funeste trahison de Lépide et que fut décidé le partage du monde romain entre les triumvirs. L'endroit où s'accomplit cette œuvre fatale est l'un des sites les plus gracieux de la Provence. Au confluent de l'Aille et de l'Argens, les montagnes verdoyantes, les vallons tortueux, les eaux claires et rapides forment un spectacle vraiment enchanteur.

Parmi les curiosités de la commune des Arcs, on doit signaler aussi, à 8 kilomètres au nord-est du village, un ancien monastère de Chartreux, dont il reste une chapelle consacrée à sainte Rossoline, fille d'Arnaud de Villeneuve, morte en 1329. On y remarque le tombeau de la patronne, les boiseries du chœur, une *Descente de croix* en relief et un tableau de la *Nativité* peint sur bois en 1541.

C'est à la station des Arcs que s'embranche le chemin de fer de Draguignan : aussi l'importance du village semble-t-elle destinée à s'accroître dans de fortes proportions. La coupe et l'écorçage des chênes-liége qui croissent en vastes forêts au sud des Arcs sur les pentes septentrionales des Maures rapportent annuellement plus de 50 000 francs. A l'est du village, non loin du chemin de fer, jaillit une source d'eau ferrugineuse. Les jardins et les campagnes des Arcs sont arrosés par les eaux abondantes de plusieurs fontaines d'eau vive.

LE MUY.

Le grand village du Muy, peuplé de plus de 2400 habitants, est situé au confluent de l'Argens et de la Nartubie, à une distance à peu près égale de Fréjus (*Forum Julii*) et de Taradeau (*Forum Voconii*) : de là son ancien nom latin de *Turris de medio*, tour du milieu[1]. Il possède plusieurs établissements industriels, scieries mécaniques, filatures de soie, tanneries; exploite les forêts de pins et de chênes-liége pour la fabrication de la poix, de la résine, des bouchons; expédie à Fréjus de grandes quantités de planches par le flottage. Les jardins qui environnent le Muy produisent, comme ceux des Arcs, des pêches exquises et des melons renommés.

En 1536, lorsque Charles-Quint opérait sa retraite après sa désastreuse expédition de Provence, cinq gentilshommes s'embusquèrent avec une quarantaine de soldats dans une tour du Muy, afin de tuer l'empereur au passage et de venger ainsi la mort de tous les habitants que Charles avait fait traquer et brûler dans l'immense incendie des forêts de l'Esterel. Mais les Provençaux cachés ne connaissaient pas Charles-Quint : trompés par le magnifique costume d'un seigneur espagnol, ils tirèrent, et le seigneur, qui n'était autre que le poëte Garcilaso, tomba. Averti par cette décharge soudaine, le prudent empereur se garda bien d'apparaître; mais il fit canonner le château, puis, lorsque la bicoque fut presque démolie, il promit aux deux gentilshommes qui restaient encore de leur conserver la vie sauve s'ils cessaient de com-

---

1. E. Garcin, *Dictionnaire topographique*.

battre. Ils capitulèrent, et Charles, toujours parjure, s'empressa de les faire pendre aux branches d'un mûrier voisin.

Au delà du Muy, le chemin de fer traverse la Nartubie, puis aussitôt après la rivière d'Endres, dont on voit la charmante vallée aux pentes boisées remonter au loin vers le nord. A droite, immédiatement au-dessus de la rive opposée de l'Argens, s'élève la terrasse granitique de la Roquette dont le point culminant porte une petite chapelle et les ruines d'un ancien couvent de Trinitaires. D'énormes éboulis de pierres, revêtus de végétation, s'appuient sur la base du rocher; les parois sont percées d'anfractuosités profondes, et la partie supérieure de la terrasse est fendue en divers sens par des crevasses béantes. L'une de ces fissures est connue sous le nom de Saint-Trou, sans doute parce que les personnes dévotes qui s'engageaient autrefois en rampant dans cet étroit passage gagnaient des indulgences ou quelque faveur spéciale de la Vierge.

ROQUEBRUNE.

Un rocher, promontoire avancé de la chaîne des Maures, dresse sa grande masse au travers de la plaine et force l'Argens à décrire un long méandre vers l'est. On lui donne le nom de Roquebrune ou simplement de la Roque comme pour indiquer ainsi la grandeur de ses dimensions relativement à la Roquette du Muy. Au pied du roc se blottit le village de Roquebrune, peuplé de 1800 habitants environ. En 1592, Lavalette, lieutenant d'Henri IV et sénéchal de Provence, fut blessé mortellement devant les murs de ce village, qui était occupé par les Ligueurs.

Le sommet de la Roque se termine par trois pointes qu'on appelle les Croix, et dont la plus haute s'élève à 200 mètres d'altitude au-dessus du niveau de la mer. La pointe occidentale, à laquelle on peut monter par un sentier des plus roides, porte les vestiges peu intéressants de l'ancien village de Sainte-Gandi ; mais en revanche on y jouit d'un vaste panorama, s'étendant, par un temps clair, des Alpes aux montagnes de la Corse.

A l'est de Roquebrune, la voie ferrée longe la base des coteaux afin d'éviter la plaine marécageuse que parcourt l'Argens avant d'arriver à la mer. A 500 mètres environ en deçà de la station de Fréjus, on remarque, immédiatement à gauche du chemin de fer, les ruines de l'amphithéâtre romain.

FRÉJUS.

L'antique ville de Fréjus, simple chef-lieu de canton dont la population n'atteint pas même 3000 habitants, est construite sur une petite éminence dominant la plaine alluviale de l'Argens et contournée à l'ouest par la petite vallée du Reyran. L'intérieur de la ville ne répond pas à la beauté du dehors. A l'exception de deux ou de trois, toutes les rues sont étroites et tortueuses ; la plupart des maisons ne méritent que le nom de masures ; enfin l'ancienne cité des Césars ne possède guère (1863) qu'une auberge ayant titre d'hôtel : c'est l'*hôtel du Midi*, situé à quelques pas de la station.

Fondée probablement par des pêcheurs celto-lygiens, puis ancienne capitale des Oxybiens, Fréjus fut agrandie successivement par les Phocéens de Marseille et par César, qui lui donna le titre de *Forum Julii* (marché de Jules) : par une série graduelle de modifications, ce titre est devenu le nom moderne. César, désirant, en dépit de la nature, donner une rivale à la belle cité de Marseille, qui avait osé embrasser le parti vaincu de Pompée et de Caton, fit aussi creuser à Fréjus un vaste port. Auguste acheva ces travaux, construisit un phare, un aqueduc et un amphithéâtre. Il installa aussi dans la ville une colonie des soldats de la huitième légion, ce qui fit surnommer Fréjus *Colonia Octavonorum*, et envoya dans le port, après la bataille d'Actium, les deux cents galères prises à Marc-Antoine. Pline donne à Fréjus la qualification de *classica*, ce qui prouve l'ancienne importance de cette ville comme arsenal maritime.

Dès le IVe siècle de l'ère actuelle, *Forum Julii* était le siége d'un évêché; mais déjà la décadence était complète, et les travaux des Romains étaient devenus inutiles. Vers 940, les Sarrasins de la Garde-Freinet emportèrent la ville d'assaut et la réduisirent en cendres, après avoir massacré les habitants. Pendant une trentaine d'années, elle resta presque déserte, puis elle se repeupla lentement. Plus de cinq siècles après, en 1475, les corsaires barbaresques, profitant d'une excommunication papale qui pesait sur la ville, attendirent un dimanche des Rameaux pour surprendre et saccager Fréjus, au moment où la plupart des habitants étaient occupés à remplir leurs dévotions dans les églises des paroisses voisines.

« La ville se relevait, dit M. Lesueur (*Guide du touriste de Toulon à Nice*), lorsqu'en 1536 Charles-Quint, après avoir fait incendier la forêt de l'Esterel, avec les habitants des environs qui s'y étaient réfugiés, fit son entrée triomphale à Fréjus. Enorgueilli de son premier succès, et comptant garder la Provence en son pouvoir, il fit réparer le port et remettre à neuf l'amphithéâtre bâti par les Romains. A l'imitation de César, qui avait appelé la ville *Forum Julii*, il lui donna le nom de *Charleville* et la désigna comme capitale d'un duché qu'il venait de créer. Cette gloire ne fut pour lui qu'éphémère. Un mois après, lors de sa retraite précipitée, ses prétendus sujets de Charleville faillirent lui faire subir le même sort que celui qu'il avait fait éprouver aux habitants de la contrée dans la forêt de l'Esterel : *sic transit gloria mundi.* »

Fréjus — Ruines de l'Amphithéâtre.

Pendant la dernière moitié du xviᵉ siècle, Fréjus, comme toutes ses voisines, eut beaucoup à souffrir des guerres de religion. Vainement assiégée en 1585 par l'un des capitaines royalistes, le baron d'Allemagne, elle fut ensuite occupée par le sénéchal de Provence, Lavalette, puis reconquise par les Ligueurs et reprise de nouveau par le sénéchal.

Depuis l'année 1707, époque de l'invasion de la Provence par Eugène de Savoie et son allié, le duc Victor-Amédée II, Fréjus n'a plus eu à subir les horreurs d'un assaut ou la honte d'une capitulation; mais elle n'a pu regagner son ancienne importance, à cause de l'ensablement du port, graduellement comblé par les alluvions de l'Argens. Aujourd'hui la mer, qui baignait les murailles de la ville, en est éloignée à vol d'oiseau de 1600 mètres environ.

Fréjus a vu naître le célèbre acteur Quintus Roscius, Cornelius Gallus, auquel Virgile a dédié sa dixième églogue. Le chansonnier Désaugiers naquit aussi dans cette ville en 1772.

Les antiquités romaines, toutes classées parmi les monuments historiques, sont nombreuses à Fréjus. « Le périmètre de la ville antique, dit M. Mérimée, est visible presque partout, et dans quelques endroits on peut encore juger de la hauteur des murs. Ils étaient flanqués de distance en distance de tours rondes, d'un médiocre diamètre, construites comme les remparts à petit appareil composé de parallélogrammes rectangles en assises horizontales. »

L'amphithéâtre romain est un monument de forme elliptique, situé à l'ouest de la ville, immédiatement au nord du chemin de fer. Le plan de l'édifice, construit à petit appareil, est elliptique. Les gradins, en partie détruits, s'appuyaient sur trois massifs séparés par deux voûtes, qui règnent autour du monument; les contre-forts massifs soutiennent cette ordonnance. Suivant M. de Caumont, qui l'a visité en 1846, cet amphithéâtre présente quelque analogie avec celui de Trèves.

Non loin de là, M. Mérimée a reconnu, en 1834, l'emplacement d'un *théâtre;* les fondations des murs de la scène et les gradins en étaient encore visibles, mais le propriétaire du sol le faisait défoncer pour y établir un verger. Auprès on apercevait des traces de mosaïques et beaucoup de substructions ayant appartenu à des maisons particulières.

Au nord de la ville, sur l'ancienne route d'Italie, on remarque les ruines de *la porte de César*, construite à grand appareil, et les débris plus importants d'un **aqueduc** que l'on peut suivre dans toute sa longueur, sur une étendue de près de 40 kilomètres. Il amenait à Fréjus les eaux puisées dans la Siagnolle ou le Neisson, près du village de Mons (voir chapitre v). De la vallée de la Siagnolle, il passe dans celle du Biancon, puis dans celle du Reyran. Cet aqueduc est le plus considérable de ceux que possède la France. Il est construit en pierres de petit appareil, sans aucun ornement; l'intervalle entre les cintres n'est presque jamais uniforme; enfin, suivant les inégalités du sol, il est souterrain ou supporté par une et quelquefois par deux rangées d'arcades. L'un des fragments les plus intéressants de l'aqueduc est celui qui se trouve aux portes même de la ville; ses piliers massifs, revêtus de lierre et d'autres plantes grimpantes, s'élèvent à la hauteur de 18 mètres.

A la base orientale du monticule de Fréjus, au nord du chemin de fer, les archéologues vont aussi visiter une *enceinte* à peu près carrée qui a pu servir de citadelle. Au centre est un vaste souterrain soutenu par des piliers et dont les murs sont revêtus d'une couche de mortier mélangé de charbon pilé. Ce souterrain servait probablement de citerne. D'autres galeries voûtées, que l'on voit à côté, paraissent avoir été des magasins.

C'est aussi au nord du chemin de fer que se dresse la **Porte d'Or** ou **dorée**, arche triomphale d'une assez grande hauteur, construite en assises superposées de pierres et de briques. C'était la porte de communication entre la ville et le port. Récemment on a dû réparer l'un des piliers qui menaçait ruine. A une petite distance de cette porte, près de la voie ferrée, on a découvert des thermes antiques, renfermant un *sudatorium* (bains de vapeur) assez bien conservé. Les fouilles exécutées en cet endroit ont mis à jour quelques colonnes de mar-

La porte d'Or, à Fréjus.

bre et des fragments de statues, parmi lesquels une tête de Jupiter d'un bon travail.

Le port, dans lequel mouillaient jadis les deux cents vaisseaux d'Antoine, est maintenant remplacé par un jardin; mais il est encore facile, en certains endroits, de distinguer l'emplacement et les restes des quais : on a même pu mesurer les dimensions de l'ancien bassin, qui étaient, en longueur, de 560 mètres, et de 600 mètres en largeur.

Près du jardin qui remplace le port, au sud de la ville, une pierre cubique, surmontée d'une pyramide peu élevée, est connue sous le nom de **phare d'Auguste**; les archéologues ne sont pas d'accord pour en expliquer l'usage et fixer l'époque de sa construction. En tout cas, son peu de hauteur et la difficulté de monter au sommet pour y installer un feu (car c'est une masse solide), ne permettent guère d'admettre qu'elle ait servi de phare.

Parmi les édifices postérieurs à la domination romaine, le seul qui offre quelque intérêt est l'**église de Saint-Étienne**, classée parmi les monuments historiques. Elle a été souvent restaurée, mais elle a conservé le caractère d'une église du XIe ou du XIIe siècle. Les tours, ainsi que les murailles du palais archiépiscopal adjacent, renferment des portions de pilastres cannelés qui ont dû appartenir à de grands édifices antiques. Dans l'intérieur de l'église, immédiatement à gauche du porche, se trouve la curieuse chapelle octogone du Baptistère, ornée de huit colonnes formées chacune d'un seul bloc de granit gris et d'un chapiteau en marbre blanc. Près de la cathédrale, du côté du nord, est un cloître dont les colonnettes accouplées et fort légères datent probablement du XIIIe siècle.

Les autres édifices de Fréjus auxquels on peut au besoin donner le titre de monuments sont l'hôpital et le grand séminaire, qui possède une bible manuscrite du VIIIe ou du IXe siècle. La bibliothèque publique renferme environ 5000 volumes et quelques anciens manuscrits.

Malgré l'insignifiance de ses échanges avec l'étranger, Fréjus est le siége d'un tribunal de commerce et d'un syndicat maritime. Elle expédie surtout des grains, des fourrages, des vins, des huiles, du tabac, et les produits de ses carrières

[Chap. 1] FRÉJUS. — LA CATHÉDRALE. 27

de granit, de porphyre, de pouzzolane. Elle exporte aussi des roseaux qui servent à fabriquer des claies de toute espèce. Des savonneries, des scieries hydrauliques et des manufactures de bouchons de liége y sont les seuls établissements industriels. A une petite distance au nord de Fréjus, dans la

Cathedrale de Fréjus.

vallée du Reyran, remarquable par ses deux ou trois cônes de formation volcanique, se trouvent quelques mines de houille d'où l'on retirait, vers 1840, un millier de tonnes de combustible par an. Au sud de la plaine de l'Argens, les premiers renflements des Maures présentent aussi quelques assises de grès houiller; mais elles ne valent pas la peine d'être exploitées. On y trouve aussi de la plombagine.

Aux environs de Fréjus, les botanistes peuvent faire de charmantes promenades, soit dans le massif des Maures (voir chapitre III), soit dans celui de l'Esterel (voir chapitre IV), soit aussi dans la charmante vallée qu'arrose le Reyran. En tout cas, les baigneurs et les géologues ne peuvent se dispenser de visiter la plage de Saint-Raphaël et l'embouchure de l'Argens. En été, on peut à son gré se baigner, soit dans l'eau tiède et salée de la Méditerranée, soit dans le courant du fleuve aux eaux fraîches et cristallines. Le delta sans cesse modifié de l'Argens, les îlots de sable qu'il dépose, les cordons littoraux qui se forment entre la mer et les petits étangs du bord, la lutte continuelle qui se poursuit entre le courant fluvial et le courant marin, entre les atterrissements et les érosions, composent un spectacle des plus attachants pour ceux qui aiment à prendre dans toutes ses œuvres la nature sur le fait. Malheureusement les alluvions du fleuve et les cordons de galets apportés par la mer ont entouré une ancienne baie, située au sud de l'embouchure, et l'ont transformée en un étang d'eau malsaine. Ce marais est le foyer principal des exhalaisons qui rendent le séjour de Fréjus insalubre. Il est indispensable de le dessécher et d'assainir toutes les campagnes environnantes. Le petit village de **Villepez**, aujourd'hui détruit, a donné son nom à l'étang : c'était l'antique *villa piscis*, le hameau du poisson. Il fut détruit par les Sarrasins, puis, lorsqu'on l'eut rebâti, on dut l'abandonner de nouveau à cause des exhalaisons des marais. Pendant l'hiver, les eaux de la plaine sont visitées par des milliers d'oies, de canards, de sarcelles et d'autres oiseaux de passage.

Après avoir dépassé Fréjus, le chemin de fer se dirige vers l'est, à travers l'ancien quartier du port. A gauche, on voit la Porte dorée et d'autres monuments romains ; à droite, on remarque le phare d'Auguste, et bientôt après on longe la plage du golfe de Fréjus.

SAINT-RAPHAEL.

Saint-Raphaël, qui constitue en quelque sorte le faubourg maritime de Fréjus, est situé à l'extrémité septentrionale du petit golfe auquel cette ville a donné son nom. La forme du golfe est à peu près celle d'une demi-ellipse : à l'ouest, la courbe du rivage est dessinée par la belle plage que les embouchures de l'Argens partagent en segments inégaux ; au nord-est, la côte, bordée d'écueils, se développe en ligne droite vers une falaise hardie que prolongent en mer deux superbes rochers rouges, semblables à des lions couchés. Aussi les a-t-on nommés le Lion de terre et le Lion de mer. Sur le Lion de terre se montrent les vestiges d'une tour que l'on dit avoir servi de phare au temps des Romains.

Le port de Saint-Raphaël, profond de 2 à 3 mètres et mal protégé par un môle de 90 mètres de longueur, n'offre aux embarcations qu'un très-médiocre abri : les grands navires sont obligés de mouiller dans la rade. Le mouvement de la navigation s'y est élevé, en 1861, à 479 entrées et à 473 sorties, représentant un total de 40 119 tonneaux. Les principaux articles d'importation sont le riz, le liége et le bois ; le vin s'exporte en petites quantités. Dans la rade on pêche d'excellent poisson.

C'est à Saint-Raphaël que Bonaparte débarqua, en 1799, lors de son retour d'Égypte ; c'est là aussi qu'il s'embarqua pour l'île d'Elbe, le 28 avril 1814. Ce petit village a vu naître Julius Agricola, beau-père de Tacite et le célèbre Sieyès. — La population de Saint-Raphaël n'atteint pas 1 200 habitants.

Entre Saint-Raphaël et Cannes, les travaux d'art se succèdent sans interruption. Le chemin de fer, qui longe le bord de la mer autant que le permettent les indentations de la côte, franchit les ravins sur des remblais et des viaducs, se

Tunnel des Saoumes.

suspend aux parois des falaises, traverse les promontoires par des tunnels creusés en pleine roche. Les maigres bois de pins et d'arbousiers à travers lesquels brillent les escarpements couleur de feu, les *caranques* aux profondes eaux bleues, l'horizon cuivré de la Méditerranée, puis quand on a doublé le cap Roux, le spectacle du golfe de Cannes avec ses îles et les villas de son rivage, donnent un charme indicible à ce court voyage autour des caps de l'Esterel.

Au delà de Saint-Raphaël, le chemin s'engage dans une série de petites tranchées qui laissent apercevoir la mer de distance en distance, et franchit successivement plusieurs ravins dont l'un renferme des carrières de porphyre bleu jadis exploitées par les Romains (chapitre IV). On laisse ensuite à droite, sur une cime conique de la forme la plus pittoresque (148 mèt.),

La Napoule et l'Esterel.

un sémaphore moderne et la vieille tour de Dormont ou Dramont, qui, d'après la tradition, aurait servi de refuge à Jeanne de Provence pendant une révolte de ses barons.

AGAY.

Le hameau d'Agay situé à l'embouchure d'un large ruisseau, dans une petite clairière que dominent les escarpements des Mornes rouges, se compose de la station et de deux ou trois cabanes habitées par les ouvriers du chemin de fer. Et pourtant la rade d'Agay, qui mesure plus de 100 hectares de superficie, et dont la profondeur atteint en certains endroits jusqu'à 25 mètres, est l'une des mieux abritées de tout le littoral de la Provence et peut recevoir de grands vaisseaux. C'est probablement le *Portus Agathonis* des Romains. Lorsque le temps est beau, la rade n'est fréquentée que par les pêcheurs de corail; mais, pendant les tempêtes, tous les navires qui louvoient près des côtes de l'Esterel, se réfugient en toute hâte dans le bassin d'Agay; parfois on y voit près de cent embarcations.

Tant que la rade d'Agay n'était reliée aux villes voisines par aucune voie de communication, il n'était pas étonnant que les bords en restassent déserts; mais depuis l'ouverture du chemin de fer, on doit s'attendre à voir bientôt le misérable hameau se transformer en un village actif. Peut-être même aurait-on déjà fondé quelques établissements industriels sur la plage d'Agay et aurait-on rouvert dans les environs les anciennes carrières romaines de porphyre, si le châtelain du lieu avait consenti à vendre ses terrains. Lorsqu'une auberge un peu confortable aura été bâtie près de la station, les touristes ne sauraient choisir de meilleur quartier général pour visiter la Sainte-Baume, la montagne du cap Roux et les autres curiosités de l'Esterel.

A peine la station est-elle dépassée que le chemin de fer franchit le ruisseau d'Agay sur un viaduc de trois arches, puis laisse à droite une masure carrée désignée par le nom peu mérité de château et s'attache au flanc des rochers dont la base est çà et là dentelée par de profondes caranques. En deçà du cap Roux, aux parois rougeâtres, on franchit un ravin sur le viaduc d'Antéore, composé de 9 arches, et bientôt après, on s'engage dans le tunnel de Maubois, long de 135 mètres. Plus loin, le souterrain des Saoumes (810 mèt.) traverse un promontoire dentelé que limitent, au sud, la pointe de l'Aiguillon, au nord, celle de l'Aiguille. Sur les plages de presque toutes les criques on remarque des groupes de maisons dont il ne reste plus que les murailles : ce sont les villages temporaires qu'avaient élevés les ouvriers employés à la construction du chemin de fer.

Au sortir du tunnel des Saoumes, on contourne l'anse de Théoule, puis on franchit le ravin de la Rague sur un viaduc de 8 arches. Bientôt se montrent à droite les deux tours carrées du vieux château de la Napoule (voir chapitre IV). Le chemin de fer traverse successivement le torrent de l'Argentière, puis une ancienne embouchure de la Siagne, transformée en étang, et le lit actuel de la Siagne. Un instant on aperçoit la vallée charmante de ce fleuve et la ville de Grasse qui blanchit au loin sur une large pente de montagne toute couverte d'oliviers; ensuite on longe une plage sablonneuse, parsemée de dunes, et, après avoir dépassé de nombreuses villas à demi cachées par les bosquets d'orangers, on s'enfonce dans un souterrain de 95 mètres de longueur. A la sortie du rocher, on se trouve dans la ville de Cannes.

CHAPITRE II.

HYÈRES ET SES ENVIRONS.

Renseignements généraux.

Moyens de transport.—On peut se rendre de Toulon à Hyères soit par le chemin de fer, soit par la route de poste ou le chemin qui suit le rivage. En attendant qu'un embranchement spécial de la voie ferrée desserve la ville et la plage d'Hyères, les voyageurs partis de Toulon doivent s'arrêter à la station d'Hyères où les attend un omnibus de correspondance. On compte 12 kilomètres de Toulon à la station d'Hyères, et 7 kilomètres de la station à la ville. 4 convois par jour. Prix des places : 1 fr. 25 c., 90 c., 65 c.

Le tarif de l'omnibus, qui correspond avec tous les trains, est de 60 centimes par personne.

La route de poste est longue de 18 kilomètres. Les voitures publiques partent de la place des Trois-Dauphins, à Toulon, et de la place de la Rade, à Hyères.

Le chemin qui longe le rivage est parfaitement carrossable, mais il n'est pas desservi par des voitures publiques. — Une diligence fait journellement le trajet entre Hyères et Saint-Tropez par les Vieux-Salins.

Hôtels. — Restaurants. — L'*hôtel des Iles-d'Or*, situé sur la route Impériale, à l'entrée de la ville, est actuellement le plus vaste et le plus beau d'Hyères. — Plus loin, se trouvent : l'*hôtel d'Europe*, route Impériale; — l'*hôtel des Ambassadeurs*, même route; — l'*hôtel des Alpes-Maritimes*, même route; — l'*hôtel de Paris*, même route; — l'*hôtel des Iles-d'Hyères*, place de la Rade; — l'*hôtel d'Orient*, rue d'Orient; — l'*hôtel des Hespérides*, boulevard des Iles-d'Or. — Table-d'hôte dans tous les hôtels.

Cafés. — *Café Berthier*, route Impériale, près des Palmiers; — *cafe*

Thomet, boulevard des Iles-d'Or; — *café Cartigny*, place du Jeu-de-Ballon; — *cafés Dée*, *Mazuel*, *Pierrhugues*, *Stribel*, place Royale; — *café Vinquel*, rue de la Sauvette, etc. — Le *Cercle* est à l'hôtel de l'Europe.

Maisons et appartements meublés. — On trouve à Hyères et dans les environs immédiats un très-grand nombre de maisons et d'appartements meublés à louer pour une saison ou pour toute l'année. La saison d'hiver, qui commence d'ordinaire aux premiers jours d'octobre, se prolonge jusqu'au commencement ou à la fin de mai. Elle comprend habituellement six ou sept mois. Les prix de location pour la saison d'été sont inférieurs à ceux de la saison d'hiver. Les maisons les mieux situées sont celles de la place des Palmiers, de la place de la Rade, de la rue d'Orient et du boulevard Saint-Denis. Les villas les plus agréables sont celles du val de Costebelle et de Saint-Pierre des Horts. On paye environ 1000 fr. par saison d'hiver pour un petit appartement : les prix augmentent chaque année, comme dans la plupart des villes d'hiver. — A la librairie Hébrard, place des Palmiers, *une agence de locations* se charge de fournir tous les renseignements par correspondance et de vive voix.

Bains. — A *l'hôtel des Iles-d'Or*, 2 fr.; —*bains Hébrard*, rue Sainte-Anne, place des Palmiers.

Voitures a volonté et chevaux de selle. — Dans la plupart des hôtels et chez Eyfren, route Impériale; — Gardanne, même route; — Oillier, id.; — Rimbaud, id.; — Jean David, rue Sauvette; — Dufour, rue du Cheval-Blanc.

Poste aux lettres. — Bureau principal, route Impériale, non loin de *l'hôtel des Iles-d'Or;* — boîtes supplémentaires, place Massillon, 38, et place de la Rade, 1.

Télégraphe électrique. — Rue de la Sauvette.

Libraires. — Fabre, rue Massillon; — Mlle Hébrard, place des Palmiers; — Cruvès, place du Jeu-de-Ballon, éditeur du journal l'*Avenir d'Hyères*. — Un autre journal paraît à Hyères, l'*Écho d'Hyères et de Saint-Tropez*.

Situation et climat.

Hyères a longtemps eu le privilége d'attirer le plus grand nombre des étrangers du nord qui venaient demander au doux climat méditerranéen la prolongation de leur vie ou le rétablissement de leur santé. Maintenant Hyères a des rivales heureuses, Cannes, Nice, Menton, Sanremo, Nervi, qui s'enrichissent plus rapidement et semblent destinées à un plus brillant avenir; mais l'antique cité des orangers ne cessera jamais d'être un des rendez-vous des touristes et des valétudinaires, car elle pourra toujours vanter la douceur de son climat, la grâce de sa vallée et la beauté de son horizon d'îles et de montagnes.

Arrivé au pied du Fenouillet, sur le bord du plateau que dominent au nord les escarpements du Coudon et que parcourt le chemin de fer, le voyageur qui descend à Hyères embrasse bientôt d'un coup d'œil la vallée verdoyante dou-

Hôtel des Iles d'Or, à Hyères.

cement inclinée vers la mer. Le contraste est saisissant. D'un côté, la plaine fertile, mais poudreuse, et plus haut, les superbes rochers blancs offrant çà et là sur leurs terrasses des stries de verdure; de l'autre côté, un immense jardin remplissant toute une vallée, qui s'élargit graduellement et finit par se confondre avec la plage marine. A droite se redressent les versants en pente douce de la montagne des Oiseaux entièrement couverte de bois. Au loin, la rade d'Hyères, où l'escadre fait ses évolutions, arrondit son vaste bassin entre le continent et la longue chaîne bleue des îles de Porquerolles, de Portcros et du Titan. Plus à l'ouest, on aperçoit, en deçà des collines de la presqu'ile de Giens, l'étang des Pesquiers et une partie de la rade de Giens, semblables à un large fleuve. Au-dessus des nappes de verdure nuancée que forment dans la vallée les massifs et les rangées de pêchers et d'oliviers, se dressent des murs de cyprès noirs et se balancent quelques palmiers au tronc penché, au large éventail de feuilles. L'ensemble du paysage offre un caractère presque asiatique.

La ville d'Hyères est située à 5 kilomètres de la mer, sur le versant méridional d'une colline escarpée, dernier contre-fort du petit massif complétement isolé des Maurettes. La vallée du Gapeau sépare ce massif de la chaîne des Maures; au nord, le plateau de la Crau et de Solliès étend sa surface unie comme un lac entre les montagnes d'Hyères et celles de Toulon; à l'ouest et au sud-ouest, la vallée d'Hyères contourne la base des collines du Paradis, des Oiseaux et de Notre-Dame. Le massif de montagnes auquel la ville est adossée lui donne en grande partie son climat exceptionnel. Bâtie en amphithéâtre sur le flanc d'un rocher, elle est parfaitement abritée des vents glacés du nord et du nord-est qui descendent des Alpes neigeuses; comme les plantes frileuses qui croissent en espalier, elle est située presque entièrement à l'exposition du sud-est, de beaucoup la plus favorable. Les montagnes qui s'élèvent à l'ouest de la vallée d'Hyères protégent aussi la ville contre les brises du sud-ouest; malheureusement l'espèce de détroit qui s'ouvre entre le mont Fenouillet et le Morne du Paradis permet au mistral de s'engouffrer dans la vallée, et d'en ravager parfois les cultures. Ce terrible maître (*magistral*) de la Provence revendique aussi les campagnes d'Hyères comme une partie de son domaine. Les montagnes du Faron et du Coudon qui se dressent au nord-ouest des plaines du Gapeau ne peuvent garantir entièrement la ville de ce vent dévastateur.

Plaine d'Hyères, vue de la terrasse de Saint-Paul.

Ainsi les valétudinaires, qui vont demander au climat d'Hyères la prolongation de leurs jours, ne sauraient compter sur un printemps éternel, comme on s'est plu à le dire quelquefois. De même que toutes les villes de France, Hyères a ses extrêmes de température, ses accidents météorologiques, ses orages, ses froidures et ses chaleurs. Les étés et les hivers y sont généralement très-secs; mais il pleut en moyenne 40 jours au printemps et en automne[1], et, pendant ces 40 jours, il tombe environ 65 centimètres d'eau, ce qui prouve que dans la vallée d'Hyères les pluies sont en général de véritables averses et dépassent de beaucoup par leur abondance les pluies du centre et du nord de la France. Il neige rarement : cependant on a vu parfois, au lever du soleil, la plaine blanchie par une légère couche de flocons. Il gèle quelquefois, et les pêcheurs racontent que l'étang salé des Pesquiers, situé entre les deux cordons littoraux de la presqu'île de Giens, a été recouvert une fois par une mince croûte de glace. Il importe donc, à Hyères, comme partout ailleurs, de se prémunir contre les brusques changements atmosphériques. Les inégalités de température qui se manifestent le matin et le soir, et surtout à l'apparition du mistral, font une obligation aux malades et aux convalescents de conserver toujours des vêtements de laine.

Quoi qu'il en soit, le climat d'Hyères est, de l'avis des médecins et des météorologistes, plus doux et moins excitant que celui de Nice, non-seulement à cause de la latitude plus méridionale, mais aussi à cause de la position géographique. En hiver, le thermomètre tombe quelquefois pendant la nuit à 1 ou 2 degrés au-dessous de zéro; mais d'après les relevés du docteur Honnoraty[2], et pendant les mois les plus froids de l'année, décembre, janvier, février, le thermomètre

---

1. M. Edwin Lee (*Notice sur Hyères et Cannes*) pense que la moyenne des jours de pluie est plus élevée.
2. Cité par les docteurs Barth et Lee.

placé à l'ombre au nord, n'a pas, vers le milieu du jour, dépassé inférieurement 7 au-dessus du zéro, tandis qu'il s'élevait souvent à 12 et 15 à l'ombre, et atteignait même 18 et 20. Au soleil, au contraire, il ne s'est pas abaissé au-dessous de 17, et il montait quelquefois à 30 et 40 ; mais le plus souvent la chaleur moyenne variait de 10 à 13 à l'ombre et de 25 à 30 au soleil. Dans les vallons abrités de Saint-Pierre des Horts et de Costebelle la température journalière est encore plus égale que dans la ville ; mais pour un grand nombre de personnes aux poitrines délicates l'air y est trop chargé de principes salins à cause du voisinage de la mer. Si les touristes se plaignent que la ville d'Hyères ne soit pas située sur le rivage même de la Méditerranée, en revanche, la plupart des malades s'en félicitent.

En tenant compte de la diversité des tempéraments, on peut dire que le climat d'Hyères est convenable dans les cas suivants : « Disposition à la toux, aux rhumes, aux catarrhes pulmonaires, crachements de sang, enrouement habituel, perte de la voix, inflammation chronique du larynx, phthisie pulmonaire, maladies rhumatismales et goutteuses, affections scrofuleuses et lymphatiques [1]. » Pendant l'hiver de 1862 à 1863, huit cent cinquante familles ont séjourné à Hyères. Les Français formaient à peu près la moitié, et les Anglais le tiers de la colonie étrangère ; le reste se composait d'Allemands, de Russes, d'Américains, etc.

Vers 1840, la vie moyenne à Hyères était d'après les calculs de M. Henri Bigeon, de 28 ans pour les hommes et de 32 ans pour les femmes : c'est une vie bien courte pour un climat semblable. Mais il faut chercher les principales causes de la forte mortalité dans le genre de vie des habitants et l'insalubrité de la haute ville aux rues étroites et sombres. Peut-être aussi les eaux croupissantes des salines et des marais

---

1. Voir les brochures des docteurs Bayle, Barth, Edwin Lee, etc.

avoisinants dégagent-elles pendant l'été des miasmes délétères. Lorsque souffle le vent du sud, les moustiques, apportés en essaims innombrables, sont pour les habitants d'Hyères un véritable fléau.

Histoire.

La fertilité de la vallée d'Hyères, son heureuse situation, la sûreté de la rade qui s'étend entre le continent et les îles, ne permettent pas de douter qu'une bourgade importante ne s'élevât autrefois sur l'emplacement occupé par la ville d'Hyères; mais rien n'autorise à croire que cette bourgade fût l'antique *Olbia* des Phocéens, sujet de tant de discussions archéologiques. Les premiers documents écrits constatant l'existence de la cité d'Hyères datent du xe siècle. « A cette époque, nous dit M. Alphonse Denis, elle était considérée comme une place très-forte, et on lui donnait le nom de *nobile castrum Aræarum*. » En 970, elle appartenait au vicomte Pons de Fos, seigneur de tout le littoral compris entre l'embouchure du Rhône et les montagnes connues aujourd'hui sous le nom de montagnes des Maures.

Pendant les siècles qui suivirent, l'histoire d'Hyères fut celle de la plupart des villes du monde féodal. Vainement les bourgeois du *castrum* essayèrent-ils de se libérer et de se constituer en commune libre à l'exemple de leurs puissants voisins les Marseillais, ils furent vaincus par le seigneur de Fos et retombèrent dans la servitude. Puis la guerre éclata entre le suzerain et le vassal. Le comte de Provence, Ildefonse Ier, réussit à s'emparer par ruse du château d'Hyères; mais le seigneur Amelin de Fos, appelé communément le Grand-Marquis, défit les troupes de son suzerain en bataille rangée et força la garnison provençale du château à capituler. Cet événement se passait en 1192. Les habitants d'Hyères restèrent sujets de la maison de Fos, et ne changèrent de maîtres que plus d'un demi-siècle après la défaite du comte

Ildefonse Ier. Le conquérant de leur ville fut le célèbre Charles d'Anjou.

Devenu comte de Provence par son mariage avec l'héritière Béatrix, le prince français voulut affirmer son droit de suzeraineté en faisant la conquête de tous les domaines appartenant à ses vassaux. Roger d'Hyères, Bertrand de Fos et leur sœur Mabille, occupaient alors Hyères, son château et ses îles. Le comte de Provence, oublieux de la généreuse hospitalité que les seigneurs d'Hyères avaient accordée en 1254 à son frère saint Louis lors de son retour d'Orient, leur manda « de vuider et lui quitter promptement tant le château fort que la ville avec tout ce qu'ils tenoient induement. » Les petits-fils du Grand-Marquis refusèrent de céder leur seigneurie et se préparèrent aussitôt à la résistance. Pendant cinq mois ils tinrent en échec les troupes de Charles d'Anjou, et ne capitulèrent qu'à la condition de recevoir, en échange du territoire d'Hyères, vingt-deux villes ou villages donnant chaque année un revenu de 10 000 sols provençaux. Le traité, par lequel le petit État d'Hyères prenait fin pour être englobé dans les vastes provinces du frère de saint Louis, fut signé le 15 octobre 1257. Par ce traité, les seigneurs d'Hyères cessaient d'être indépendants, et Roger, devenu simple gentilhomme de Charles d'Anjou, dut suivre son nouveau maître pour l'aider à conquérir la Sicile.

Il paraît que les habitants d'Hyères ne perdirent pas au change, car, sous la domination de la maison d'Anjou, ils parvinrent, après diverses vicissitudes politiques, à reprendre ou à racheter leurs libertés municipales. Au commencement du XIVe siècle, Hyères était une des villes les plus importantes de la Provence : elle occupait un rang supérieur à celui de Toulon. D'après la tradition et un manuscrit du temps, il paraîtrait même que, en l'année 1530, la ville d'Hyères, devenue française depuis quarante-neuf ans, envoya un certain nombre de manants pour repeupler la ville de Toulon, dont presque tous les habitants avaient été emmenés en esclavage par les Turcs. Ceux-ci ravagèrent souvent les campagnes d'Hyères, mais la ville elle-même fut toujours respectée. Charles-Quint, André Doria, n'essayèrent point de s'en emparer ; plus tard Barberousse vint y séjourner comme allié de François Ier.

Peu de temps après la visite de Catherine de Médicis et de Charles IX à Hyères, les huguenots de cette partie de la Provence, en butte aux plus atroces persécutions, furent obligés de s'armer pour la défense de leurs droits. Soutenus par les populations qui désiraient avant toutes choses le rétablissement de l'ordre, les religionnaires, qu'on appelait généralement *rasats* ou *rasés* en jouant sur le nom de leur protecteur, le maréchal de Retz, remportèrent la victoire en plusieurs rencontres. La ville d'Hyères se déclara en leur faveur ; mais les Ligueurs, mieux connus sous le nom de *carcistes* à cause de leur chef, le comte de Carcès, se maintinrent dans le château d'Hyères, et, pendant plusieurs années, on vit flotter les deux drapeaux ennemis sur les murailles de la même cité. Interrompue par une terrible peste, la guerre civile recommença en 1588, et Hyères eut à en souffrir plus que toute autre ville de la Provence. De 1589 à 1596, le château subit trois sièges, et le dernier dura cinq mois. Par ordre du roi Henri IV le château fut démoli ; mais la ville était presque entièrement détruite. « Aussi, pour la dédommager de tout ce quelle avait souffert, et en récompense du dévouement dont elle avait donné un si haut témoignage, le monarque abandonna-t-il pour dix ans les revenus qu'il tirait de cette cité ; de plus, voulant laisser aux habitants une preuve de son affection, il leur fit proposer de transférer leur ville à la presqu'île de Giens ou sur tout autre point de la côte qui pût être à leur convenance. Cette proposition ayant été acceptée, le roi promit d'affecter pendant six années les revenus de ses salines d'Hyères à la construction d'un port. Le contrat fut passé à Marseille ;

mais les manants et les habitants d'Hyères se ravisèrent bientôt, et songeant avec raison aux dépenses énormes que cette translation coûterait, à l'insalubrité des nouveaux lieux qu'ils allaient habiter et que bornaient à l'ouest et au nord des marais empestés, aux belles et riches parties du territoire dont ils allaient s'éloigner, ils envoyèrent une députation à Paris pour réclamer la non-exécution de l'acte qu'ils avaient signé si inconsidérément [1]. » Les maisons ruinées furent rebâties les unes après les autres sur l'emplacement qu'elles occupaient autrefois.

En 1661 et en 1664, les habitants d'Hyères résistèrent courageusement aux édits qui aggravaient l'impôt du sel et supprimaient des priviléges locaux solennellement jurés. Louis XIV punit la résistance de la population d'Hyères en lui retirant le siége de justice, en imposant une contribution de guerre considérable et en faisant flétrir la ville tout entière par la main du bourreau. La pierre qui portait la prétendue marque d'infamie était encastrée dans le mur de l'église de Saint-Paul; mais elle tomba peu de temps avant la révolution de 1789. De pareils procédés, de la part du gouvernement central, n'étaient pas faits pour inspirer un grand patriotisme aux citoyens d'Hyères Aussi ne firent-ils pas la moindre résistance lorsque, en l'année 1707, la flotte combinée d'Angleterre et de Hollande débarqua ses troupes sur les plages d'Hyères. La ville fut transformée en hôpital par les généraux alliés. On n'y compta pas moins de 5000 malades, Allemands et Piémontais.

Hyères est la patrie de Massillon, des deux troubadours Guillaume et Rambaud, de Rostang d'Hyères, archevêque d'Aix, du père Guibaud, auteur de la *Morale en action*. La

---

1. *Promenades pittoresques à Hyères*, par M. Alph. Denis. Les personnes qui désirent connaître l'histoire d'Hyères dans tous ses détails doivent consulter cet excellent ouvrage, écrit avec un sentiment d'impartialité bien rare.

famille de Vauvenargues était originaire de cette ville ; mais Vauvenargues lui-même naquit à Aix.

La ville et ses monuments.

Hyères, de même que toutes les villes construites pendant le moyen âge sous la protection d'un château fort, ne présentait autrefois qu'un labyrinthe de ruelles escarpées, étroites et remplies d'ordures, communiquant les unes avec les autres au moyen d'escaliers et de passages voûtés. Le vieux Hyères, qu'entoure une ceinture de murailles en ruine, flanquées de tours et couronnées de créneaux, offre encore à peu près la même apparence qu'à l'époque féodale, et ceux qui redoutent les odeurs nauséabondes doivent éviter avec soin de gravir la colline d'Hyères en s'engageant dans le dédale des passages et des carrefours qui serpentent sur le flanc du rocher entre de noires maisons. Un ancien manuscrit, cité par M. Denis, nous apprend qu'il était autrefois défendu aux nobles de résider dans la ville basse, réservée aux seuls roturiers ; maintenant, au contraire, la ville haute n'est plus habitée que par les pauvres, et les progrès de l'hygiène publique peuvent faire espérer qu'elle finira par être complétement abandonnée, à moins qu'elle ne soit transformée par le percement de larges rues.

La nouvelle ville se compose actuellement d'une rue construite immédiatement en dehors de la partie méridionale de l'ancienne enceinte, de la porte des Salins à la porte Fenouillet. Ces deux portes ogivales existent encore ; mais les murailles, remplacées par des maisons neuves, ont disparu. La rue, qui est l'ancienne route construite au pied des remparts, se continue à l'est et à l'ouest, sur une longueur de près de 2 kilomètres, et forme un boulevard dont presque toutes les habitations ont une façade exposée au sud ou au sud-ouest. Cette rue, où se trouvent les hôtels et la plupart des belles maisons particulières, constitue à elle seule la véritable Hyères des étrangers. Bientôt seront inaugurés deux boulevards parallèles à cette grande artère, construits à l'ouest de la ville, l'un sur le flanc de la colline au-dessus de la route, l'autre au-dessous, dans la plaine des jardins. A l'est d'Hyères, la pente assez douce du terrain a permis l'ouverture de plusieurs rues modernes également réservées aux malades et aux visiteurs.

Deux places s'ouvrent sur le parcours de la grande rue de la ville neuve et la partagent en trois parties à peu près égales : ce sont, à l'ouest, la place des Palmiers, et à l'est, la place de la Rade. La première est encore unique en France, grâce aux cinq beaux dattiers qui l'ombragent : de la terrasse on jouit d'une vue magnifique sur les plantations exotiques des jardins de Beauregard, sur les cultures variées de la vallée, sur la montagne des Oiseaux et le promontoire de l'Ermitage, séparé de la presqu'île montueuse de Giens par la strie bleuâtre de l'étang des Pesquiers; un obélisque érigé par la ville d'Hyères en l'honneur d'un ancien tailleur allemand, devenu baron, s'élève au milieu de la place des Palmiers. La place de la Rade est un quadrilatère irrégulier situé au sud-est de l'ancienne enceinte, en dehors de la porte des Salins et à l'origine du boulevard d'Orient. Au nord de cette place, et séparé d'elle par un mur de soutènement, s'étend une longue terrasse ornée de fontaines et ombragée d'arbres : c'est la place Royale. Sur la fontaine méridionale de cette terrasse on a élevé une statue en marbre de Charles d'Anjou sculptée par Daumas. Les citoyens d'Hyères n'auraient-ils pas fait preuve de plus de patriotisme et de dignité en s'abstenant d'ériger une statue au conquérant qui vainquit leurs ancêtres?

Les monuments du moyen âge que possède la ville d'Hyères n'offrent pas un grand intérêt. Les remparts, dont les parties les plus anciennes ne paraissent pas remonter au delà du xe ou du xie siècle et qui furent maintes fois réparées pendant les siècles suivants, entourent encore toute la partie septen-

Place des Palmiers à Hyères.

trionale de la ville et sont flanquées d'une dizaine de tours rondes ou carrées presque intactes. Dans l'intérieur de la ville, à mi-flanc de la colline, on voit également quelques restes d'une muraille qui partageait Hyères en deux bourgs fortifiés. Tous ces pittoresques débris de la cité féodale ont été classés parmi les monuments historiques. La citadelle et le donjon, situés sur le sommet de la colline, n'existent plus : on n'en voit plus que des vestiges. Sur l'emplacement qu'occupait autrefois le château fort s'étendent aujourd'hui les jardins et les vignobles d'une charmante villa à demi cachée par le feuillage des plantes grimpantes. On y monte soit par le labyrinthe des ruelles de l'ancienne ville, soit par le chemin de la Pierre glissante, dont le premier lacet se détache de la grande route, presque vis-à-vis de la poste. De la villa, on s'élève par de faciles sentiers tracés en zigzag sur le flanc de la colline jusqu'au rocher terminal qui portait le donjon et qui s'élève à la hauteur de 204 mètres au-dessus du niveau de la mer. En 15 minutes de marche on peut atteindre le sommet.

Le panorama qui se déroule autour de la colline du château est d'une grande beauté. A ses pieds, on voit la ville d'Hyères descendre de terrasse en terrasse, s'élargir en triangle comme toutes les villes bâties sur le flanc d'un rocher, puis échapper à sa ceinture de murailles pour développer ses rangées de maisons neuves au bord de la plaine verdoyante. Au delà ce sont les marais salants, les ondulations de la côte, la nappe bleue de la rade, la chaîne des îles d'Hyères, se continuant vers Toulon par la presqu'île de Giens, et plus loin, l'immense demi-cercle de l'horizon marin, bordé, quand l'air n'est pas chargé de vapeurs, par les montagnes de la Corse, éloignées de 220 kilomètres. A l'ouest, la brume qui pèse sur les campagnes et les navires épars dans les eaux de la rade révèlent Toulon. « Au nord, sur les derrières, on voit un pays boisé, sauvage, qui forme un contraste piquant avec le riche et magnifique étalage du côté méridional [1]. » L'horizon est circonscrit par des montagnes : le Faron, au revers septentrional coupé à pic ; le Coudon, couronné de sa superbe pyramide de rochers ; le Fenouillet dominant l'entrée de la vallée d'Hyères ; et du côté de l'est la chaîne des Maures, presque entièrement recouverte par des forêts de chêne-liége. L'ancien propriétaire des jardins du château a voulu ajouter à la beauté du spectacle par l'érection de divers monuments en style rococo. Un obélisque, dont il ne reste plus que la base, est dédié « aux héroïques défenseurs de la patrie. » Les deux tombeaux du propriétaire et de sa femme s'élèvent sur le point culminant du rocher : ils portent des inscriptions qu'il est inutile de reproduire ici, mais qui sont assez curieuses au point de vue psychologique.

L'*église de Saint-Paul,* située sur une terrasse à peu près au milieu de la ville haute, ne peut intéresser que les archéologues de profession. Elle succéda comme église paroissiale à l'église de Saint-Pierre, qui s'élevait près du sommet de la colline et dont les ruines existaient encore au commencement du siècle ; la ville continuant de descendre vers la plaine, l'église de Saint-Paul a perdu à son tour le titre de paroissiale, qu'a pris, en 1842, l'église de Saint-Louis, située dans la ville basse. Saint-Paul est une construction très-irrégulière, dont les parties les plus anciennes remontent au XIIe siècle et qui, depuis cette époque, a été souvent réparée. De la plate-forme qui s'étend devant l'église et qui communique avec elle au moyen d'un escalier de la Renaissance dominé par une tour pittoresque en encorbellement, on jouit d'une belle vue, presque aussi étendue que celle du château, du côté de l'ouest et du midi. En 1596, un régiment et une batterie d'artillerie parvinrent à se loger sur cette place pour faire le siége du château occupé par les Ligueurs. — Plusieurs mai-

---

1. *Voyages dans les Alpes,* par de Saussure.

sons du moyen âge et de la Renaissance, formant en certains endroits des motifs pittoresques, s'élèvent autour de l'église Saint-Paul, parallèlement à la seconde enceinte de la ville, et plus haut jusqu'aux ruines d'un ancien couvent de Bernardines.

La principale église d'Hyères, l'*église Saint-Louis*, est classée parmi les monuments historiques. C'est une ancienne église conventuelle des Cordeliers construite probablement au XIIIe siècle et complétement restaurée de 1822 à 1840, après

Église Saint-Louis.

avoir servi de magasin pendant la Révolution. La façade, qui donne sur la place Royale, se compose d'un grand mur plat percé dans sa partie inférieure de trois portes cintrées, décorées de colonnettes et de moulures ; dans la partie supérieure s'ouvrent deux fenêtres en lancette, au-dessus des portes latérales, et une rose à meneaux en ogive, au-dessus de la porte centrale. L'intérieur, dont le sol est plus bas que celui des rues voisines, et qui est très-obscur, se compose de trois nefs séparées par des piliers massifs et d'une rangée de chapelles du XVe siècle. Les objets les plus curieux sont des stalles de chœur et une chaire sculptées dans le style flamboyant ; des vitraux modernes, exécutés par M. Maréchal, de Metz ; un retable en pierre dans la chapelle de la Vierge, avec six bas-reliefs par M. Fabiche, sculpteur lyonnais, et une statue de la Vierge à l'enfant, par Mlle de Fauveau ; une copie du *Christ au sépulcre*, d'après le Titien, par M. Garcin, etc. — Presque en face de l'église, de l'autre côté de la place Royale, se trouve un édifice délabré qui sert d'hôpital et qu'on devrait se hâter de reconstruire, dans l'intérêt des malades. On y montre aux étrangers un médaillon de peu de valeur, représentant une *Mater dolorosa* attribuée au Puget.

L'*hôtel de ville*, situé sur la place Massillon, est l'ancienne chapelle d'une commanderie des Templiers. La tour ronde qui flanque l'édifice du côté du midi, est d'un aspect très-pittoresque. Expilly, dans son dictionnaire des Gaules, nous dit qu'au sommet de cette tour se trouvait « une longue et magnifique terrasse » où l'on montait par un escalier pratiqué dans l'épaisseur des murs. Cette terrasse n'existe plus. L'intérieur de la commanderie a perdu son ancien caractère ; dans une des salles basses on a déposé une mosaïque gallo-romaine trouvée dans un champ de la vallée du Gapeau. Sur la place de l'hôtel de ville, près de la halle au poisson, s'élève au sommet d'une colonne, le *buste de Massillon*, dû à la munificence du baron Stulz, auquel la ville a cru devoir à son tour, par un échange de politesses, ériger l'obélisque de la place des Palmiers. A quelques pas du buste de Massillon, à l'entrée de la rue Rabaton, n° 7, se trouve la maison où naquit le célèbre orateur, le 23 juin 1663. En 1435, deux sorcières, accusées d'avoir jeté un sort sur deux nouveaux mariés, furent *arses et brûlées toutes vives*, au milieu de la place du Piot, connue aujourd'hui sous le nom de place Massillon.

Le théâtre, situé sur la place du Jeu-de-Ballon, derrière l'église Saint-Louis, et la bibliothèque qui compte seulement

1300 volumes, méritent à peine d'être mentionnés. Hyères ne possède pas encore de casino; quant aux élégantes maisons particulières et aux belles villas des environs, elles ne peuvent guère être visitées pendant le séjour des propriétaires que par les étrangers munis de lettres d'introduction. La plus remarquable de ces maisons de campagne est la villa Alberti, propriété du duc de Luynes : elle est située à l'est de la ville, sur la route de Saint-Tropez.

Hyères est éclairée au gaz ; ses jardins et ses champs sont arrosés par le Béal, canal dérivé du Gapeau et creusé pendant la dernière moitié du xve siècle par Jean Natte, *vir peritus et ingeniosus*. Ce beau canal, long de plus de 10 kilomètres, commence près du château moderne de la Castille, traverse le village de la Crau, contourne la base du Fenouillet, puis après avoir parcouru toute la vallée d'Hyères, va déverser le restant de ses eaux dans la partie de la rade qui baigne la plage du Ceinturon. Dans la plaine de la Crau, on a découvert les vestiges d'un ancien aqueduc que l'on croit avoir servi à porter dans les campagnes d'Hyères les eaux de la belle source du Thon, près de Solliès-Toucas.

Agriculture et industrie.

Hyères est aujourd'hui un chef-lieu de canton peuplé de 11 000 habitants environ, en y comprenant la population des hameaux épars dans la campagne. Le territoire de la commune d'Hyères est si étendu, qu'il forme à lui seul, avec la commune de la Crau, tout le canton dont la ville est le chef-lieu. Les campagnes d'Hyères sont très-peuplées; mais la division des terres en nombreuses parcelles et les nécessités de l'exploitation agricole ont empêché la population de se grouper en communes distinctes. De toutes parts on ne voit dans les vergers et les jardins que des bastides isolées à demi cachées par le feuillage.

La principale occupation des habitants d'Hyères consiste

dans l'*exploitation* des visiteurs étrangers. Cette immigration périodique procure à la ville un revenu que l'on peut évaluer à 5 ou 6 millions par saison d'hiver. L'industrie proprement dite est presque uniquement agricole. Les primeurs de toute espèce, poires, petits pois, artichauts, choux-fleurs, etc., sont l'objet d'un grand commerce, surtout avec Toulon, Marseille et Paris. On récolte chaque année dans le pays pour une valeur de plus d'un million de vins communs. Les oliviers, les figuiers, donnent aussi des produits considérables. Quant aux célèbres forêts d'orangers, elles ne sont plus qu'un mythe, et les mauvais vers souvent cités de Chapelle et de Bachaumont n'ont plus de sens :

> On est contraint de chercher l'ombre
> Des orangers, qu'en mille endroits
> On y voit sans rang et sans nombre
> Former des forêts et des bois.
> Là, jamais les plus grands hivers
> N'ont pu leur déclarer la guerre.
> Cet heureux coin de l'univers
> Les a toujours beaux, toujours verts,
> Toujours fleuris en pleine terre....

En 1553, lorsque Charles IX alla visiter Hyères, on avait planté des deux côtés du chemin deux rangs d'orangers couverts de fruits, « en sorte qu'on pouvait penser que les habitants laissaient ainsi croître ces arbres sur la route. » Le roi ne pouvait se lasser d'en admirer la beauté. Manne rapporte qu'il se trouvait alors dans un jardin un oranger couvert de 14 000 fruits. Le tronc de cet arbre était de si énormes dimensions que le roi, son frère le duc d'Anjou et le roi de Navarre ne purent l'embrasser; sur l'écorce on grava cette inscription ridicule :

> Caroli regis amplexu glorior.

Émerveillée de la magnificence presque tropicale des campagnes d'Hyères, Catherine obtint de son fils qu'il lui ferait bâtir près de la ville « une maison royale entourée de jardins. » Charles ordonna de mettre sur-le-champ la main à l'œuvre ; mais de retour à Paris il oublia bientôt ses projets de villégiature pour s'occuper des sombres intrigues et des perfides machinations qui devaient amener le jour fatal de la Saint-Barthélemy [1]. D'ailleurs un mois s'était à peine écoulé depuis le départ du roi, qu'un froid très-intense fit périr presque tous les orangers. De nouveaux bosquets de ces arbres fruitiers furent plantés dans les jardins d'Hyères. En 1820, une forte gelée fit périr la plus grande partie des plantations. Cependant, vers 1840, on en comptait encore une centaine d'hectares contenant plus de 200 000 pieds. Les villas Farnous et de Beauregard étaient surtout célèbres par la magnificence de leurs vergers, lorsque tout à coup une espèce d'*oïdium* commença de sévir sur les orangers. Feuilles et fleurs, branches et tiges se desséchaient lentement, l'arbre était graduellement frappé, et bientôt n'offrait plus qu'un tronc noirci. « La terre ne veut plus d'orangers, » disaient les cultivateurs [2]. Sans aucun doute on eût pourtant essayé de protester contre l'arrêt de la nature si la concurrence des oranges de Majorque, de Portugal, de Sicile, d'Algérie, n'avait pas rendu toute lutte sérieuse impossible. Maintenant Hyères, cette ville classique des oranges, en produit beaucoup moins que ses voisines du littoral méditerranéen, Cannes, Nice, Menton ; elle ne cultive non plus qu'un petit nombre de citronniers. On a généralement substitué le pêcher à l'oranger dans la plupart des plantations. Sur les pentes des collines croît le chêne-liége.

Les manufactures ne sauraient être nombreuses dans une ville située au centre d'un pays exclusivement agricole, habité par des loueurs de maisons et des aubergistes, écartée des grandes voies de communication et située dans l'intérieur des

1. Alph Denis.
2. Amédée Aufauvre, *Hyères et sa vallée.*

terres. Dans le siècle passé, chaque ville devant compter sur ses propres ressources à cause de la difficulté des échanges, Hyères était le centre d'une certaine activité industrielle. Un registre de l'année 1698, cité par M. Alphonse Denis, nous apprend qu'il « y avait autrefois quantité de tanneurs, de chapeliers, de passementiers, de savonniers et autres semblables métiers, qui avaient leurs fabriques et manufactures bien établies, et qui activaient un commerce très-considérable. Tout cela ayant déguerpi et quitté le pays, il ne nous reste que des chirurgiens qui sont toujours fort occupés, avec quelques apothicaires, quelques méchants savetiers et quelques méchants tisseurs de toile, qui ne savent faire que des toiles unies et fort grossières.... » Aujourd'hui les établissements industriels d'Hyères sont construits uniquement en vue de la consommation locale. Ce sont des moulins à huile et à farine, des tuileries, des poteries, des corderies, des distilleries, des magnaneries. La fabrication du sel dans les salines, et de la soude à Porquerolles (V. ci-dessous), sont des industries complétement indépendantes de la ville d'Hyères. En 1861, 372 navires, jaugeant 25 423 tonneaux, ont mouillé devant les deux salines et à Porquerolles.

Les grès houillers de la montagne des Oiseaux et des Maurettes sont trop pauvres pour qu'on puisse les exploiter avec succès.

Promenades.

Les seules promenades d'Hyères sont les places Royale et des Palmiers, et les boulevards qui rayonnent autour de la ville. Le jardin public, situé immédiatement au-dessous de la place des Palmiers, est de création trop récente pour qu'il puisse servir de but de promenade à d'autres personnes qu'aux botanistes et aux horticulteurs : il n'offre pas encore d'ombrages, et d'ailleurs ses dimensions sont des plus exiguës. En attendant qu'il acquière de l'importance, les étrangers iront toujours chercher l'ombre et la fraicheur dans les jardins particuliers qui entourent la ville et remplissent la vallée du Roubaud. C'est là qu'on peut étudier dans toute leur beauté les plantes exotiques acclimatées à Hyères. La plaine entière pourrait être transformée en un vaste jardin d'acclimatation pour le reste de la France.

Parmi les plantes étrangères cultivées en pleine terre dans les vergers de la ville provençale, il faut compter en première ligne les cinquante espèces d'orangers, de citronniers et de bigarradiers qui ont tant contribué à la célébrité d'Hyères. Le dattier ne porte pas de fruits ; mais il développe parfaitement son feuillage et peut atteindre jusqu'à la hauteur de 15 mètres. Le *chamærops humilis* croît sans réclamer de soins. Depuis plus de vingt ans les jardiniers ont également acclimaté les balisiers, les bignoniées, les casuarinées, les cactus de diverses espèces, y compris l'*opuntia*. Les goyaviers donnent des fruits quand ils sont disposés en espalier, les néfliers du Japon prospèrent comme des arbres indigènes et déjà leurs fruits sont vendus sur tous les marchés du littoral de la Provence. La canne à sucre, cultivée avec succès avant la découverte de l'Amérique, a été de nouveau introduite dans les vergers d'Hyères, mais seulement comme plante d'agrément.

A ces plantes acclimatées il faut en ajouter un nombre considérable qui servent à l'ornement des jardins. Le principal établissement d'horticulture est celui des MM. Huber, situé au sud de la ville, à côté du chemin d'Almanarre. Il comprend une superficie d'environ 6 hectares. Les étrangers peuvent le visiter librement.

**L'ERMITAGE. — LE VAL DE COSTEBELLE. — POMPONIANA.
LA MONTAGNE DES OISEAUX.**

On compte 5 kilomètres d'Hyères à Pomponiana par la route de voitures. De nombreux chemins qui remontent à droite dans les vallons boisés de la montagne des Oiseaux permettent de varier les promenades. On peut facilement se dispenser de l'ennui de prendre un guide; mais on fera bien de se munir d'une carte détaillée. Des poteaux indicateurs sont placés à l'entrée de presque tous les chemins.

En général, les étrangers inaugurent la série de leurs excursions autour d'Hyères par l'ascension de la colline qui porte la chapelle de l'**Ermitage**, appelée aussi Notre-Dame de Consolation. Pour s'y rendre, on n'a qu'à traverser la vallée d'Hyères par le chemin d'Almanarre, malheureusement encaissé entre deux murailles, puis à gravir la pente de la colline qui s'élève au sud; vers la fin de la montée, on quitte la route principale pour prendre à gauche un sentier raboteux, bordé de sauges, de cistes et d'autres plantes odoriférantes. La chapelle, située sur une plate-forme de 110 mètres de hauteur au-dessus de la mer, n'offre guère d'intérêt : c'est une lourde bâtisse à piliers romans et à voûte ogivale, qui a sans doute remplacé quelque temple antique et que domine un clocher moderne portant une massive statue de la Vierge. De nombreux *ex-voto*, cœurs d'argent, bras et jambes en cire, moulages représentant des plaies, tapissent les murs de la chapelle. De l'extrémité de la terrasse la vue est charmante. On se trouve sur un promontoire à peine recouvert d'arbustes épineux et montrant çà et là la surface nue du rocher; mais tout autour de la colline s'étalent les riches cultures de la plaine : à gauche, c'est la vallée d'Hyères; à droite, le délicieux vallon de Saint-Pierre des Horts. En face, on remarque surtout la rangée des îles d'Hyères et les deux levées de sable qui enserrent l'étang des Pesquiers et réunissent au continent l'ancienne île de Giens transformée en presqu'île. Les promeneurs qui ne craignent pas les épines peuvent descendre en quelques minutes de la terrasse de l'Ermitage au chemin d'Hyères à Carqueyranne et à Toulon.

Sans rebrousser chemin jusqu'à la route, on peut également atteindre en quelques bonds le fond du **val de Costebelle**, où sont éparses plusieurs maisons charmantes entourées de jardins et protégées du mistral par les pentes de la montagne des Oiseaux. Sous l'ombrage des arbres exotiques qui se penchent sur la route, on descend insensiblement vers la mer, en dépassant tantôt un chalet suisse, tantôt un cottage anglais, ou une villa italienne. Bientôt on laisse à droite, au milieu d'un beau parc de 25 hectares, un château gothique avec donjon, terrasses et créneaux : c'est le *château de Saint-Pierre des Horts* ou *des Jardins* (*hortus*), récemment élevé par le docteur Germain de Saint-Pierre et renfermant un cabinet de micrographie et de physiologie végétale. Le nom de Horts, donné à cette partie du val de Costebelle, prouve que, du temps des Romains, les riches habitants des villes voisines avaient également bâti leurs maisons de campagne et disposé leurs jardins dans cet endroit charmant. A la base méridionale du promontoire de l'Ermitage, on voit encore les ruines d'une ancienne villa romaine appelée la Font à cause d'une source jaillissante.

A une petite distance à gauche de la route, et à 500 mètres environ du bord de la mer, se trouvent les débris informes du *couvent de Saint-Pierre d'Almanarre*, dont le nom, d'origine arabe, semble rappeler l'existence d'un ancien phare. Vers la fin du XIIe siècle s'élevèrent les premières constructions de ce couvent. Il fut concédé à des moines bénédictins ; mais ces religieux se signalèrent bientôt par une conduite des plus dissolues, si bien que le pape Honorius III donna l'ordre de les disperser et de fermer leur couvent. Quelques années après, des religieuses bénédictines vinrent habiter le monastère abandonné, et, grâce à la solidité des murailles, purent s'y maintenir pendant près de deux siècles contre toutes les tentatives des pirates sarrasins. Ce fut seulement vers la fin du XIVe siècle que s'accomplit le désastre, amené par l'imprudence des religieuses, dit une ancienne légende que rapporte M. Alphonse Denis. « Une jolie abbesse, appartenant à l'une des plus illustres maisons de Provence, ne s'avisa-t-elle pas, par une triste nuit d'hiver, de mettre à l'épreuve le courage et la bonne volonté des habitants de la ville, en faisant sonner sans sujet la cloche d'alarme de son couvent. Les manants, croyant la côte menacée, se hâtèrent de s'y porter en armes : tout était calme et tranquille sur le rivage. Cruellement mystifiés, ils se bornèrent à une vengeance toute passive, mais dont les suites furent terribles. Appelés à l'aide un jour de véritable danger, les habitants de la cité, garantis par leurs remparts des coups de main que se permettaient parfois les Sarrasins, ne répondirent point à la voix de leurs consuls et laissèrent incendier le monastère. On assure que sept religieuses seulement échappèrent à la brutalité des Maures. » Le couvent fut reconstruit à Hyères et dédié à saint Bernard : on en voit encore les ruines informes dans la partie la plus élevée de la ville.

En continuant de suivre le chemin de Carqueyranne, on atteint le rivage de la mer à 1 kilomètre environ du château de Saint-Pierre des Horts. C'est là, près d'un petit établissement de bains, que se trouvent les ruines de la ville gallo-romaine de **Pomponiana**, disséminées sur une étendue de 4 à 5 hectares de superficie. Les fouilles, commencées en 1843 par le prince Frédéric de Danemark, qui plus tard devint le roi Frédéric VII, et continuées par les ordres du comité des monuments historiques sous la direction de M. Alphonse Denis, ont mis au jour des maisons, des voûtes, un puits, des murailles d'enceinte, des fresques, des fragments de sculptures, des marbres, des médailles, des vases de différentes espèces et des ustensiles de ménage. Mais les débris les plus importants sont ceux d'un *castellum*, de plusieurs aqueducs, d'un quai, et de bains dont les substructions se perdent assez avant dans la mer. Un mur de plus de 60 mètres de longueur, s'étendant du nord au sud, dans la direction de la plage, présente une particularité singulière : la maçonnerie romaine, aujourd'hui recouverte en partie de plantes et d'arbustes, repose sur un soubassement formé de gros cubes superposés sans aucun ciment. « Ce soubassement, qui dénonce la tradition grecque, appartient, dit M. Aufauvre, à la catégorie des constructions dites cyclopéennes. »

La date de la fondation et celle de la destruction de Pomponiana sont encore l'objet d'hypothèses incertaines. Suivant M. Aufauvre, « une découverte importante, faite pendant les fouilles, permet de fixer avec une grande vraisemblance la date de la création romaine : c'est celle d'une grosse brique sur laquelle est moulée en relief une dédicace » rapportant au règne de Domitien l'établissement d'une station navale en ce lieu. Les ruines de Pomponiana ont été classées parmi les monuments historiques. Les collines environnantes offrent çà et là quelques roches d'origine ignée.

A 1 kilomètre à l'ouest de Pomponiana, sur la route de Carqueyranne, où résida longtemps Augustin Thierry, on remarque les débris d'une fontaine romaine, connue aujourd'hui sous le nom de San-Salvador. En continuant de suivre ce chemin, qu'on ne saurait trop recommander aux voyageurs qui ont le temps de flâner à leur aise, on arrive au pied du superbe promontoire de la **Colle-Nègre** (300 mètres) qui domine l'entrée de la grande rade de Toulon. Cette excursion, entreprise à travers les bosquets et les rochers, sur les pentes abruptes de la montagne, au-dessus des cavernes dans lesquelles la mer vient s'engouffrer en grondant, est un enchantement perpétuel. « C'est, dit George Sand, une promenade sur les rivages de la Grèce. »

Les piétons qui reprennent le chemin d'Hyères, après avoir visité les ruines de Pomponiana, feront bien de revenir par le **mont des Oiseaux**, dont l'ascension n'offre aucune difficulté et peut s'accomplir en moins d'une heure et demie. On remonte le val de Costebelle, et, laissant à droite la route directe d'Hyères, on s'élève peu à peu jusqu'à l'origine du vallon. Après avoir dépassé les sources qui alimentent la ville au moyen d'un aqueduc, on sort de la zone des cultures pour entrer dans la forêt qui recouvre les escarpements de la montagne. Arrivé sur la cime, haute de 299 mètres, on découvre un admirable panorama, surtout vers le soir, alors que le soleil se couche dans sa gloire au delà de la montagne de Six-Fours et du cap Sicié, et que les collines et les rochers projettent leurs grandes ombres sur la mer bleue et les plaines toutes vertes d'oliviers. La Colle-Nègre, le Coudon, le Fenouillet, les Maures, les îles d'Or, la presqu'île de Giens, sont les points de repère les plus saillants qui se dressent sur le pourtour de l'horizon. Entre ces hauteurs, on voit d'un côté s'étendre les campagnes semées de villages et de bastides; de l'autre, on contemple la mer serpentant en détroits, s'arrondissant en golfes et en baies, et se confondant au loin avec les vapeurs du ciel. « Ce bel ensemble, dit philosophiquement de Saussure, présente le spectacle du plus grand appareil et de plus grande force maritime de la Méditerranée, et en même temps du canton le plus fertile, sous le climat le plus beau et le plus doux de la terre; il rappelle ainsi les pouvoirs réunis de la terre et de l'homme, et les idées de la puissance et du bonheur dont cet être serait susceptible, s'il savait jouir de ses biens. »

Pour varier les points de vue, les promeneurs peuvent suivre, dans la direction du nord-ouest, la crête de la montagne des Oiseaux, et gagner ainsi la Monière et le Morne du Paradis (299 mètres), d'où un sentier frayé dans un étroit ravin permet d'atteindre la *station* d'Hyères. Cette partie de l'excursion demanderait environ 2 heures. On peut aussi redescendre directement de la montagne des Oiseaux à Hyères, soit par les sources de la ville, soit, plus au nord, par la grotte des Fées, petite caverne d'environ 30 mètres de profondeur, qui ne vaut guère une visite. Dans les environs se trouvent quelques carrières d'un marbre grossier.

LES SALINS-NEUFS. — L'ÉTANG DES PESQUIERS. LA PRESQU'ILE DE GIENS.

On compte 5 kilomètres d'Hyères aux Salins-Neufs, 5 kilomètres des Salins-Neufs à Giens, 3 kilomètres de Giens à la Tour-Fondue. On peut s'y rendre à cheval et même en voiture (15 fr.); mais nous conseillons vivement à tous ceux qui aiment la nature de parcourir à pied la presqu'île de Giens et de se baigner dans l'une de ses criques. Il n'y a pas d'auberge à Giens.

Les deux **plages** de sable qui unissent la presqu'île de Giens au continent constituent l'une des curiosités géologiques les plus remarquables de la France; on ne peut leur comparer que les levées de galets de la péninsule de Quiberon. Chacune des plages de Giens décrit un arc de cercle d'une régularité presque parfaite, tournant sa partie concave vers la haute mer, et formant avec sa partie convexe le rivage de l'étang quadrilatéral des Pesquiers complétement séparé de la mer. A la vue de ces plages basses, à peine élevées au-dessus du niveau de la Méditerranée, on ne saurait douter que la péninsule de Giens ne fût autrefois une île comme Porquerolles, et que les deux rades d'Hyères et de Giens ne se confondissent en une même nappe d'eau.

Pour expliquer ce phénomène remarquable de la formation de levées de sable au milieu de la mer, il n'est pas nécessaire d'admettre que le sol ait été lentement soulevé par les forces intérieures du globe, ou bien que le niveau de la Méditerranée se soit abaissé : la seule action des vagues a suffi pour former ces nouveaux rivages et rattacher l'île de Giens aux côtes de la Provence. En effet, les flots que les courants et les vents entraînaient, soit de l'est à l'ouest, soit de l'ouest à l'est, à travers le détroit peu profond qui séparait l'île du continent, venaient se heurter au milieu du détroit sur des bas-fonds et sur les pointes rocheuses des deux rivages opposés. Arrêtées ainsi dans leur vitesse, les vagues successives laissaient tomber les matières terreuses qu'elles tenaient en suspension et poussaient les débris plus lourds arrachés aux promontoires voisins. Sous l'impulsion alternative des flots, les deux traînées de sable formées vers la partie centrale du détroit par les vagues venues de l'est et de l'ouest se sont peu à peu enracinées aux rochers des caps, puis elles se sont allongées jusqu'à ce que leurs segments unis aient constitué deux jetées complètes, allant de l'île au continent. Une fois construits, ces brise-lames, que la mer elle-même avait élevés, n'avaient plus rien à craindre de ses assauts. Les tempêtes pouvaient les faire disparaître pendant quelque temps sous l'écume des vagues; mais ces tempêtes elles-mêmes avaient toujours pour résultat de consolider les plages, en leur apportant de nouveaux matériaux et en exhaussant leurs crêtes. A diverses époques récentes, la levée de l'ouest, qui s'arrondit autour de la rade de Giens, a été encore submergée par la mer; mais la levée orientale est assez large et assez haute pour résister aux plus terribles attaques des flots : déjà même elle offre en certains endroits une rangée de petites dunes boisées. Sans doute l'isthme de l'est doit sa plus grande solidité et sa hauteur plus considérable à la double action du courant maritime, qui se porte de l'est à l'ouest, et du mistral, qui souffle en sens inverse dans la direction du nord-ouest au sud-est; la lutte de ces deux forces contraires oblige les vagues à déposer les sables et les débris qu'elles tiennent en suspension.

Quoi qu'il en soit de cette hypothèse, les deux isthmes existent depuis un certain nombre de siècles, car on a découvert des traces de canaux qui coupaient les deux langues de sable pour mettre en communication la ville romaine de Pomponiana et la partie septentrionale de la rade d'Hyères. De nos jours, un seul passage, maintenu artificiellement au moyen de dragues, fait pénétrer les eaux de la mer dans l'étang des Pesquiers : c'est le Grau, ainsi appelé du latin *gradus* (degré, passage). Il s'ouvre vers le milieu de la levée orientale, et permet aux gabares d'aller prendre leur chargement dans les Salins-Neufs.

Les dimensions de l'**étang des Pesquiers**, dont le nom signifie *pêcheries*, étaient autrefois beaucoup plus considérables qu'elles ne le sont aujourd'hui. Il recouvrait au nord les terres basses qui s'étendent à la base de la colline de l'Ermitage, vers l'embouchure du Gapeau, et dont une partie s'appelle encore Palivestre (*palus vetus*, vieux marais). C'est pendant le cours du siècle actuel que l'industrie et l'agriculture ont fait les plus grandes conquêtes sur la lagune des Pesquiers. MM. Louis Aurran et d'Ivernois ont opéré le desséchement de toutes les eaux vagues qui s'étendaient à l'ouest de la plage du Ceinturon ; puis une compagnie industrielle, dirigée par des capitalistes marseillais, a obtenu la concession de toute la partie septentrionale des Pesquiers et l'a transformée en marais salants : ce sont les **Salins-Neufs**. Le damier des aires d'évaporation occupe une superficie d'environ 536 hectares, et la production annuelle est en moyenne de 20 000 tonnes par an. Les produits sont en grande partie consommés dans le pays ; mais on expédie aussi plusieurs milliers de tonnes dans le nord de l'Europe : la fabrique de soude établie à Porquerolles s'approvisionne également de sel aux Salins-Neufs. Une machine à vapeur en assez mauvais état (1863) élève l'eau de mer pour la faire passer successivement à travers les aires, où elle se concentre peu à peu.

Le chemin qui mène d'Hyères à la **presqu'île de Giens** emprunte l'isthme occidental. Il n'a pas encore été consolidé, et ce n'est pas sans fatigue qu'on marche sur les sables meubles ou bien sur les amas de coquillages et les couches d'algues qui bordent la plage. A l'extrémité méridionale, l'isthme dont le sol, mélangé de débris végétaux, devient à la fois plus spongieux et plus tenace, se peuple de petits tamaris et d'autres plantes qui se plaisent à l'air salé des rivages maritimes. Une ligne, aussi facile à suivre du regard que la trace d'un ancien fossé autour d'un château fort, marque l'endroit précis où la levée de l'isthme vient s'appuyer sur les pentes de l'île transformée en péninsule.

Quelques minutes après avoir quitté l'isthme, on atteint le petit hameau de **Giens**, que l'on voyait peu à peu grandir sur la colline à mesure que l'on avançait. Les ruines de l'ancien château, qui s'élèvent à l'ouest du hameau sur une plateforme de rochers schisteux, consistent en un simple quadrilatère de murailles enfermant une cour et quelques caves. Ces ruines n'offrent aucun intérêt au point de vue archéologique; mais quand le vent, qui passe en maître à travers ces débris, permet de s'asseoir sur les assises chancelantes, on voit se dérouler sous ses yeux un admirable tableau que gardent toujours gravé dans leur mémoire ceux qui l'ont contemplé. Au nord, ce sont les deux isthmes et les deux rades d'Hyères et de Giens, l'Ermitage, la montagne des Oiseaux, la colline d'Hyères; à ses pieds, on suit du regard toutes les criques ou caranques de la presqu'île bordées par une ligne sinueuse d'écume blanche; dans les vallons se montrent des pins, des agaves, un palmier solitaire; au sud, quelques bas-fonds de rochers mélangent de jaune et de vert la surface bleue de la Méditerranée; plus loin se dressent les îlots escarpés de Roubaudon et de Roubaud; l'île de Porquerolles apparaît avec sa fabrique, son phare, sa forteresse et ses bosquets.

D'ordinaire les visiteurs se rendent à la Tour-Fondue (Fendue?), fortin moderne, construit à la place d'un ancien château, sur un rocher presque complétement isolé qui commande le détroit ouvert entre la presqu'île et Porquerolles;

mais partout ailleurs les collines et les vallons de Giens forment des sites qui ne sont pas moins admirables que ceux de la tour. Les plus belles vues sont celles que l'on contemple de la colline de la Vigie ou de l'Ancien sémaphore (114 mèt.) et du cap d'Escampobariou (118 mèt.), situés dans la partie occidentale de la péninsule. Sur la plage de la rade de Giens, on avait établi une madrague pour la pêche du thon et des autres poissons qui fréquentent ces parages. La presqu'île de Giens a 7 kilomètres de longueur et 1 kilomètre de largeur moyenne. Plusieurs des vallons exposés au soleil du midi offrent des sites charmants pour la construction de villas de plaisance.

À 800 mètres environ au sud de la côte de Giens, s'élève l'îlot rocheux de Roubaud ou de Grand-Ribaud, qui mesure environ 500 mètres dans tous les sens. Les pêcheurs assurent qu'il s'y trouve une source d'eau douce. « Ce fait, dit M. de Saussure, est bien remarquable dans une île aussi petite, ou plutôt sur un écueil aride et inhabité ; il faut nécessairement que cette source vienne de la terre-ferme, en passant par-dessous la mer. »

Cet îlot porte un phare à feu fixe de quatrième ordre, éclairant jusqu'à 18 kilomètres de distance.

Après avoir visité la Tour-Fondue, on peut revenir à Hyères par l'isthme oriental des Pesquiers, connu sous le nom de terre d'Acapte (*accipio*), à cause du sauvage droit de bris que les seigneurs exerçaient jadis sur les embarcations naufragées. Vers le milieu de l'isthme, on franchit le Grau, puis on longe un canal de navigation entre les Salins-Neufs et le bois de la Pinède, dont les arbres trop clair-semés forment çà et là de pittoresques massifs. En été, des milliards de moustiques bourdonnent sans cesse dans les tamaris et les herbages qui bordent les sentiers de l'isthme. C'est de là que partent ces essaims d'animalcules qui s'abattent parfois sur la ville d'Hyères, au grand désespoir des étrangers.

LA RADE ET LES ILES D'HYÈRES[1].

La rade d'Hyères est un bassin de forme elliptique, compris entre les îles de Portcros, de Porquerolles, la péninsule de Giens, les plages du Ceinturon et des Salins, et la côte rocheuse qui s'étend jusqu'au cap Bénat. Sa longueur, de l'est à l'ouest, est de 18 kilomètres, sa largeur moyenne, de 10 kilomètres; sa superficie dépasse 150 kilomètres carrés. Sa profondeur varie : assez faible le long des plages, elle est considérable vers le centre du bassin et dans le voisinage des côtes rocheuses; en certains endroits, la sonde ne touche le fond qu'à 70 mètres. La rade d'Hyères communique avec la haute mer par cinq passes. La première, qui s'ouvre entre la presqu'île de Giens et l'île de Roubaud, large d'un kilomètre environ et semée d'écueils, n'est utilisée que pour les embarcations d'un faible tonnage. La deuxième passe, entre Porquerolles et Roubaud, profonde de 50 mètres à l'entrée et de 15 à 20 mètres dans l'intérieur, donne accès aux vaisseaux du plus fort tirant d'eau; elle a 2 kilomètres de largeur. Puis vient la grande passe, bras de mer de 9 kilomètres de largeur et de 50 à 60 mètres de profondeur, qui sépare Porquerolles de Portcros. La passe de l'est, ouverte entre Portcros et le cap Bénat, est à peine moins large que la précédente, et la profondeur y est plus grande encore. Il existe une cinquième passe, large de 500 mètres environ et profonde de 15 mètres, qui sépare la pointe occidentale de Portcros et l'îlot de Bagaud. C'est là que se trouve le meilleur abri des côtes de Provence, entre Toulon et Saint-Tropez.

« Si les deux grandes passes se rapprochaient des trois autres par leurs dimensions, et si elles pouvaient être fer-

---

1. Il faut s'adresser aux pêcheurs pour la traversée. Un bateau à vapeur fait, une fois par semaine, le service de Marseille à Porquerolles.

mées, la rade d'Hyères, dit M. Baude[1], serait une véritable mer intérieure et une très-forte position militaire. Elle n'est qu'une magnifique nappe d'eau où mollissent les tempêtes du large, et dont l'heureuse configuration offre de tous côtés contre le mauvais temps des refuges par des batteries de côte. C'en est assez pour servir de rendez-vous aux escadres d'évolution de la Méditerranée, de champ d'exercice à nos équipages, de point de départ et de ralliement à nos grandes expéditions, en un mot de complément à l'établissement de Toulon. Malheureusement l'excessive facilité d'entrée et de sortie, l'étendue du mouillage qu'y trouvent les vaisseaux hors de portée de terre, ont fait souvent de la rade d'Hyères la base des opérations dirigées par l'ennemi contre la rade de Toulon. C'est ainsi qu'en 1524 et en 1536 les armées de Charles-Quint s'y sont ralliées, qu'en 1707 la flotte anglo-hollandaise y a débarqué tout l'équipage de siége des Impériaux, qu'en 1793 les Anglais l'ont occupée avant, pendant et après leur séjour à Toulon. » C'est là que se réunit, en 1830, la flotte de cinq ou six cents navires qui devait porter sur les côtes d'Alger une armée française d'invasion.

La rangée des **îles d'Hyères**, composée de trois îles principales et de quelques îlots, portait autrefois le nom grec de Stœchades, qui signifie indifféremment *rangée* et *lavande*, et qui indiquait ainsi soit la disposition régulière des îles sur une seule ligne parallèle au continent, soit leur richesse en plantes odoriférantes.

A l'époque de la Renaissance, on désignait l'archipel par le nom poétique d'îles d'Or, très-probablement parce que sous l'influence des études classiques, et par une allusion instinctive au groupe des Terres-Fortunées, on plaçait dans les îles d'Hyères les orangers qui entouraient la ville. C'est d'ailleurs

---

1. *Les côtes de Provence*, dans la *Revue des Deux Mondes*, 15 mai 1847.

là une idée qui n'a pas encore été dissipée complétement; souvent on attribue par erreur le climat et les productions de la campagne d'Hyères à cet archipel exposé à toutes les fureurs du mistral. De nos jours les îles d'Or sont très-faiblement peuplées, bien qu'elles possèdent d'excellents ports, des vallons fertiles, des emplacements favorables à l'établissement d'usines diverses. Rarement visitées, ces îles méritent, à cause de leurs sites charmants, de devenir le principal but d'excursion de tous les étrangers domiciliés à Hyères : il leur suffira, d'ailleurs, de lire sur la carte la plupart des noms de caranques, de plages et de promontoires pour se faire une idée des formes pittoresques de ces terres sauvages. D'innombrables lapins ont creusé les galeries de leurs terriers dans toutes les parties de l'archipel. Autrefois les plantes médicinales des îles d'Hyères jouissaient d'une grande réputation dans tous les pays riverains de la Méditerranée.

L'île de Porquerolles, la plus fréquemment visitée des trois grandes îles, tire son nom des sangliers qui peuplaient autrefois ses forêts. C'est l'ancienne *Proté* (première). Elle mesure 8 kilomètres de longueur sur 2 kilomètres de largeur, et compte environ 300 habitants administrés par un adjoint. On y a découvert des médailles romaines et massiliotes qui prouvent que les Phocéens de Marseille l'occupaient autrefois. Des moines du monastère de Lérins s'y établirent dès le Ve siècle; mais en 1198 ils furent emmenés en esclavage par les Sarrasins, qui s'emparèrent complétement de l'île et y fondèrent même des colonies régulières. En 1519, le seigneur de Solliès ayant fait reconstruire le château fort de Porquerolles, les pirates barbaresques enlevèrent une barque chargée de matériaux et d'ouvriers, à l'instant même où l'on bénissait l'édifice. François Ier fit relever la forteresse, et quelques années plus tard, en 1558, les troupes turques et françaises vinrent y célébrer leur alliance, qui fut longtemps considérée comme un pacte impie. A Porquerolles, dit Nostradamus, « les Turcs firent leurs pâques; le croissant de la nouvelle lune ne fut pas plutôt aperçu que toute leur artillerie, canons, bombardes et pierriers commencèrent à tonner, leur arquebuserie à se deslacher, nombre infini de flambeaux à être allumés, le son de divers instruments en quantité à être ouï, avec des cris et des hurlements tant désordonnés, mêlés et confus, qu'ils semblaient plutôt à hurlements de bêtes qu'à voix humaines et raisonnables. » Les Français se réunirent aux Turcs en cette occasion, « par manière de plaisir et pour les saluer bravement; puis les deux osts, au coup de l'aube, tirent ensemble à une plage à cinq milles de Toulon vers l'est, et les Turcs y tiennent leur marché qu'ils appellent en leur vulgaire bazar, mettant en vente leurs prisonniers, ainsi que nous faisons nos bêtes. » — Pendant la guerre de Crimée, on avait établi dans l'île, à côté du village, un camp pour les soldats convalescents revenus de Sébastopol.

Porquerolles est presque entièrement couvert de bois de pins et de chênes, et n'offre guère de clairières que sur le versant septentrional de l'île. Les maisons du hameau principal sont groupées autour de la citadelle sur les pentes d'un monticule qui domine une petite crique semi-circulaire exposée au vent du nord. Le phare, dont le feu fixe à éclats brille jusqu'à 36 kilomètres en mer, est situé sur une autre colline, presque directement au sud de la citadelle. Les constructions de la fabrique de soude, où travaillent plus d'une centaine d'ouvriers, occupent un charmant vallon près de la pointe occidentale de l'île. On peut aussi visiter à Porquerolles les ruines de l'ancien monastère des moines de Lérins. Le signal le plus élevé de l'île, qui atteint une hauteur de 147 mètres, et les falaises presque perpendiculaires de l'est et du sud, offrent des points de vue très-pittoresques. Un habile géographe, M. Bardin, a fait de Porquerolles un plan en relief qui est un véritable chef-d'œuvre.

L'île de Portcros (Port creux), l'antique *Mézé* (île du milieu), est située exactement en face du cap Bénat; sa longueur est de 4 kilomètres, sa largeur de 2 kilomètres 1/2. C'est la plus accidentée et la plus sauvage des trois îles de l'archipel. La colline du Vieux sémaphore, qui porte une vigie fortifiée, s'élève à 197 mètres d'altitude. La population ne dépasse pas 20 à 25 habitants. Le gibier abonde à Portcros, ainsi que dans l'îlot voisin de Bagaud, que l'on a récemment fortifié.

En 1549, Henri II fit cadeau à l'un de ses courtisans des îles de Bagaud, Portcros et du Levant, en lui permettant de donner asile dans son marquisat à tous les criminels. Le nouveau seigneur ne se fit point faute d'accueillir ce que la province avait de plus immonde en hommes et en femmes, et bientôt les habitants de Portcros se rendirent plus terribles comme pirates que ne l'avaient été les Maures eux-mêmes. Ce fut seulement vers le milieu du XVIIe siècle que cette engeance fut extirpée.

L'île du Levant ou du Titan, appelée aussi Cabaros dans les anciens titres, est l'antique *Hypea* (inférieure) des Grecs. Ses dimensions sont à peu près les mêmes que celles de Porquerolles. Ses collines, dont la plus haute s'élève à 139 mètres de hauteur, sont presque entièrement couvertes de bois. Le propriétaire de l'île, M. Portalis, a obtenu récemment la permission d'y fonder une colonie de jeunes détenus. Le 1er décembre 1862, ces malheureux colons de l'île du Levant, envoyés de toutes les parties de la France, étaient au nombre de 148.

A l'extrémité orientale de l'île, se trouvent un phare à feu fixe de troisième ordre, d'une portée de 27 kilomètres, et les restes de l'ancienne tour du Titan. L'île du Levant, appartenant à la même formation que le groupe des Maures, est la plus remarquable de l'archipel par ses curiosités minéralogiques tels que grenats, tourmalines, asbeste, cristaux de titane rutile, etc. On dit que depuis quelques années les serpents se sont multipliés d'une manière alarmante dans les bois de l'île. Autrefois les rats et les lapins y pullulaient.

LES VIEUX-SALINS ET LA PLAGE D'HYÈRES.

On compte 7 kilomètres jusqu'au bureau des douanes placé à l'entrée des Vieux-Salins. Les diligences d'Hyères à Saint-Tropez y transportent directement les voyageurs.

Les **Vieux-Salins** sont plus éloignés d'Hyères que les Salins-Neufs; cependant on va les visiter plus souvent, parce qu'ils jouissent d'une plus grande célébrité et qu'ils sont situés sur une route plus fréquentée. C'est là que doit aboutir un jour l'embranchement du chemin de fer d'Hyères. Maintenant on s'y rend par une route large et ombragée, mais assez mal entretenue. Vers le quatrième kilomètre on traverse, sur un pont ogival très-pittoresque, la rivière Gapeau, dont les berges sont bordées d'ormes, de platanes et de chênes.

D'anciens titres prouvent que les Vieux-Salins étaient exploités déjà vers la fin du XIe siècle, et probablement leur origine est plus ancienne encore. Pendant presque toute la durée du moyen âge, ces marais salants appartinrent à des bourgeois; mais souvent les seigneurs du pays, comtes de Provence ou rois de France, abusèrent de leur pouvoir pour s'emparer, sous divers prétextes, du revenu des salines. Maintenant elles appartiennent à la compagnie parisienne des Salins du Midi, l'une des sociétés vassales du Crédit mobilier. Elles peuvent encore s'accroître en superficie aux dépens de l'étang de Faubrégas, situé à l'est des salines, et séparé de la mer par un isthme étroit.

Les Vieux-Salins produisent chaque année, comme les Salins-Neufs, environ 20 000 tonnes de sel, représentant une valeur moyenne de 180 000 francs[1]. Ces produits, d'une qua-

---

1. En 1861, les deux salines d'Hyères, Vieux-Salins et Salins-Neufs, étaient exploitées par 256 ouvriers et produisaient, avec les salines peu

lité inférieure à ceux des salines de l'étang de Berre, sont en partie consommés en Provence, en partie expédiés dans le nord de l'Europe ou vendus, pour la fabrication de la soude, à la compagnie de Porquerolles. Les ouvriers qui travaillent pendant toute l'année sont au nombre d'une vingtaine seulement; mais à l'époque de la récolte, surtout aux mois de juillet et d'août, 300 travailleurs, italiens pour la plupart, sont parfois occupés à enlever les couches de sel cristallisées dans les étangs et à les entasser sur les chaussées latérales en pyramides appelées *camelles*. Deux machines à vapeur sont employées à soulever l'eau de mer qui se concentre peu à peu dans les divers *partènements*, d'abord dans le *chauffoir*, puis dans le *promenoir*, et s'évapore complétement dans les *tables salantes* en abandonnant le sel blanc sur le sol argileux.

L'étendue des Vieux-Salins est de 400 hectares environ. Un petit village borde la mer entre les salines et l'embouchure du Gapeau. C'est là que, sur la demande de l'administration de la marine, on doit construire prochainement la station du chemin de fer et le port d'embarquement de la ville d'Hyères[1]. Actuellement les navires qui se balancent près de la plage sont attirés uniquement par le commerce des sels. Le mouillage des Salins-Vieux est plus sûr que celui des Salins-Neufs : aussi les marins qui chargent le sel font-ils parfois une différence de 1 franc par tonne en faveur des premiers.

On peut revenir du hameau des Salins-Vieux à Hyères par un sentier direct appelé chemin du Père-Éternel. A gauche, on laisse quelques marigots non encore desséchés et la longue

importantes des Ambiers, près des Six-Fours, 41 205 tonnes de sel, évaluées 412 500 francs.

1. On n'a pas encore (commencement de 1864) arrêté définitivement le tracé de l'embranchement d'Hyères. On ne sait s'il passera dans la vallée, au milieu des jardins, ou bien en tunnel, sous le rocher du Château.

plage du Ceinturon, où se voient encore les vieux murs d'un port que le roi Henri IV fit creuser en partie dans l'intention de transférer la ville d'Hyères sur le bord de la mer.

LES MAURETTES. — LE FENOUILLET.

Les **Maurettes** sont les hauteurs escarpées qui s'élèvent au nord de la ville, entre la vallée d'Hyères et la vallée du Gapeau. On peut y varier à l'infini les promenades à travers les rochers et les bois; mais en général on commence par en gravir la principale cime, le superbe Fenouillet, que couronne une dent de rochers presque à pic.

Les promeneurs ne sauraient se tromper au sujet de la direction à prendre. Il faut suivre pendant 2 kilomètres la route qui mène à la station d'Hyères, puis prendre le chemin de Solliès-Farlède, qui contourne à droite la base du **Fenouillet**. Plusieurs sentiers qui montent à droite permettant d'attaquer la montagne, c'est au voyageur lui-même de choisir le versant par lequel il veut monter. La pente est assez roide en certains endroits. Sur le revers méridional, la crête terminale de rochers est échancrée par une espèce de couloir où des arbustes croissent en fourré presque impénétrable. On fera bien d'éviter ce couloir et de contourner la cime pour mieux la gravir. Un petit ermitage est situé près du sommet.

De la cime du Fenouillet (292 mètres), que l'on atteint en une heure et demie, la vue est analogue à celle du château d'Hyères, mais beaucoup plus belle et plus étendue. On contemple la rade, les îles, la chaîne des Oiseaux, la Colle-Nègre, la baie de Toulon, les escarpements du Faron et du Coudon, la plaine de la Crau et de Solliès, le cours du Gapeau, les montagnes des Maurettes et des Maures, toutes vertes de pins et de chênes-liéges. Dans les interstices des rochers croissent partout des plantes odoriférantes.

On revient à Hyères soit par le chemin qu'on a suivi, soit par la vallée du Gapeau qui serpente au pied de la montagne, soit encore par les bois des Maurettes. Dans un petit vallon qui s'incline vers le Gapeau, à l'est du petit massif des Maurettes, on visite souvent la belle propriété du Plan du Pont, appartenant au duc de Luynes.

Telles sont les principales excursions que l'on peut faire aux environs immédiats d'Hyères ; mais les voyageurs qui ont à leur disposition du temps et des forces feront bien de se hasarder à de plus grandes distances et d'aller visiter à l'est, dans les pittoresques montagnes des Maures, Léoube, Bréganson, Bormes, la chartreuse de la Verne, Collobrières, Pierrefeu, Grimaud, Saint-Tropez et d'autres localités décrites dans le chapitre III. Au nord de la ligne du chemin de fer, ils devront parcourir aussi la haute vallée du Gapeau. Enfin, ils ne peuvent pas quitter le pays sans escalader les montagnes des environs de Toulon, la Colle-Nègre, le Faron, le Pomets et surtout ce Coudon qui domine si fièrement le plateau de Solliès. « C'est là, dit George Sand, c'est là qu'il faut aller pour saisir d'un coup d'œil l'admirable découpure de l'extrême pointe méridionale de la France... Il y a de grandes vues partout. J'en ai beaucoup cherché et beaucoup vu ; mais je n'ai rien trouvé d'aussi beau que la dentelure gracieuse et puissante de la France maritime, vue du Coudon.... On pourrait appeler ce promontoire le Ténare français. »

CHAPITRE III.

LES MONTAGNES DES MAURES,

SAINT-TROPEZ ET LE GOLFE DE GRIMAUD.

Le groupe de montagnes qui servit de boulevard aux Maures pendant le cours des IXe et Xe siècles et qui conserve encore le nom de ses conquérants africains, forme à lui seul un système orographique parfaitement limité. Ses massifs de granit, de gneiss et de schistes, sont séparés des montagnes calcaires environnantes par les profondes et larges vallées de l'Aille, de l'Argens, du Gapeau. En réalité, il constitue un ensemble aussi distinct du reste de la Provence que s'il était une île éloignée du continent. La grande route et le chemin de fer de Marseille à Nice décrivent une grande courbe autour des montagnes des Maures, sans pénétrer dans un de leurs vallons; seulement deux routes carrossables, très-peu fréquentées, rattachent les bourgs et les villages de cette région montueuse au réseau des voies de communication françaises.

Ces montagnes, dignes au plus haut degré de l'intérêt du savant par la constitution géologique de leurs roches et le nombre de leurs plantes rares, devraient être également visitées par les simples touristes, amoureux de la nature. Aussi bien que les Alpes et les Pyrénées, le système des Maures, qui couvre seulement une superficie de 800 kilomètres carrés et dont la hauteur moyenne ne dépasse pas 400 mètres[1], a sa chaîne principale et ses chaînons latéraux, ses vallons et ses gorges, ses torrents et ses rivières ; il a même son bassin fluvial complétement fermé, offrant en miniature tous les phénomènes que présentent les vallées des grands fleuves. « L'influence d'un climat privilégié, combinée avec celle d'un sol différent des contrées calcaires qui l'entourent, se révèle, pour ainsi dire, à l'aspect de chaque arbre et de chaque buisson dans les montagnes des Maures. Le pin d'Alep, le chêne vert et le chêne-liége, de grandes bruyères presque arborescentes, l'arbousier toujours vert, image d'un printemps perpétuel, toujours orné à la fois de ses jolis fruits rouges et de ses fleurs blanches, y sont les formes les plus répandues et les plus caractéristiques[2]. »

Ces arbres et ces arbustes, mêlés aux lentisques, aux myrtes et aux cytises, recouvrent en vastes forêts les pentes des montagnes ; des villages, semblables à des rocs désagrégés, couronnent les sommets des collines ; de hauts promontoires de la forme la plus pittoresque, frangent le rivage tout dentelé de golfes et de baies. Enfin, nulle part sur tout le littoral français, on ne trouve d'endroits mieux abrités contre le vent du nord et par conséquent mieux situés pour devenir des stations d'hiver. Lorsque les escarpements méridionaux des Maures, aujourd'hui si rarement visités, auront été rendus accessibles par des routes carrossables, la côte sera certainement transformée dans toute son étendue en un immense jardin, de la rade de Bormes au golfe de Saint-Tropez et de ce golfe à l'embouchure de l'Argens.

---

1. Les deux sommets les plus élevés sont la Sauvette et Notre-Dame-des-Anges, qui atteignent tous les deux la hauteur de 779 mètres.
2. Élie de Beaumont.

D'HYÈRES A SAINT-TROPEZ.

Cette route, longue de 52 kilomètres, et desservie chaque jour par une voiture publique, traverse une des parties les plus pittoresques du massif des Maures. Nous conseillons aux touristes qui ne craignent pas la fatigue de descendre de voiture à la Verrerie, sur les bords du torrent de Bataillier (20 kil. d'Hyères) et d'aller à pied jusqu'à Cogolin (41 kil.), soit par la grande route, soit, mieux encore, par les montagnes boisées de Bormes, du sommet desquelles on découvre les îles d'Hyères et les découpures de la côte.

Après avoir dépassé les Vieux-Salins on s'éloigne de la mer pour gravir une petite colline ombragée de chênes-lièges, et redescendre ensuite dans le vallon du Pansart où se trouve le petit village de la Londe, entouré d'oliviers. Au delà on monte de nouveau. Les cultures, les clairières en friche, les espaces faiblement boisés alternent avec les broussailles, les taillis, les bois de chênes ou de pins. Du haut des petits cols où passe la route sinueuse, on ne voit guère que des arbres et des rochers, et çà et là seulement quelques maisons isolées; les vallons que l'on traverse sont arrosés par des ruisseaux peu abondants en été et bordés de chaque côté d'une étroite lisière de cultures.

A 20 kilomètres d'Hyères, au passage du torrent de Bataillier, dont le nom semble rappeler quelque ancien combat, on laisse à droite le chemin qui, contournant la colline au sud, monte vers le pittoresque village de Bormes. Un instant on aperçoit, à l'issue de la vallée, la nappe bleue de la Méditerranée et l'extrémité orientale de l'île du Levant; mais ce n'est là qu'une échappée et bientôt on s'engage dans un vallon latéral pour gravir obliquement le flanc d'une montagne boisée. La côte sinueuse, que monte péniblement la voiture, domine du côté du sud des talus, puis des précipices d'un grand caractère. De beaux arbres ombragent la route ; çà et là des rochers de couleur rougeâtre percent la couche superficielle de terre végétale et se dressent au milieu du bois. A mesure que l'on s'élève, on jouit d'une vue plus belle. Enfin, quand on atteint le col de Grateloup, on peut distinguer, à l'est, la rade d'Hyères et Porquerolles par delà les collines de Bréganson. Pendant la première partie de la descente, on entrevoit aussi, du côté de l'orient, la nappe bleue du golfe de Grimaud.

La route gagne, par des rampes en pente douce, le fond de la gracieuse vallée qu'arrose le ruisseau des Campeaux. Des forêts de chênes-liéges et de pins recouvrent encore de la base au sommet les montagnes escarpées qui s'élèvent au nord et au sud de la vallée ; mais au confluent du ruisseau des Campeaux et du torrent de la Verne, descendu de la forêt de l'abbaye (page 88), le paysage change de caractère. La vallée s'élargit de plus en plus ; des rangées de mûriers sont disposées en quinconces dans les champs ; l'imposant château de la Molle, qui donne son nom à la rivière, se montre au milieu des prairies à travers les arbres d'un parc. Aux environs de la Molle, les géologues visitent des roches de serpentine.

A l'est, les pentes des collines abaissées sont assez nues ; dans le lointain, on distingue, au sommet d'un promontoire, les maisons de **Gassin**, semblables à un entassement de débris. L'ancien nom du village, Garsin, est dérivé des mots *Guardia sinus* (château du golfe). Là s'étaient établies les familles chargées de surveiller la mer comme des sentinelles et d'avertir de l'approche des Sarrasins les communes des alentours. Pour assurer la vigilance des habitants de Gassin, les seigneurs voisins les avaient affranchis de toutes charges féodales. Il reste encore d'importants débris de l'enceinte du village. Presque déserté, à cause de sa position sur une roche d'un accès difficile, Gassin se peuplera de nouveau lorsque des villas auront été construites sur les côteaux et dans les vallons parfaitement abrités qui entourent la plage de Cavalaire, l'une des plus belles du littoral méditerranéen. C'est là probablement que se trouvait l'ancien *Alconis* des itinéraires romains. On y voit des palmiers qui donnent des fruits bons à manger, des orangers, des citronniers, des cédrats. Les lauriers-roses croissent en abondance sur le bord des ruisseaux.

Cogolin, dont le nom roman signifie monticule, est un village peuplé de 1700 habitants environ ; il est situé à 41 kilomètres d'Hyères, au point de rencontre des routes de Toulon et de Luc à Saint-Tropez, et au confluent des rivières de la Molle et de Giscle, qui ravagent souvent les campagnes environnantes. C'est un village très-riche ; ses rues larges et propres rayonnent autour d'une assez jolie place ombragée d'arbres. Les maisons sont construites en basalte extrait des nappes volcaniques des environs. Une tour, portant aujourd'hui l'horloge publique, est le seul reste d'un château-fort que les habitants eux-mêmes, avec l'aide des gens de Saint-Tropez, prirent d'assaut, en 1579, pour se débarrasser des *carcistes* qui l'occupaient. L'église, qui date de la Renaissance, a conservé quelques débris d'une construction du xie siècle. Vers 1830, on découvrit dans une cave de Cogolin un petit monument grec d'un mètre de hauteur, orné de sculptures et d'inscriptions. Sur le territoire de la commune, près la route de la Garde, il existe quelques mines de plomb argentifère, contenant jusqu'à 10 millièmes d'argent.

Au delà de Cogolin, on traverse de riches campagnes alternativement fertilisées et ravagées par les eaux de la rivière de Giscle, puis on longe la base d'une petite colline et l'on suit de près, à travers un bois de pins, la plage du charmant golfe de Grimaud. Près de la villa Bertaud, un pin colossal, que les ingénieurs ont respecté, s'élève au milieu même de la route. Il offre près de 10 mètres de circonférence à la naissance des racines, près de 5 mètres à hauteur d'homme.

Ses branches, encore saines et vigoureuses, s'arrondissent en ombelle énorme au-dessus de la route. Au loin, blanchissent à l'extrémité d'un promontoire les maisons de Saint-Tropez (page 93).

LÉOUBE ET BRÉGANSON.

On compte environ 22 kilomètres d'Hyères au fort de Bréganson; aussi, pour éviter la fatigue, les promeneurs feront-ils bien de prendre la diligence ou une voiture particulière jusqu'aux Vieux-Salins ou à la Londe et de se rapprocher ensuite du rivage de la Méditerranée, soit en traversant les riches plantations d'oliviers du Bastidon, soit en suivant les bords du torrent de Pansart, à demi caché par les touffes de lauriers-roses. Après avoir traversé ce cours d'eau, au-dessous de son confluent avec le torrent de Maravenne, on n'a plus qu'à longer, à la distance moyenne d'un kilomètre de la côte, un chemin sinueux et accidenté qu'ombragent les pins et les chênes-liéges. Le premier vallon dans lequel on s'engage est celui de Bormettes, où s'élève une villa bâtie par Horace Vernet peu de temps avant sa mort. Dans les rochers voisins, on trouve de petits grenats.

Au delà de Bormettes, on traverse le torrent du Pellegrin, et bientôt après (12 kil. d'Hyères), on passe devant le château de **Léoube**, construction du XVIIe siècle, qui n'offre pas d'intérêt architectural; mais, à en juger par l'étymologie (Léoube, l'Eolbe), c'est là ou bien dans le voisinage immédiat que se serait élevée jadis la ville d'*Olbia*, citée par Strabon comme une colonie des Marseillais. Au sud du château s'ouvre une petite anse de 5 mètres de profondeur, très-bien située pour servir de mouillage aux bateaux d'un faible tonnage et défendue par une batterie plantée sur le cap voisin.

A l'est de Léoube, le chemin se rapproche peu à peu de la mer, puis, après avoir dépassé le château moderne de Bréganson, longe de très-près la plage et les rochers du bord. Bientôt on atteint une pointe réunie par une jetée à un îlot escarpé qui porte un fortin. C'est là que se trouvait l'antique *Pergantium* (d'où **Bréganson**), l'un des plus importants châteaux-forts de la Provence pendant les siècles agités du moyen âge. De l'îlot du fort et des promontoires voisins on jouit d'une très-belle vue sur la rade d'Hyères et l'hémicycle des îles d'Or.

De Bréganson, il est facile de se rendre en 2 ou 3 heures à Bormes, soit directement par la forêt et l'âpre col des Fourches, soit par le promontoire du cap Bénat, qui se dresse en face de l'île de Port-Cros, et que domine une vigie (177 mèt.), d'où l'on voit à la fois l'ensemble des deux rades d'Hyères et de Bormes. Une petite pointe qui s'avance dans la mer, au sud de la colline de Bénat, porte une batterie et un petit phare éclairant jusqu'à 9 kilomètres de distance.

BORMES.

Ce village, chef-lieu d'une commune de 2100 habitants, est situé à 23 kilomètres à l'est d'Hyères, au sommet d'une colline très-escarpée qui commande un très-beau panorama. On s'y rend par la route de voitures d'Hyères à Saint-Tropez. Arrivé (20 kil.) au bord oriental de la rivière de Bataillier, on suit obliquement le flanc de la colline qui s'élève à l'est, puis, tournant à gauche, on gravit une rampe très-escarpée pour atteindre le village perché sur la hauteur.

M. Élie de Beaumont, dans sa description géologique de la France, parle du territoire de **Bormes** dans les termes suivants :

« Les montagnes des environs de Bormes sont garnies de bois de pins ; mais les pentes bien exposées qui environnent cette petite ville sont très-fertiles. Son territoire est couvert de vignes, d'oliviers et d'arbres fruitiers ; ses jardins sont plantés d'orangers en pleine terre. On y remarque, au quartier Saint-Clair, des poncires ou cédrats, qui acquièrent un volume extraordinaire. On y voit aussi de beaux palmiers.

« Des coteaux sur les pentes desquels est assise la ville de Bormes, l'œil s'égare avec délices sur les eaux bleues de la Méditerranée, et, revenant en arrière, il se promène et se repose sur cette vaste et belle rade d'Hyères, qui, entourée de ses îles comme d'un rang de cyclades, rappelle à l'imagination les golfes riants de la mer Égée, d'où quelques colonies grecques apportèrent autrefois en Provence les premiers germes de la civilisation. »

La rade de Bormes, beaucoup plus ouverte que celle d'Hyères, n'est en réalité qu'une grande baie de forme arrondie, offrant à l'entrée une centaine de mètres de profondeur. Les navires mouillent devant le petit village du Lavandou, dans un endroit bien abrité du mistral.

PIERREFEU ET COLLOBRIÈRES.

Les touristes qui, traversant la Provence en chemin de fer, désirent visiter la vallée de Pierrefeu et de Collobrières par le chemin le plus direct, doivent s'arrêter à la station de Cuers, où s'embranche la route de Pierrefeu, longue de 8 kilomètres et desservie régulièrement par des omnibus ; mais de la ville d'Hyères on se rend ordinairement à Pierrefeu par la charmante *vallée de Sauvebonne*, qu'arrose le Réal-Martin, affluent du Gapeau. Là se trouvait autrefois une importante commanderie des Templiers qui passa plus tard aux chevaliers de l'ordre de Saint-Jean de Jérusalem et qui depuis longtemps a cessé d'exister. Maintenant la vallée de Sauvebonne est remarquable surtout par ses admirables cultures, ses vergers et les beaux points de vue qu'offrent à l'est les escarpements et les vallons boisés des Maures. Sur la rive droite du Réal-Martin, dans un site des plus gracieux, s'élève le couvent moderne de Maubelle. La route carrossable d'Hyères à Pierrefeu a 20 kilomètres de longueur.

Pierrefeu est situé sur un rocher grisâtre baigné à la base par les eaux du Réal-Martin. Des pins et des châtaigniers centenaires entourent le village, d'où l'on contemple au nord toute la plaine, abondamment arrosée, qui s'étend à la base des Maures, et du côté du sud, cette riche vallée de Sauvebonne, que George Sand appelle une petite Limagne.

Au XIIe siècle, Mabille d'Hyères, qui plus tard devint dame de Sault-d'Agoult, tenait à Pierrefeu une de ces *cours d'amour* qui prouvent, mieux que tout raisonnement, combien la civilisation provençale était alors subtile, raffinée et vieillie : elle était condamnée à périr comme l'est de nos jours la civilisation chinoise. « De gentilles femmes, dit Nostradamus, s'adonnaient à l'étude des bonnes lettres et des sciences humaines, tenant cour d'amour ouverte, où elles définissaient les questions amoureuses à elles envoyées et proposées par divers gentilshommes et damoiselles ; au moyen de la résolution desquelles et de leurs belles et glorieuses compositions leur renommée s'espandit et se fit jour en France, en Italie, en Espagne et plusieurs contrées, de telle sorte qu'une foule de chevaliers et personnages de haute qualité et de grand renom s'estant portés en ce temps en Avignon pour visiter le pape Innocent, sixième du nom, furent ouïr les définitions et sentences d'amour que ces illustres dames prononçaient, lesquels furent tellement ravis et émerveillés de leur beauté et de leur divin savoir, qu'ils en devinrent épris. »

En remontant à l'est l'étroite vallée de Pierrefeu par un chemin de grande communication de 18 kilomètres de longueur, que dominent des pentes couvertes de chênes-liéges et de châtaigniers, on arrive à **Collobrières**, chef-lieu de canton, peuplé d'environ 1600 habitants. Comme Bormes, ce village s'est enrichi par l'exploitation des forêts de chênes-liéges et la fabrication des bouchons ; malheureusement, le terrible incendie du mois d'août 1863 a détruit en grande partie les forêts de la commune. Dans les environs se trouvent des gisements houillers et des bancs de fer assez riches, non encore utilisés. — De Collobrières, on peut se rendre en 2 heures de marche aux ruines de la chartreuse de la Verne; on peut aussi rejoindre le chemin de fer aux stations de Pignans ou de Gonfaron, en passant au célèbre ermitage de Notre-Dame des Anges (page 10).

LA CHARTREUSE DE LA VERNE.

Les ruines pittoresques de la Verne sont situées au nord de la route de Toulon à Saint-Tropez, dans un des vallons les plus déserts des Maures. Pour s'y rendre d'Hyères ou de Saint-Tropez, on suit la grande route jusqu'au confluent de la rivière des Campeaux et du ruisseau de la Verne, près du château de la Molle; ensuite on remonte la vallée de la Verne en longeant le bord de l'eau pendant 5 kilomètres, et l'on s'élève à gauche sur le flanc de la montagne boisée : à 9 kilomètres environ du confluent on atteint les anciennes constructions de la Chartreuse. Mais le meilleur point de départ pour visiter la Verne est le bourg de Collobrières. De ce bourg on peut facilement atteindre la Chartreuse en 2 heures, en remontant d'abord la vallée de Collobrières jusqu'à son extrémité supérieure, puis en franchissant un petit col pour descendre ensuite à travers la forêt.

La tradition raconte qu'un temple romain existait autrefois sur l'emplacement occupé aujourd'hui par les ruines de la Chartreuse. Quoi qu'il en soit, au commencement du XIIIe siècle, les moines de la Grande Chartreuse, ayant fait plusieurs recrues pour leur ordre dans les environs de Saint-Tropez, choisirent la sauvage vallée de la Verne pour y fonder une succursale de leur grand monastère des Alpes dauphinoises. A en juger par l'espace que couvrent les ruines de la Chartreuse, cet établissement fut très-considérable. Autour de ces débris croulants du moyen âge s'étendent sur les pentes de vastes bois de châtaigniers et des forêts de chênes qui donnent à l'ensemble du paysage un aspect d'une beauté sévère. Du côté de l'orient, on jouit d'une vue admirable sur la Méditerranée, et, si l'on s'élève jusqu'à l'ermitage situé sur la crête même de la montagne, au sud de la Chartreuse, on peut voir en outre la rade d'Hyères, l'archipel des îles d'Or, le massif entier des Maures et les grandes chaînes des Alpes maritimes.

DU LUC A SAINT-TROPEZ.

LA GARDE-FREINET. — GRIMAUD.

La route du Luc à Saint-Tropez, longue de 40 kilomètres, est desservie par une voiture de correspondance[1]. La partie du chemin qu'on doit recommander aux touristes de parcourir à pied est celle qui se trouve entre la rivière d'Aille et Grimaud. On peut facilement faire cette course en cinq heures.

En quittant la station du Luc on traverse, dans la direction du sud-est, cette admirable plaine ombragée de marronniers qui s'étend à la base des Maures et qu'arrosent le Rieutort et la rivière d'Aille. Au delà de ce cours d'eau, près duquel se trouve une importante verrerie occupant en moyenne quatre-vingts ouvriers, on s'élève obliquement sur le flanc des collines boisées, puis on gravit par de nombreux lacets la montagne qui porte (19 kil.) le village de la **Garde-Freinet**, chef-lieu d'une commune de 2600 habitants.

La hauteur que couronne le village était autrefois connue sous le nom de *Fraxinetum*, évidemment dérivé du latin *fraxinus* (frêne). Cependant il n'est pas probable que des

---

1. 2 départs tous les jours. Trajet, 4 h. 45 min. Prix : 5 fr. et 4 fr. 2 fr. 50 c. et 2 fr., jusqu'à la Garde-Freinet.

frênes aient jamais pu croître sur les montagnes escarpées de la Garde : il est plus probable, ainsi que le fait remarquer Garcin, en s'appuyant sur un titre de l'an 1014, que ce nom de *Fraxinetum* était autrefois appliqué au vallon de la Molle, où prospèrent les frênes, et qu'il devint ensuite celui de tous les établissements des Maures. Ce fut au IXe siècle que les Sarrasins s'emparèrent des hauteurs de Freinet et y construisirent une forteresse d'où ils planaient sur toutes les vallées environnantes. Aussitôt les seigneurs chrétiens s'empressèrent d'abandonner les castels qu'ils occupaient dans les environs, et tout le groupe de montagnes devint le domaine incontesté des Maures, dont il a gardé le nom. Le château de Fraxinet, qui passait pour imprenable et dans lequel les étrangers entassaient leur butin avant de l'expédier en Afrique par le golfe de Saint-Tropez, devint tellement célèbre sur le littoral de la Méditerranée, qu'on donna le même nom à toutes les forteresses élevées par les Sarrasins dans les Alpes méridionales et sur les côtes de Ligurie. Le nom actuel de Garde-Freinet, que garde le village, est synonyme de Château-Fraxinet.

En 973, ce quartier général des corsaires d'Afrique fut reconquis par les chrétiens. Mayeul, abbé de Cluny, était tombé entre les mains des Sarrasins, et pour le racheter de l'esclavage, les moines de l'abbaye avaient été obligés de vendre les vases sacrés de leur église. Aussitôt après, la croisade fut proclamée contre les infidèles : Guillaume Ier, comte de Provence, Gibelin de Grimaldi et d'autres seigneurs réunirent leurs troupes pour mettre le siége devant la redoutable forteresse, et bientôt après les chrétiens, profitant de la trahison d'un chef maure qui leur indiqua un point accessible, s'emparèrent du château-fort. Guillaume fit passer au fil de l'épée le chef des Sarrasins et tous les soldats de la garnison qui refusèrent d'embrasser le christianisme. Il rasa aussi la forteresse, puis il attaqua les divers villages peuplés de Sarrasins qui existaient aux alentours. « Les hommes capables de porter les armes furent massacrés ; les autres, ainsi que les femmes et les enfants, furent réduits en servitude, et au XIVe siècle on voyait encore leurs descendants servir comme esclaves les fils de ces Provençaux dont ils avaient été si longtemps la terreur. » (E. Garcin.)

Les ruines de l'ancien Fraxinet s'élèvent encore à une petite distance au nord-ouest du village, au sommet d'un rocher complétement à pic du côté du midi et très-escarpé du côté du nord. De la plate-forme, au milieu de laquelle se trouve une citerne carrée, on jouit d'une vue extrêmement étendue, ayant pour horizon la chaîne des grandes Alpes et la ligne semi-circulaire de la Méditerranée. Ces ruines sont la seule curiosité archéologique de la Garde-Freinet. Les voyageurs qui s'intéressent aussi aux choses de notre temps, peuvent visiter dans le village d'importantes fabriques de bouchons. Dans la commune on compte une trentaine de ces manufactures, occupant de 7 à 800 ouvriers : d'après M. Lesueur, la fabrication annuelle des bouchons dans la région des Maures s'élèverait en moyenne à trois cents millions par an. Les mines de plomb argentifère des montagnes voisines ne sont plus exploitées depuis la découverte de l'Amérique.

De la Garde-Freinet, la route descend d'abord au sud, puis au sud-est, vers Cogolin, où elle rejoint, à 29 kilomètres du Luc, le chemin qui vient d'Hyères (page 83). A 1 kilomètre environ à l'est, on a laissé sur les flancs et au sommet d'un monticule le pittoresque village de **Grimaud**, dont le nom français si peu harmonieux est la traduction du nom sonore des Italiens Grimaldi. Ce fief fut donné, en 973, à Gibelin de Grimaldi, en récompense de ses exploits contre les Sarrasins. En 1388, Jean de Grimaldi ayant puissamment contribué à faire passer le comté de Nice sous la domination du comte de Savoie (voir chapitre VII), fut privé par les comtes de Provence de la baronnie de Grimaud, qui, depuis cette époque, passa successivement entre les mains de plusieurs seigneurs. « Le village de Grimaud, dit Garcin, paraît avoir peu souffert des guerres étrangères et intestines qui ont si souvent désolé la Provence. Il était devenu le refuge de toute l'industrie et du commerce de la contrée. »

Le château ruiné, qui couronne l'espèce de pyramide formée par les maisons du village, était l'un des plus beaux de la Provence : construit au xve siècle par des architectes italiens, il ne fut abandonné que vers le milieu du xviiie. Il en reste deux tours rondes ornées de cordons de serpentine ; l'enceinte est encore presque entière.

Dans l'église paroissiale, de style roman, on voit un beau bénitier en marbre de Carrare et de forme pyramidale, avec une inscription du xive siècle. Près de l'église et jusqu'à une grande distance du village, ont été reconnus les restes d'un aqueduc romain, dont quelques débris sont imposants. On remarque aussi, à Grimaud, des galeries à arcades et de vieilles maisons d'architecture mauresque, gothique et italienne. Le puits du Cros, creusé dans le roc vif à une grande profondeur, est célèbre dans toute la contrée.

L'antique cité, assez importante jadis pour imposer son nom au golfe de Saint-Tropez, dont elle est distante de 5 kilomètres à vol d'oiseau, est maintenant un simple chef-lieu de canton, peuplé de 1400 habitants qui s'occupent d'agriculture, de la fabrication des bouchons et de diverses petites industries. Le kaolin ou *terre blanche*, que l'on trouve dans les environs, n'est pas utilisé. La plaine fertile, mais très-marécageuse qui s'étend à l'ouest de Grimaud, est formée de terres d'alluvion qui ont graduellement comblé l'extrémité occidentale du lac. Du reste la contrée tout entière est des plus curieuses par ses formations géologiques et par son climat.

« Le canton circonscrit, compris en entier dans le massif des Maures, est, pour ainsi dire, à lui seul, un petit pays complet, ayant ses montagnes primitives, ses masses plutoniques de serpentines, ses buttes volcaniques, son fleuve, sa plaine d'alluvion. Séparé du reste de la Provence par les Maures, le bassin de Grimaud jouit d'un climat privilégié. C'est pour ainsi dire la Provence de la Provence; et les Arabes qui, dans les xe et xie siècles, ont occupé ce canton, ont pu s'y croire en Afrique. » (ÉLIE DE BEAUMONT).

SAINT-TROPEZ ET SES ENVIRONS.

La ville de Saint-Tropez [1] occupe une position des plus charmantes sur le rivage méridional du golfe de Grimaud, à la base d'une colline qui s'avance dans la mer entre deux plages arrrondies. De loin, les façades peintes de vives couleurs comme celles des maisons espagnoles, les blanches murailles et les bastions de la citadelle qui couronne le promontoire, l'harmonie générale de ce paysage où chaque détail aide d'une manière si parfaite à compléter la beauté de l'ensemble, donnent à Saint-Tropez une superbe apparence. Mais, il faut l'avouer, l'intérieur de la ville dément les promesses de l'extérieur. Les maisons sont aussi délabrées que pittoresques; les abords du bassin sont obstrués d'immondices; on y réfléchit à deux fois avant de pénétrer dans certaines rues à l'odeur nauséabonde. Les propriétaires des deux auberges, l'*hôtel du Commerce* et l'*hôtel des Trois-Lumières*, nous permettront de dire aussi qu'il leur reste encore quelque chose à faire pour donner à leurs établissements tout le confort moderne.

Saint-Tropez occupe l'emplacement de l'antique *Heraclea Caccabaria*, signalée par l'itinéraire d'Antonin, et qui fut une station navale importante, comme semblent l'indiquer des inscriptions, des mosaïques et des médailles trouvées sur

---

1. 52 kil. d'Hyères, 40 kil. du Luc (voir ci-dessus, pages 81 et 89.)

son territoire. Elle empruntait probablement son nom à un temple d'Hercule. Sa dénomination actuelle lui vient du martyr Tropez ou Torpez.

La ville primitive ayant été probablement détruite par les Sarrasins, les habitants en élevèrent une autre, qui fut saccagée de nouveau au IXe siècle, lorsque les corsaires africains s'emparèrent des rivages du golfe de Grimaud et de tout le massif de montagnes qui a reçu leur nom. Sous la domination des Maures, Saint-Tropez faisait avec les côtes de Barbarie un assez grand commerce qui fut soudain interrompu, en 973, lorsque les chrétiens prirent d'assaut la Garde-Freinet et réduisirent en esclavage les Sarrasins établis dans cette partie de la Provence. Au XIVe siècle, Saint-Tropez fut encore ruinée pendant la lutte du duc d'Anjou et de Charles de Duras. Le roi René y attira, en 1470, soixante familles génoises, qui la repeuplèrent et lui rendirent son ancienne prospérité. Au XVIe siècle, Saint-Tropez résista successivement au connétable de Bourbon, à Charles-Quint, aux corsaires d'Afrique, au duc de Savoie et aux bandes du duc d'Épernon. En 1637, les marins de la ville repoussèrent seuls l'attaque d'une flotte espagnole. En 1813, ils firent preuve du même courage et avec le même succès contre une petite escadre anglaise. C'est dans leur port que Napoléon s'embarqua pour l'île d'Elbe, le 28 avril 1814.

Saint-Tropez est un simple chef-lieu de canton, peuplé d'environ 3400 habitants. Cette ville est la patrie du général Allard et du bailli de Suffren. On parle d'y ériger prochainement une statue de bronze au célèbre amiral.

Les édifices publics de Saint-Tropez offrent peu d'intérêt. Les constructions les plus curieuses sont les maisons qui bordent le quai du port. Les murailles des rez-de-chaussée sont inclinées de manière à former, avec les étages supérieurs, une courbe rentrante semblable à celle des phares modernes. Une seule porte s'ouvre à la base de ces murailles et permet aux habitants de descendre sur le quai ; mais cette porte est, en général, hermétiquement fermée : on dirait que les architectes des maisons ont ainsi voulu les défendre contre les assauts d'une tempête qui emporterait les jetées et les quais du port et s'attaquerait à la ville elle-même.

Saint-Tropez est un point stratégique important à cause de sa situation sur le rivage du beau golfe de Grimaud. Cette nappe d'eau, l'ancien *Sambracitanus sinus*, a près de 4 kilomètres de largeur à l'entrée, et 7 kilomètres de longueur, de l'est à l'ouest ; sa superficie dépasse 20 kilomètres

Entrée du port de Saint-Tropez.

carrés. Le golfe contient d'excellents mouillages et dans toute son étendue il est assez profond pour permettre aux grands navires de guerre de faire leurs évolutions, car, à l'entrée, la sonde ne touche qu'à 50 et 60 mètres, et tout à fait à l'extrémité occidentale du golfe, à 300 mètres du rivage, les embarcations peuvent encore mouiller par 10 mètres d'eau. En 1746, il servit de point de ralliement à la flotte du maréchal de Belle-Isle chargé de nettoyer la Provence des Allemands qui l'avaient envahie. Depuis cette époque, on a souvent proposé de transformer le golfe de Grimaud en une succursale de la rade de Toulon; mais on n'a encore rien fait pour réaliser ce projet. De petites batteries défendent l'entrée du golfe ; à l'est de la ville s'élève une citadelle bastionnée, construite en 1793 et d'apparence peu redoutable ; enfin, deux vieilles tours génoises, fendues et presque ruinées, se dressent de chaque côté du port.

Le bassin, défendu au nord par une forte jetée contre les assauts de la haute mer, offre une superficie de plus de 10 hectares et peut recevoir de grandes corvettes et des bricks tirant de 4 à 5 mètres d'eau ; malheureusement, il est exposé au mistral, de même que la plus grande partie du golfe ; un petit phare à feu fixe rouge s'élève sur la jetée. Saint-Tropez fait un commerce assez considérable de vins, d'huile, de bois à brûler, de linge brut et façonné, de poisson salé et de marrons du Luc. En 1861, le mouvement total de la navigation, pour le commerce extérieur et le cabotage, a été de 6458 tonneaux à l'entrée, et de 10 620 tonneaux à la sortie. Les armateurs de la ville possédaient en 1862 112 navires jaugeant 5084 tonneaux. Ils lancent aussi chaque année un certain nombre d'embarcations construites dans leurs chantiers. Il n'est peut-être pas de ville française qui fournisse, soit à l'État, soit au commerce, un aussi grand nombre de marins. A la fin du siècle dernier, ses navires faisaient les voyages du Levant.

Non loin de la ville, on exploitait autrefois des carrières de serpentine. Toutes les maisons des gentilshommes provençaux étaient décorées de pierres de cette espèce, considérées comme un apanage de la noblesse. Les montagnes des communes voisines, Gassin, Ramatuelle, Sainte-Maxime, renferment des gisements de plomb argentifère, qui ne sont pas assez riches pour être exploitées avec succès.

Saint-Tropez est rarement visité par les voyageurs et cependant elle a bien peu de rivales dans la belle Provence pour le charme et la variété des paysages. La ville elle-même ne peut guère aspirer à devenir une autre Cannes, parce qu'elle n'est pas garantie des vents du nord, qui, du reste, ont toujours préservé Saint-Tropez de la peste, alors qu'elle régnait dans le reste de la Provence; mais les environs abondent en sites parfaitement abrités où l'on pourrait bâtir des villas pour les personnes de santé délicate. Tels sont les vallons de Ramatuelle, de Pampelune ou Pampelanne, ceux qui s'inclinent au sud vers la grande plage de Cavalaire; et sur la côte septentrionale du golfe de Grimaud, plusieurs des collines en partie boisées qui entourent Sainte-Maxime. Aussi, dans l'espérance de voir s'accroître considérablement chaque année le nombre des visiteurs étrangers, les habitants de Saint-Tropez réclament-ils instamment la construction d'une route de voitures reliant la ville de Fréjus aux bords de leur golfe.

Parmi les nombreuses excursions qu'on peut faire autour de Saint-Tropez, il faut surtout citer celle du **cap Camarat**. On compte environ 2 heures de marche de la ville à ce promontoire rocheux qui limite au sud la belle plage semi-circulaire de Pampelune. Un phare de premier ordre, dont le feu tournant de minute en minute éclaire les flots à 50 kilomètres de distance, se dresse au sommet du rocher, à 131 mètres de hauteur au-dessus de la mer. De ce phare, on jouit d'une vue admirable sur la Méditerranée bleue, les montagnes des Maures noires de pins et de chênes-liéges, les rouges promontoires de l'Esterel et les Alpes lointaines aux sommets neigeux. Pendant tout l'été, on voit au large du cap Camarat, des embarcations génoises qui se livrent à la pêche du beau corail qui vit dans ces parages de la Méditerranée. A 4 kilomètres au sud-ouest du cap Camarat, s'élève le rocher du cap Taillat, réuni au continent par une étroite levée de sable qu'ont apportée les eaux de la mer. Les deux mouillages de Bon-Port, au sud de Camarat, et de Bonne-Terrasse, au sud de ce promontoire, offrent aux navires un excellent mouillage de refuge pendant les jours de mistral.

La plus haute montagne de la péninsule est le *mont Paillat*, dont la cime arrondie (330 mèt.) s'élève à 7 kilomètres au sud-ouest de Saint-Tropez, à l'origine de plusieurs vallons descendant vers le golfe de Grimaud, l'anse de Pampelune et la baie de Cavalaire. De cet observatoire, facile à atteindre, on jouit de la plus belle vue de toute la presqu'île sur la mer et sur les Alpes. L'une des terrasses orientales du mont Paillat porte le pittoresque village de Ramatuelle, qui passe pour avoir fait partie autrefois du domaine des *Camatulici*, et qui fut pris par Lavalette en 1592. — La *montagne de Saint-Pierre*, qui se dresse à 416 mètres de hauteur à l'extrémité occidentale du golfe et qui fait partie du groupe principal des Maures, est plus pénible à gravir que le mont Paillat. Après avoir traversé le golfe en bateau, on peut faire l'ascension de ce pic en 1 heure et demie. Au sommet sont éparses les ruines de l'ancien village de Saint-Pierre de Miramas.

Les anses du golfe de Grimaud et les baies voisines offrent aussi de charmants buts d'excursion, et l'on peut choisir à son gré pour y prendre des bains de mer, soit les criques où le flot déferle sur des plages de sable blanc, soit les vasques de rochers qu'emplit une eau profonde, soit encore les petits bassins discrets où se reflète l'ombrage des pins. Des chaloupes (50 cent.) vont et viennent incessamment entre Saint-Tropez et **Sainte-Maxime**, petit village moderne construit sur l'emplacement d'une ville romaine, ainsi que le prouvent de nombreux débris trouvés dans le sol. Le mouillage de Sainte-Maxime, protégé par une jetée, est entièrement sûr : on n'y a jamais vu un seul naufrage. Malheureusement l'absence de routes carrossables reliant Saint-Tropez à Fréjus et Draguignan, ne permet pas d'utiliser suffisamment ce port. Année moyenne, le mouvement total de la navigation de cabotage et pour l'étranger, à l'entrée et à la sortie, n'atteint pas 5000 tonneaux.

Le climat des vallons abrités qui entourent le village de Sainte-Maxime est extrêmement doux ; de beaux palmiers se montrent dans les jardins. A 10 kilomètres au nord-ouest de Sainte-Maxime, on visite le charmant vallon dont le centre est occupé par le village du Plan-de-la-Tour, ainsi nommé d'une tour de défense, bâtie à la fin du XVe siècle.

Lorsque le temps est favorable, on peut espérer d'accomplir en 3 heures (10 fr.) la charmante traversée de Saint-Tropez à Saint-Raphaël, le port de Fréjus.

CHAPITRE IV.

CANNES ET L'ESTEREL.

Renseignements divers.

Hôtels, appartements. — Depuis quelques années, Cannes et ses faubourgs possèdent un assez grand nombre d'hôtels pouvant loger ensemble plus d'un millier d'étrangers. Les principaux établissements de ce genre sont ; ceux des *Étrangers*, du *Nord*, de *la Poste*, *des Princes*, *d'Angleterre*, dans l'intérieur de la ville; les hôtels *Gonnet*, *Victoria*, sur la plage de la Croisette; ceux de *Bellevue*, de *Bristol*, de l'*Europe*, de *la Paix*, dans les faubourgs. C'est également en dehors de la ville que l'on construit (1863) le grand *hôtel Gonnet*, destiné à devenir un établissement de premier ordre. — Les cafés sont nombreux. les plus fréquentés sont ceux *des Allées*, de *l'Univers*, sur le Cours.

On trouve à Cannes et dans ses environs immédiats de confortables habitations de ville et de campagne, meublées ou non meublées; de petits appartements et des chambres garnies. Il existe aussi, en dehors des hôtels, de nombreuses pensions bourgeoises à prix modérés. — Quant au prix de location des appartements et des villas, il varie, cela se comprend, de saison en saison, et d'année en année, suivant les rapports de l'offre et de la demande.

Cercles. — Le nouveau Casino est construit sur la plage de la Croisette; il renferme un théâtre, des salles de lecture, de billard, de concert et des appartements meublés. — Le *Grand-Cercle*, situé sur le Cours, près de la place, offre aux abonnés des salles de conversation, de jeu et de billard, une bibliothèque, les principaux journaux, etc. Citons aussi le *Cercle-Nautique*, sur la place de la Croisette.

Bains. — La plupart des nouveaux hôtels renferment des chambres de bains plus ou moins confortables: mais il existe aussi aux deux extrémités de la ville des établissements spéciaux où l'on prend à volonté des bains d'eau douce, d'eau de mer chaude, des douches, des bains artificiels, etc.

Voitures, chevaux, bateaux de plaisance. — Des omnibus et d'autres voitures publiques font journellement le service de Cannes à Grasse et correspondent avec les voitures de Castellane, Draguignan, etc. Pour les voitures particulières et les montures, il faut s'adresser aux loueurs de profession ou plus simplement encore aux propriétaires des hôtels, qui possèdent en général quelques voitures et des chevaux pour le service de leurs hôtes. Quant aux bateaux de plaisance, il est inutile de demander des renseignements, car les matelots qui se promènent sur la place et sur le quai du port s'empressent d'interpeller les nouveaux venus pour offrir avec insistance leurs petites embarcations. On compte à Cannes une douzaine de bateaux de plaisance. Le prix d'une promenade aux îles de Lérins ou de toute autre excursion demandant le travail de deux matelots pendant la plus grande partie de la journée, varie de 8 à 12 francs.

Poste aux lettres. — Route d'Italie, tout près de la station du chemin de fer et de l'hôtel des Étrangers.

Télégraphie électrique, près du Cours, au centre de la ville.

Librairies. — Ferran, sur le Cours; Maillan, sur la Marine. Ouvrages anglais, abonnement à la lecture.

Situation. — Climat.

La ville sans cesse grandissante de Cannes est située autour d'une petite anse et sur le penchant oriental d'une colline assez escarpée, qui se prolonge dans la mer par un promontoire étroit, et que couronnent les tours pittoresques d'un château et d'une église. De la terrasse, que dominent ces constructions, on découvre une vue magnifique. A ses pieds on voit la ville descendant par étages et entourant d'un cercle de maisons blanches l'anse du port où se balancent toujours quelques bricks. Au delà, l'île boisée de Sainte-Marguerite et le promontoire occidental de Saint-Honorat bornent l'horizon bleu de la Méditerranée ; vers l'ouest, on embrasse d'un coup d'œil le golfe de la Napoule, environné de collines qui se terminent brusquement au cap Roux; sur les coteaux voisins, les villas gothiques, italiennes, mauresques,

Cannes.

les allées d'orangers, les hameaux épars, les bois d'oliviers, le village du Cannet, blotti dans un vallon boisé, et la route de Grasse développant ses lacets poussiéreux attirent surtout les regards; dans le lointain se dressent les monts porphyriques de l'Esterel, aux formes d'une si noble hardiesse.

Cannes est l'une des villes du littoral méditerranéen les mieux abritées contre les vents froids. Protégée au nord par les ramifications des Alpes, défendue à l'ouest et au nord-ouest par le massif de l'Esterel, elle n'a presque rien à craindre du redoutable mistral, qui fait tant de mal dans la vallée du Rhône et sur toute la côte, de Montpellier à Toulon. « La ceinture continue des collines, dit Jean Reynaud, procure à Cannes une sorte de paravent naturel entre le golfe et les hautes montagnes, et lorsque les vents froids soufflent des Alpes, ils passent par-dessus le littoral. Grâce à cette protection, ils vont tomber à une certaine distance à la surface de la mer, dont on voit les vagues se gonfler à l'horizon avec leurs crêtes d'argent, tandis que sur le bord tout est calme[1]. »

D'après les observations du docteur Sève[2], continuées pendant quatorze ans, les vents dominants viennent du sud-est, de l'est et du nord-est; les moins fréquents, de l'ouest, du nord, du nord-ouest et du sud. Aux équinoxes, le vent d'est souffle à peu près exclusivement : c'est celui qui amène les pluies. A partir de mars jusqu'en septembre, le vent a une marche assez constante; il se lève le matin vers 9 heures dans la direction de l'est, suit invariablement le parcours du soleil, et disparaît vers 5 heures à l'occident. Cette marche du vent, qui est celle des brises diurnes régulières sur tous les rivages du continent, a pour effet de tempérer considérablement les ardeurs de l'été.

---

1. *Magasin pittoresque.*
2. La *Notice médicale sur le climat de Nice*, par M. le docteur Sève, est jointe à l'ouvrage de MM. Girard et Bareste, intitulé *Cannes et ses environs.*

La température moyenne de l'année est, à Cannes, de 16° 2', c'est-à-dire qu'elle dépasse d'un demi-degré la température de Nice, de Gênes, de Pise, de Florence, de Rome, et se trouve même légèrement supérieure à celle de Naples. Aussi les hivers sont-ils relativement d'une très-grande douceur dans la ville provençale. D'après M. Sève, la moyenne hivernale est de 10° 2', et pendant le mois le plus froid de l'année, en janvier, le thermomètre oscille entre 8 et 9 degrés. En automne, la moyenne générale est de 13° 9'; au printemps, de 17° 9'; en été, de 22° 3'. Les grandes chaleurs, toujours tempérées par la brise de mer, sont moins fortes qu'à Paris et ne dépassent guère 32 degrés centigrades. L'écart total entre les moyennes de l'hiver et de l'été est seulement de 12° 1', tandis qu'il est de 13° 8' à Nice, de 16° 3' à Rome, de 17° 2' à Florence, de 14° 2' à Naples. On voit que les transitions sont beaucoup moins fortes à Cannes que dans les villes de la péninsule italique où les étrangers de santé délicate fixent le plus souvent leur résidence : le climat de Cannes est non-seulement plus doux, il est aussi plus égal. En voyant croître à côté les uns des autres les conifères du nord et les aloès d'Afrique, le botaniste peut s'apercevoir au premier coup d'œil de la remarquable égalité de température qui distingue le ciel de Cannes.

Il pleut en moyenne pendant 51 jours, et la tranche d'eau qui tombe annuellement ne dépasse pas deux tiers de mètre. Ce sont là des chiffres peu élevés; mais il faut remarquer en outre que les pluies sont en général de courte durée : aussitôt après les averses, les nuages s'évanouissent et le ciel reprend toute sa sérénité. Sur les rivages de la Méditerranée, il est peu d'endroits où le ciel soit aussi pur, aussi éclatant, aussi dégagé de vapeurs qu'il l'est à Cannes. La clarté de l'atmosphère a pour résultat d'activer le rayonnement du calorique pendant les nuits; par conséquent la température s'abaisserait considérablement avant l'aurore, si les eaux marines, lentes à se refroidir, n'entouraient les côtes de leur moite atmosphère.

A ces avantages climatériques de Cannes, il faut ajouter ceux que procurent la nature perméable du sol et l'inclinaison des couches de rochers. Les eaux des pluies ou des ruisseaux débordés n'étant pas retenues en flaques malsaines à la surface de la terre, ne dégagent point de miasmes. En outre, les forêts de pins qui croissent sur les collines répandent dans l'atmosphère leur senteur bienfaisante. Ce n'est pas tout : Cannes offre aux baigneurs une plage sablonneuse doucement inclinée vers la mer et les eaux d'un golfe tranquille dont la température moyenne est de 6 à 8 degrés plus élevée que celle de l'Atlantique, sur les côtes occidentales et septentrionales de la France. Cannes est sans contredit l'une des villes du littoral où l'on prend les plus agréables bains de mer. Un grand nombre d'Anglais s'y baignent pendant toute l'année. En été, les médecins de Cannes ajoutent les bains de sable aux bains de mer, comme un puissant agent thérapeutique pour le traitement de certaines maladies.

Grâce à l'heureuse position de leur ville et à tous les avantages dont la nature les a comblés, les habitants de Cannes se trouvent dans d'excellentes conditions de salubrité générale. Les épidémies sont rares dans le pays, de même que le croup et les angines couenneuses, si terribles à Paris. Les cas d'affections scrofuleuses ne sont pas fréquents. D'après le docteur Sève, ce climat essentiellement tonique, mais non excitant, produit surtout d'excellents effets « dans tous les cas d'anémie, de chlorose, de débilitation générale, de scrofule, de rachitisme et d'engorgements lymphatiques, dans les diverses névroses et névralgies ; mais ce sont surtout les affections chroniques de l'appareil respiratoire, l'asthme, la phthisie à tous ses degrés et les diverses affections catarrhales qui se modifient le plus avantageusement sous l'influence de cet air pur, suffisamment sec et chaud, saturé en outre d'émanations balsamiques. » Cependant, il faut bien se garder de croire que le climat de Cannes convient à toutes sortes de maladies. « Évidemment, dit le docteur Whitley, là où il y a trop d'activité dans l'appareil sanguin ou trop de surexcitation dans le système nerveux, cet air tonique, cette grande clarté du jour, ce brillant reflet de la mer, ces tableaux variés, accidentés, sauvages et offrant peu de repos à l'œil, ne sont pas des conditions favorables. »

Attirés par la renommée du beau ciel de Cannes, les valétudinaires de tous les pays du nord viennent, chaque année plus nombreux, demander à ce climat la guérison complète de leurs maux ou l'amélioration de leur santé. Avec les malades, arrivent les parents et les amis bien portants, les touristes valides, les amants de la nature et les simples désœuvrés qui vont toujours où la mode les pousse. Aussi les pentes et les collines qui descendent vers Cannes ne suffisent déjà plus à la foule grossissante des visiteurs, et les vallons environnants de Labocca, du Cannet, de Vallauris, les plages du golfe Jouan et d'autres endroits voisins aussi privilégiés que le bassin de Cannes, sont graduellement envahis par les bâtisseurs de villas. Bientôt toute la côte, du promontoire de la Garoupe à l'embouchure de la Siagne, ne sera plus, comme la campagne de Gênes, qu'un immense jardin semé de palais.

Histoire.

Cannes est, selon toute probabilité, bâtie sur l'emplacement d'une antique cité ligurienne. Là, sans doute, s'élevait *Ægitna*, dont parle Polybe et que Strabon désignait simplement par le nom de port Oxybien. C'est la ville que le consul romain Quintus Opimius détruisit 155 ans avant notre ère et près de laquelle il écrasa les bandes indisciplinées des Ligures Oxybiens et des Décéates, leurs alliés. Après leur défaite, les indigènes, refoulés dans l'intérieur de la contrée, se retranchèrent à une certaine distance de la mer, sur le *Mons Ægitna*, que l'on croit être le village de Mougins, et les Romains victorieux firent cadeau de la ville conquise à leurs confédérés les Massiliotes : de là le nom de *castrum Massiliorum* ou de *castrum Marcellinum* (château des Marseillais), que la Cannes actuelle conserva jusqu'au milieu du moyen âge. Quant au nom moderne, que les anciennes chartes écrivent *Canois, Canoes, Canuis, Canoas*, on n'a pu en découvrir encore la véritable étymologie[1]. M. Émile Négrin pense que ce nom vient de *caminus*, et qu'il rappelle le passage de l'antique voie aurélienne sur la plage de Cannes.

Dès le x° siècle et peut-être à une époque antérieure, l'ancien château des Marseillais était devenu un fief de la puissante abbaye de Lérins, et les seigneurs-abbés l'entouraient de murailles crénelées. Souvent les habitants de Cannes essayèrent de secouer le joug et de reprendre leurs droits naturels pour former une commune indépendante ; mais leurs protestations, leurs essais de résistance et même leurs tentatives de révolte ouverte n'aboutirent point, et Cannes ne fut affranchie de la domination des moines qu'en 1788, année de la sécularisation du couvent. Toutes les libertés dont jouissaient les habitants du village, entre autres celle de pouvoir s'injurier réciproquement sans crainte de procès[2], leur avaient été accordées en pur don par leurs seigneurs et maîtres de Lérins.

C'est de Cannes, cette ville aujourd'hui si remarquablement salubre, que la grande peste de 1580, apportée par un navire du Levant, se propagea dans tout le reste de la Provence pour y enlever des populations entières. A Cannes même, elle fit de grands ravages. Après la peste, la guerre. En 1635, les Espagnols s'étant emparés des îles de Lérins (voir ci-dessous), attaquèrent aussi la place de Cannes ; mais les milices, pro-

1. *Les îles de Lérins*, par l'abbé Alliez.
2. Charte de 1447, citée par l'abbé Alliez.

tégées par une ligne de retranchements qu'on avait élevée sur le rivage au moyen de bateaux échoués et remplis de terre, reçurent les ennemis par un feu de mousqueterie tellement violent, qu'ils furent obligés de se rembarquer à la hâte. En 1707 et en 1746, les habitants de Cannes et des villages voisins furent moins heureux. Incapables de résister aux troupes allemandes qui s'avançaient en levant partout d'énormes contributions de guerre, en dévastant les campagnes et en commettant des cruautés de tout genre, les populations se soumirent et portèrent sans regimber le terrible joug du vainqueur. C'est pendant l'invasion de 1746 que les Cannois eurent le plus à souffrir.

De pareils désastres ne permettaient pas à Cannes de grandir en importance. Un rapport de 1633 nous apprend qu'à cette époque Cannes se composait d'à peu près 500 maisons, peuplées de 2000 personnes environ. M. de Saussure, qui visita Cannes en 1787, nous dit qu'elle consistait alors en « deux ou trois rues habitées presque uniquement par des matelots et des pêcheurs. » Pendant toute la première partie de ce siècle, elle ne fut qu'une pauvre bourgade ignorée. En 1838, la construction du môle, en lui donnant un port, accrut en même temps son importance, et depuis, grâce à la beauté de ses environs, à la salubrité de son climat et à l'initiative de deux Anglais, lord Brougham, ancien lord-chancelier d'Angleterre, et de sir Robinson Woolfield, elle est devenue l'un des rendez-vous des malades et des oisifs qu'attire chaque année le littoral de la Provence. On peut dire que les Cannois doivent en grande partie leur prospérité à la police sarde, car c'est elle qui, en 1831, empêcha lord Brougham de continuer son voyage, de crainte qu'il n'introduisît le choléra en Italie, et l'obligea ainsi à parcourir les environs de Cannes, et à se faire une idée de la beauté du climat.

Cannes, simple chef-lieu de canton de l'arrondissement de Grasse, est aujourd'hui la troisième ville des Alpes-Maritimes. En 1841, elle comptait 3881 habitants; vingt ans après, en 1861, la population était déjà de 7357 âmes ; elle dépasse actuellement le nombre de 8000.

La ville et le port.

L'intérieur de Cannes ne répond malheureusement pas à l'admirable beauté des environs. La ville ne possède pas de monuments ; les rues de la partie haute sont étroites, tortueuses, mal pavées, souillées d'ordures ; les quais laissent également à désirer sous le rapport de la propreté. La ville moderne, longue rue qui s'étend parallèlement à la plage dans la direction de l'est et que coupent de distance en distance des amorces de nouvelles rues, est la seule partie de Cannes où puissent résider les étrangers. Depuis quelques années, les habitants s'occupent activement d'embellir et d'assainir leur ville ; ils ont élargi et percé des rues, bâti des quais, entrepris la construction de plusieurs écoles et d'une église sur le port, agrandi l'hospice, décrété l'éclairage au gaz, etc. Maintenant on s'occupe d'amener à Cannes les eaux de la Siagne, en quantité suffisante pour suffire à l'irrigation des jardins et à l'arrosage des rues. C'est là une des améliorations les plus urgentes à Cannes, aussi bien que dans la plupart des villes de la Provence : la poussière y est un véritable fléau.

La grande tour, qui couronne à l'ouest de la ville le sommet du Mont-Chevalier, a été commencée vers l'année 1070 par un abbé de Lérins et terminée seulement plus de trois siècles après. Elle sert de point de repère aux marins et ne doit qu'à cette circonstance de n'avoir pas été démolie. Les murailles ruinées qui l'entourent occupent le même emplacement que l'ancien *castrum Marcellinum*. L'église de Notre-Dame d'Espérance, qui s'élève à côté du château, n'offre rien de remarquable au point de vue de l'art ; elle a été construite, ou du moins réparée, de 1627 à 1629. On y conserve un grand reliquaire en forme d'église, renfermant, dit-on, une partie des ossements de saint Honorat, et couvert de figures en bas-reliefs qui représentent ses principaux miracles : cette châsse date de 1491. La plate-forme de l'église est remarquable par ses énormes dalles de roches schisteuses, rouges et brillantes.

Parmi les autres édifices de la ville proprement dite, on ne peut guère signaler que le nouveau Casino, énorme construction de style gothique anglais, qui se dresse à l'extrémité orientale de Cannes, sur la plage de la Croisette. Sa façade noirâtre, rayée de lignes blanches et encadrée de tours à créneaux, ses nombreuses rangées de fenêtres étroites, ses corps de bâtiment d'inégale hauteur, qui font ressembler le toit à un immense escalier, donnent à ce vaste édifice un aspect au moins étrange.

Le port de Cannes, formé en 1838 par la construction d'un môle de 150 mètres, dirigé vers le sud-est, est précédé d'un échiquier de roches sous-marines qui en défend l'entrée aux bâtiments de guerre les plus considérables ; même pour les navires d'un faible tonnage, ce n'est qu'un port médiocre, car il est exposé aux vents du sud-est qui règnent le plus fréquemment dans ces parages. En outre, le courant du littoral, qui porte dans la direction de l'ouest, tend constamment à ensabler le port dont la profondeur moyenne est de 3 à 5 mètres. Il est signalé par un feu fixe de quatrième ordre et de 18 kilomètres de portée, établi sur un phare de 10 mètres de hauteur. Le mouvement de la navigation, y compris le cabotage, a été, en 1861, de 15 651 tonneaux à l'entrée et de 11 286 tonneaux à la sortie : total, 26 937 tonneaux. Ainsi le port de Cannes occupait alors le deuxième rang sur toute la côte, d'Hyères à Menton ; seul, le port de Nice recevait un plus grand nombre de navires.

Le principal commerce de Cannes consiste en parfumeries, huiles, savons, sardines, anchois et poissons salés, grains, oranges et citrons. Les seuls établissements industriels qui méritent d'être signalés sont des parfumeries et une savonnerie.

Promenades. — Villas.

La seule promenade publique de Cannes est le Cours, qu'ombragent trois rangées d'arbres et que décorent de petits jardins renfermant quelques dattiers et d'autres plantes exotiques. Il est bordé d'un côté par la rue principale de la ville, la route d'Italie, et de l'autre par la mer et le port; un boulevard planté d'arbres, puis une simple levée qui s'étend jusqu'à la péninsule de la Croisette, en face de l'île Sainte-Marguerite, le continuent du côté de l'est. De cette allée qui suit la plage sur une longueur de plus de 2 kilomètres, on découvre la plus grande partie du golfe de la Napoule et les îles de Lérins. Peu de cités en Provence possèdent une promenade comparable à celle de Cannes.

Les hauteurs qui dominent la ville et ses jardins abondent en admirables points de vue. « Rien n'est plus délicieux que les environs de Cannes, dit M. Baude[1], c'est mieux que la Provence et mieux que l'Italie : transportez les plus riants paysages de la Suisse au bord d'une mer transparente, mêlez à leurs pins séculaires des vignes, des oliviers, des orangers, éclairez-les d'un soleil plus doux que celui de Naples, et vous aurez le golfe de la Napoule. » Aussi les étrangers peuvent-ils varier à l'infini leurs promenades; partout ils auront à contempler le spectacle toujours splendide et toujours changeant de la mer et des rivages.

La **Croix-des-Gardes**, ainsi appelée d'une croix de fer plantée sur une petite pyramide de rochers au milieu d'un bois de pins, est une colline qui s'élève (à 156 mèt.) au nord-ouest de Cannes et du Mont-Chevalier. On peut accomplir presque

---

1. Excepté les alentours de Menton, aurait pu ajouter l'auteur.

toute l'ascension en voiture ; les piétons montent en 45 minutes environ. Pour faire cette promenade de la manière la plus agréable, il faut sortir de la ville par la rue qui longe le cimetière, puis franchir le profond ravin du Riou sur un pont de trois arches pittoresques datant du XIIe siècle : ce pont a peut-être remplacé un ancien pont romain de la voie aurélienne. On monte ensuite par un chemin à pentes rapides qui contourne le vallon en s'élevant de terrasse en terrasse. A la descente, on peut choisir le versant méridional qui plonge directement vers la mer, et rejoindre la grande route au-dessous de l'hôtel *Bellevue*. Quand le temps est clair, on aperçoit de la Croix-des-Gardes les montagnes de la Corse.

Une des promenades les plus charmantes que l'on puisse faire autour de Cannes, — lorsque la route n'est pas trop poudreuse, — est celle du **Cannet**. Ce village, situé à 3 kilomètres au nord de Cannes, à l'extrémité supérieure d'un vallon parfaitement abrité, se divise en plusieurs groupes de hautes maisons, qui de loin brillent comme des rochers blancs au-dessus des pentes toutes vertes d'oliviers. Quelques-uns de ces arbres, âgés de plusieurs siècles, ont des dimensions colossales et ne le cèdent pas à des ormeaux en grandeur et en majesté. On voit aussi dans les jardins du Cannet des orangers magnifiques, plantés au XVIe sièle par les moines de Lérins.

A l'entrée de l'un des hameaux, l'attention est attirée par la Maison du brigand (XVIe siècle), tour carrée à deux étages, dans laquelle on pénétrait jadis par une porte percée à la hauteur du premier étage. Des machicoulis couronnent l'édifice. A l'intérieur, les différents étages ne communiquent entre eux que par des trappes. On visite aussi avec intérêt la belle villa Sardou, où mourut Mademoiselle Rachel le 5 janvier 1858. Des plateformes et des jardins du village la vue est très-belle et très-étendue ; mais pour contempler dans toute sa beauté le panorama de la Méditerranée, de l'Esterel et des îles, il faut monter à l'est sur l'arête de collines boisées qui sépare le vallon du Cannet de celui de Vallauris (voir chapitre VI).

Les **villas** des environs de Cannes sont presque toutes libéralement ouvertes aux étrangers, même pendant le séjour des propriétaires ; nombre d'entre elles méritent d'être visitées, soit à cause de leur architecture, soit à cause de leurs jardins ou du point de vue. La plus ancienne et la plus célèbre, sinon la plus belle, est le château que lord Brougham éleva en 1834 et auquel il donna le nom d'Éléonore-Louise, en

Château des Tours et villa Victoria.

l'honneur de sa fille : c'est un édifice à péristyle dorique, à double pavillon et à terrasse, situé sur la pente de la colline, au pied de la Croix-des-Gardes, et environné de jardins magnifiques. Non loin de là se trouve la belle villa Saint-Georges, noble monument de style italien commencé par le général Taylor et achevé par sir Robinson Woolfield. Ce même personnage fit élever ensuite le château qui dresse ses grandes tours crénelées et ses belles tourelles étagées immédiatement à l'ouest du Mont-Chevalier, et qui appartient aujourd'hui au duc de Vallombrosa ; enfin M. Woolfield construisit au-dessous de la route et du château des Tours, la villa Victoria, le plus gracieux et le plus riche des *cottages*, environné d'un jardin dessiné avec l'art le plus merveilleux. A côté s'élève un autre édifice bâti également par M. Woolfield : c'est une église anglicane. A 1 kilomètre plus à l'ouest se dresse le château de Labocca, à la mine féodale; au-dessus on aperçoit sur les pentes le château Sainte-Marguerite, la villa d'Ormesson, la villa où vécut Jean Reynaud, les beaux jardins de la villa Turcas, etc.

A l'orient de Cannes, les villas ont en général un aspect moins imposant que les grands châteaux élevés à l'occident de la ville; mais on en construit sans cesse de nouvelles et dans le nombre il en est de très-élégantes. Les principales sont la villa du Rocher, la villa Desanges, l'habitation de l'amiral Pakenham, la villa Beauregard et surtout le curieux château Alexandra que surmonte un minaret de style oriental. De toutes ces villas, on contemple le panorama de l'Esterel, de la Méditerranée, des îles de Lérins et de quelques-unes on découvre à la fois les deux courbes harmonieuses du golfe de la Napoule et du golfe Jouan. Sur le cap de la Croisette, qui sépare les deux nappes d'eau, des maisons de plaisance ont remplacé d'anciennes redoutes et des marais salants. L'une de ces villas, simple habitation rustique, est entourée des plus beaux jardins d'orangers que possède la contrée.

LES ILES DE LÉRINS.

Pour bien voir les îles et s'y promener à l'aise, il faut consacrer au moins une journée à cette excursion. En général, on a soin d'emporter des provisions pour faire un repas sous l'ombrage des pins, au bord de quelque crique pittoresque. Le patron du bateau de plaisance s'offre le plus souvent pour préparer la bouillabaisse classique. On peut aussi prendre son repas à l'auberge du fort Sainte-Marguerite. Prix du bateau : 10 francs. Lorsque le vent est favorable, on peut se rendre en 45 minutes de Cannes à l'île Sainte-Marguerite et en une heure à l'île Saint-Honorat.

Une source d'eau douce assez considérable jaillit au milieu du golfe de Cannes entre la plage du continent et l'île Sainte-Marguerite : pendant les temps calmes, elle se manifeste à la surface par un petit bouillonnement ondulatoire. En cet endroit la mer a 162 mètres de profondeur[1].

Le groupe des **îles de Lérins**, vers lequel le continent projette la péninsule basse du cap de la Croisette, se compose de deux îles inégales en grandeur, mais symétriques de forme et s'allongeant parallèlement l'une à l'autre dans la direction de l'est à l'ouest. L'île septentrionale, dont les rivages se dressent au nord-ouest en abruptes falaises, est séparée du littoral de Cannes par un détroit d'un kilomètre et demi de large, semé de roches entre lesquelles peuvent s'aventurer les navires d'un tirant d'eau de 12 à 14 pieds. Le mouillage du Frioul, qui se prolonge entre les deux îles, offre à peu près la même profondeur; sa largeur est de 700 mètres environ. Quelques petits îlots rocheux non habités complètent l'archipel. Un temple consacré à Lero, fameux pirate des âges héroïques, dans lequel il faut peut-être voir l'Hercule gaulois, s'élevait sur la grande île : le nom du demi-dieu devint celui du groupe entier et se continue de nos jours par la dénomination de Lérins.

L'**île de Saint-Honorat**, que l'on visite ordinairement en premier lieu, bien qu'elle soit la plus éloignée du continent, est plus intéressante que la grande île à cause de ses monuments et des souvenirs qu'elle rappelle. Elle était connue autrefois sous le nom de *Lerina* (petite Lero) ou de *Planasia*, sans doute

---

1. *Description géologique du Var*, par le comte de Villeneuve-Flayosc.

parce que la surface en est presque parfaitement horizontale. Elle mesure environ 3 kilomètres de circonférence. Une ligne d'écueils qui portent le nom de Frères ou de Moines, la protége au midi contre les vagues de la haute mer ; à l'est se dressent quelques îlots dont le plus considérable porte le nom de Saint-Ferréol. De charmantes criques remplies d'une eau profonde et contenues entre des bancs parallèles de rochers, échancrent le pourtour du rivage ; ce sont autant de petits bassins à flot, tout juste assez larges pour donner asile à une barque.

Du temps des Romains, Lerina, qui a sur l'île voisine le privilége de posséder des puits d'eau vive, était parsemée d'habitations, ainsi que nous l'apprend le témoignage de Strabon. Mais vers le commencement du ve siècle elle était devenue déserte. Ce fut alors (en 410) qu'un fervent apôtre, saint Honorat, vint s'y établir après avoir visité l'Orient et cherché la solitude dans la *baume* du Cap-Roux (voir ci-dessous). Un grand nombre de disciples, dont plusieurs sont devenus célèbres dans l'histoire du christianisme, accoururent vers la petite île de Lérins pour entendre les leçons du maître. Parmi les premiers moines qui partagèrent la retraite d'Honorat, on cite saint Loup, l'évêque de Troyes, qui arrêta la marche d'Attila, Vincent de Lérins, l'auteur du *Commonitorium peregrini*, Patrick, le convertisseur de l'Irlande, Salvien, surnommé le *Jérémie* de son siècle, et plusieurs autres qui devinrent évêques, archevêques, missionnaires, et que l'Église catholique considère comme des saints.

Au commencement du vi^e siècle, le monastère de Lérins était le plus célèbre de la chrétienté. De toutes parts, on venait lui demander des religieux pour en faire des évêques et des fondateurs de couvents. En 690, une armée de 3700 moines vivait sous la direction de l'abbé Amand. Pour exprimer l'importance de l'île Saint-Honorat dans le monde chrétien, Sidoine Apollinaire et saint Césaire s'écriaient avec non moins d'enthousiasme que de mauvais goût : « Heureuse et fortunée île de Lérins, tu es petite et plane, pourtant tu as élevé vers le ciel d'innombrables montagnes ! »

Jusqu'au XIe siècle, l'île Saint-Honorat fut souvent ravagée par les pirates sarrasins ; on dit qu'en 725, ils y mirent à mort 500 religieux. La construction d'une tour de défense, en 1088, rendit les incursions moins fréquentes et moins dangereuses ; cependant, en l'année 1107, le jour même de la Pentecôte, une flottille attaquait l'île, les pirates renversaient le monastère et tuaient plusieurs moines. En 1400, d'autres corsaires envahissent l'île de Saint-Honorat ; mais cette fois-ci ce sont des chrétiens, Génois pour la plupart. Commandés par un certain Salageri, ils prennent d'assaut le château fort, emprisonnent les religieux et mettent le couvent au pillage. Pendant près d'une année ils séjournèrent dans l'île et lorsque toute la noblesse provençale, suivie d'une armée de manants, vint mettre le siége devant le château, ils se défendirent avec tant de vigueur qu'on trouva prudent de leur accorder une capitulation.

Après les attaques des pirates vinrent celles des armées régulières. En 1524, la flotte espagnole s'empara de l'île et saccagea le couvent. François Ier, prisonnier de Charles-Quint, y passa la nuit du 21 au 22 juin 1525. L'île Saint-Honorat, partageant le sort de sa voisine mieux fortifiée, fut encore prise par André Doria en 1536, par les Espagnols en 1635 et par les Autrichiens en 1746.

Malgré toutes ces vicissitudes, la communauté de Lérins, devenue l'ombre d'elle-même, continua d'exister, et les moines maintinrent leurs droits de suzeraineté sur Cannes, Vallauris, la Napoule et d'autres villages du littoral. Enfin, le 10 juin 1788, le monastère fut sécularisé et les quatre derniers religieux, qui d'ailleurs ne résidaient dans leur île que pendant la belle saison, furent indemnisés moyennant 1500 livres de pension. L'année suivante éclatait la Révolution. En 1791,

Mlle Alziary de Roquefort, l'une des deux actrices, qui sous le nom de Sainval, avaient illustré la scène française, fit l'acquisition de l'île Saint-Honorat et vint y fixer sa résidence. Depuis, la propriété a plusieurs fois changé de mains ; en 1858, elle a été achetée par l'évêque de Fréjus, qui y a installé une colonie de frères agriculteurs de l'ordre de Saint-François.

Autrefois, l'île Saint-Honorat, revêtue de pins maritimes, était renommée pour la beauté de ses ombrages. L'un des premiers disciples d'Honorat, saint Eucher, la célébrait ainsi : « Arrosée par des eaux jaillissantes, parée de verdure, brillante de fleurs, offrant des perspectives riantes et de suaves parfums, elle présente à ceux qui l'habitent l'image du ciel vers lequel tendent tous leurs désirs. » Et Isidore ajoutait : « Non, l'univers entier n'offre pas de plus beau séjour[1]. » Aujourd'hui l'île, presque tout à fait déboisée, a singulièrement perdu de sa beauté. La partie intérieure de l'île est transformée en champs de céréales et en jardins potagers ; il ne reste de petits bosquets de pins qu'aux deux extrémités de l'île, à l'est et à l'ouest. Aux yeux de ceux qui éprouvent de la sympathie pour les animaux, quelque chose encore contribue à gâter le paysage : ce sont les innombrables petits bâtons plantés par les chasseurs au milieu des champs et parmi les buissons, dans l'intention de prendre traîtreusement au lacet les oiseaux qui, à leur retour des côtes africaines, viennent se reposer avec confiance de leur long voyage.

La ferme qui a remplacé l'ancien monastère est située dans la partie méridionale de l'île. A côté de la maison d'habitation s'élève l'ancienne *église de Saint-Honorat*, que l'on a restaurée en 1863, mais qui, récemment encore, n'était qu'une ruine informe. Les murs principaux de l'édifice datent probablement du VIIe siècle : reconstruits au XIe siècle, ils ont été souvent réparés depuis lors.

---

1. *Les îles de Lérins*, le plus savant ouvrage qui ait été écrit sur les deux îles de Saint-Honorat et de Sainte-Marguerite.

« A une époque qu'il serait difficile de préciser, dit l'abbé Alliez, l'orientation de cette église fut changée ; l'abside se trouvait primitivement à la place de la porte actuelle et la porte occupait la place de l'abside. » C'était sur la façade occidentale, c'est-à-dire sur l'abside actuelle que les moines avaient placé un antique bas-relief en marbre blanc, qu'on vient d'encastrer dans la muraille au-dessus de la porte orientale. Ce bas-relief, qui paraît avoir décoré un tombeau, est divisé en sept compartiments et représente sans doute Jésus-Christ et les douze apôtres. D'après M. Mérimée et l'abbé Alliez, le travail et la composition de cette sculpture dénotent un ouvrage contemporain des premiers siècles du christianisme. Plusieurs autres débris d'anciennes sculptures, de vieilles inscriptions et des briques coloriées complètent la décoration de l'édifice. A côté de la porte s'élève une colonne antique de marbre rouge avec chapiteau roman de marbre blanc.

L'intérieur de l'église, d'une construction assez lourde, est partagé en trois nefs par deux rangées de six piliers chacune soutenant une voûte ogivale et des arcades en plein cintre.

Le transsept droit, où l'on voit une inscription relative aux bateliers *utriculaires* naviguant sur des outres gonflées, donne entrée dans le cloître. Cette partie de l'ancien monastère est construite sans art, mais avec une solidité extraordinaire ; les voûtes sont cintrées, en pierres calcaires si fortement jointes qu'aucune n'a fléchi. Le cloître est « très-sombre, écrasé, sans nervures ni arêtes ; on ne voit pas de colonnes, mais de lourds piliers très-bas, si larges qu'on pourrait les prendre pour des murs. » A ce cloître sont attenants le lavoir, l'ancien réfectoire, etc. La tradition désigne la cour qui est au centre du cloître comme le lieu où cinq cents religieux furent massacrés par les Sarrasins au commencement du VIIIe siècle.

Le palmier qui s'élève en face de la porte de l'église est aussi l'objet d'une tradition moins plausible. Comme le fit plus tard son disciple saint Patrick dans la verte Erin, saint Honorat commença par maudire tous les serpents venimeux qui peuplaient l'île de Lérins. Ils périrent aussitôt; mais leur corps infectant l'atmosphère, le saint monta sur le palmier qu'on voit encore aujourd'hui, et commanda aux flots de la mer de se soulever pour balayer la surface de l'île en entraînant les cadavres. L'œuvre du maître n'a pas duré aussi longtemps que celle du disciple : les serpents ne sont pas revenus en Irlande tandis qu'il en existe toujours à Saint-Honorat. Un habitant de l'île dit à M. Mérimée « qu'il avait vainement essayé de former une garenne, et que les lapins qu'il avait lâchés avaient été promptement détruits par les reptiles. »

Le monument le plus pittoresque et de beaucoup le plus considérable de Lérins est le *château fort* qui servait de monastère aux moines et dans lequel ils s'enfermaient soigneusement dès que la vigie signalait au loin les voiles des barbaresques ou des pirates génois. Cet édifice, situé à une centaine de mètres au sud de la ferme et de l'église, « n'est, à proprement parler, dit M. Mérimée, qu'un donjon de forme irrégulière, couronné de machicoulis et entouré, du côté de la terre, d'une muraille percée de meurtrières qui dominent un chemin de ronde. Quelques bâtiments, entre autres une église pittoresque en ruines, se groupent dans cette enceinte et s'appuient au donjon. Les murs sont construits de belles pierres de taille, bien appareillées et d'une teinte jaunâtre qui se détache admirablement sur le bleu foncé de la Méditerranée et du ciel de la Provence. » La façade occidentale, qui porte des traces de bombardement, est en partie ruinée, et sa chute entraînera probablement celle des étages supérieurs de la tour.

Après avoir traversé le fossé, on monte au premier étage

pour entrer dans une petite cour carrée, à ciel ouvert. Quatre galeries à arcades ogivales entourent ce préau, qui occupe le centre du donjon, et au milieu duquel se trouve une grande citerne pavée en marbre, et creusée au xve siècle. « Les colonnes qui soutiennent les arcades sont, les unes en marbre rouge et blanc, les autres en granit, la plupart grossièrement réparées avec de la pierre; presque toutes sont antiques; » sur l'une d'elles on lit une inscription latine en l'honneur de Constantin. De la cour on passe dans l'ancienne église ou chapelle de Sainte-Croix, surnommée la *sainte des saintes*, parce qu'elle renfermait les plus précieuses reliques de l'abbaye; puis on traverse successivement plusieurs salles basses, cuisine, lavoir, réfectoire, boulangerie, etc.

« L'ogive et le plein cintre, dit encore M. Mérimée, se trouvent mêlés dans les différentes parties des constructions les plus anciennes. Partout une multitude d'escaliers dérobés, de corridors qui se croisent d'une manière bizarre, des souterrains communiquant aux étages supérieurs, donnent l'idée des châteaux d'Anne Radcliffe, ou d'un édifice qu'on aurait élevé exprès pour jouer à cache-cache.... Un grand nombre de murs de refend, construits de plâtras ou de cloisons légères, quelques-unes en bois, prouvent que, peu avant la suppression du monastère, on s'est occupé d'arrangements intérieurs. Quelques chambres sont encore lambrissées dans le goût du xviiie siècle, et plusieurs dessus de porte peints offrent des bergers et des bergères dans le style de Vanloo, décoration qu'on ne s'attend guère à trouver chez des moines. C'est au deuxième étage que se trouve la bibliothèque, jadis l'une des plus riches de la chrétienté et l'une de celles dont les ouvrages ont été le plus livrés à l'incurie et au pillage. » En 1788, lors de l'inventaire général, il fut constaté que la majeure partie des volumes étaient « rongés des vers et en très-mauvais état, presque tous reliés en vieux parchemin déchiré. » Le dernier manuscrit qui resta dans la bibliothèque était un journal de dépense pour la cuisine des moines.

Ce château-monastère, qui n'est plus aujourd'hui qu'une ruine, fut commencé vers l'année 1073 par l'abbé Aldebert II, « partie sur d'anciennes constructions romaines, partie sur la roche vive; » il ne fut terminé qu'en 1190, à l'aide des aumônes considérables des comtes de Provence, qui voulaient mériter les indulgences promises par le pape Honorius II.

On voyait autrefois dans l'île, outre un certain nombre de cellules habitées par ceux des religieux qui avaient adopté la vie cénobitique, sept chapelles, situées presque toutes le long du rivage. Les pèlerins les visitaient avant de faire leurs dévotions dans l'église Saint-Honorat. La *chapelle de la Sainte-Trinité*, située à l'extrémité orientale de l'île, est assez bien conservée. « Par la singularité de sa construction, ce monument, dit l'abbé Alliez, semble ne pouvoir appartenir aux âges chrétiens ni même à l'époque romaine. Les pierres énormes que l'on voit sur plusieurs points et que le ciseau a effleurées, rappellent les murs cyclopéens de Tyrinthe et les antiques fondations de l'Acropole; les irrégularités choquantes dans la disposition intérieure indiquent une époque étrangère aux plus simples notions de l'architecture.... Est-ce à des navigateurs grecs ou phéniciens qu'il faut attribuer cet étrange monument? Est-ce l'œuvre des Celtes? » Un architecte, M. Vasserot, a découvert sous le sol de la chapelle trois anciens planchers et des caveaux souterrains « destinés à servir de sépulture et peut-être d'asile à des reclus volontaires. » On y a trouvé aussi une tête d'homme ayant la bouche pleine d'algues marines. Les marches qui conduisent à la chapelle, quoique faites de pierre calcaire fort dure, sont usées et polies comme du marbre par le frottement des pieds ou des genoux des fidèles.

La *chapelle de Saint-Sauveur*, située au nord-ouest de l'île, près de la crique de débarquement et non loin d'une grotte appelée la Baume de l'Abbé, est un petit monument de forme octogone qui semble très-ancien et que M. Mérimée pense avoir été construit en même temps que la première abbaye.

Les autres chapelles sont des amas de ruines ou bien n'offrent aucun intérêt ; mais on remarque, presque au centre de l'île, un puits d'eau vive. D'après la tradition ce puits était autrefois une source jaillissante qu'Honorat, nouveau Moïse, avait tout à coup fait bondir du rocher. Les guides montrent encore çà et là des amas de décombres, des fragments de tuiles et d'autres débris romains ; sur tout le pourtour de l'île, on voit aussi des restes d'anciennes redoutes. A l'extrémité de saint Honorat, vis-à-vis de l'îlot Saint-Ferréol, les canons de la batterie Républicaine jonchent encore la plage.

Le donjon, les restes du monastère et ceux des diverses églises ou chapelles sont classés parmi les monuments historiques.

———

La grande île, appelée plus spécialement *Lero* par les anciens, a pris le nom de **Sainte-Marguerite** d'une église qu'on y construisit dans les premiers siècles du moyen âge. Elle est plus haute que Saint-Honorat et sa surface accidentée offre quelques élévations de terrain méritant presque le nom de monticules. Elle a de petites baies, un étang, un port ; mais ce qui fait sa beauté, c'est la belle forêt de pins maritimes qui ombrage toute la partie orientale. En certains endroits, la forêt est remplacée par quelques landes où ne croissent que des plantes odoriférantes. La circonférence de l'île est d'environ 7 kilomètres.

On sait qu'il existait autrefois dans la grande île un temple du demi-dieu Lero, car saint Honorat le fit démolir. Pline parle aussi d'une ville appelée *Vergoanum* qui aurait été bâtie dans la même île ; mais de son temps, il n'en restait déjà plus qu'un souvenir. Plus tard, les Romains y établirent pour leurs flottes un arsenal dont il ne reste plus de traces. Après la fondation du monastère de Lérins dans l'île voisine, Sainte-Marguerite devint le lieu de retraite des moines adonnés plus particulièrement à la vie contemplative. Cédée, en 1351, à Bertrand de Grasse, seigneur du Bar, elle fit retour aux moines de Lérins qui la laissèrent ensuite aux habitants de Cannes à titre de fief et à condition d'un tribut annuel de six écus et de deux chapons. On ignore si l'impôt ne fut pas régulièrement payé, ou bien si les moines de Lérins ne tinrent pas leur parole; mais en 1617 déjà, ils donnaient l'île au duc de Chevreuse, qui la céda l'année suivante au duc de Guise, lequel à son tour en fit présent à Jean de Bellon, l'un de ses domestiques. Puis vint le cardinal Richelieu, qui s'en empara, au nom du roi, et y construisit des fortifications.

Les travaux de défense n'étaient pas encore terminés lorsque les Espagnols vinrent mettre le siége devant le fort de Sainte-Marguerite. A peine attaquée, la garnison capitula, de même que celle de Saint-Honorat, et la flotte espagnole conquit ainsi, en un clin d'œil, une base d'opération des plus importantes contre les côtes de la Provence. C'était en 1635. Richelieu eut beau presser le comte d'Harcourt, le maréchal de Vitry et l'archevêque de Bordeaux qui avaient à divers titres la direction des affaires en Provence, ces ambitieux personnages, réclamant tous avec obstination le commandement en chef, ne firent absolument rien pour chasser l'ennemi, et les Espagnols purent se fortifier solidement dans l'île pendant deux années d'occupation. Enfin le 24 mars 1637, le siége commença par le bombardement d'un fortin situé à la pointe orientale de l'île, près de la redoute qu'on appelle aujourd'hui batterie de la Convention, et le 12 mai, après 47 jours de siége, les Espagnols, repoussés de fort en fort, évacuaient la place. Quant au siége de Saint-Honorat, il dura quelques heures à peine. Le célèbre Duquesne était l'un de ceux qui servaient dans l'armée française durant le siége de Sainte-Marguerite.

En 1707, lors de l'invasion de la Provence par les troupes du duc de Savoie, le fort de l'île canonna vigoureusement l'ennemi et l'obligea de faire un détour par les hauteurs de Vallauris. En 1746, les Autrichiens et les Piémontais, assistés par la flotte anglaise, réussirent facilement à s'emparer de l'île qui était mal défendue ; mais, dès l'année sui-

Ile Sainte-Marguerite.

vante, le chevalier de Belle-Isle les forçait à capituler. Depuis cette époque l'île n'a plus été conquise.

Le *fort*, dont les remparts couronnent une falaise assez élevée, est situé sur la côte septentrionale de l'île, en face de la pointe de la Croisette. Construit du temps de Richelieu, il a été agrandi par les Espagnols, puis réparé d'après les plans de Vauban. C'est un bâtiment très-peu intéressant par lui-même et qui ne vaudrait pas une visite si l'on n'y voyait le cachot où fut enfermé l'Homme au Masque de Fer, cette victime du grand roi, d'autant plus malheureuse que son nom était ignoré de tous et que personne ne savait qui plaindre en elle. La chambre où l'inconnu respira pendant dix-sept années est, suivant l'expression de son geôlier, le gouverneur Saint-Mars, « grande et belle, » bien que les murs soient complétement nus et qu'une seule fenêtre l'éclaire. « C'est peut-être le seul endroit de l'île qui soit sombre et frais, dit M. Mérimée; à l'époque où nous la visitions nous pouvions apprécier cet avantage; mais le contraste de cette obscurité avec l'éclatante lumière qui inonde la baie et le magnifique amphithéâtre des montagnes du Var, devait encore aggraver la tristesse du pauvre prisonnier. Le mur est d'une solidité extraordinaire, ayant près de douze pieds d'épaisseur; en outre, trois fortes grilles de fer garnissent la fenêtre et rendent impossible toute communication avec l'extérieur Deux portes couvertes de clous et d'énormes barres de fer ne s'ouvraient que devant le gouverneur du château, et ce n'était que par les appartements de cet officier que l'on pouvait parvenir à la chambre du prisonnier. Un corridor étroit, muré à chaque extrémité, lui servait de promenade; au fond on avait accommodé un petit autel où quelquefois un prêtre lui disait la messe. A côté de sa cellule, une autre renfermait son domestique qui, plus heureux que lui, mourut dans l'île après quelques années de détention. » On connaît les diverses suppositions faites par les historiens au sujet du Masque de Fer. « Le secret, dit M. Michelet (*Régence*), ne put être autre chose que la suppression d'un premier enfant d'Anne d'Autriche, enfant adultérin qui, se trouvant l'aîné, eût supplanté Louis XIV. La maison de Bourbon aurait été dépossédée. »

Ce prisonnier célèbre ne fut pas le seul de ses sujets pour lequel Louis XIV ouvrit les cachots de Sainte-Marguerite. Après la révocation de l'édit de Nantes, il y fit incarcérer plusieurs ministres protestants, coupables de ne pas avoir voulu abjurer leur foi et mentir à leur conscience. Plus tard le régent y envoya Lagrange-Chancel, qui avait écrit une satire contre lui ; mais le poëte réussit à s'évader. Sous le premier empire, Napoléon fit enfermer aussi à Sainte-Marguerite plusieurs prisonniers politiques, parmi lesquels M. de Broglie, évêque de Gand. En 1816, les Mamelucks y furent exilés ; enfin de 1841 à 1859, le fort servit de prison aux Arabes que la guerre avait fait tomber entre les mains des Français ou que les tribunaux avaient condamnés. Aujourd'hui l'île de Sainte-Marguerite n'est habitée que par une faible garnison, et les cachots voisins de celui qu'habita l'Homme au Masque de Fer servent de salles de police.

Le *Grand-Jardin* est situé à 1 kilomètre au sud-est du fort, sur la rive méridionale de l'île : on y arrive par un joli chemin frayé entre les myrtes et ombragé de grands pins maritimes. C'est le seul enclos de l'île qui n'appartienne pas à l'État ; aussi est-ce le seul qui soit cultivé ; on y voit en pleine terre des plantes semi-tropicales qui croissent difficilement ailleurs, car cet endroit, parfaitement abrité du côté du nord, est sinon le plus chaud de la Provence, comme on le dit ordinairement, du moins l'un des plus chauds. Au milieu de cet enclos s'élève un édifice fort bizarre, qui date peut-être du XVIe siècle. C'est un bâtiment de forme carrée surmonté d'une terrasse ou plate-forme. « Un trou carré, d'environ trois pieds de diamètre, profond de cinq pieds, s'ouvre perpendiculairement sur cette plate-forme, puis prend une direction oblique au sud ; on appelle cela des oubliettes. D'ailleurs, aucune tradition ne s'y rattache.... Au rez-de-chaussée est une salle aux angles de laquelle, à quelques pieds de terre, on voit quatre niches cintrées. Elles sont vides ; au bas de chacune on remarque un trou d'un pouce de diamètre environ qui communique avec l'extérieur.... On prétend y voir un appareil inventé par des prêtres rusés pour faire parler les statues alors placées dans les niches. » Il faut toutefois ajouter que, d'après M. Mérimée, auquel nous empruntons cette description, la forme du bâtiment ne convient pas à un édifice religieux. A quelques pas de cette étrange construction un escalier taillé dans le roc conduit à une espèce de baignoire, au-dessus de laquelle se trouve une ouverture en forme de coupole.

L'îlot rocheux qui s'élève à une petite distance à l'est de la batterie de la Convention est l'îlot de Tradelière (autrefois *Trans-Lero*).

Il est question d'établir à Sainte-Marguerite une maison de convalescence modèle pour les malades de l'armée.

LA PLAINE DE LAVAL ET SAINT-CASSIEN.

On compte environ 1 heure de marche de Cannes aux bords de la Siagne, rivière qui est probablement l'antique *Apros* ou *Apron* des Romains. On ne saurait trop recommander aux promeneurs d'éviter le plus possible la grande route et ses tourbillons de poussière : pour cela il faut suivre la plage marine, ou gravir la colline au nord-ouest de la ville, et redescendre ensuite dans la plaine de Laval par le vallon de la Frayère.

La **plaine de Laval**, que parcourent en méandres les deux bras du delta de la Siagne, l'un rempli d'une eau courante, l'autre presque stagnant, a été formée en entier par les alluvions du fleuve. Sans aucun doute, le golfe de la Napoule, dont le rivage décrit aujourd'hui une gracieuse courbe elliptique, de la base de l'Esterel au promontoire de Cannes, s'avançait jadis à une grande distance vers le nord dans l'intérieur des terres; mais, pendant le cours des siècles, par l'action lente et continue des forces hydrologiques, la partie septentrionale du golfe a été graduellement comblée. Tandis que les vagues de la mer élevaient entre les deux pointes rocheuses de Cannes et de la Napoule une de ces étroites levées de sable ou cordons littoraux, comme on en voit tant sur les bords de la Méditerranée, entre Port-Vendres et le delta du Rhône, la Siagne déposait ses alluvions dans le golfe transformé en étang. L'apport de la terre végétale et des autres débris entraînés par les fortes pluies dans le courant de la rivière n'a cessé de diminuer le domaine des eaux, et c'est ainsi que par une série d'empiétements presque imperceptibles la plaine de Laval a fini par remplacer l'ancienne baie marine. Pendant les inondations, devenues très-fréquentes depuis les déboisements opérés dans les montagnes voisines, le niveau de la plaine s'exhausse encore. Un long viaduc, que les États de Provence avaient fait construire, il y a plus d'un siècle, à travers la vallée de la Siagne, est maintenant enfoui dans le sol : les dépôts d'alluvions se sont élevés graduellement jusqu'au niveau de la chaussée. La plaine marécageuse de Laval est très-insalubre, et, dans l'intérêt des populations voisines, il est nécessaire d'en opérer l'assainissement. Depuis le moyen âge la plupart des villages voisins, la Napoule, Mandelieu, se sont en grande partie dépeuplés. On cultivait autrefois le riz dans la plaine.

Plusieurs historiens provençaux, cédant peut-être à un petit sentiment d'amour-propre local, croient que les campagnes de Laval ont été le théâtre de la grande bataille qui eut lieu après la mort de Néron entre l'armée d'Othon et celle de Vitellius. Mais le récit de Tacite renverse complétement cette opinion. D'après le texte latin, il est incontestable que la bataille eut lieu sur la côte de la Ligurie, à l'orient d'Antibes (voir chapitre VI).

Bien qu'elle n'ait pas servi de champ de bataille aux légions romaines, la plaine de Laval rappelle néanmoins quelques souvenirs de cette époque. Au milieu de ses terrains d'alluvion s'élève une colline sur laquelle les Romains avaient, dit-on, construit des retranchements dans l'intention de protéger la voie aurélienne, qui longeait le rivage. Plus tard, un petit temple et des arbres sacrés à Vénus couronnèrent ce monticule, le plus gracieux qu'on eût pu choisir en l'honneur de la déesse de la beauté. La colline prit le nom d'*Araluci* (autel du bois sacré), qu'elle garde encore de nos jours sous la forme corrompue d'Arluc.

Une ancienne chronique nous apprend qu'au VIIe siècle, un abbé de Lérins, Saint-Nazaire, « envoya sur les lieux pour abattre le grand bois épais ; on n'y laissa ni pin, ni sureau et l'on mit en pièces l'autel d'Arluc ; puis on y fit venir des dames qui voulaient servir Jésus-Christ. » L'abbé de Lérins construisit à la place du temple de Vénus un monastère de femmes et une église dédiée à saint Étienne ; mais trois siècles après, église et monastère furent renversés par les Sarrasins du Fraxinet. Depuis cette époque, le tertre d'Arluc, anciennement sacré à Vénus, a reçu, on ne sait pourquoi, l'invocation de **Saint-Cassien**. Le 23 juillet de chaque année, les habitants de Cannes et des villages environnants se rendent en foule au *romérage* de Saint-Cassien pour y célébrer leur fête patronale par des bals et des festins en plein air, prolongés bien avant dans la nuit.

La plaine de Laval et le monticule d'Arluc forment l'ensemble le plus gracieux. M. de Saussure le décrit dans les termes suivants : « Au milieu de la plaine est une colline charmante, couverte d'un mélange de pins, de cyprès et d'ormeaux, tous de la plus grande beauté, et sur la cime de la colline, au milieu de ces arbres, un ermitage nommé Saint-Cassien. Au pied de la colline coule la Siagne, dans de belles prairies ombragées de saules et de peupliers ; par-dessous les arbres on aperçoit la mer, et dans les éclaircies tout le golfe de la Napoule et les îles Sainte-Marguerite. C'est un site vraiment délicieux. La vallée, ouverte au nord, laisse voir la ville de Grasse et la chaîne calcaire qui la domine. »

A 6 kilomètres au nord de Saint-Cassien, sur un monticule qui domine la charmante vallée de la Siagne, se trouve le village d'*Auribeau*, dont l'église, bâtie sur les plans de Vauban, renferme divers objets curieux provenant de l'ancienne abbaye de Lérins. Une route de voitures y conduit. A l'ouest d'Auribeau se dressent les hauteurs sauvages et boisées de Tanneron, où les touristes peuvent faire de charmantes promenades. Quelques vallons de ces montagnes granitiques renferment des gisements houillers non exploités.

LA NAPOULE.

Il est à regretter que ce hameau, si bien situé pour servir de point de départ aux personnes qui visitent l'Esterel, ne possède pas une station de chemin de fer. Si les convois s'y arrêtaient, la Napoule, située à 8 kilomètres de Cannes, deviendrait le débouché de tous les produits de la vallée de la Siagne et des montagnes de l'Esterel, et reprendrait promptement son importance d'autrefois. En attendant qu'une station y soit établie, les voyageurs s'y rendent par la route de Fréjus ou bien ils traversent en bateau le golfe de la Napoule et mouillent près du hameau dans quelque crique rocheuse.

La Napoule est un groupe de maisons pittoresques, mais délabrées et misérables, situé sur une plage étroite, à l'embouchure du Riou de l'Argentière et à la base des premiers renflements du massif de l'Esterel. Il a conservé d'importants débris de ses murailles et les belles ruines de son grand château fort, encore flanqué de deux tours carrées. Ce château, construit à la fin du XIVe siècle par un seigneur de Villeneuve, succéda comme chef-lieu du territoire environnant au village d'*Avenionettum*, qui se trouvait à une petite distance à l'ouest sur les pentes de l'Esterel; mais la Napoule ne jouit pas longtemps de son titre de suzeraine. En 1530 les Maures la brûlèrent et « menèrent prisonniers tous les habitants. » Le village se repeuplait lentement lorsqu'en 1589 le duc de Savoie s'en empara et dévasta complétement les campagnes des alentours. Depuis cette époque, la Napoule n'est plus qu'une ruine, habitée par quelques pêcheurs.

Le nom du village a donné lieu à bien des hypothèses de

la part des archéologues. Quelques-uns, poussés par le vain désir de faire briller sur ce coin de la Provence un reflet de l'antiquité grecque, ont voulu voir dans la Napoule une *Neapolis* fondée par les Phocéens; malheureusement cette assertion ne repose sur aucune preuve. Il paraît certain, d'après des chartes du XIIe siècle, que l'emplacement de la Napoule était alors connu sous le nom d'Épulia. Ce mot, qui signifie en latin *vivres, approvisionnements*, donne une grande vraisemblance à l'opinion des savants qui placent près de l'embouchure de la Siagne les magasins de vivres (*horrea*) dont parlent l'*Itinéraire d'Antonin* et la *Table de Peutinger*. Les distances indiquées par ces deux antiques documents correspondent, de la manière la plus exacte, avec les distances réelles entre Antibes et la Napoule, la Napoule et Fréjus; en outre, il est extrêmement probable que l'ancienne voie aurélienne suivait en cet endroit le bord de la mer, car si elle eût pris toute autre direction, sa longueur eût considérablement dépassé celle que lui donnent les deux itinéraires romains; d'ailleurs, on a retrouvé des traces de la voie sur plusieurs points du littoral, aux environs de Cannes, puis à 1 kilomètre au sud de la Napoule, plus loin encore sur la plage d'Aurèle dont le nom rappelle le passage de l'ancienne voie, et enfin près de la Sainte-Baume et dans la vallée que les habitants appellent *lou pays aurélian*. Bien plus, on a découvert à la Napoule de véritables greniers souterrains divisés en plusieurs compartiments par des piliers massifs sur lesquels reposent les voûtes. Le chemin de fer traverse dans toute sa longueur un de ces magasins voûtés, qui furent probablement les *horrea* des Romains. L'opinion qui place les greniers des armées romaines à Auribeau (*Horrea belli?*), à 10 kilomètres du nord de la Napoule, ne semble donc pas acceptable [1].

---

[1]. Voir *Les îles de Lérins*, etc., par l'abbé Alliez.

Dans les environs de la Napoule, on visite surtout la charmante petite *baie de Théoule*, où les navires trouvent par 15 et 18 mètres d'eau un excellent mouillage parfaitement abrité du mistral. Pour s'y rendre, on passe à côté d'un puits que la tradition qualifie de citerne romaine, et l'on s'engage entre deux rochers à pic dans le *défilé des Pendus*, énorme entaille qui donna peut-être passage à la voie aurélienne. On voit encore sur un plateau voisin les traces des piliers patibulaires auxquels les seigneurs de Villeneuve, forts de leur droit de haute justice, pendaient vassaux ou prisonniers. Sur le rivage de Théoule jaillit une source très-abondante. Au bord de la rade, on aperçoit quelques ruines : ce sont les débris d'une fabrique de savon, construite anciennement par des négociants de Marseille. D'après les archéologues de fantaisie, Théoule serait une ancienne douane (*telonion*) des Phocéens massiliotes.

A 1 kilomètre au sud du cap de Théoule, appelé aussi pointe de l'Aiguille, un autre cap s'avance dans les eaux : c'est la *pointe de la Galère*, dont la base est percée d'excavations nombreuses dans lesquelles s'engouffrent les flots de la mer. Un des rochers offre une arcade naturelle, nommée Pont de Gardanne, du nom d'un contrebandier qui vint s'y réfugier. C'est en bateau qu'il faut visiter les grottes et les promontoires porphyriques de la Galère.

L'ESTEREL.

Le groupe de montagnes auquel on donne ce nom, emprunté peut-être à l'ancienne peuplade des Ligures *Sueltri* ou *Suelteri*, se compose de roches primitives d'éruption et de schistes redressés autour de la masse soulevée. Complétement indépendant des Alpes, dont les chaînes calcaires se prolongent au nord de la Siagne, dans la direction de l'est à l'ouest, l'Esterel, qui projette à l'ouest et au midi ses promontoires de porphyre dans les deux golfes de la Napoule et de Fréjus, est limité à l'ouest par la vallée du Reyran, et au nord par celle du Biançon et de la Siagne. De forme à peu près elliptique, le groupe entier mesure environ 20 kilomètres du nord au sud, et 15 de l'est à l'ouest. La hauteur moyenne des montagnes du massif est de 5 à 600 mètres.

L'Esterel est presque complétement désert. Aucun village proprement dit ne se montre dans ses vallons. Sur le parcours de la route qui traverse la partie centrale du groupe de montagnes, on voit seulement quelques petits hameaux et des maisons isolées qu'habitent des employés du gouvernement. La nature accidentée du terrain, le manque de sol végétal, la difficulté des transports, ont jusqu'à nos jours rendu toute culture presque impossible. Jadis cet espace de 300 kilomètres carrés n'était qu'une immense forêt de pins et de chênes-liéges. Charles-Quint la fit brûler pour en chasser les paysans qui le harcelaient; plus tard, les communes imprévoyantes ont laissé détruire de grandes étendues de bois, et maintenant on voit en beaucoup d'endroits la roche tout à fait nue ou couverte seulement de maigres broussailles. Comme on pouvait s'y attendre, le déboisement de l'Esterel a produit les plus fatales conséquences pour le régime des torrents. Le débit des eaux de la Siagne et des ruisseaux tributaires est devenu plus irrégulier ; les inondations sont plus fortes, les sécheresses plus longues, et les campagnes de la vallée, souffrant alternativement de l'abondance et de la pénurie d'eau, ont perdu de leur fécondité.

Le nom d'Esterel, qui est celui de tout le groupe de montagnes, s'applique aussi d'une manière spéciale à la grande route moderne de Cannes à Fréjus, qui a succédé à la voie aurélienne des Romains. Après avoir traversé la Siagne et la plaine de Laval, puis dépassé le petit village de Mandelieu, cette route s'engage au-dessus de la Napoule dans le vallon du Riou de l'Argentière, ainsi nommé d'une ancienne mine de plomb argentifère abandonnée, et s'élève par une succession de lacets sur les pentes septentrionales d'une montagne boisée. A 21 kilomètres de Cannes, elle atteint le petit hameau de l'Esterel, situé dans une gorge d'un aspect triste et sévère. D'après la tradition, un temple de Diane aurait couronné l'une des sommités voisines. Au commencement du moyen âge, une fée plus ou moins chrétienne succéda comme patronne de l'Esterel à l'antique divinité des Grecs : c'était elle que les femmes stériles invoquaient pour obtenir des enfants.

Au delà du hameau, la route continue de s'élever sur le flanc de la montagne jusqu'au point culminant situé à 1 kilomètre environ du côté de l'ouest, à 600 mètres d'altitude. C'est là que, vers la fin du siècle dernier, les voyageurs étaient le plus fréquemment arrêtés par les voleurs de grand chemin. M. de Saussure, qui traversa l'Esterel en 1787, à une époque où les attaques se renouvelaient très-souvent, décrit ainsi la manière de procéder des brigands : « Le grand chemin est là entièrement à découvert, dans un long espace renfermé entre des pointes saillantes sur lesquelles les voleurs placent des sentinelles. Ils laissent avancer les voyageurs à peu près jusqu'au milieu de l'espace renfermé entre ces deux pointes, et là les voleurs embusqués dans le bois fondent sur eux et les dépouillent, tandis que leurs sentinelles veillent à ce que la maréchaussée ne vienne pas les surprendre. Dans ce cas, un coup de sifflet ou un autre signal convenu les avertit et ils s'enfuient dans les bois. Il est impossible de les y atteindre : non-seulement c'est un taillis très-épais, mais le fond de ce taillis est rempli de gros blocs de pierre ; il n'y a là ni chemins ni sentiers, et à moins de connaître l'intérieur du bois comme les voleurs le connaissent, on ne peut y pénétrer qu'avec une lenteur et une difficulté extrêmes.... Le bois s'étend jusqu'à la mer, dans un espace de trois à quatre lieues de long sur une ou deux de large. Tout cet espace, entièrement inculte, est le refuge des forçats qui s'échappent des galères de Toulon, pépinière de tous les brigands du pays. »

Du col, les piétons peuvent descendre à Fréjus soit par l'ancienne route, frayée dans une gorge pittoresque, soit par la nouvelle route qui se développe en longs zigzags sur le flanc d'une montagne dénudée. A un détour du chemin on aperçoit le golfe et la belle vallée de Fréjus. La longueur totale de la route est de 36 kilomètres. Depuis l'ouverture du chemin de fer, elle n'est plus desservie par des voitures publiques.

LA SAINTE-BAUME. — LE CAP ROUX.

Pour visiter à leur aise cette partie sauvage et pittoresque de l'Esterel, les touristes feront bien d'aller par le chemin de fer de Cannes à la station d'Agay, située à 23 kilomètres de Cannes et à 2 petites heures de marche seulement de la Baume et du cap Roux. Un assez bon chemin tracé sur le flanc d'une montagne escarpée, mène directement du château d'Agay à la chapelle de la **Sainte-Baume**.

La grotte ou *baume*, à laquelle on arrive par des marches étroites taillées dans le roc, s'ouvre dans le flanc de la montagne à 190 mètres d'altitude environ. Là vint habiter saint Honorat, avant de s'établir dans l'île de Lérins. A droite de l'autel élevé au fond de la grotte, on montre une excavation que l'on dit avoir servi de couche à l'ermite; à gauche, est un puits qui tarit très-rarement, même pendant les grandes sécheresses. Enfin, à côté de l'entrée de la Baume, se trouvent les ruines d'une chapelle élevée par les pèlerins qui accouraient autrefois en foule vers ce lieu vénéré.

La petite terrasse de la Sainte-Baume, dominée par des pics abrupts aux rochers couleur de feu, est ombragée d'arbres verts qui forment une charmante oasis au milieu de ce sinistre paysage. Lorsque les allées de l'ermitage étaient soigneusement entretenues, la vue de ce « jardin suspendu » disposait encore bien davantage les visiteurs à un sentiment d'admiration. « On est agréablement surpris, disait M. de Saussure, de trouver là deux belles fontaines qui jaillissent à plein tuyau une eau claire et fraîche, à l'ombre d'un groupe de beaux arbres, châtaigniers, noyers, cerisiers et figuiers. Les jardins ne font pas moins de plaisir, et quoique le goût moderne réprouve tout ce qui est régulier, cependant un peu d'art et de symétrie fait un agréable contraste avec la triste et sauvage nature de ces montagnes, et les allées droites de ces jardins, placées en étagères couvertes de berceaux de vignes, et terminées par des niches coupées dans le rocher, firent sur moi l'impression la plus agréable. »

De la Sainte-Baume, comme de tous les points élevés des monts de l'Esterel, on jouit d'une vue admirable ; mais, pour contempler le panorama de la mer, des rivages et des Alpes dans toute sa magnificence, il faut escalader les pentes de la montagne du **Cap Roux**, dont la masse énorme, haute de 489 mètres, flanque au sud-est tout le groupe des monts de l'Esterel. C'est là le rocher rouge qui forme le premier point de reconnaissance pour les navires venus de la haute mer, le superbe promontoire qu'on aperçoit de Fréjus, de Saint-Tropez, d'Antibes, et qui semble posé comme une borne infranchissable à l'angle du continent. Du haut de cet observatoire avancé que les eaux de la Méditerranée entourent des deux côtés de l'est et du sud, le spectacle est indescriptible. « Je voyais de là comme sous mes pieds, dit encore M. de Saussure, une prodigieuse étendue de côtes, depuis le cap du Saint-Hospice, vis-à-vis de Villefranche, jusqu'au cap Taillat[1], les îles de Lérins, Antibes, le golfe de la Napoule, celui de Fréjus. Il est intéressant pour la géographie physique de suivre la chaîne calcaire qui part de Nice,

---

1. Au sud du cap Camarat.

passe au-dessus de Grasse, se prolonge à l'ouest et renferme la masse des montagnes primitives qui s'étend depuis Cannes jusqu'à Hyères. L'œil se reposait avec plaisir sur la riche et fertile vallée qui sépare ces deux ordres de montagnes ; mais se relevait ensuite avec admiration sur les cimes neigées des hautes Alpes qui couronnent au nord tout cet amphithéâtre. »

En descendant de la cime du cap Roux, les voyageurs accompagnés d'un bon guide peuvent visiter sur le versant méridional de la montagne une grotte qui paraît avoir été creusée de main d'homme, et dans laquelle vécut longtemps saint Eucher, destiné à devenir plus tard archevêque de Lyon; ils peuvent également suivre pendant une certaine distance l'ancienne voie aurélienne qui développe ses lacets sur le flanc des rochers non loin de la Sainte-Baume. A côté de la voie, il existe encore une borne milliaire portant une inscription.

En partant de la station d'Agay, les touristes vont aussi explorer, à 2 kilomètres et demi du côté de l'ouest, dans le vallon de Boulouris, les diverses carrières de magnifique porphyre bleu, jadis exploitées par les Romains. On y voit des blocs ébauchés et prêts à être enlevés, des colonnes déjà presque détachées de la roche. « Il est probable, dit M. Texier, le savant qui a découvert ces antiques carrières, que les esclaves et les condamnés étaient les ouvriers chargés de l'exploitation. On remarque, près des blocs qui sont encore en place, de petits trous de scellement qui ne paraissent pas avoir été destinés à l'exploitation : ces trous retenaient sans doute les chaînes auxquelles étaient attachés les malheureux chargés de ce pénible travail; les esclaves ne quittaient la place qu'avec les rochers auxquels ils étaient identifiés. » Le gisement de ce beau porphyre couvre plusieurs kilomètres carrés et s'étend du lieu appelé les Caus jusqu'au port d'Agay. En certains endroits, il passe à l'état de kaolin et pourrait être employé utilement dans la fabrication des porcelaines communes.

Pour faire aux alentours d'Agay toutes les excursions intéressantes, il ne faut pas craindre la fatigue ; les sentiers sont très-roides et parsemés de blocs roulants qui déchirent les chaussures comme des pierres ponces ou d'autres scories volcaniques ; en certains endroits ces mauvais sentiers, à demi cachés sous les broussailles, disparaissent dans les défilés de rochers ; il faut monter ou descendre par des gorges coupées de précipices du haut desquels bondissent les eaux et les débris rocheux pendant les grandes pluies d'orage. Mais, si les chemins sont difficiles, en revanche la nature est admirable, et dans ces étroits vallons qu'entourent de toutes parts des escarpements rougeâtres, on pourrait se croire transporté au delà des mers dans un continent lointain, tant la solitude est complète. Les rochers, dominés par la masse énorme du cap Roux, affectent les formes les plus étranges et les plus pittoresques. Les uns s'allongent en arêtes et sont interrompus soudain par des précipices abrupts ; d'autres encore sont superposés en escaliers, en gradins et s'arrondissent autour d'un immense amphithéâtre. Des pins, des bruyères arborescentes, hautes de plusieurs mètres comme celles de Madère, croissent sur toutes les saillies du roc et sur les talus qui flanquent la base des montagnes ; des arbousiers, des ilex, des cistes, des asphodèles, des lauriers, parfument l'atmosphère et donnent au paysage un aspect oriental ; des abeilles bourdonnent sur les fleurs et vont déposer leur miel dans le creux des rochers.

ROUTE DE GRASSE.

Un embranchement de chemin de fer dont le tracé se détache de la voie principale à 1 kilomètre à l'ouest de Cannes et remonte au nord par la vallée de la Siagne et le grand vallon de Grasse, reliera dans quelques années cette ville à la station de Cannes. Actuellement les deux localités communiquent seulement par une route montueuse, longue de 17 kilomètres et desservie par des omnibus et des diligences. Le pays traversé est en certains endroits très-pittoresque; mais le chemin est tellement poudreux qu'on ne saurait conseiller aux touristes de faire la course à pied.

Au nord de Cannes, la route s'élève graduellement sur le flanc d'une colline revêtue d'oliviers et traverse un long plateau uniforme, en partie planté de vignes et borné à l'ouest par la vallée de la Siagne et les pentes boisées de l'Esterel. En face se dresse un monticule conique couronné de maisons en désordre et ceint d'un magnifique bois d'oliviers. C'est **Mougins**, probablement l'ancien *Mons Ægitna* où les Liguriens vaincus par l'armée romaine se réfugièrent après leur sanglante défaite et le sac d'*Ægitna* (voir page 109). En tout cas, Mougins est d'origine très-ancienne, car on y a découvert plusieurs inscriptions latines. Pendant le moyen âge, Cannes n'était qu'une dépendance du village de Mougins, encore important de nos jours puisqu'il compte une population de 1300 habitants. Du point le plus élevé de la colline (270 mèt.), on jouit d'une vue extrêmement étendue sur les Alpes, l'Esterel et la mer.

La route gravit obliquement le versant occidental de la colline de Mougins, puis descend dans le petit vallon de la Frayère et laisse à droite la route d'Antibes. Bientôt (9 kil. de Cannes) on atteint le petit village de *Mouans-Sartoux*, dont l'église est pittoresquement située sur une terrasse ombragée de magnifiques pins-parasols. Le château de Mouans, encore habité, est une massive construction féodale où la baronne Suzanne de Villeneuve soutint en 1592 un siége de plusieurs jours contre les forces du duc de Savoie; elle se rendit à condition que le village et le château seraient respectés, et lorsque la capitulation eut été violée, força le duc, par sa fière attitude, à lui payer une indemnité. A l'est du village, on remarque au sommet d'une colline la tourde la villa moderne de Castelaras, entourée de verdure : des inscriptions antiques y ont été découvertes. De cette tour on découvre le plus beau panorama des environs de Cannes.

Au pied de la côte de Mouans, on traverse des champs de rosiers et de jasmins qui répandent une odeur délicieuse, puis on laisse à gauche des distilleries d'essences et d'eaux de senteur. Aussitôt après avoir traversé le ruisseau de Grasse, en aval d'un ancien aqueduc, on commence à s'élever par une série de lacets sur les pentes de la montagne, dont le large versant porte à mi-hauteur la ville et les faubourgs de Grasse.

CHAPITRE V.

GRASSE ET SES ENVIRONS.

Situation. — Climat.

Cette ville importante, chef-lieu d'une sous-préfecture des Alpes-Maritimes et peuplée de 12 000 habitants, est située dans une position délicieuse, à plus de 300 mètres de hauteur moyenne, sur le versant méridional de la grande montagne calcaire de Rocavignon. La partie occidentale de Grasse, qui comprend la promenade du Cours et le boulevard du Jeu-de-Ballon, est assez régulièrement bâtie; mais le reste de la ville, naguère entouré de remparts, qui ne tarderont pas à disparaître, est un labyrinthe de ruelles mal pavées, de longues rampes obliques, d'escaliers malaisés. De la plaine de jardins qui s'étend au pied de la ville, on peut embrasser du même coup d'œil toutes les maisons, étagées les unes au-dessus des autres sur le talus rapide. — Les principaux hôtels de Grasse sont ceux de la *Poste*, des *Ministres*, de *France*.

Le climat de Grasse est d'une douceur remarquable. En hiver, la température y est moins élevée qu'à Nice et à Cannes, à cause de la hauteur de la ville et du voisinage des montagnes neigeuses; mais les escarpements auxquels Grasse est adossée comme en espalier arrêtent les vents froids, et reçoivent, sans en perdre un seul, tous les rayons vivifiants du soleil. En été, la chaleur est forte, comme dans toutes les autres villes de la Provence ; mais elle est tempérée par la circulation des eaux, par l'abondance de la végétation, et même par la brise marine, qu'attirent comme un foyer d'appel les brûlants plateaux calcaires situés au nord de Grasse. En attendant qu'une série d'observations météorologiques permette de comparer, d'une manière rigoureuse, le climat de Grasse à celui des autres résidences d'hiver de la Provence, on peut juger approximativement de la douceur et de l'égalité de la température par l'aspect de la végétation. La plaine qui s'étend au pied de la ville est une mer d'oliviers ; dans les jardins, les orangers, les citronniers croissent en pleine terre et mûrissent parfaitement leurs fruits ; çà et là, les panaches des palmiers se balancent au-dessus des bosquets de rosiers et de jasmins.

Là où prospère le frileux dattier, les personnes d'une constitution délicate peuvent espérer de trouver, du moins pendant une partie de l'année, un climat favorable à leur santé. Aussi nombre de valétudinaires viennent-ils déjà demander à la douce température de Grasse l'allégement de leurs maux. Il est vrai que cette ville n'a pas encore les splendides maisons de campagne et les facilités de communications que possède Cannes, son heureuse rivale ; elle n'a pas non plus les rivages de la Méditerranée, ce délicieux fond de sable fin et cette charmante plage, où l'on peut alternativement prendre des bains de mer et des bains de sable ; mais il est certains malades sur lesquels l'air trop vif et chargé de principes salins exerce une fâcheuse influence. Ces personnes doivent se réfugier à Grasse. Les deux villes sont assez rapprochées l'une de l'autre pour se compléter mutuellement et ne former, à vrai dire, qu'une seule et même station d'hiver, où les invalides pourront se répartir suivant l'état de leur santé et la force de leur constitution.

Vue générale de Grasse.

Histoire.

En s'appuyant simplement sur la ressemblance des noms, quelques auteurs provençaux, désireux de procurer à Grasse une certaine dignité historique, prétendent que cette ville fut fondée par Crassus. D'autres disent qu'elle fut bâtie dans le VIe siècle, par une colonie de Juifs. Ceux-ci auraient embrassé le christianisme et obtenu l'autorisation de s'établir près de la source abondante et pure qui jaillit du rocher, dans la partie septentrionale de la ville actuelle : de cette autorisation dériverait le nom de Grasse (*grâce*).

Devenue très-commerçante dès les premiers siècles du moyen âge, Grasse eut à souffrir d'autant plus qu'elle était plus riche, et dut soutenir plusieurs siéges, dont quelques-unes furent suivis du pillage et de l'incendie. Les Sarrasins du Fraxinet, ayant surpris la ville, emmenèrent en esclavage une partie des habitants ; mais Grasse se releva promptement de ce désastre, et bientôt même elle fut assez forte pour résister aux prétentions des seigneurs féodaux et pour se constituer en république indépendante comme les municipes italiens avec lesquels elle était en relations de commerce. En 1179, ses consuls formaient une ligue offensive et défensive avec ceux de la cité de Pise, « faisant accord pour eux, leur avoir, la terre et l'eau, et s'engageant réciproquement à se protéger, défendre et secourir, soit naufragés, soit sains et saufs, et cela de tout leur pouvoir. » Malheureusement la petite république provençale était déchirée, comme ses sœurs d'Italie, par les ambitions rivales des Guelfes et des Gibelins, représentés à Grasse par les Esclapon et les Sicard. En 1198 le parti guelfe triompha, et Grasse abandonna l'alliance de Pise pour s'unir avec Gênes ; elle s'engagea même à ne plus négocier à Pise ni dans son district, tant que durerait la guerre entre les Pisans et les Génois. Mais les Gibelins de Grasse ne se tinrent pas pour battus ; les dissensions continuèrent, et Raymond Béranger, comte de Provence, en profita pour se rendre maître de la ville, sous prétexte de secourir le parti guelfe. En 1226, les consuls de Grasse firent abandon, « en parlement public », de toutes les libertés et immunités de la ville, et donnèrent au seigneur-comte leurs chartes municipales, afin qu'il les déchirât de sa main[1]. Contenue désormais par la force, Grasse fut pacifiée; mais elle était vassale, et perdit peu à peu de son importance politique et commerciale.

En 1243, Grasse eut encore à recevoir un nouveau maître, l'évêque d'Antibes, avec lequel ses sujets n'avaient cessé d'être en lutte, et qui cherchait un nouveau siége épiscopal. En 1536, François Ier, incapable de défendre la partie méridionale de la Provence contre l'invasion, préféra la ruiner lui-même; il fit entièrement dévaster la ville de Grasse et ravager ses campagnes, afin que les armées de Charles-Quint ne trouvassent qu'un désert. Rebâtie peu de temps après, Grasse fut ensuite inutilement assiégée par le chef des Ligueurs *carcistes*, le fameux baron de Vins, que ses propres soldats tuèrent sous les murs. Mais pendant les guerres d'invasion du XVIIIe siècle, Grasse fut moins heureuse. L'année 1707, durant laquelle les Grassois eurent à subir de la part de l'ennemi des exactions de toute espèce, fut appelée par eux *l'année de la peur*. En 1747, Braun, qui commandait l'armée allemande, transféra son quartier général dans la ville de Grasse, après avoir complétement épuisé le territoire de Cannes. Les Grassois eurent à payer autant de contributions, à subir autant d'avanies que leurs voisins, et, quand ils se plaignirent, par l'entremise de leurs notables, au général Braun, celui-ci leur fit la réponse de tous les conquérants : « Vous avez raison, sans doute, mais nous avons pour nous le droit-canon. »

Le conventionnel Isnard, le général Guidal, un des chefs

---

1. *Chronique de Provence*, par l'abbé Tisseraud.

GRASSE. 151

de la conspiration Mallet, le peintre Fragonard, le botaniste Jaume Saint-Hilaire, étaient originaires de Grasse.

Monuments.

Les seules antiquités de Grasse sont la *tour romaine*, attenant à l'hôtel de ville, autrefois palais des évêques; les

Hôtel de ville de Grasse.

fondements du palais de la reine Jeanne, comtesse de Provence; et la *chapelle de Saint-Sauveur* ou de Saint-Hilaire, que M. Bœswilwald croit dater du xi° siècle, et que l'on disait à tort avoir été consacrée jadis à Jupiter Ammon. C'est un polygone de seize côtés terminé par un petit cul-de-four.

Autrefois, une pierre de la clef portait l'inscription *Fanum Jovis*, et vers la fin du xviie siècle on y célébrait encore tous les jeudis de carême des fêtes païennes d'une extrême indécence[1], connues sous le nom de *jovines*. Ce petit monument sert aujourd'hui de dépôt à une fabrication de poudre.

L'*église*, située au sud de la ville, à l'extrémité d'une espèce de promontoire, est un lourd édifice gothique appuyé sur d'énormes contreforts. On y remarque une *Assomption*, de Subleyras, une autre toile, de Fragonard père, et le *Jugement dernier*, de Gué, tableau qui rappelle les prodigieuses compositions du peintre anglais Martyns. Le double perron par lequel on arrive à la porte principale de l'église a été construit sur les dessins de Vauban, à l'époque où il bâtissait les fortifications d'Antibes. Le célèbre ingénieur fournit aussi les plans pour les deux cryptes que son parent, M. de Mesgrigny, évêque de Grasse, fit creuser dans le roc, au-dessous de la nef. Grâce à ces cryptes, la cathédrale se compose, en réalité, de trois églises superposées.

L'*hôpital*, également fondé par M. de Mesgrigny, est situé à côté de la promenade du Cours. Il possède trois beaux tableaux de Rubens, *Sainte Hélène à l'Exaltation de la croix*, *le Crucifiement*, *le Couronnement d'épines*, légués à l'établissement, à la condition qu'il ne s'en dessaisirait jamais. En outre les amateurs de peinture peuvent obtenir facilement accès dans l'hôtel de M. de Fontmichel, dont les appartements sont décorés de rares tableaux flamands, et dans l'hôtel de M. Malvilan, où se trouvent de belles toiles que la Dubarry avait commandées à Fragonard pour son château de Luciennes. La *bibliothèque* attenante à l'hôtel de ville, renferme 10 000 volumes. Il y a quelques années encore elle possédait de précieux manuscrits que M. Ferdinand de Lasteyrie découvrit en 1853 dans une cave de l'édifice. Ces ma-

---

1. *Dictionnaire de la Provence*, par E. Garcin.

nuscrits, contenant les archives de l'abbaye de Lérins et d'autres documents précieux d'histoire et d'archéologie, passaient pour avoir été détruits par ces révolutionnaires auxquels on a prêté tant de méfaits : ils avaient été simplement oubliés par les archivistes de l'endroit.

Les autres édifices publics de Grasse, collége, théâtre, palais de justice, n'offrent aucun intérêt architectural. En revanche, on ne peut négliger de visiter une remarquable curiosité naturelle, la source, ou *foux*, autour de laquelle se

Cathédrale de Grasse.

sont groupées les premières habitations de Grasse. Les eaux, d'une grande pureté et d'une fraîcheur délicieuse, sont tellement abondantes qu'elles alimentent plus de cent fontaines publiques ou particulières, et servent ensuite à l'irrigation d'une partie du territoire et à la mise en mouvement d'usines très-nombreuses.

Industrie.

L'industrie de Grasse consiste surtout dans la préparation des huiles d'olive et dans la fabrication des liqueurs, des essences et des parfums.

En France, la réputation des huiles de Grasse est aussi bien établie que l'est celle des huiles de Porto-Maurizio et d'Oneglia dans la péninsule italienne. En temps de récolte et pendant huit mois de l'année, cent moulins à huile fonctionnent nuit et jour et livrent au commerce de grandes quantités d'huile qu'on expédie dans toutes les parties de la France, en Allemagne, en Russie, en Angleterre et jusque dans le nouveau monde.

La préparation des parfums et des essences est une industrie qui date seulement du milieu du XVIIIe siècle. Maintenant les fabriques de parfumeries sont au nombre de cinquante; pendant le mois de mai, époque principale de la distillation, elles consomment par jour en moyenne 45 000 kilogrammes de roses et 15 000 kilogrammes de fleurs d'orangers. Dès que la distillation a cessé, les parfumeries ont à s'occuper de la fabrication des essences et des pommades et parfums de toute espèce. Les magnifiques jardins qui entourent la ville ne sont que bosquets d'orangers, de rosiers, de jasmins, ou tapis de violettes, de jonquilles, de résédas, de tubéreuses. Et toutes ces plantes, qui font la fortune du pays, exigent à peine quelques soins. Le jasmin seul demande à être fréquemment arrosé; mais aussi, un seul hectare peut rapporter plus de 6500 kilogrammes de fleurs représentant un capital de près de 15 000 francs; sur le littoral de Cannes, un hectare de cassie en plein rapport donne chaque année au propriétaire 25 000 francs de revenu. Les fabricants de parfums vont faire leurs achats, non-seulement aux environs de la ville et dans toute la Provence, mais encore en Piémont et sur la rivière de Gênes. Les pâtres des Basses-Alpes et du Var recueillent soigneusement les fleurs de romarin, de lavande, de thym, de géranium, qui, dans certaines saisons, tapissent les rochers, et ils les vendent au prix moyen de 6 ou 7 francs les 100 kilogrammes aux courtiers qui parcourent les montagnes pour le compte des maisons de Grasse. Chaque année, cette ville expédie des essences distillées pour une valeur de plus de 5 millions de francs : il est vrai que, parmi ces essences, il en est, comme le *néroly bigarrade*, qui coûtent 400 francs le litre; l'extrait de violettes revient à 18 francs le demi-kilogramme. Les personnes qui désirent voir les jardins de Grasse à l'époque de la cueillette des fleurs d'orangers, doivent se rendre dans cette ville au mois de mai ou vers la fin de l'automne.

Aux industries principales de Grasse se rattachent celles qui en sont les accessoires obligés, telles que les fabriques de

Le Cours, à Grasse.

fer-blanc, de caisses, de tonneaux, toutes établies sur de grandes proportions. La ville est également renommée pour les excellents produits de ses confiseries. Elle possède aussi des filatures de soie et plusieurs fabriques de savon. Dans les tanneries des environs, on prépare les cuirs avec la poudre du lentisque et du myrte ; mais les célèbres fabriques de gants, qui, pendant le moyen âge, faisaient la réputation de Grasse, ont disparu. Dans les montagnes environnantes, on exploite de beaux marbres. L'importance commerciale et industrielle de Grasse a fait créer dans cette ville un tribunal de commerce et une chambre consultative des arts et métiers.

Dans la plaine de Grasse, l'agriculture est très-développée, et les paysans jouissent d'une grande aisance relativement à la plupart des agriculteurs de France. Les terrains plantés en oliviers se vendent communément de 9000 à 12 000 francs l'hectare; le même espace de terrain, cultivé en fleurs, vaut en moyenne une vingtaine de mille francs.

Promenades.

La principale promenade de Grasse est une place ombragée d'arbres qu'on appelle le Cours; elle est située au sud-ouest de la ville, sur une terrasse qu'appuie un grand mur de soutènement, et qu'on a prétendu orner au moyen d'une laide fontaine entourée de trophées sculptés. Vu du Cours, et surtout de l'esplanade du palais de justice, dont les allées obliques s'élèvent à gauche sur le flanc de la montagne, le panorama qui se déroule au sud est d'une rare magnificence. A droite, la vallée de la Siagne s'étend comme une mer de verdure; à gauche, la chaîne des Alpes, prolongée vers le Var, se termine par des rochers coupés à pic; au delà, s'élèvent les montagnes de Nice et de Villefranche, projetant dans la Méditerranée le gracieux promontoire de Saint-Jean. Des bastides blanches sont éparses çà et là dans la plaine. Au-dessous de la promenade s'étend le jardin public; plus bas, diverses terrasses, soutenues par des murs construits à grands frais, forment un immense escalier de jardins suspendus.

Dans les environs de Grasse, on peut visiter plusieurs ravins, les uns complétement à sec, les autres animés par des eaux qui bondissent en cascades. On remarque surtout la chute des Ribbes. Un autre ravin renferme une brèche osseuse bien connue des géologues. A la cime du rocher qui domine la ville, trois cyprès marquent l'endroit où Napoléon fit halte à son retour de l'île d'Elbe.

SAINT-VALLIER. — LE PONT-A-DIEU. — LA SOURCE DE LA SIAGNE.

Saint-Vallier de Thyeis (*hôtel Merle*), situé à 12 kilomètres au nord-ouest de Grasse, sur la grande route de Castellane, occupe le milieu d'un large bassin incliné vers l'ouest, et dominé de tous les autres côtés par des montagnes nues ou très-faiblement boisées. Ce village, que l'on dit bâti sur l'emplacement d'un bourg gaulois, est l'ancien *Castrum Valerii* des Romains : on y a trouvé de nombreuses médailles, des tombeaux, des urnes lacrymatoires, et, dans les environs, une multitude de haches en silex ou *tabonas*, qui datent de l'époque de pierre. Pendant une grande partie du moyen âge, les habitants de Saint-Vallier surent maintenir leur indépendance et garder le droit d'élire leurs propres magistrats. Les bergers de cette petite république avaient à leur ceinture un couteau toujours ouvert, même lorsqu'ils entraient dans la ville de Grasse pour abreuver leurs troupeaux à la Foux ; mais, du XIIIe au XVIIe siècle, les évêques de Grasse enlevèrent aux habitants de Saint-Vallier tous leurs priviléges les uns après les autres. En 1698 il n'en restait plus rien, et, privé de ses libertés, écrasé d'impôts, le village devint presque désert.

Les alentours de Saint-Vallier offrent plusieurs curiosités naturelles, et, du haut des montagnes environnantes, on jouit de vues fort belles sur les golfes, les promontoires et les îles. Déjà, sur la route de Grasse au col de Saint-Vallier, on n'a cessé, pendant 2 heures de marche à pied ou d'ascension en voiture, d'avoir sous les yeux un splendide panorama, grandissant en étendue et en beauté à mesure que l'on s'élevait à une plus grande hauteur sur la pente de la montagne.

En une heure et demie de marche on arrive, en suivant la pente du bassin de Saint-Vallier ou vallon de la Combe, à la gorge au fond de laquelle coule la Siagne. On descend par un petit sentier jusqu'au bord de l'eau. A une dizaine de mètres au-dessus du torrent s'arrondit une arcade calcaire d'environ 30 mètres d'épaisseur et de 5 mètres de portée. C'est le **Pont-à-Dieu** ou pont naturel de la Siagne. Des chênes verts penchés au-dessus des parois du défilé forment à l'abîme un dôme de verdure; des cavités profondes, appelées chapelles par les paysans, s'ouvrent dans la masse calcaire de l'arche; des stalactites frangent les assises inférieures du rocher; dans la noire profondeur, au-dessous de la courbe du pont, on voit l'eau de la Siagne rouler en cascatelles.

En remontant sur l'un ou l'autre bord le cours du ruisseau, les piétons qui ne craignent pas de s'aventurer dans la gorge rocheuse et presque dépourvue de sentier, peuvent atteindre en une heure de marche un étroit bassin de prairies où jaillit la principale **source de la Siagne**. Même pendant les plus grandes sécheresses, alors que tous les petits ruisseaux tributaires de la Siagne sont complétement à sec, cette fontaine ne cesse de couler. On dit que ses eaux proviennent du plateau de Caille, ancien bassin lacustre, aujourd'hui desséché, qui se trouve à 8 kilomètres au nord-ouest. D'ailleurs, rien de plus commun dans les montagnes calcaires et fendillées des environs de Grasse que ces eaux qui disparaissent pour jaillir du sol à plusieurs kilomètres de distance. A 3 kilomètres à vol d'oiseau à l'ouest de la principale source de la Siagne, jaillit une autre source à laquelle on donne le même nom et qui présente les mêmes caractères.

De la source orientale de la Siagne, on peut, au besoin, en escaladant les rochers et en s'accrochant aux broussailles, monter, soit à droite soit à gauche, vers la grande route de Grasse à Castellane qui décrit autour de la profonde gorge un lacet de près de 8 kilomètres de développement. Quand on revient par cette grande route dans la direction de Saint-Vallier, il faut gravir par une longue ascension la *montagne de Lagrave* dont la crête, très-aiguë, domine à l'est la gorge du Pont-à-Dieu. Du haut de ces rochers, où croissent en abondance les plantes odoriférantes, on jouit d'une vue très-belle. Au delà du col de Saint-Vallier, on voit la mer d'Antibes, les îles de Lérins, les sommets de la Corse; plus à gauche se dessinent le golfe de la Napoule à demi caché par les monts de l'Esterel, puis le golfe de Grimaud et la péninsule de Saint-Tropez jusqu'au promontoire où, par un beau jour, on distingue la tour blanche de Camarat.

SAINT-CÉSAIRE. — LA FOUX. — LA GROTTE DE MONS ET ROQUETAILLADE.

Pour se rendre de Grasse à Saint-Césaire, on n'a qu'à suivre la grande route de Draguignan jusqu'au delà du Tignet, à 10 kilomètres de Grasse; on monte ensuite par une série de lacets sur le plateau calcaire qui domine au nord la gorge de la Siagne. Le chemin du Tignet à Saint-Césaire est parfaitement carrossable; mais, pour jouir à leur aise du point de vue qu'offre l'ascension du plateau, les touristes feront bien de faire cette partie de la route à pied. De Grasse au Tignet, village où l'on remarque un ancien établissement de Templiers, on peut se servir des voitures publiques.

Saint-Césaire (*hôtel Raybaud*), situé à 15 kilomètres à l'ouest de Grasse, occupe une position très-pittoresque sur le bord d'un plateau à la base duquel on voit couler la Siagne à une très-grande profondeur. C'est un village assez important, puisqu'il renferme une population de près de 1500 habitants; mais il a gardé son antique physionomie féodale et se compose en grande partie d'un labyrinthe de ruelles escarpées et tortueuses. Au moyen âge, Saint-Césaire, moins considérable qu'aujourd'hui, était entouré de fortifications. On voit encore trois anciennes portes de l'enceinte dans la cour du manoir seigneurial, devenu propriété communale. Le château fort n'est plus aujourd'hui qu'un amas de ruines où les archéologues n'ont guère à voir que deux pans de murs percés d'arcatures à colonnettes.

Les autres curiosités de Saint-Césaire sont : les ruines d'un ancien édifice dont les croisées rappellent le style roman ; un château moderne, derrière lequel se trouvent deux citernes attribuées à tort aux Romains ; et l'*église*, dont la construction paraît remonter au XIIe ou au XIIIe siècle. Suivant M. Bœswilwald, « tout rappelle dans cet édifice le style des églises des bords du Rhin bâties à la même époque. » De nombreuses antiquités romaines ont été découvertes sur le territoire de Saint-Césaire. Ce sont des médailles en bronze, des tombeaux, des tronçons d'armes, une épée et une statuette en cuivre, un petit buste en bronze creux représentant un guerrier, etc.

Mais ce que la plupart des étrangers viennent visiter à Saint-Césaire, ce ne sont ni les ruines, ni les débris antiques : c'est le défilé sauvage au fond duquel le torrent de la Siagne roule ses eaux avant d'arroser les campagnes d'Auribeau et de Pégomas. Immédiatement au-dessous de Saint-Césaire, cette gorge, que dominent au nord des rochers nus, au sud, des pentes boisées, offre un aspect grandiose ; mais à 4 kilomètres au nord-ouest, en amont de sa jonction avec le vallon de la Siagnole, elle présente en outre de remarquables curiosités naturelles. Le sentier qui mène à cet endroit de la gorge longe d'abord la corniche du plateau, puis, après avoir dépassé l'ancien château fort des Fées ou de Saint-Ferréol, descend obliquement au fond du défilé. A quelques centaines de mètres en amont du confluent de la Siagne et de la Siagnole, on voit jaillir à droite une source appelée **la Foux**[1] comme la plupart des fontaines remarquables de la Provence et du Languedoc. On pénètre par

---

1. En espagnol, *foz*, gorge, gouffre, source ; en italien, *foce*, embouchure. Ce mot est employé uniformément au singulier dans les langues dérivées du latin, tandis que les Romains lettrés se servaient seulement

une étroite ouverture dans la vaste grotte au fond de laquelle s'accumulent les eaux avant de sortir de la base du rocher pour tomber dans la Siagne. On pêche d'excellentes truites dans les réservoirs souterrains de la Foux.

A 1 kilomètre environ de la Foux, dans la paroi occidentale de la gorge, s'ouvre une autre caverne : c'est la **grotte de Mons** ou *Combrière*, située à 40 mètres de hauteur au-dessus du torrent et à 100 mètres au-dessous du niveau de l'aride plateau de Gaud. L'entrée de la grotte, à laquelle on arrive par un sentier périlleux et que signale un figuier sauvage, est formée par une espèce de vestibule de 4 mètres de hauteur. Le reste de la grotte, dont la longueur totale est de 185 mètres et dont la hauteur moyenne est de 4 mètres, se compose d'une série d'étranglements et de salles. Les voûtes sont chargées d'innombrables stalactites; les amateurs qui veulent visiter en détail les diverses parties de la caverne, se munissent de feux de Bengale pour varier à leur gré les reflets irisés de la voûte et des grands pendentifs [1]. Plusieurs autres cavernes s'ouvrent dans les flancs du même escarpement.

En suivant les pénibles sentiers qui remontent au nord la gorge de la Siagne, on pourrait arriver en une heure ou une heure et demie de marche à l'arcade naturelle du Pont-à-Dieu, d'où l'on gagnerait en une heure la source orientale de la Siagne; mais, à cause de la plus grande facilité des chemins, il vaut mieux, en quittant la grotte de Mons, aller visiter à 5 kilomètres à l'ouest, au-dessous du plateau exposé au mistral que couronne le pittoresque village de Mons, l'endroit où les Romains avaient établi le barrage du canal de Fréjus.

On peut encore suivre l'aqueduc dans la plus grande partie

du pluriel *fauces*. C'est là une preuve de plus que les langues romanes doivent leur origine à l'ancien idiome vulgaire des Latins.

1. *Description géologique du Var*, par M. de Villeneuve-Flayosc.

de sa longueur. Il longeait d'abord la rive gauche de la Siagnole ou Neisson, puis il passait sur la rive droite par quelques arcades dont on voit les ruines près d'un vieux moulin, contournait les flancs de la montagne et s'enfonçait dans la roche vive, pour gagner au sud la vallée de la Camiole. Ce tunnel, situé à une lieue environ de la prise d'eau [1] a une longueur de 50 mètres sur une largeur de 8 mètres et une hauteur de 25 : il est encore dans un état de parfaite conservation. On lui donne le nom de **Roquetaillade**.

De Roquetaillade, on peut revenir en une heure et demie à Saint-Césaire ; on peut aussi, dans le même espace de temps, atteindre au sud la route de Grasse à Draguignan.

ESCRAGNOLLES. — CAILLE ET LA CLUS DE SAINT-AUBAN.

Ce défilé, l'un des plus remarquables des Alpes, est à une distance de 55 kilomètres de Grasse, sur le chemin montueux et très-peu fréquenté de Séranon à Entrevaux. C'est tout un voyage que de s'y rendre. En prenant la route de Grasse à Castellane, on peut faire en voiture la plus grande partie du trajet ; mais à 40 kilomètres de Grasse il faut descendre du véhicule et continuer l'excursion, soit à pied, soit à cheval. De la bifurcation à la clus de Saint-Auban, on compte 15 kilomètres.

La route de Grasse à Saint-Vallier et à la montagne de Lagrave a déjà été décrite (voir page 158). Après avoir dépassé cette montagne et contourné par un lacet de plusieurs kilomètres de développement une étroite combe dépourvue d'arbres, on passe au-dessus du bassin qu'arrose la source orientale de la Siagne, et, franchissant un petit col pierreux d'où l'on voit parfaitement Fréjus et les Maures par delà le groupe de l'Esterel, on descend dans un triste vallon, environné de

---

[1] MM. Girard et Bareste, *Cannes et ses environs*.

montagnes uniformes aux longues pentes nues. Là se trouve le petit village d'**Escragnolles**, qui fut complétement dépeuplé à la fin du xiv⁰ siècle par Raymond de Turenne. Les habitants actuels d'Escragnolles, de même que ceux du village de Mons, descendent de familles génoises attirées dans le pays par certains priviléges. On dit que le patois local est encore un génois corrompu.

Au nord d'Escragnolles, le paysage devient de plus en plus désolé. En gravissant le col de Basse, que domine à l'est le plateau de l'Audibergue, on ne voit plus que des assises de rochers, des amas de pierres blanches, des talus d'éboulement, et çà et là de petits bouquets de pins rachitiques, augmentant encore par le contraste la morne tristesse de ces lieux déserts. Au delà du col de Basse, on entre dans un vallon semé de débris. « C'est une Arabie plus pétrée que l'autre, » dit Tœpffer. En face, se dresse la montagne de Séranon comme une haute muraille de pierre blanchâtre et lézardée ; sur le haut d'un escarpement apparaissent les ruines d'une église, semblables elles-mêmes à des blocs entassés; à gauche, sur la pente d'une colline, le hameau de Rouanne, aux maisons jaunies par le soleil, se distingue à peine des rochers qui l'entourent. De nombreuses *embues*[1] s'ouvrent sous forme de grottes et d'entonnoirs à la base des montagnes et dans le chaos pierreux du bassin. L'une de ces embues, dont l'entrée est parfaitement symétrique, comme si elle eût été taillée de main d'homme, ressemble au pylone d'un temple égyptien : au-dessus de cette porte, dans laquelle un ruisseau s'engouffre pendant la saison des pluies, s'élève un monticule hérissé de blocs et pareil à la voûte d'un énorme édifice souterrain. Dans ce désert, d'un aspect vraiment terrible pour les voyageurs habitués aux sites gracieux et riants des plaines françaises, on ne peut reposer son regard que sur la haute cime pyramidale de

---

1. D'après M. Villeneuve Flayosc, on leur donne aussi les noms d'*imbues* et d'*imbucs*.

la **Chans**[1], montagne de 1715 mètres de hauteur qui se dresse à l'ouest. Les rares voyageurs qui l'ont escaladée racontent que du sommet on contemple un admirable panorama : on aperçoit à la fois 80 communes de la Provence, sans compter celles de Nice; par un beau temps, on voit aussi la Corse.

C'est dans ce vallon pierreux qu'il faut abandonner la grande route de Grasse à Castellane pour monter à droite par une petite gorge. Bientôt on atteint le petit village de **Caille**, situé sur un *plan* ou plateau fertile, qui fut autrefois un lac, et qui se recouvre encore temporairement d'une nappe d'eau après les fortes pluies et la fonte des neiges. Les eaux s'engouffrent graduellement dans les embues ouvertes comme des tuyaux de drainage au pied du Méoreau et vont, dit-on, reparaître au jour à la source de la Siagne (voir page 158). Après les régions désolées que l'on a parcourues, le plan de Caille semble un oasis; des champs, des prairies verdoyantes s'étendent au loin vers l'est; au sud, de grandes forêts de pins couvrent le Méoreau et l'Audibergue du sommet à la base. Cependant au nord les rochers sont toujours nus et les escarpements de la montagne de Séranon se dressent comme d'immenses piliers : on dirait une véritable colonnade reposant sur des murailles cyclopéennes de blocs superposés. Une grotte profonde s'ouvre dans le flanc de cette montagne, qui jadis portait le village aujourd'hui ruiné de Séranon.

Vers le milieu du siècle dernier, un aérolithe tomba sur le plateau de l'Audibergue. Cette pierre, qui se trouve actuellement à Paris, fut exploitée pendant quelque temps par un maréchal-ferrant de Caille : elle pèse plus de 700 kilogrammes.

Au delà de Caille, la route est fatigante et monotone. Il faut d'abord escalader la montagne calcaire de Cheiron qui, semblable à un énorme plissement du sol, se prolonge de l'est à

---

[1]. On écrit ce nom de diverses manières : Lachen, l'Achans, etc.

l'ouest sur une étendue de plus de 30 kilomètres; on descend ensuite dans la vallée de la Lanne, uniforme, grise, pierreuse, puis on gravit un autre rempart calcaire, parallèle au premier : c'est la montagne de Bleine qui, sous divers noms, se continue sur une longueur de 40 kilomètres. Un troisième sillon, orienté dans le même sens que les deux premiers, mais plus élevé, se dresse au nord : c'est la chaîne que les eaux de la Faye, principal affluent de l'Estéron, ont coupée en deux pour former la magnifique **clus**[1] **de Saint-Auban**, ainsi nommée du pittoresque village qu'abrite le rocher voisin. Pendant une partie du moyen âge, ce village, perdu dans les montagnes, sut maintenir ses libertés municipales : c'était une petite république administrée par trois consuls.

La route s'engage hardiment dans le défilé, de manière à montrer aux voyageurs la clus sous son plus bel aspect. A droite, entre deux parois décorées de plantes grimpantes, le torrent bondit en cascatelles et tournoie dans des gouffres creusés en forme d'entonnoirs; de chaque côté, les murailles du rocher s'élèvent à 2 ou 300 mètres de hauteur au-dessus de la route qui serpente en appuyant ses arcades sur les anfractuosités du roc. A mesure qu'on avance, le défilé devient plus formidable : on ne voit plus la Faye cachée dans son gouffre sous des masses qui surplombent; en bas, tout est perdu dans l'obscurité; en haut, le ciel apparaît comme une bande étroite entre les deux lèvres parallèles de la coupure gigantesque. A côté de la route, vers le milieu du défilé, on remarque sur la paroi une inscription portant la date de 1713.

La face unie des deux précipices est criblée de grottes. La plus considérable, creusée dans le rocher oriental, sur une largeur d'environ 20 mètres, est très-remarquable sous le rapport géologique : elle s'ouvre entre des couches calcaires entièrement reployées sur elles-mêmes. En cet endroit, sans

---

1. Défilé, de *cludere*, *clusum*, parce que le ruisseau y est comme enfermé.

doute, les stratifications tordues ont dû céder plus facilement à l'érosion des eaux et ont été graduellement dissoutes; les couches qui forment le plafond, n'étant plus soutenues, se sont détachées de la masse du roc et se sont ployées au centre. Des restes de murailles ferment en partie l'entrée de la grotte. Il paraît qu'à une certaine époque du moyen âge, des paysans s'y étaient réfugiés pour échapper aux vexations de leur seigneur. Ils y étaient parvenus en gravissant le rocher par les interstices des stratifications à l'extrémité desquelles s'ouvre la caverne.

Non loin de Saint-Auban, jaillit une source très-froide qu'on appelle *foux du Carestier* (fontaine de la Disette). Le nom s'explique par ce fait que la source ne coule avec abondance qu'après les fortes averses ou trombes d'eau qui dévastent le pays.

Au lieu de revenir directement à Grasse par le chemin qu'il a déjà suivi, le voyageur peut aussi facilement se rendre à Nice par la vallée de l'Estéron, ou dans la haute vallée du Var par la route montueuse, pénible et assez peu intéressante, qui mène à Entrevaux. On compte 23 kilomètres de Saint-Auban à Entrevaux.

LE BAR. — GORGE DE COURMES.

Le village du Bar, chef-lieu de canton peuplé de 1600 habitants, est situé à 9 kilomètres au nord-est de Grasse, non loin de la grande route de Vence. Il occupe une position très-élevée sur les pentes orientales du grand plateau calcaire qui domine aussi la ville de Grasse. Au-dessous du village se réunissent les eaux du Riou et de la rivière du Loup, qui, à peine sortie des sombres gorges ou *barres* de Saint-Arnoux, va s'engager à l'est dans un autre défilé aux abruptes parois.

Le Bar est un village sarrasin, ainsi que le prouve son ancien nom d'*Al-Bar*, *Albarnum*. Les archéologues peuvent y visiter quelques débris antiques et du moyen âge. L'église, dans laquelle on entre par une jolie porte gothique, possède des sculptures du style de la Renaissance et deux tableaux peints sur bois, l'un de l'école florentine, l'autre du xive siècle. Ce dernier représente une danse macabre à laquelle président deux magistrats ; au bas, on lit 33 vers provençaux, écrits en caractères gothiques, aujourd'hui à demi effacés. Une inscription romaine est gravée dans la partie inférieure du clocher. On remarque encore au Bar la chapelle des religieuses Trinitaires, du style ogival, et un château féodal flanqué de deux tours. La civilisation moderne est représentée par une papeterie située au-dessous du village, près de l'embouchure du Riou.

Le territoire du Bar et des villages environnants est montueux et difficile ; mais, en dépit de la nature rocailleuse du sol, toutes les montagnes sont cultivées de la base au sommet. « Les paysans de cette contrée, dit Millin, étaient déjà propriétaires longtemps avant que la servitude fût abolie dans le reste de la France. Les seigneurs ne retirant point de leurs biens ruraux un produit qui pût les indemniser de l'entretien des fiefs, affranchirent ceux-ci, leur distribuèrent des terres à charge de cens, de lods et de banalités, et trouvèrent dans ces redevances un revenu supérieur à celui qu'ils retiraient autrefois de leurs champs. Alors les habitants éclaircirent les landes, défrichèrent les pâtis incultes et, rompant les rochers, étayèrent les terrains de leurs débris, et couvrirent toute la Provence de riches amphithéâtres. Sur chaque terrain on cultive, quelquefois séparément, mais le plus souvent ensemble, des oliviers, de la vigne, du blé et des fleurs. »

La **gorge de Courmes** ou de Saint-Arnoux, qui s'ouvre à 1 kilomètre au nord du Bar, est une *clus* de 10 kilomètres de longueur que les eaux du Loup ont lentement creusée à travers la masse du plateau calcaire. Elle est rarement visitée, cependant c'est l'une des curiosités naturelles les plus remarquables des Alpes maritimes et l'un des traits les plus saillants du relief général de la contrée. Déjà des hauteurs de Cannes et d'Antibes, à plus de 20 kilomètres à vol d'oiseau, on contemple avec étonnement cette profonde entaille du plateau et ces parois de rochers qui se dressent à plus de 400 mètres de hauteur au-dessus du torrent.

Les grottes et les *foux* ou sources jaillissantes sont nombreuses dans cette gorge sauvage ; mais elles sont d'un accès difficile. A 1 kilomètre de l'entrée, au-dessous de la terrasse qui porte le village de Gourdon, une belle fontaine sort d'une profonde grotte ouverte à la base d'une paroi presque inaccessible ; à 1 kilomètre plus loin, près d'un rocher que couronne l'ermitage de Saint-Arnoux, jaillissent les eaux de la Fontaine sainte ; plus avant encore dans les profondeurs de la gorge, on peut voir des sources abondantes qu'alimentent les canaux souterrains de lointaines *embues*. Mais aucun sentier ne suit le défilé dans toute sa longueur. Il faut monter, soit à gauche sur le plateau de Gourdon, qui se continue vers l'ouest par un désert de rochers d'un aspect effrayant, soit à droite sur le plateau de Courmettes, qui offre du moins quelques bois et de pittoresques ondulations de terrain. Des deux plateaux, que sépare la profonde gorge du Loup, on jouit de vues admirables sur les rivages de la Méditerranée, les Alpes et les groupes des Maures et de l'Esterel.

Le village de *Courmes* est situé sur la terrasse orientale, à l'origine d'un petit vallon qui plonge rapidement vers le défilé. La route du Bar à Coursegoules gagne le plateau par de nombreux lacets, et, contournant la base de la montagne de Courmettes (1500 mèt.), laisse ce petit village sur la gauche, pour se diriger au nord à travers un désert sans eau parsemé de rochers.

Coursegoules, que l'on dit avoir été fondé par des colons

corses, est un village situé à 18 kilomètres du Bar, sur les pentes méridionales du Cheiron. C'est l'endroit d'où l'on part ordinairement pour escalader le point culminant de cette étrange montagne, qui ressemble à un immense rempart à la crête dépourvue d'ondulations et aux talus uniformément inclinés. On compte environ 3 heures de marche de Coursegoules au point le plus élevé du **Cheiron** (1778 mèt.), que couronne une pyramide de triangulation et du haut duquel on embrasse un immense panorama. La neige séjourne longtemps dans les anfractuosités de cette montagne tournée vers le nord, et c'est là qu'on vient en chercher pour les consommateurs de Cannes, de Grasse, de Nice et même de Marseille. La petite rivière de Cagnes naît à la base du Cheiron : le bruit de ses eaux se fait entendre dans le rocher longtemps avant de jaillir du sol.

Pour les autres excursions qu'on peut faire dans les environs de Grasse, à l'Esterel, aux îles de Lérins, à Vallauris, à Antibes, à Vence, à Saint-Jeannet, aux bords du Var, voir les chapitres IV, VI et VIII.

CHAPITRE VI.

LE CHEMIN DE FER DE CANNES A NICE.

Ce tronçon de chemin de fer, long de 32 kilomètres, se compose de deux parties dont l'une, celle de Cannes à Cagnes, a été ouverte dans les premiers mois de 1863 en même temps que la section des Arcs à Cannes ; la section de Cagnes à Nice, qui comprend la traversée du Var, doit être inaugurée vers la fin de 1864. En attendant le jour de l'ouverture, les personnes qui vont directement à Nice sont obligées de monter en fiacre ou en omnibus à la station de Cagnes. 4 convois par jour font le service entre Cannes et Nice. Le trajet, y compris le voyage en omnibus, s'accomplit en 2 heures 10 minutes, 2 heures 25 minutes et 3 heures. Prix de Cannes à Cagnes : 2 fr. 20 c., 1 fr. 70 c., 1 fr. 25 c.

Les distances de Marseille aux diverses stations sont les suivantes : (Cannes, 194 kil.).

Golfe-Jouan, à 6 kil. de Cannes, 200 kil. de Marseille.
Antibes, à 5 kil. de Golfe-Jouan, 205 kil. de Marseille.
Cagnes, à 9 kil. d'Antibes, 214 kil. de Marseille.
Nice, à 12 kil. de Cagnes, 226 kil. de Marseille.

A l'est de Cannes, le chemin de fer décrit une courbe vers le sud pour contourner l'extrémité méridionale de la chaîne qui sépare les vallons du Cannet de ceux de Vallauris. Après avoir laissé à droite le cap de la Croisette qui fait face à la citadelle de l'île Sainte-Marguerite, la voie ferrée, établie en certains endroits sur un quai de soutènement, vient côtoyer le bord de la mer.

GOLFE-JOUAN.

Cette station, à côté de laquelle se trouvent seulement quelques maisons basses, des magasins militaires et une batterie de canons, est placée à peu près au milieu de la courbe semi-circulaire décrite par le rivage du golfe Jouan. De nombreuses villas, environnées d'oliviers et d'orangers, se montrent à gauche sur les pentes des collines. Du côté du cap de la Croisette, des bosquets de pins odoriférants occupent tous les espaces qui n'ont pas encore été transformés en jardins ; au sud et à l'est, les îles de Lérins et le promontoire de la Garoupe limitent l'horizon, tandis qu'au sud-est, la vue peut s'étendre jusqu'aux montagnes de la Corse.

On a découvert sur les bords du golfe Jouan diverses antiquités, entre autres une pierre érigée en l'honneur de Tibère, et dont l'inscription latine semble se rapporter à la fameuse voie aurélienne. En 1746, les Anglais, après s'être emparés de l'île Sainte-Marguerite, profitèrent du mouillage du golfe Jouan pour bombarder Antibes à leur aise. Tels étaient à peu près les seuls souvenirs historiques offerts par les rivages du golfe avant le 1er mars 1815, jour du débarquement de Napoléon, au retour de l'île d'Elbe. Nous insérons ici un extrait des pages que M. Thiers a consacrées à cet événement dans son *Histoire du Consulat et de l'Empire,* tome XIX :

« A un signal donné, et au bruit du canon, on arbora sur tous les bâtiments le drapeau tricolore, chaque soldat prit la cocarde aux trois couleurs, et on mit les chaloupes à la mer.... A cinq heures le débarquement était terminé. Les onze cents hommes de Napoléon, avec quatre pièces de canon et leur bagage, étaient descendus à terre et avaient établi leur bivouac dans un champ d'oliviers, près la route d'Antibes à Cannes. D'abord les habitants, en voyant plusieurs bâtiments chargés de monde tirer le canon, crurent que c'étaient des Barbaresques qui enlevaient des pêcheurs, et furent épouvantés. Mais bientôt, mieux renseignés, ils ac-

Monument du golfe Jouan.

coururent avec curiosité sans se prononcer ni dans un sens ni dans un autre, car les populations du littoral n'étaient pas en général très-favorables à l'Empire, qui leur avait valu quinze ans de guerre maritime. Napoléon envoya Cambronne à la tête d'une avant-garde à Cannes, pour commander des vivres et acheter des chevaux; et, sachant que pour attirer les gens il ne faut pas commencer par froisser leurs intérêts, il fit tout payer argent comptant...

« .... Vers le soir il s'était approché de Cannes, et on lui amena à son bivouac, par suite de l'ordre qu'il avait donné d'arrêter toutes les voitures, le prince de Monaco, passé, comme tant d'hommes du temps, d'un culte à l'autre, de l'Empire à la Restauration. Il le fit relâcher sur-le-champ, l'accueillit avec gaieté, et lui demanda où il allait :

« — Je retourne chez moi, répondit le prince.

« — Et moi aussi, » répliqua Napoléon. Puis il quitta le petit souverain de Monaco, en lui souhaitant bon voyage.

« A minuit il partit pour Grasse, suivant Cambronne qui avait pris les devants avec un détachement de cent hommes. Au centre se trouvait le bataillon de la vieille garde, escortant le trésor et les munitions, puis venait le bataillon corse formant l'arrière-garde.... »

Un petit monument, érigé au milieu des oliviers, marque l'emplacement où Napoléon passa la nuit.

Plusieurs ingénieurs ont proposé à diverses reprises de transformer le golfe Jouan en une grande rade militaire semblable à celle de Toulon. Déjà du temps de Richelieu, M. de Sourdis, archevêque de Bordeaux, demandait qu'on établît sur les bords du golfe l'un des principaux arsenaux maritimes de la France : « Comme c'est la tête du royaume, écrivait-il, c'est aussi la plus belle situation qu'on puisse jamais voir, puisque de là toutes les partances sont excellentes, et que de toutes les navigations qu'on fait à la mer, on est obligé de la reconnaître. » Le golfe est complétement abrité du côté du nord par les collines de Vallauris et d'Antibes, au sud-ouest par les îles de Lérins. Il n'est exposé qu'aux vents du sud est; mais une rangée de bas fonds qui s'étend en ligne droite au travers de l'entrée et que flanque à l'ouest le rocher de la Formigue, situé à peu près au milieu du détroit, faciliterait l'établissement d'un brise-lames semblable à ceux de Cherbourg et de Plymouth, et alors la rade du golfe serait l'une des plus sûres de la Méditerranée. La sonde y mesure en certains endroits des profondeurs de 50 mètres d'eau. Aussi favorisé par la nature que la rade d'Hyères et le golfe de Grimaud, le golfe Jouan est bien plus important comme position militaire, car il occupe avec Villefranche l'extrémité orientale du rivage français de la Méditerranée, et peut se rattacher par une série d'ouvrages à la place forte d'Antibes, éloignée seulement de quelques kilomètres. Le commerce de Golfe-Jouan a quelque importance. En 1861, le mouvement d'entrée et de sortie a été de 4930 tonneaux.

A 30 minutes de marche de la station de Golfe-Jouan, à l'ouest d'une petite colline qui porte la chapelle de Notre-Dame-de-Grâce, se trouve le village auquel sa position dans un gracieux vallon boisé et la fertilité de ses campagnes ont fait donner le nom de **Vallauris** (*vallis aurea*, vallée d'or). Il existait déjà vers le milieu du XI° siècle, ainsi que le prouvent d'anciennes chartes du monastère de Lérins; mais, à la fin du XIV° siècle, il fut presque complétement détruit par le fameux brigand Raymond de Turenne qui dévasta d'une manière horrible tout le littoral de la Provence. Dans les premières années du XVI° siècle, un religieux de Lérins, Régnier de Lascaris, fit reconstruire le village sur un plan parfaitement régulier, contrastant d'une manière agréable avec le labyrinthe de ruelles abruptes et tortueuses qu'on voit dans presque toutes les anciennes bourgades de la contrée. La population de la commune dépasse 2810 habitants. L'industrie du village consiste principalement dans la fabrication des poteries grossières; plus de 700 ouvriers sont occupés à ce travail.

Vallauris conserve un monument du moyen âge : c'est une charmante chapelle du XIII° siècle attenante au château. Autour du village, on voit encore quelques restes du mur d'enceinte et des tours qui le dominaient. Deux pierres romaines contribuent aussi à l'intérêt que Vallauris offre aux archéologues : l'une, encastrée dans une muraille au coin de la place, est celle que l'on a trouvée au bord du golfe Jouan et qui célèbre la réparation de la voie aurélienne par les soins de l'empereur Tibère; l'autre, placée dans l'église à côté des fonts baptismaux, avait été érigée en l'honneur de Constantin. Dans les environs, on trouve plusieurs autres débris antiques; au nord du village, sur le plateau des Incourdoures, le sol est jonché d'innombrables débris, tuiles, briques romaines, pierres taillées, qui semblent indiquer l'existence d'une ancienne ville. Une grotte, connue sous le nom de Chèvre d'or, s'ouvre dans le rocher, sur le versant méridional du plateau.

Mais, pour plaire aux visiteurs, Vallauris n'a pas besoin de ses vieilles pierres et de ses murs croulants. Ses villas chaque année plus nombreuses, ses jardins, ses bosquets d'orangers, l'admirable panorama qui se déroule aux regards du haut de ses collines en font un lieu plein de charme pour les artistes. Au-dessous des pentes douces ou des terrasses qui portent les maisons de campagne et les massifs de verdure, on voit la nappe arrondie du golfe Jouan, les îles de Lérins, la pointe allongée de la Garoupe et par delà le golfe de Nice, les côtes de la Ligurie italienne et les grandes alpes de Tende. A la beauté de ses paysages, Vallauris ajoute une température des plus douces et des plus agréables; ses vallons, dont la pente générale est tournée vers le sud-est, sont parfaitement abrités contre le mistral, et, grâce à leur heureuse position, ne peuvent manquer d'être embellis, tôt ou tard, par un grand nombre de palais.

La station de Golfe-Jouan dépassée, la voie ferrée s'éloigne de la mer, et laisse à droite des terrains bas qui ont remplacé l'ancien port de Goujouan (golfe Jouan), graduellement comblé par les sables et les alluvions. Près de cet endroit, il existe des ruines considérables auxquelles les paysans donnent le nom de Crottons : ces fûts de colonnes, ces corniches, ces chapiteaux, sont très-probablement les restes d'un ancien établissement romain. Au delà, le chemin de fer se recourbe vers le nord en passant à la racine du promontoire de la Garoupe.

ANTIBES.

Cette ville, dont on ne peut du chemin de fer voir que les murailles, est située au nord-est de la péninsule de la Garoupe, entre deux échancrures de la côte, dont l'une est dominée au sud par le monticule de Notre-Dame d'Antibes, et dont l'autre forme le port. L'*hôtel de France*, où descen-

Église d'Antibes.

dent la plupart des étrangers, est dans l'intérieur de la ville. Les rues, comme celles de presque toutes les places de guerre, sont en général malpropres et étroites.

Antibes est l'ancienne *Antipolis* ou *sentinelle* qui protégeait les colonies phocéennes contre les incursions des Ligures. Les Romains en firent une place d'armes; ils en agrandirent l'enceinte et y bâtirent plusieurs monuments dont on voit encore quelques restes. Après la chute de l'empire, la ville, devenue le siége d'un évêché, fut ravagée par les barbares et vit disparaître avec sa prospérité presque toute sa population. Cependant elle put encore maintenir son organisation municipale, et, vers 617, elle s'associait, par un pacte fédéral, avec toutes les villes de la Ligurie contre les empiétements des rois lombards. Bientôt après, de nouveaux ennemis, arrivés par mer, menaçaient les petites républiques confédérées du golfe. C'étaient les Normands et les Sarrasins. Suivant une chronique suspecte, un des seigneurs de la Provence qui défendirent le plus vaillamment les côtes contre les envahisseurs du nord et du midi était un certain Thibaud, fils de Grimoald, qui devint, en 759, comte d'Antibes : c'est de lui que descendrait la nombreuse famille des Grimaldi.

Une tradition, rapportée par quelques chroniqueurs, dit que les Antibois noyèrent (ou renièrent? *negare*) leur évêque en 1231. Quoi qu'il en soit, il est certain que les fidèles et le chapitre vivaient en très-mauvaise intelligence avec leur chef spirituel, si bien qu'en l'année 1243 l'évêché d'Antibes fut transféré à Grasse, « à cause de l'insalubrité du pays et des fréquentes incursions des Barbaresques. » Longtemps encore après la translation du siége épiscopal, les Antibois refusèrent l'hommage à leurs évêques.

En 1536, lors de l'invasion de la Provence par Charles-Quint, Antibes fut prise et livrée au pillage. Soumise de nouveau en 1591 par Charles-Emmanuel, duc de Savoie, elle eut encore à subir successivement trois siéges et trois assauts pendant le cours de l'année suivante. Après avoir repris la ville pour la seconde fois, Scalingue, général des Savoyards, fit passer les soldats et les bourgeois au fil de l'épée, et n'épargna que les femmes et les enfants réfugiés dans la cathédrale. En 1747, Antibes fut encore assiégée par les impériaux. Ceux-ci, après un bombardement de trois jours, avaient déjà ouvert la tranchée en deux endroits et se préparaient à donner l'assaut, lorsque l'approche du maréchal de Bellisle leur fit repasser le Var avec précipitation. Une colonne érigée au milieu de la grande place rappelle qu'en 1815,

Antibes « a échappé à la souillure de la domination étrangère ». Le 1ᵉʳ mars de la même année, Napoléon, débarquant sur la plage du golfe Jouan, s'était empressé d'envoyer à Antibes plusieurs officiers de confiance et une petite compagnie de soldats pour faire annoncer son arrivée et provoquer une manifestation du peuple et de la garnison en sa faveur. Ses messagers furent tout simplement jetés en prison. Aussi Louis XVIII donna-t-il plus tard à Antibes le titre de « notre bonne ville. » Le maréchal Reille est né à Antibes.

La plupart des édifices romains de l'ancienne Antipolis ont été détruits, soit par les envahisseurs barbares, soit aussi par les ingénieurs militaires. Sur l'emplacement du temple de Diane s'est élevée l'église paroissiale ; le cirque n'a laissé que des traces difficiles à reconnaître ; le théâtre a été démoli en 1691 pour faire place à un parc d'artillerie. L'*aqueduc*, qui amenait des hauteurs situées au nord-ouest les eaux de la source de Fontvieille, est encore assez bien conservé en certains endroits.

A côté de l'église, l'une des dernières de France dans laquelle on ait célébré les saturnales de la fête des rois, s'élèvent deux *tours* romaines. Parmi les pierres dont elles sont construites, on en distingue plusieurs qui ont évidemment appartenu à de plus anciens édifices. Les autres débris de l'antique cité romaine sont des tombeaux, des urnes, des lampes, des médailles et des inscriptions. La plus célèbre est la suivante :

DOM.
PVERI SEPTEN
TRIONIS AN XII
QVI ANTIPOLI
IN THEATRO BIDVO
PLACVIT ET SALTAVIT.

« Aux mânes de l'enfant Septentrion, âgé de douze ans, qui parut deux jours au théâtre d'Antibes, plut et dansa. »

« Ce pauvre enfant, dit M. Michelet, est évidemment un de ces esclaves que l'on élevait pour les louer à grand prix aux entrepreneurs de spectacles et qui périssaient victimes d'une éducation barbare. Je ne connais rien de plus tragique que cette inscription dans sa brièveté, rien qui fasse mieux sentir la dureté du monde romain.... « Parut deux jours au théâtre d'Antibes, dansa et plut. » Pas un regret ! N'est-ce pas là en effet, une destinée bien remplie? Nulle mention des parents; l'esclave était sans famille. C'est encore une singularité qu'on lui ait élevé un tombeau. Mais les Romains en élevaient souvent à leurs joujoux brisés : Néron bâtit un monument « aux mânes d'un vase de cristal. »

Une autre inscription est consacrée à un cheval; une troisième prouve qu'Antibes possédait un collége d'utriculaires, c'est-à-dire de matelots naviguant sur des radeaux supportés par des outres. A cette époque, on préparait aussi avec la chair des thons, très-abondants sur la côte d'Antibes, une saumure très-recherchée des riches gourmets de Rome; Martial en fait mention dans une de ses épigrammes.

Le *port*, que protége du côté de l'est un môle courbe de 470 mètres de longueur construit par Vauban, n'est accessible qu'aux navires d'un tirant d'eau de 4 à 5 mètres; mais il est très-sûr et d'un accès facile. Le petit cap qui l'abrite au nord porte le fort Carré, ouvrage de Vauban; à l'extrémité du môle, qui relie au rivage quelques îlots rocheux, s'élève un fanal à éclats d'une portée de 18 kilomètres.

La vigne, le figuier, l'olivier, plus productif à Antibes que sur aucun autre point de la côte, sont les principaux objets de la culture du territoire. Le commerce d'exportation consiste pour plus des deux tiers en pierres de taille et autres matériaux de construction ; il comprend aussi les poteries, les fruits, le tabac, etc. Les principaux articles d'importation sont les céréales. Enfin, le chantier de constructions navales est assez actif. Au 31 décembre 1862, la flottille commerciale d'Antibes se composait de 44 navires d'un tonnage de 1224 tonneaux. En 1861, le mouvement total de la navigation a été de 8608 tonneaux à l'entrée, et de 7520 à la sortie.

Les Antibois font actuellement de grands efforts pour faire accepter et choisir leur ville comme résidence d'hiver ; mais, si agréable que soit parfois le climat d'Antibes, il est certainement moins doux et surtout moins égal que celui de Cannes et de Vallauris.

L'une des promenades les plus intéressantes que l'on puisse faire aux environs est l'ascension du monticule conique de la

Antibes.

Garoupe, qui porte le phare d'Antibes et la chapelle de Notre-Dame de la Garde. De la ville au sommet de la colline, on compte 30 à 45 minutes de marche. Le phare d'Antibes est un feu de premier ordre, élevé à 103 mètres au-dessus du niveau de la mer, et portant jusqu'à 37 kilomètres de distance. Du haut du phare, on découvre un admirable panorama. On a sous les yeux toute la ligne dentelée des rivages, d'un côté, jusqu'au golfe de Saint-Tropez et au cap Camarat, de l'autre, jusqu'aux pointes de Bordighera et de Sanremo. « La vue que l'on a du rocher où est située l'église est ravissante, dit M. de Saussure : à l'ouest (*sic*), les îles, le golfe, Nice, Antibes; et au nord, les hautes Alpes couvertes de neige, qui couronnent des coteaux verts bien cultivés, et rappellent ainsi agréablement les vues des environs de Genève. »

Au delà d'Antibes, le chemin de fer se dirige presque en droite ligne vers le nord, en longeant le rivage du golfe de Nice. A gauche, s'élèvent de petites collines aux pentes douces, couvertes de vignes et d'oliviers; à droite, s'étend une zone de terrains bas et marécageux, conquis sur la mer par les alluvions qu'ont portées la Brague et d'autres ruisseaux; de distance en distance, on aperçoit des fortins construits pour la protection des côtes. D'après plusieurs savants, c'est dans cette plaine étroite, limitée d'un côté par la plage, de l'autre par les collines, que se serait livrée, entre les Othoniens et les Vitelliens, la grande bataille à la suite de laquelle les deux armées ennemies opérèrent chacune un mouvement de retraite. La description du champ de bataille, telle qu'elle se trouve dans Tacite, semble convenir à cette partie du littoral.

Sur une des collines qui s'élèvent à gauche, on aperçoit le village de *Biot*, qui fut dévasté par les Sarrasins, puis repeuplé par des familles génoises. Le jargon de l'endroit rappelle, dit-on, celui du littoral de Gênes. « On voit encore à Biot, d'après M. Garcin, les ruines d'un temple dédié à la Chèvre d'or (?). » Dans les environs, les géologues signalent de vastes épanchements volcaniques.

A 5 ou 6 kilomètres au delà d'Antibes, on cesse de voir les grandes Alpes, qui disparaissent derrière les montagnes du premier plan, puis on traverse un bois d'oliviers avant de franchir la rivière du Loup, non loin de son embouchure. A gauche, dans la vallée qu'arrose cette rivière, se montre *Villeneuve-Loubet*, petit village que dominent les restes d'un château féodal et où se trouve une tourelle hexagone d'origine mauresque. Sur le territoire de la commune, on exploitait autrefois des mines de manganèse.

CAGNES.

Le bourg de Cagnes, peuplé de 2400 habitants, est bâti en amphithéâtre, au nord de la station, sur une colline assez élevée que termine le **château** pittoresque de la famille Gri-

Cagnes.

maldi. Ce vieil édifice, classé parmi les monuments historiques, est entouré d'un mur d'enceinte encore assez bien conservé. Deux rampes, jadis ornées de balustres de marbre, mènent à la porte d'entrée, qui donne accès dans une cour à péristyle également en marbre, ainsi que les colonnes des galeries du premier et du second étage. Les salles sont petites et peu commodes. Le plafond de l'une d'elles est orné d'une fresque qui représente la *Chute de Phaéton*, et que l'on attribue à Carlone, l'auteur du beau plafond de l'Annonciade, à Gênes. Le château ayant été transformé en hôpital, puis en caserne, pendant les guerres de la République et de l'Empire, cette fresque est très-détériorée.

De nombreuses tombes romaines trouvées sur la colline de Cagnes prouvent que ce bourg est d'origine antique. C'était l'ancienne *Onepe* ou *Isclos Veneris.*

Cagnes, étant le débouché naturel de tous les villages situés dans les fertiles vallées du Loup, de la Cagne et du Malvan, fait un grand commerce. Il possède des moulins à huile, des scieries, des filatures de soie, des distilleries; dans les campagnes environnantes on cultive le lin et le chanvre. Le port qui sert au commerce local est formé par une petite anse, située à 1 kilomètre et demi au sud-est du bourg : les pêcheurs et les marins la connaissent sous le nom de Cros ou Grau de Cagnes.

Le courant maritime qui longe la rive porte dans la direction de l'est à l'ouest, ainsi qu'il est facile de s'en convaincre en voyant l'étroite levée de sable que la mer a formée devant l'embouchure du Loup, de manière à la rejeter à plus d'un kilomètre vers l'ouest. Près de cette embouchure, au sommet d'un petit monticule, se trouve une ferme construite sur les ruines du monastère de Saint-Véran, fondé au xie siècle.

Une route, desservie par des voitures publiques qui correspondent avec les trains du chemin de fer, mène de Cagnes à **Vence**, gros bourg et chef-lieu de canton, situé à 10 kilomètres au nord. A moitié chemin, les voyageurs qui se rendent à Vence laissent à gauche, de l'autre côté de la verdoyante vallée du Malvan, *Saint-Paul-du-Var*, ancien village fortifié dont l'église possède des tableaux intéressants, des statuettes et de curieux reliquaires en argent.

Vence, chef-lieu de canton, peuplé de plus de 2700 habitants, est une ville agréablement située sur un monticule qui domine la vallée de la Lubiane. Elle occupe l'emplacement de *Vincium*, l'antique capitale des *Nerusii*. Décorée du nom de cité par Auguste, elle fut ravagée par les Lombards, puis par les Sarrasins. C'était au moyen âge le siége d'un évêché, fondé vers 374 et réuni depuis à celui de Fréjus. Pendant de longs siècles, trois pouvoirs se disputèrent la ville : l'évêque, le seigneur, et le municipe élu par les habitants eux-mêmes; aussi les révolutions étaient constantes. A l'époque des guerres de la Réforme, Vence fut une des villes les plus remuantes, et souvent elle fut mise à contribution par les deux partis. Le connétable de Lesdiguières subit un échec sous ses murs, en 1592 : « Les documents nous apprennent, dit l'abbé Tisserand, que, par un prodige surprenant, balles et boulets, rebroussant chemin, retournaient contre les assiégeants. » Les Impériaux s'en emparèrent, en 1704, pendant la guerre de la succession d'Espagne; mais elle fut épargnée en 1746.

La vieille ville de Vence, qui a conservé presque intacte son enceinte de murailles flanquées de tours et percées de portes, est composée de rues étroites et tortueuses, mais fort propres; la nouvelle ville, construite en dehors des remparts, est mieux bâtie. On remarque à Vence un grand nombre d'inscriptions romaines; deux colonnes de granit taillées dans l'Esterel et considérées comme un présent de la cité de Marseille à celle de Vence; et l'ancienne cathédrale de Notre-Dame, classée parmi les monuments historiques. Cet édifice, bâti sur l'emplacement d'un temple de Mars et de Cybèle (?), renferme les tombeaux de plusieurs évêques, entre autres celui de l'académicien Godeau. Cet évêque était très-impopulaire dans le pays, parce qu'il avait fait rendre un arrêt du conseil d'État prohibant la danse du rigaudon.

Vence possède des fabriques de parfumerie, de savon, de cire et de papier; ses figues sont très-renommées.

A 1 kilomètre au nord de Vence, on monte sur la terrasse de Saint-Martin, qui porte les ruines d'une ancienne commanderie des Templiers, et d'où l'on jouit d'une vue admirable sur la plaine et sur la mer. Dans les environs, on peut visiter plusieurs curiosités naturelles, telles que grottes, cavernes et rochers; mais rien n'est plus beau et plus digne d'une excursion que la gorge ou clus de la Cagne et le rocher de Saint-Jeannet (voir chapitre VIII).

———

Le chemin de fer n'étant pas encore inauguré (février 1864) à l'est de Cagnes, il faut continuer sa route en voiture pour se rendre à Nice[1].

Après avoir dépassé la station de Cagnes, le chemin de fer traverse la rivière qui porte le nom de la petite ville, et parcourt, dans la direction de l'est, une véritable mer d'oliviers. A gauche, se montre le village de *Saint-Laurent*, construit au bord du Var, sur une terrasse de cailloux qu'apportèrent les torrents des Alpes dans une période géologique antérieure.

La position de Saint-Laurent à l'embouchure du Var en a fait de tout temps un point stratégique très-important. En 578, les Lombards démolirent le pont romain et renversèrent la ville qui le gardait. Plus tard, on fonda sur l'emplacement de l'ancienne ville l'hôpital-monastère d'Agrimont, qui devint graduellement très-riche, grâce aux libéralités des seigneurs voisins; en échange de toutes ces donations, les moines étaient tenus de passer gratuitement les voyageurs : *mares et feminas, cum eorum animalibus*. Dépeuplé par la peste en 1468,

---

[1]. Le tarif est ainsi fixé : Voitures à 4 places et à 2 chevaux, 8 fr.; à 4 places et à 1 cheval ou bien à 2 places et à 2 chevaux, 6 fr. 50 c.; à 1 place et à 1 cheval, 5 fr. 50 c. — Omnibus, 2 fr. par personne. Chaque voyageur a droit à faire transporter sans frais 30 kilogrammes de bagages; l'excédant se paye à raison de 10 c. par kilogramme d'excédant.

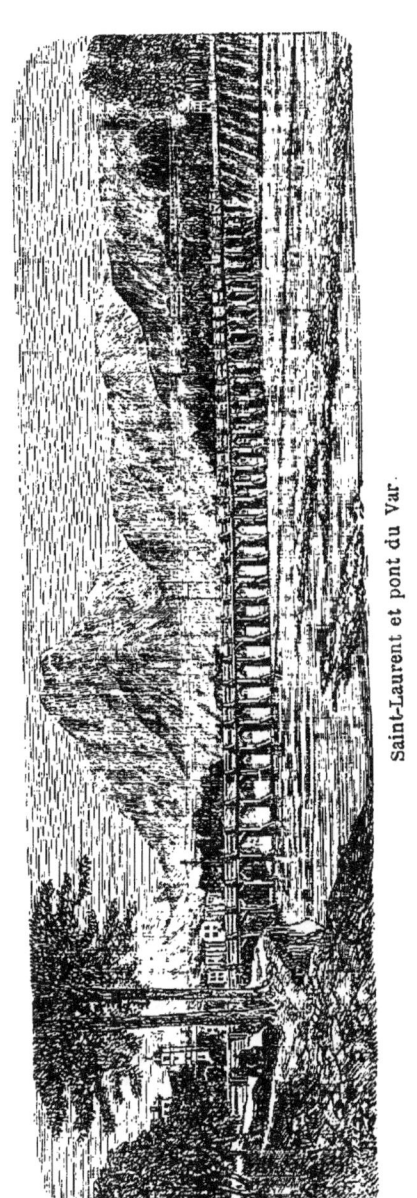

Saint-Laurent et pont du Var.

Pont du chemin de fer traversant le Var près de Saint-Laurent.

le village de Saint-Laurent fut colonisé par des familles d'Oneglia. La position de Saint-Laurent l'a exposé maintes fois au pillage et à l'incendie. En 1704, l'hôpital d'Agrimont fut surpris pendant la nuit et démoli par les Sospellitains. Le village fut entièrement dévasté, et lorsque l'ennemi évacua Saint-Laurent, il n'y restait plus que deux habitants.

Les vins muscats de Saint-Laurent sont renommés. D'importantes scieries débitent en planches les troncs d'arbres flottants que leur amènent les eaux du fleuve (voir le chapitre VII pour l'embouchure du Var).

En aval de Saint-Laurent, le chemin de fer franchit le Var sur un magnifique **pont-viaduc** qui doit être inauguré à la fin de l'année 1864 : il porte à la fois la voie ferrée et la nouvelle route de voitures, et se compose de six arches à culées de pierre et à travées en fer légèrement cintrées, ayant chacune 55 mètres de développement. Les piles ont été fondées à 9 mètres de profondeur dans le sable du Var; pour les bâtir, on s'est servi de l'ingénieux système de tubes à air comprimé, comme pour la construction des ponts de la Medway, à Rochester, du Rhin, près de Strasbourg, et de plusieurs autres grands viaducs.

Au delà du pont la voie ferrée, traversant une plaine marécageuse, longe la base de collines parsemées de villas et de bosquets d'orangers. A droite, se montrent les faubourgs de Sainte-Hélène, du Magnan, de la Croix-de-Marbre, de Saint-Jean-Baptiste. La gare monumentale de Nice, près de laquelle commencent à se dessiner les rues d'un nouveau quartier, est située au nord-ouest de la ville. Elle couvre 10 hectares de superficie.

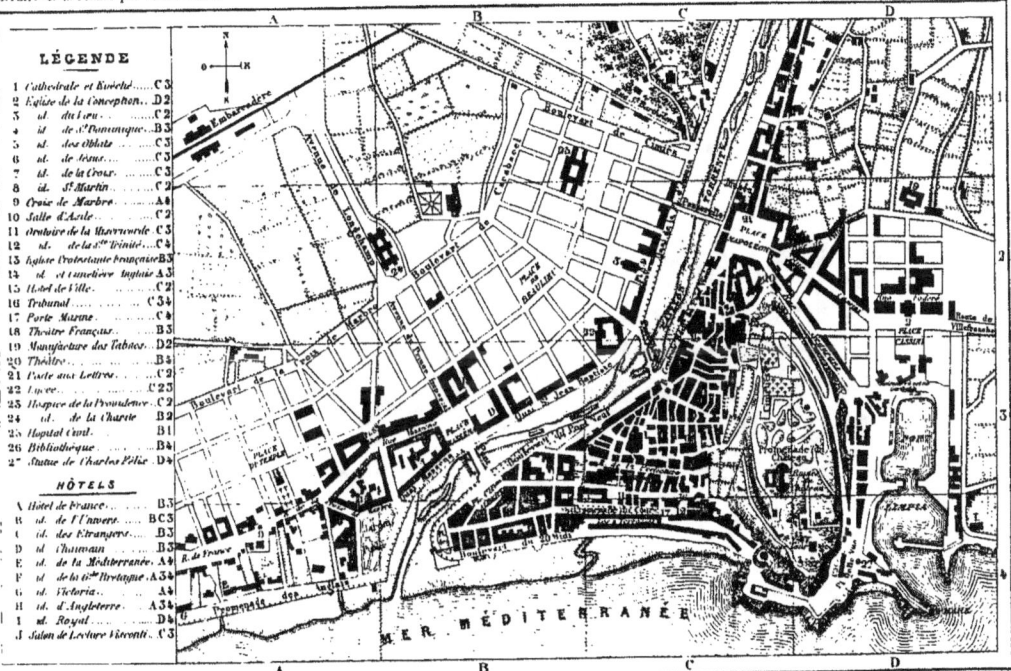

CHAPITRE VII.

NICE ET SES ENVIRONS.

Renseignements divers.

Les hôtels sont nombreux à Nice et généralement très-confortables, grâce à l'affluence des étrangers venus de toutes les parties de l'Europe. En consultant le plan de Nice, les voyageurs peuvent choisir eux-mêmes parmi les principaux hôtels de la ville, celui qui leur paraîtra le plus agréablement situé.

Le plus ancien des grands hôtels de Nice, et l'un des plus vastes du continent, est l'*hôtel Chauvain*, situé sur le quai Saint-Jean-Baptiste, près du Pont-Neuf, et renfermant, avec ses annexes, environ 600 lits. — Presque en face, de l'autre côté du Paillon, se trouve l'*hôtel des Étrangers*, rue du Pont-Neuf, 6, avec table d'hôte à 3 fr. — Citons aussi l'*hôtel de l'Europe*, rue de France, 40; — l'*hôtel de France*, quai Masséna, 11; — l'*hôtel de la Méditerranée*, promenade des Anglais; — l'*hôtel des Alpes*, ancienne route de France, avec table d'hôte à 2 fr.; — l'*hôtel du Midi*, boulevard du Midi; — l'*hôtel d'York*, place Saint-Dominique; — l'*hôtel de l'Univers*, place Saint-Dominique, 2; — l'*hôtel des Princes*, rue des Ponchettes, 13; — l'*hôtel du Nord*, rue Saint-François de Paule, 19; — l'*hôtel Paradis*, boulevard du Midi, 11; — l'*hôtel Reynaud*, place Charles-Albert; — la *Pension Suisse*, rue Masséna, 23: — la *Pension d'Italie*, rue des Ateliers.

Les *hôtels Victoria*, sur la promenade des Anglais; — de la *Grande-Bretagne*, sur la place du Jardin public; — d'*Angleterre*, sur la même place; — la *pension Anglaise*, sur le quai du Pont-Neuf; — et l'*hôtel Royal*, situé en dehors de Nice et sur le bord de la mer, immédiatement à l'est du port de Limpia, sont fréquentés principalement par des Anglais. Citons aussi les pensions *Rivoir* et *Villa-Marine*, sur la promenade des Anglais; la pension *Milliet*, rue de France, 22.

Des restaurants sont annexés à la plupart des hôtels. On doit mentionner aussi le *restaurant Français*, les restaurants *Augier*, des *Deux-Mondes*, celui de la *Méditerranée* et l'*hôtel des Dames*, ces deux derniers sur le Cours. Les prix y sont raisonnables.

MAISONS ET APPARTEMENTS MEUBLÉS. — Les étrangers qui veulent passer l'hiver ou séjourner pendant quelques semaines à Nice ou dans les environs ont tout avantage à s'établir, aussitôt après leur arrivée, dans une maison particulière.

Les appartements se louent ordinairement pour la saison d'hiver, qui est de six mois, d'octobre en mai. Un petit logement, dans le quartier de la Marine et aux Ponchettes, peut coûter de 400 à 500 fr.; dans le même quartier un appartement, pour une famille nombreuse, coûterait de 1000 à 1800 fr.; dans la ville neuve, les prix sont beaucoup plus élevés et varient suivant les exigences des propriétaires. — Un grand nombre de maisonnettes et de villas dans les faubourgs et les villages environnants, Saint-Étienne, Longchamps, Carabacel, Cimiès, Saint-Barthélemy, etc., sont louées chaque année à des étrangers. — M. Ch. Jougla, libraire, quai Masséna, 13, fournit la nomenclature exacte des villas et des appartements à louer. Dans l'intérêt des voyageurs, il serait très-désirable qu'on établît à Nice un syndicat pour les renseignements, semblable à celui de Pau.

La maison de santé du docteur Lefèvre occupe une position très-belle et des plus salubres à l'ouest de la ville et du port, au pied de la colline de Montboron.

CAFÉS. — Les principaux cafés de Nice sont le *café de la Victoire*, place Masséna; — le *café Américain*, rue Saint-François de Paule, 2; — le *café de l'Univers*, boulevard du Pont-Neuf, etc.

BAINS. — Le principal établissement de bains est celui des *Polythermes*, situés sur le boulevard du Midi et sur la rue Saint-François de Paule; on y trouve à toute heure des bains ordinaires, des bains russes et de vapeur, des douches d'eau douce et d'eau de mer. L'établissement est monté avec un grand luxe. Un tunnel pavé en marbre conduit de la rue Saint-François de Paule à la mer. Nous devons citer aussi les bains de mer de la *Méditerranée* (40 cent.); — les bains de mer de la promenade des Anglais; — le bain Provençal, à Riquiers, sur la route de Villefranche; — les bains des Quatre-Saisons (Jardin public); — les thermes du Théâtre, maison Saint-Pierre. En outre, les malades trouvent à Nice un établissement hydrothérapique, des bains atmosphériques, etc., etc. — Le gymnase Pichery est très-fréquenté.

LIBRAIRIES. — Benoît Visconti, rue du Cours (vaste établissement; salons de lecture avec jardin; bibliothèque de 12 000 volumes; abonnement aux livres et aux journaux, 5 fr. par mois); — Ch. Giraud, place du Jardin-Public, 7 (bibliothèque circulante; librairie étrangère); —

Ch. Cauvin, rue de la Préfecture, 6; — E. Bruyat, boulevard du Pont-Neuf, 4; — Delbecchi; — Faraud; — Jougla, quai Masséna, 13; — Mlle Giletta, etc. Plusieurs journaux sont publiés à Nice.

Cercles. — La plus importante institution de ce genre est le nouveau cercle Masséna, où les étrangers sont accueillis sur la présentation d'un membre. L'établissement renferme une salle de bal splendide, une bibliothèque, des salons de lecture et de conversation, un estaminet, des billards, une table d'hôte spéciale pour les membres du cercle.

Poste aux lettres. — Côté nord de la place Napoléon, sous les arcades; les bureaux sont ouverts de 7 heures du matin à 6 heures du soir. Des boîtes supplémentaires sont placées dans les principaux quartiers de la ville.

Télégraphe électrique. — A l'extrémité orientale du Cours, bureau ouvert le jour et la nuit.

Bureau des passe-ports. — Palais du Gouvernement, rue de la Préfecture, de 9 heures du matin à 4 heures du soir.

Théatres. — Le théâtre impérial des Italiens est situé près du Cours, à l'extrémité orientale de la rue Saint-François de Paule. On y joue tous les jours des opéras italiens. Entrée : 1 fr. 25 cent.; le prix des loges varie suivant les représentations. — Le théâtre Français, ouvert quatre fois par semaine, joue les drames et les vaudevilles. Il est situé derrière la place Masséna, du côté de l'ouest.

Voitures de place. — Elles stationnent sur les places Masséna, Croix-de-Marbre, Charles-Albert, Napoléon, de l'Église-du-Vœu; sur les boulevards du Pont-Neuf, du Pont-Vieux, et au Port.

Voitures à 1 cheval et à 2 places : 60 c. la course pendant le jour; 1 fr. la course pendant la nuit; 1 fr. 60 c. la 1re heure pendant le jour; 60 c. chaque demi-heure suivante; 2 fr. la 1re heure pendant la nuit; 1 fr. 10 c. chaque demi-heure suivante.

Voitures à 2 chevaux et à 2 places et voitures à 1 cheval et à 4 places : 75 c. la course pendant le jour; 1 fr. 25 c. la course pendant la nuit; 2 fr. 10 c. la 1re heure pendant le jour; 80 c. chaque demi-heure suivante; 2 fr. 60 c. la 1re heure pendant la nuit; 1 fr. 30 c. chaque demi-heure suivante.

Voitures à 2 chevaux et à 4 places : 1 fr. la course pendant le jour; 1 fr. 50 c. la course pendant la nuit; 2 fr. 60 c. la 1re heure pendant le jour; 1 fr. 10 c. chaque demi-heure suivante; 3 fr. 10 c. la 1re heure pendant la nuit; 1 fr. 35 c. chaque demi-heure suivante.

Bagages, 50 c. pour 80 kilog., pouvant se placer dans la voiture. — Lorsqu'une voiture prise à l'heure doit revenir vide, le prix du retour est calculé d'après le temps de l'aller. Les limites des courses sont celles de la ville elle-même : le pied de la montée de l'ancienne route de Villefranche, l'embranchement du chemin de Saint-Roch et de la route de Gênes, l'extrémité septentrionale de la place d'Armes, l'église Saint-Étienne, la villa Peillon, le pont du Magnan.

Voitures du chemin de fer (voir ci-dessus, page 186).

PORTEFAIX. — Pour les bagages transportés des quais aux embarcations, dans le port : un sac de nuit ou un carton à chapeau, 5 c.; un colis au-dessous de 50 kilog. 15 c.; au-dessus de 50 kilog. 25 c.

Pour les bagages transportés du port dans l'intérieur de la ville, usqu'à la rive dr. du Paillon, et *vice versa* : un carton à chapeau, 25 c.; un sac de nuit, 35 c.; un colis n'excédant pas 50 kilog., 70 c.; par kilog. d'excédant, 15 c.

BATEAUX A VOILES ET A LA RAME. — Dans le port : passage d'un petit môle à l'autre, 5 c.; sur tout autre point, 10 c.; du quai au vapeur, pour un voyageur sans bagage, 30 c.; chaque colis, autre que canne, parapluie ou couverture, 10 c.

Le prix des promenades hors du port et des courses en mer doit être débattu à l'amiable entre les amateurs et les bateliers.

BATEAUX A VAPEUR. — Des services réguliers de vapeurs mettent Nice en communication directe avec les ports principaux de la Provence et de l'Italie. Les différentes lignes qui desservent Cette, Marseille, Gênes, Livourne, Civita-Vecchia et Naples, ont leurs bureaux sur le Cours, 10 et 18, et rue Ségurane, 2 ; c'est là qu'il faut s'adresser pour connaître le prix de la traversée, le jour et l'heure du départ.

Une autre ligne, récemment inaugurée, relie Nice à Ajaccio. Bureaux, rue Sainte-Clotilde, 1, près de la place Charles-Albert.

Tous les jours, un petit bateau à vapeur va de Nice à Monaco. Les bureaux sont situés sur le port, près de la statue de Charles-Félix. Départ à midi, retour dans la soirée. Prix de la traversée, 2 fr. 50 c.; 4 fr. aller et retour.

DILIGENCES ET OMNIBUS. — Des voitures publiques partent de Nice pour les villes suivantes : *Gênes*, bureaux sur la place Charles-Albert, 4; — *Coni* (Turin), bureaux à l'hôtel de l'Univers, place Saint-Dominique; — *Grasse*, place Masséna; — *Menton*, boulevard du Pont-Neuf, place Saint-Dominique et place de la Mairie, 4, départs tous les jours; — *Villefranche*, place de la Mairie, plusieurs départs tous les jours, service d'omnibus; — *Lescarène*, boulevard du Pont-Vieux, 2 départs; — *Levens* et *Lantosque*, place Saint-Jean-Baptiste ; — *Contes*, boulevard du Pont-Vieux. — *Saint-Martin du Var* et la vallée du Var jusqu'à Thoët, place du Lycée.

La POSTE AUX CHEVAUX, située derrière le théâtre Français, est ouverte le jour et la nuit. L'administration calcule le nombre des chevaux d'après le nombre des personnes et le poids des bagages. Elle prélève : pour le carrosse (quand elle le fournit) 15 c. par kil.; pour chaque cheval, 20 c. par kil. de Nice à Menton, et 25 c. par kil. de Menton à Gênes; pour le postillon, 25 c. par kil. (voir chapitres xi, xii et xv). — Les loueurs de voitures sont nombreux à Nice, ainsi que les loueurs de chevaux et d'ânes. Les remises et les écuries des principaux loueurs se trouvent sur la place du Gouvernement, sur la route de France, sur la rue Masséna.

On pourrait former une bibliothèque considérable avec les *Guides de l'étranger* et les livres spéciaux écrits en français, en anglais, en allemand, sur Nice et ses environs. Parmi ces ouvrages, dont quelques-uns sont excellents, nous recommanderons surtout un livre de M. Émile Négrin, intitulé *les Promenades de Nice*. Les lecteurs y trouveront tout ce que l'auteur promet dans sa préface, et ce n'est pas peu dire, car, outre l'exactitude parfaite, il promet aussi « la joyeuseté. »

Situation et climat.

La cité de Nice est située à l'extrémité septentrionale d'un golfe semi-circulaire appelé baie des Anges, et bordé à l'orient par un promontoire rocheux, au couchant par la pointe marécageuse de l'embouchure du Var. Le large lit du torrent pierreux appelé Paillon, et, plus à l'est, un monticule rocheux, partagent Nice en trois villes distinctes. La vieille ville, appuyée sur le monticule que couronnait jadis un château fort, occupe une péninsule de forme triangulaire, inclinée en pente douce vers l'embouchure du Paillon. La ville du port, qu'on n'aperçoit même pas du vieux Nice, est construite autour des deux bassins du port de Limpia, creusé à la base orientale de la colline du château. Enfin, la ville moderne forme une zone de maisons assez étroite et longue de 3 kilomètres environ, qui s'étend à l'ouest du Paillon, sur la rive droite du torrent et sur le bord de la Méditerranée. C'est vers ce quartier que se portent surtout les étrangers qui visitent la ville ou qui viennent s'y fixer; bientôt cet ancien faubourg de Nice en sera devenu la partie la plus considérable.

Le sol sur lequel la ville est bâtie se compose en grande partie de pierres et de sables que les eaux du torrent ont charriés dans la mer autour du rocher jadis insulaire du château : aussi l'inclinaison générale du terrain est-elle assez faible ; mais immédiatement autour du bassin de Nice, le relief de la contrée s'accuse fortement. A l'est se prolonge le chaînon escarpé de Montboron, de Montalban, du Mont-Vinaigrier, du Mont-Gros. Au nord et à l'ouest s'élèvent les premiers renflements des chaînons projetés directement par les Alpes. D'abord, ce sont des collines aux pentes douces, couvertes d'oliviers et parsemées de villas ; par-dessus se dressent de véritables montagnes que domine la superbe pyramide nue du Mont-Cau ; puis, au delà se montrent cime après cime en amphithéâtre immense jusqu'à la principale crête des Alpes, resplendissante de neige pendant la plus grande partie de l'année. C'est aux multiples étages des sommets environnants que Nice doit principalement la douceur et l'égalité du climat qui la distinguent et qui l'ont rendue si célèbre dans le monde entier.

D'après des observations thermométriques commencées en 1802 et continuées depuis cette époque par divers météorologistes, la température moyenne de Nice oscille entre 15°,5 et 15°,9 centigrade : inférieure d'un demi-degré environ à la température de Cannes et de Menton, elle est encore égale à celle de Rome et de Pise, et supérieure à celle de Florence et de Montpellier. Les moyennes sont, respectivement pour chaque saison, de 9°,3 l'hiver, de 17° à 18° le printemps et l'automne, de 23° l'été. L'écart entre la température de l'hiver et celle de l'été comprend donc plus de 13 degrés, c'est-à-dire au moins un degré de plus que l'écart observé à Cannes entre les saisons extrêmes ; mais il est beaucoup plus faible que l'écart constaté dans la plupart des contrées d'Europe. Les froidures de l'hiver sont peu sensibles et de courte durée ; les chaleurs de l'été ne sont pas accablantes. La neige tombe rare-

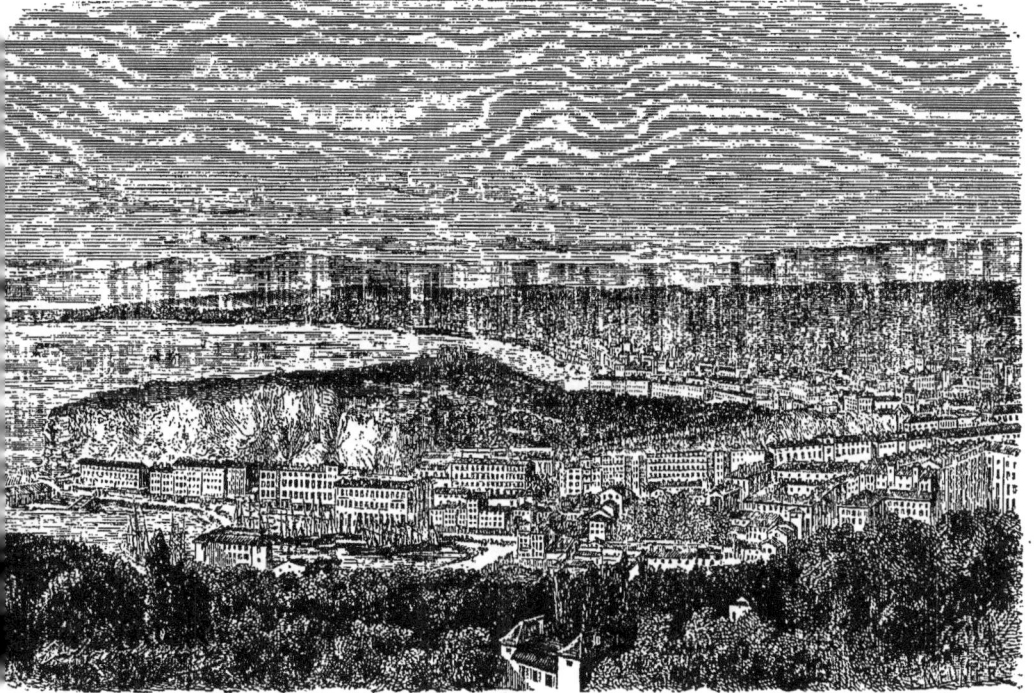
Vue générale de Nice.

ment : une moitié de journée par hiver, en moyenne. Depuis 1802, la colonne thermométrique ne s'est abaissée qu'une seule fois à — 9°,4, lors du terrible hiver de 1820 ; mais, d'ordinaire, elle effleure à peine le zéro durant quelques heures, et même on cite bien des années pendant lesquelles elle lui reste toujours supérieure. De 1849 à 1860, la température la plus élevée qu'aient eue à subir les Niçois a été de 32°,7. Cette chaleur, exceptionnelle pour Nice, est de 6 à 7 degrés inférieure à celle qui a régné sur Paris le 9 août 1863.

Les jours de pluie sont plus nombreux à Nice que ne le croyaient autrefois les météorologistes. D'après les observations minutieuses de M. Teysseire, faites de 1849 à 1860, la moyenne des journées pluvieuses est de 72. Le maximum a été de 103 jours, ce qui est énorme pour Nice, et le minimum n'a pas été moindre de 50, chiffre encore supérieur à celui de Nîmes et de plusieurs autres villes du midi de la France. Il est vrai qu'en général les pluies sont à Nice de très-courte durée, et que le ciel se rassérène bientôt après avoir été couvert de nuages. Souvent les averses sont d'une violence extrême comme les pluies des régions tropicales. « C'est au point, dit M. Macario, qu'on voit tomber quelquefois 13 centimètres d'eau en 24 heures et 14 millimètres en 10 minutes. » Aussi la quantité d'eau qui se précipite annuellement dans le bassin de Nice est-elle, malgré la plus grande rareté des pluies, de beaucoup supérieure à la masse liquide qui arrose chaque année les campagnes du nord de la France. Tandis qu'à Paris la moyenne annuelle est de 54 centimètres, elle est à Nice de 70 centimètres. Cette quantité d'eau de pluie se répartit d'une manière à peu près égale sur toutes les saisons : cependant, on observe un léger maximum en automne. Les jours parfaitement beaux, éclairés par un ciel sans nuages, se distribuent aussi assez également sur toutes les parties de l'année : on en compte de 55 à 65 dans chaque saison.

A la vue des gradins de collines et de montagnes qui entourent le bassin de Nice, on pourrait croire qu'il est parfaitement abrité contre tous les vents de la région du nord, et que les vents de la mer viennent seuls le visiter; mais il n'en est pas ainsi, à cause de la différence de température qu'offrent la campagne de Nice, la mer qui la borde et les sommets qui la dominent. Pendant le jour, les rayons du soleil échauffent le rivage et les montagnes, et la surface du sol calcaire devient un foyer d'appel vers lequel se précipitent les courants atmosphériques de la Méditerranée ; pendant la nuit, au contraire, la terre est rapidement privée par le rayonnement d'une grande partie de son calorique superficiel, tandis que la mer, maintenant plus longtemps la chaleur acquise, attire l'air des montagnes, devenu plus dense par le refroidissement. C'est ainsi que s'établit un échange réciproque de brises régulières, semblables à celles de la plupart des rivages maritimes. Le jour, elles suivent la course du soleil en tournant de l'est à l'ouest par le sud, dans le même sens que l'aiguille d'une montre ; la nuit, elles reviennent de l'ouest à l'est en passant par le nord, et décrivent ainsi, dans les 24 heures, un circuit complet autour de l'horizon. Les courants atmosphériques, descendus des montagnes pendant la nuit, chassent les nuages apportés par le vent de la mer.

Ces brises normales, qui soufflent alternativement de la terre et de la mer, exercent une influence des plus bienfaisantes en renouvelant et en purifiant constamment l'air vicié qui s'élève de la ville et des marécages du Var; mais elles ne sont pas les seuls courants qui viennent agiter les ondes aériennes au-dessus du bassin de Nice. Un jour sur quatre, par année moyenne, des vents plus ou moins forts, et parfois d'une violence extrême, viennent balayer la ville. Le vent d'est, descendant par l'échancrure du col de Villefranche, est celui qui se déchaîne le plus souvent sur Nice; il souffle en moyenne 45 jours par an : c'est principalement en automne qu'il est le plus fréquent et le plus redoutable. Vient ensuite le vent du sud-ouest ou *libeccio* (vent de Libye), qui, d'après les observations de M. Teysseire, se fait sentir en moyenne pendant 21 jours de l'année : c'est un vent très-violent, à la fois humide et chaud, qui dispose au sommeil, détend les muscles et impressionne d'une manière désagréable les personnes d'un tempérament nerveux et délicat. Le vent du nord-est ou *gregaou* (grec), qui apporte parfois des orages, de la grêle, et en hiver de la neige, est relativement rare, car il ne souffle en moyenne que pendant 8 jours de l'année. Le vent d'ouest, qui se charge des miasmes paludéens de l'embouchure du Var, est aussi très-peu fréquent. Quant au mistral et à la *tramontane* qui soufflent du nord-ouest et du nord, surtout pendant les mois de mars et d'avril, ils sont en général arrêtés, l'un par les divers chaînons qui s'élèvent à l'ouest du Var, l'autre par la grande crête des Alpes; par malheur, ils ne sont pas complétement inconnus à Nice. Le plus souvent la tramontane passe au-dessus de la ville et bouleverse la mer à une certaine distance du rivage; mais parfois il s'engouffre dans la haute vallée du Paillon et dans l'étroit vallon de Tourettes pour déboucher au ras du sol dans les campagnes de Nice et les parcourir avec fureur. Quand la tramontane, le mistral ou d'autres vents violents de tempête soufflent sur le bassin du Paillon, une poussière étouffante s'élève des rues, des routes, des sentiers, des terrains cultivés. La plaine se voile sous un immense dôme de poussière tourbillonnante aussi épaisse que le brouillard de Londres. A peine distingue-t-on les objets les plus rapprochés à travers l'atmosphère obscurcie. On ne peut guère se promener sans garantir ses yeux au moyen de conserves. Quant aux malades, ils doivent alors se renfermer chez eux, sous peine de voir empirer leur état.

Un des inconvénients les plus graves du pays, est, dit M. Roubaudi, « l'inconstance extrême des vents. Souvent ils changent plusieurs fois par jour; souvent aussi plusieurs vents règnent ensemble avec violence; une tempête aérienne s'ensuit, et alors ce beau climat passe brusquement du chaud au froid et réciproquement. Ces variations subites, ces contrastes inattendus, ces coups de vent qui éclatent souvent au milieu des journées les plus calmes, les plus douces, jettent dans l'air une âpreté aussi désagréable que nuisible. Ces changements imprévus donnent quelquefois, au printemps surtout, des retours de froid si inopinés que, si à Nice il n'y a pas d'hiver, on peut dire, en revanche, qu'on n'y trouve pas de printemps. » Les malades doivent, on le comprend, se prémunir avec soin contre ces brusques variations de température.

Le baromètre n'offre pas à Nice d'oscillations considérables: ce fait, qui prouve l'uniformité de la pression atmosphérique, est de la plus haute importance pour les personnes attaquées de maladies des organes respiratoires. En outre, ainsi que le constate l'hygromètre, l'air n'est pas aussi dépourvu d'humidité qu'on serait tenté de le croire à la vue de ce bel azur dans lequel se dissout la vapeur d'eau. L'atmosphère de Nice n'est guère moins saturée de molécules aqueuses que ne l'est l'atmosphère de Paris; mais la température moyenne étant plus élevée de 5 degrés dans le bassin de Nice, donne à l'air une plus grande capacité pour les vapeurs, et celles-ci n'apparaissent que rarement sous la forme de brumes ou de brouillards. La nature poreuse du sol, composé de galets, de graviers, de sables et de divers détritus à travers lesquels l'eau filtre rapidement, contribue aussi à rendre les brouillards intenses presque impossibles. Les orages accompagnés de décharges électriques éclatent, en moyenne, treize fois par an, chiffre très-faible relativement au nombre des orages dans tout le reste de la France. Enfin, pour compléter le tableau rapide des phénomènes variés qui s'accomplissent dans le bassin de Nice, il faut ajouter que les trépidations du sol y sont presque constantes; toutefois elles ne sont que rarement perceptibles aux sens, et, depuis les siècles historiques, n'ont été pour la ville même la cause d'aucun désastre. Vers le milieu de l'année 1564, les habitants, effrayés des mouvements du sol, passèrent une nuit dans la campagne; mais on n'eut à déplorer de grands désastres que dans la haute vallée de la Vésubie.

Avec tous ses priviléges et tous ses inconvénients, le climat de Nice est certainement, excepté pendant les jours de poussière, un des plus agréables du littoral de la Méditerranée. Là où se plaisent un si grand nombre de végétaux de toute espèce appartenant à la zone tempérée et aux régions extratropicales, les Européens doivent en majorité se plaire aussi et ressentir l'heureuse influence de cette température égale et douce, de cet air pur, de ces brises vivifiantes. Et puis la beauté des horizons ne contribue-t-elle pas aussi à guérir ou à maintenir en santé les étrangers qui séjournent à Nice ? Alphonse Karr, un de ces transfuges qui sont allés demander au pays de la lumière la joie que leur refusaient les humides et froids rivages du nord, célèbre ainsi sa nouvelle patrie : « La chaleur féconde du soleil, la mer immense, les beaux arbres, les prairies, les fleuves rapides, les ruisseaux fleuris et murmurants, la voix de la brise et de l'eau, le parfum des fleurs et des feuillages, le ciel profond et limpide, les splendeurs ardemment colorées du matin et du soir, tout vous remplit l'âme d'une ivresse sereine. »

Depuis deux mille ans, le climat de Nice est considéré comme salutaire aux phthisiques. Au commencement de l'ère actuelle, les malades romains allaient s'établir sur les pentes de la colline de *Cemenelum* (Cimiès), au nord de la ville actuelle de Nice. De nos jours, des milliers de poitrinaires s'y rendent chaque année de tous les points de l'Europe, et cependant plusieurs médecins affirment que l'air de Nice est fatal aux malades attaqués de la poitrine. Le climat aurait-il changé depuis l'époque romaine? Sans doute il s'est modifié dans une certaine mesure, et l'air est devenu plus sec puisqu'on a abattu toutes les forêts qui couvraient les pentes des montagnes environnantes; mais ce changement est trop minime pour qu'on puisse croire à une détérioration complète du climat. Il est probable que les phthisies confirmées n'étaient pas guéries du temps des Romains plus qu'elles ne le sont actuellement, et de nos jours, aussi bien qu'autrefois, les poitrinaires au premier degré peuvent longtemps prolonger leur vie, grâce à la douceur de la température qui leur permet de sortir presque tous les jours de l'hiver.

Parmi les malades auxquels le séjour de Nice fait incontestablement du bien, on doit citer ceux qui souffrent de calculs urinaires, les goutteux, les scrofuleux, les rachitiques, les asthmatiques, les personnes attaquées de toux, de catarrhes, les gens affaiblis par excès de travaux intellectuels. En revanche, on ne saurait conseiller Nice aux malades sujets à des inflammations aiguës, qui ont le pouls fréquent, ou chez lesquels les centres nerveux sont trop excitables. Les maladies du cœur peuvent s'y aggraver. Enfin les ophthalmies se guérissent difficilement dans ce pays où la lumière est si vive, et où le fléau de la poussière a pris de telles proportions. D'ailleurs le climat varie singulièrement suivant les saisons : octobre, novembre et décembre sont, parmi les mois d'hiver, les plus doux et les plus sereins; les mois de chaleur, de mai en septembre, sont ceux qui offrent la plus grande uniformité de température; mars et avril, au contraire, ceux qui présentent les variations les plus soudaines et les plus redoutables pour la santé des malades.

Et puis l'influence du climat de Nice sur les malades et sur les étrangers dépend de mille circonstances extérieures qu'il est impossible d'indiquer d'une manière générale. Pour chaque malade, le médecin doit étudier les conditions de tempérament, de fortune, de milieu, de saison, d'habitation. Aux uns il doit conseiller le bord de la mer, aux autres il doit formellement l'interdire. Il doit connaître non-seulement le climat général du bassin, mais encore le climat spécial de chaque quartier. « Il résulte en effet d'expériences très-souvent répétées que les Ponchettes et le quai du Midi (grève orientale de Nice) sont les quartiers où la température est la plus élevée et l'air le plus sec; que le voisinage du Paillon, et en particulier le faubourg Saint-Jean, se distinguent par les plus grandes variations de température aux différentes heures de la journée; que les quartiers neufs, du côté de la Croix-de-Marbre, sont, relativement, les moins excessifs en fait de chaleur et de sécheresse; que le quartier Riquiès (au nord de la ville, rive orientale du Paillon) est le plus humide; que Saint-Barthélemy, Carabacel et Cimiès sont les points où les vents se font sentir le moins, et qu'enfin le voisinage de la route du Var est le plus exposé, sinon le seul exposé au brouillard, inconnu sur d'autres points [1]. »

Nice offre aux étrangers un grand nombre d'établissements de santé, de gymnastique, de douches, de bains, d'hydrothérapie, etc.; mais la grève n'est pas favorable aux bains de mer. Sous ce rapport, Nice ne saurait être comparé, même de loin, à Cannes, sa gracieuse rivale. Lorsque le vent souffle avec une certaine force, les vagues roulent violemment le galet, et les baigneurs ont à marcher très-péniblement sur les cailloux roulants. En outre, l'inclinaison du bord est très-forte, et l'on perd pied à quelques pas de la rive. Le seul endroit de Nice qui offre aux baigneurs une plage assez agréable est le quartier du Lazaret, situé à l'orient du port.

---

1. *Les Hivers à Nice*, par le docteur Lubanski. Parmi les nombreux travaux qui ont paru sur le climat de Nice, il faut citer surtout *Nice et ses Environs*, par Louis Roubaudi; *le Climat de Nice*, par le docteur Henri Lippert; *de l'Influence médicatrice du climat de Nice*, par le chevalier Macario.

Histoire.

Nice, fondée il y a déjà plus de vingt-deux siècles, garde encore le vieux nom grec de νίκη (Victoire), que lui donnèrent les Phocéens de Marseille, à l'occasion d'une grande victoire remportée par eux sur les Ligures de la contrée. Grâce à son doux climat, à son petit port, à la fertilité de son territoire, à la protection toute-puissante de Marseille, la colonie phocéenne se développa rapidement et se défendit avec succès contre les attaques des Ligures ennemis qui l'entouraient ; seulement une fois, en même temps que Cannes, Antibes et les autres villes du littoral, elle tomba au pouvoir des tribus voisines. Promptement délivrée, elle reprit le cours de ses prospérités et devint l'un des entrepôts commerciaux les plus importants de la côte de Ligurie. Lorsque César voulut confisquer à son profit toutes les libertés romaines, Nice, à l'exemple de Marseille, osa embrasser le parti de la république. Elle porta la peine de son courage, et, dégradée de ses droits et de ses priviléges, elle devint une simple dépendance de *Cemenelum* (Cimiès), ancien village des Ligures, situé sur le premier renflement des collines au nord de Nice. L'insignifiante bourgade favorisée par César prit le titre de cité et de capitale des Alpes-Maritimes. Nice ne fut plus que le port de Cimiès, et dut souffrir, en outre, de la décadence générale du commerce maritime, peu apprécié des Romains.

A l'époque des invasions barbares, Nice, située sur l'un des grands chemins des nations, eut beaucoup plus à souffrir que les villes de l'intérieur. En 405, elle fut renversée de fond en comble, et sur ses débris s'élevèrent quelques misérables cabanes de pêcheurs. Goths, Bourguignons, Lombards et Franks occupèrent tour à tour son territoire ; cependant elle dut se relever peu à peu, puisque dans le courant du Ve siècle on bâtit la forteresse de Bellanda, sur le monticule appelé aujourd'hui rocher du château. Puis, en 578, lorsque le roi lombard Amon Alboin eut pris d'assaut et détruit la forte cité de Cimiès, qui avait jusqu'alors résisté à tous les assauts des barbares, Nice recueillit les fugitifs, et, par la ruine de sa rivale, reprit une partie de son ancienne importance.

En 617, Nice s'arrachant au joug des rois franks entra dans la ligne génoise avec les autres villes de la Ligurie afin de défendre ses libertés et son existence même contre les hordes des envahisseurs barbares; mais le municipe inaugura mal son entrée dans la confédération, car dès l'année suivante, la disette et la peste, ces fléaux du moyen âge, obligeaient les habitants à bâtir le premier hôpital du Lazaret. Un siècle plus tard, en 731, la ville était assez forte pour résister aux attaques des Sarrasins, qui se retirèrent après avoir ravagé les campagnes environnantes. Sous le règne de Charlemagne et même après sa défaite de Roncevaux, les comtes de Nice forcèrent encore plusieurs fois les Maures à se rembarquer; mais en 859, en 880, Nice et les villes voisines furent mise à feu et à sang. Pendant la plus grande partie du xe siècle, les Sarrasins installés dans les *fraxinets* ou châteaux forts construits sur les montagnes et les rochers les plus inaccessibles du littoral furent les maîtres absolus de la campagne de Nice, et croyant désormais leur domination assurée, ils se mirent à cultiver le sol et à l'exploiter. En 975 seulement, après la perte du grand Fraxinet de la Garde, dans les montagnes des Maures (voir page 89), ils durent abandonner les postes qu'ils occupaient aux alentours de Nice; de leurs anciennes possessions ils ne gardèrent que la forteresse de Saint-Hospice. Un grand nombre d'entre eux furent réduits en esclavage par leurs vainqueurs chrétiens et se fondirent peu à peu dans la masse de la population ligurienne.

Après l'expulsion des Sarrasins, pendant les jours ténébreux du moyen âge, Nice eut à souffrir de toutes les guerres civiles ou étrangères qui dévastèrent le sol de l'Italie. Alliée de la république de Pisé et par conséquent ennemie de la république génoise, Nice était exposée à toutes les vicissitudes de la lutte qui sévissait presque constamment entre les deux puissantes rivales; en outre, elle avait aussi dans ses murs les deux factions guelfe et gibeline qui entretenaient avec soin de continuelles dissensions ; puis elle avait à défendre ses libertés communales, non-seulement contre ses évêques et ses comtes, mais aussi contre le roi de France et l'empereur d'Allemagne qui prétendaient tous les deux au titre de suzerain. Néanmoins la ville maintenait énergiquement son indépendance, se gouvernait par ses propres lois, élisait ses consuls et ses divers magistrats. En 1166, elle résista heureusement à l'armée et à la flotte réunies du comte de Provence, Raymond-Bérenger III, qui fut tué d'un coup de flèche en montant à l'assaut. Dix ans après, en 1176, elle fut moins heureuse ; mais si elle fut prise par Alphonse d'Aragon, successeur de Raymond-Bérenger, du moins put-elle conserver intactes toutes ses libertés municipales et une partie de son autonomie républicaine. Les quatre corps des nobles, des marchands, des artisans, des laboureurs avaient chacun son conseil réélu tous les ans.

En 1215, le peuple de Nice ayant découvert un complot qui ne tendait à rien moins qu'à livrer la ville aux Génois, proclama de nouveau son indépendance et sut la faire respecter. Pendant plusieurs années les comtes de Provence n'essayèrent point de revendiquer par les armes leurs prétendus droits; mais en 1229 Raymond-Bérenger IV ayant trouvé une occasion favorable et l'appui de quelques traîtres, vint mettre le siége devant Nice. La ville, peuplée à cette époque de 12 000 habitants, et soutenue d'ailleurs par la flotte pisane, eût pu facilement résister si l'évêque et quelques familles aristocratiques n'avaient découragé les citoyens et conseillé la reddition, même avant l'assaut. Le comte de Provence n'usa pas cruellement de sa victoire ; il laissa aux Niçois le droit de voter les taxes et de les répartir, de garder leurs remparts; mais il leur imposa un gouverneur et, pour contenir le peuple, il rebâtit le château de Nice et en fit bientôt la plus redoutable forteresse de la Provence.

Par son mariage avec Béatrix, fille de Raymond-Bérenger, Charles d'Anjou devint le suzerain de Nice. Le nouveau maître accorda quelques priviléges commerciaux au port niçois; mais d'un autre côté il lui demanda la douzième partie de la flotte qui devait lui servir pour la conquête des Deux-Siciles. Sans compter ses libertés, Nice perdit dans cette expédition et dans les troubles qui suivirent un grand nombre de ses enfants. Les guerres continuelles entretenues par les grands seigneurs des environs, les Grimaldi de Monaco, les Lascaris de Tende, les Doria de Dolceacqua désolaient la contrée et rendaient l'agriculture impossible; de terribles famines emportèrent des milliers d'habitants; pour comble de malheur une pluie de sauterelles, apportée par le vent d'Afrique, vint en 1364 s'abattre sur les campagnes, et la peste ajouta ses ravages à ceux que causait la disette. Pour se rendre le ciel plus favorable, les Niçois n'imaginèrent pas de meilleur moyen que de persécuter les Juifs.

Sous le règne de Jeanne, cette femme qui « charmait tous les cœurs » et qui faisait assassiner ses maris, la ville de Nice ne fut pas plus heureuse que sous les Charles et sous Robert d'Anjou; en 1382, elle mourut dans sa prison, quelque temps après avoir reçu du pape la rose d'or, et la guerre civile qui sévissait entre les partisans des Duras et des Anjou reprit avec une nouvelle fureur. Les Niçois s'étant prononcés en faveur de Ladislas de Hongrie, fils de Charles de Duras, les troupes angevines vinrent aussitôt mettre le siége devant Nice. Les habitants envoyèrent demander secours à la régente Marguerite. Celle-ci, qui était elle-même assiégée dans Naples, répondit qu'il lui était impossible de venir au secours des Niçois; mais elle les autorisait à prendre pour défenseur et pour suzerain tel prince qui leur plairait, pourvu qu'il n'appartînt pas à la maison d'Anjou et qu'il s'engageât à restituer Nice à Ladislas si le remboursement des frais de la guerre pouvait être effectué. Les Niçois, conseillés par les Grimaldi de Beuil, s'adressèrent alors au comte de Savoie, Amédée VII le Roux, qui jouissait d'une grande réputation de sagesse et de valeur parmi les princes d'Europe. Amédée accepta avec empressement le présent qu'on lui faisait, et franchit aussitôt le col de Tende. L'armée d'Anjou ne l'attendit pas et repassa le Var. Les députés de Nice allèrent au-devant du triomphateur jusque dans la cour de l'église de Saint-Pons, et là fut signée la convention qui donnait le comté de Nice à la Savoie et confirmait en même temps toutes les libertés communales : franchise du port, élection libre des consuls, exemption de la gabelle, des impôts, des tailles et des charges de guerre. Trois ans après, Ladislas n'ayant pu rembourser les frais de guerre et d'occupation, la convention provisoire devint définitive.

Sous la protection des comtes de Savoie, Nice, n'ayant plus à craindre ses voisins les grands vassaux, entra dans une ère de prospérité commerciale. Ses chantiers devenus très-actifs lançaient chaque année un grand nombre d'embarcations et même de navires de haut bord ; c'est là que fut construit *le Saint-Jean*, vaisseau de guerre du port de 1600 tonneaux et d'un équipage de 150 hommes, qui fut longtemps la merveille de la Méditerranée. Grâce aux flottilles armées à Nice et dans le golfe de Villefranche, les parages environnants étaient en grande partie nettoyés de pirates barbaresques; sur terre, les communications devenaient aussi plus faciles, et le citoyen niçois Paganino del Pozzo faisait tracer et paver à ses frais la route muletière qui va de Nice à Coni, en passant par la vallée de la Vésubie, Saint-Martin de Lantosque et le col de la Fenêtre. La peste vint interrompre le cours de ces prospérités. En 1467, après avoir décimé une armée savoyarde qui faisait le siége de Monaco, ce fléau s'abattit sur la ville de Nice, et fit périr plus de 7800 habitants, c'est-à-dire à peu près la moitié de la population ; plusieurs villages des environs restèrent complétement déserts après le passage de la terrible maladie. La contagion dura longtemps, et, soixante ans après la fatale année, on voyait encore des pestiférés sous ce beau climat de Nice. En 1470, les seigneurs et les villes de la Provence défendaient aux Niçois de passer le Var sous peine de la bastonnade.

Les ducs de Savoie ne comprirent que trop bien l'importance de Nice comme place de guerre, commandant tous les débouchés de France en Italie, sur le revers méridional des Alpes : pendant le XIVe siècle et la première moitié du XVe, ils ne cessèrent d'augmenter les défenses du château, au grand détriment de la pauvre ville, condamnée par sa forteresse à subir les horreurs du siége et du pillage dans toutes les guerres futures. Les travaux furent surtout activés après l'avénement de François Ier, qui ne se gênait guère pour réclamer le comté de Nice en sa qualité d'héritier des rois de Provence. Ce fut alors qu'on rasa l'ancienne cathédrale et l'évêché, pour les remplacer par des bastions, et que l'on fit creuser dans le roc vif le puits du château, qui fut longtemps considéré comme une des merveilles du monde.

La guerre éclate, en 1524, entre Charles-Quint et François Ier. Aussitôt les campagnes de Nice sont ravagées par les armées en marche. Les Français, qui occupaient Ventimiglia, se retirent en évitant le château de Nice; à leur suite se précipitent les 27 000 Impériaux du connétable de Bourbon; trois mois après, l'armée autrichienne s'enfuit à son tour, en semant les campagnes de ses morts, et les Provençaux la poursuivent en rendant meurtre pour meurtre, pillage pour pillage. A la peste, qui sévissait déjà et qui dura des années, s'ajouta la famine, et, pour comble de malheur, le Paillon, ce ruisseau qui, d'ordinaire, est de si paisible allure, déborda sur la plaine en 1530, renversa le pont et détruisit une partie de la ville.

En 1536, la Provence est envahie de nouveau du côté de Nice. Charles-Quint y pénètre à la tête de 90 000 hommes, va se faire couronner à Aix roi de Provence, et bientôt revient en fugitif, n'ayant pour armée que des bandes de traînards qui dévastent tout sur leur passage. La famine recommence. Profitant de la terreur universelle, les pirates sarrasins font une descente dans la plaine du Var; d'autres brigands, nobles ou vilains, parcourent impunément les montagnes. Pour mettre un terme à ces horreurs, en réconciliant Charles et François, le pape Paul III leur donna un rendez-vous à Nice. Après s'être fait supplier longtemps, ils consentirent à se voir, et à la suite d'une longue conférence qui eut lieu à l'endroit où se trouve aujourd'hui la Croix-de-Marbre, ils signèrent une trêve de dix ans; mais les deux adversaires ne prêtaient serment que pour se parjurer, et dès l'année 1540, la guerre recommençait déjà.

Une tentative de surprise nocturne ayant complétement échoué, François Ier, devenu l'allié de Barberousse au grand scandale de l'Europe, fit d'énormes préparatifs en vue de la conquête de Nice, ce formidable boulevard des Alpes maritimes. Le 5 août 1543, les trois cents voiles de Barberousse et du capitaine Paulin étaient en vue de Nice, et le soir même, le terrible corsaire débarquait à Villefranche. Les Niçois refusant de se rendre, les hauteurs environnantes, Montboron, Montalban, le Mont-Gros, Cimiès, sont aussitôt occupées et garnies de redoutes par les alliés franco-algériens. Le bombardement fut terrible; mais les Niçois résistèrent énergiquement, et, lorsque la première colonne d'assaut fut lancée contre la brèche du fort Saincaire (au nord du château), ils se défendirent avec tant de vigueur, que l'attaque ne fut pas renouvelée. A la tête des assiégés combattait la Segurana, redoutable virago plus connue sous le nom de Maufaccia ou *Mauvaise-Face*. D'un coup de hache elle abattit le porte-enseigne turc, et, secouant le drapeau conquis, encouragea ses compagnons à la victoire. Le siége terminé, on lui érigea une statue.

L'assaut avait été repoussé; mais les remparts de la ville n'étaient plus tenables. Après dix jours de siége, Nice se rendit à la condition que les seules troupes françaises y entreraient. Les défenseurs les plus résolus, y compris la Segurana, s'enfermèrent dans le château, autour duquel se resserra la ligne des retranchements turcs. Mais Barberousse n'était pas content de ses alliés, qui lui avaient fait manquer le pillage de Nice. Lorsque les Français, après avoir épuisé leurs munitions de guerre, vinrent lui en demander, il leur reprocha avec dérision d'avoir apporté plus de vin que de poudre; puis, apprenant l'arrivée prochaine de l'armée piémontaise, il résolut de lever le siége. Toutefois, avant de partir, il voulut laisser un souvenir de son passage. La nuit, ses gens envahissent la ville de Nice, forcent les maisons et les églises, font main basse sur tous les objets de prix, enlèvent les jeunes gens, les femmes, les enfants, et les poussant en troupeau vers le rivage, les entassent dans leurs navires avec les prisonniers que d'autres détachements de pirates avaient déjà faits dans les hautes vallées, à Lantosque, à Bollène, à Sospel. Les galères qui emportaient ces 2500 captifs furent heureusement rencontrées en mer par l'amiral espagnol don Garcia, qui les reprit à Barberousse. Quinze jours après, celui-ci, changeant d'avis, cingla de nouveau vers Villefranche et s'empara de Montboron; mais il fut repoussé, et 2000 volontaires provençaux, qui avaient débarqué à Éza pour appuyer son mouvement offensif, furent tous pris ou massacrés par les milices du pays.

Pendant cet horrible siége, Nice s'était couverte de gloire; mais elle était à demi ruinée et privée d'un grand nombre de ses enfants les plus courageux. Vinrent ensuite les malheurs qui suivaient toujours la guerre à cette époque, la famine et la peste. En 1550, le fléau frappa 3534 personnes dans la ville de Nice; en 1580, il enleva 5460 habitants, soit environ le quart de la population. Épuisée par tous ces désastres successifs et par la grande lutte de 1543, surveillée, d'ailleurs, par le terrible tribunal de l'Inquisition qui étouffait dans les esprits toute initiative et toute opinion nouvelle, les Niçois ne prirent qu'une faible part aux agitations de la Réforme.

En 1600, Nice eut à subir un nouveau siége. Le duc de Guise, à la tête de 12 000 Provençaux, attaqua la ville par deux fois; mais au deuxième assaut il manqua d'être pris et laissa son épée aux mains d'un Niçois. Cependant le manque de munitions obligea le gouverneur de la ville, Annibal Grimaldi, à capituler en offrant 8000 écus au duc de Guise. Après ce siége, l'histoire militaire de Nice, pendant la plus longue moitié du XVIIe siècle, se réduit à quelques faits peu considérables : une invasion rapide des Algériens en 1623; une attaque infructueuse faite par les Français en 1626, et quelques escarmouches livrées par le duc de Guise dans les plaines avoisinantes en 1629. Par contre, l'histoire commerciale de cette époque est des plus importantes : un édit de Charles-Emmanuel ouvrit, en 1626, les ports du comté à toutes les nations du monde, et y proclama la liberté illimitée des échanges. « On n'était jamais allé aussi loin dans la voie de la suppression des entraves commerciales. Tous les droits, excepté celui de *transit*[1], furent abolis, même celui des gabelles. A Nice et à Villefranche, le négociant ne pouvait plus être recherché pour dettes consacrées à l'étranger; il y trouvait, à des prix modiques, de commodes et vastes magasins pour ses entrepôts, des courtiers sévèrement surveillés et des comptoirs pour faciliter les ventes et les achats, une caisse d'emprunt à 6 pour 100, dans un temps où l'intérêt n'avait

---

1. Droit que les navires acquittaient pour aider à l'entretien d'une flotte de défense contre les Barbaresques.

ni règle ni mesure, une caisse d'assurances, un tarif des monnaies, une taxe pour toute espèce de transports, une poste allant deux fois par semaine de Nice à Turin, enfin une nouvelle magistrature, sous le nom de consulat de mer, pour la décision de tous les cas litigieux. Ces grandes mesures firent, pendant deux siècles, la fortune, non-seulement du comté de Nice, mais aussi du Piémont [1]. »

Les nobles voulurent profiter de la richesse qu'apportaient dans le pays la paix et le commerce; ils briguèrent l'honneur d'être bourgeois, c'est-à-dire de se faire marchands sans déroger, et une ordonnance de 1627 déclara qu'on pouvait acquérir des titres et des priviléges tout en se livrant au trafic des denrées, aux affaires de banque, au défrichement des terres. Grâce à ce puissant dérivatif donné à l'ambition des nobles, Nice put maintenir longtemps son autonomie républicaine et résister avec énergie aux prétentions des ducs de Savoie, lorsqu'ils essayèrent de retirer les priviléges qu'ils avaient accordés et garantis. Malheureusement les Niçois, comprenant mal la liberté commerciale, voulaient en réserver les avantages pour eux seuls. En 1672, ils déclarèrent la guerre aux Génois, parce que ceux-ci traçaient une route d'Oneglia vers les plaines du Piémont, et menaçaient ainsi le monopole des transports que Nice s'était arrogé. Les troupes de Nice, partout vaincues, durent battre en retraite et se réfugier jusque sous les murs de Sospel.

Le rêve de la monarchie universelle, qui avait produit la sanglante rivalité de Charles-Quint et de François Ier, emplissait aussi la tête de Louis XIV, et le poussait à des guerres continuelles. Nice ne pouvait échapper au désastre: en 1691, Catinat, soutenu par la flotte du comte d'Estrées, vint mettre le siége devant ses murs. A peine investis, les forts de Villefranche, de Montalban, de Saint-Hospice, se

---

1. *Histoire de Nice*, par M. Fervel.

rendirent. La ville elle-même ne tint pas longtemps ; mais la garnison du château, commandée par le comte de Frussasco, se défendit à outrance. Catinat, habilement secondé par un ingénieur qui était natif de Nice, établit ses batteries aux mêmes endroits où Barberousse avait dressé les siennes un siècle et demi auparavant, et foudroya la forteresse. Averti par un déserteur, il dirigea le feu de ses bombes sur la grande poudrière qui se trouvait au-dessous du donjon, et tout à coup une terrible explosion, qu'on entendit à trente lieues de distance, renversa les tours, les murailles, l'arsenal, lança dans les airs 500 hommes de la garnison, en mutila 400, et envoya rouler des canons de rempart jusque dans la mer. Malgré ce terrible événement, les défenseurs laissés debout continuèrent leur défense héroïque ; mais trois jours après la première explosion, une autre poudrière sauta, et les débris de la garnison, composés de 800 hommes blessés ou malades pour la plupart, durent abandonner les ruines fumantes de la forteresse.

En 1696, le traité de Turin rendit Nice à la Savoie, et, dès l'année suivante, on travaillait à relever les murailles du château démantelé. Mais le pays ravagé put à peine jouir de quelques années de paix pour se préparer à de nouveaux désastres. En mars 1705, le duc de la Feuillade passe le Var à la tête de plus de 20 000 hommes, et les routes de Gênes, de Turin, sont aussitôt couvertes de fugitifs qui veulent échapper aux horreurs de l'invasion. Les forts de Villefranche, de Montalban et de Saint-Hospice, capitulent à la première attaque, et les canons des Français sont tournés contre la ville. Le bombardement fut terrible et l'effroi général n'eut bientôt plus de bornes. Les maisons furent abandonnées, et tous les habitants cherchèrent un refuge dans les caves. En vain une députation supplia le duc de la Feuillade de laisser sortir les femmes et les enfants ; en vain on conjura le marquis de Caraglio, gouverneur de la ville, de se retirer dans le château; les religieuses des diverses communautés, la corde au cou et criant miséricorde, se rendirent en procession auprès du marquis, pour le supplier d'abandonner la ville : il ne les écouta pas. Ce ne fut qu'après un mois de siége qu'il se renferma dans le château en rasant préalablement les constructions qui entouraient la citadelle. Grâce au départ du duc de la Feuillade et d'une forte partie de l'armée assiégeante, il se maintint plus de six mois dans le château sans être inquiété; mais, pendant cette trêve, les seuls habitants de Nice furent de malheureux faméliques, errant au milieu des décombres. A la fin d'octobre, le duc de Berwick arriva devant la cité avec une nouvelle armée, et, le 6 janvier 1706, la garnison, réduite des deux tiers par les projectiles et les maladies, se rendit comme prisonnière de guerre. La place avait reçu 60 000 boulets et 6000 bombes.

La citadelle de Nice fut rasée jusqu'au sol, et les remparts de la ville furent complétement démolis. Berwick conserva seulement les forts de Villefranche, de Montalban et de Saint-Hospice, malgré les protestations des Niçois, auxquels la destruction du château devait pourtant épargner désormais d'horribles siéges, semblables à ceux qu'ils avaient subis. Toutefois, cette destruction ne devait pas les soustraire aux invasions des armées ennemies qui conquéraient et perdaient tour à tour les défilés de la Corniche et l'embouchure du Var. En 1707, les troupes austro-sardes, commandées par le prince Eugène et par le duc Victor-Amédée II, entraient triomphalement dans Nice, tandis que les Français repassaient le Var. Quelques mois après, les Impériaux, chassés de Provence, traversaient de nouveau Nice comme un torrent, laissant derrière eux leurs morts, leurs blessés, leurs traînards, leur artillerie, et, dans l'effroi de la déroute, ils ne se croyaient en sûreté qu'après avoir mis l'épaisseur de la grande chaîne de Tende entre eux et la petite armée française qui les poursuivait. La ville et le comté de Nice ne cessèrent d'être occupés par les Provençaux qu'en vertu du traité d'Utrecht, en l'année 1713.

A la faveur de la longue paix qui suivit, Victor-Amédée, devenu roi, ne craignit pas d'attenter aux libertés de Nice et aux clauses du traité de 1388, en établissant un impôt territorial et en internant les consuls qui défendaient les droits de leur cité. Mais, si la tranquillité générale permit au monarque de priver le comté de Nice de son autonomie pour le transformer graduellement en une simple province de son royaume de Sardaigne, cette même tranquillité contribua aussi grandement à développer le commerce et l'industrie dans ce malheureux pays, si longtemps dévasté par la guerre. Des fabriques de savon, des tanneries, des filatures de soie s'élevèrent dans les faubourgs de Nice. Une ville neuve fut bâtie quartier par quartier sur les bords du Paillon ; de nouveaux édifices, palais, casernes, églises, entrepôts, remplacèrent d'anciennes constructions délabrées ; enfin les décombres, les remparts furent enlevés, les fossés furent comblés et la ceinture d'orangers qui entourait la ville s'élargit de tout l'espace conquis sur les amas de pierres et les broussailles. En 1735, une peste, qui fit 3000 victimes, interrompit la prospérité de Nice.

Une nouvelle guerre à laquelle, entre toutes, on devait donner le nom d'horrible, allait prochainement éclater sur le comté de Nice. Les six derniers mois de 1742 et l'année suivante se passèrent à Nice en préparatifs de défense, sur la rive droite du Var en préparatifs d'attaque. Une flotte anglaise de 14 vaisseaux de ligne gardait Villefranche et la place de Nice; une armée de 10 000 hommes campait au nord de la ville dans le bassin de l'Ariane. Mais, en 1744, dès que l'armée franco-espagnole, forte de 60 000 hommes, eut franchi le Var, les Piémontais se hâtèrent d'évacuer Nice et de se retrancher derrière une double ligne de fortifications qui défendait tous les passages des Alpes depuis l'Authion et le plateau des Mille-Fourches jusqu'au promontoire de Montboron. Les Français, commandés par le prince de Conti, et les Espagnols, sous les ordres du prince don Philippe, auquel on avait donné pour mentor le capitaine général Las Minas, occupèrent aussitôt la ville et s'emparèrent du col de Braus, afin de pouvoir prendre à revers le camp retranché de Montalban.

L'attaque commença dans la nuit du 19 avril, par une ridicule escarmouche dans laquelle quelques bourgeois de Nice, retranchés derrière une bicoque, tinrent en échec toute l'armée anglo-espagnole; mais au point du jour l'engagement devint plus sérieux. Deux fois les alliés pénétrèrent dans les redoutes, deux fois ils furent repoussés, et, vers dix heures du matin, lorsque les assaillants battirent en retraite, chaque parti laissait sur le terrain près de cinq mille morts ou blessés. Néanmoins l'attaque devait recommencer, quand on apprit que les lignes étaient complétement évacuées, et que la flotte anglaise avait transporté les troupes piémontaises à Oneglia. Le comté de Nice était reconquis par les Français, et la capitale payait 750 000 livres de contribution de guerre.

L'occupation de Nice ne dura que deux années. En octobre 1746, les Français et les Espagnols, que les Austro-Sardes suivaient à la course, abandonnaient précipitamment la ville et franchissaient le Var. Ce fut alors au tour des Impériaux d'envahir la Provence; mais cette invasion eut le même sort que les précédentes : l'armée vint se heurter inutilement contre les remparts de Toulon, et, le 12 avril 1747, elle rentrait, humiliée et amoindrie, dans le comté de Nice. A leur suite venaient les Français; comme si les mouvements des armées ennemies eussent obéi à une loi d'oscillations rhythmiques, Nice était occupée de nouveau, et de nouveau les forts de Montalban et de Villefranche s'empressaient de capituler. Enfin la paix d'Aix-la-Chapelle fut signée, et les alliés franco-espagnols furent obligés encore une fois de rentrer sur le territoire français.

Aussitôt la paix conclue, la ville de Nice reprit le cours de ses prospérités, et ne cessa de grandir en importance et en richesse jusqu'à la fin du XVIIIe siècle. Le trafic s'accrut d'une manière considérable, grâce aux priviléges du port franc et au traité de commerce conclu avec Marseille. La surface des bassins fut augmentée de moitié par la construction d'un môle; des quartiers nouveaux s'élevèrent, sur les bords du Paillon, autour de la place Victor, dans le faubourg de la Croix-de-Marbre; une compagnie fit construire les deux terrasses qui séparent le Cours du bord de la mer; la municipalité fit tailler dans le roc vif le beau quai des Ponchettes ou de *Raouba-Capeou* qui contourne au sud le rocher du Château et relie directement la ville au port de Limpia; les rues furent pavées et assainies; les marais qui bordaient l'embouchure du Var furent en partie desséchés et transformés en campagnes d'une admirable fertilité; enfin de riches Anglais, attirés par le beau climat de Nice, vinrent s'y établir en colonie; en 1787, on comptait dans la ville quatre-vingt-cinq familles de la Grande-Bretagne. Mais, si la prospérité matérielle de Nice croissait à vue d'œil, en revanche, ses libertés étaient supprimées les unes après les autres par le pouvoir royal; en 1775, un coup d'État détruisit brutalement tout ce qui restait des anciennes franchises communales. Ainsi disparut cet ancien municipe démocratique qui s'était donné à la maison de Savoie et qui avait tant souffert pour lui être resté fidèle.

En 1792, la République française déclara la guerre à l'empereur d'Allemagne et au roi de Piémont. Les émigrés étaient nombreux à Nice, et ceux d'entre eux qui portaient l'épée s'étaient organisés en bataillon militaire pour servir d'avant-garde aux Impériaux. Une armée de 10 000 Sardes occupait le littoral du comté. Mais tous ces préparatifs de résistance devaient aboutir à une panique des plus étranges. Un soir, on entend dire que les Français marchent en avant. Ce fut une terreur générale : « Les maisons se ferment ; chacun se hâte de réunir ou de cacher ce qu'il a de plus précieux, et les trois quarts de la population aisée, nobles, bourgeois, prêtres, magistrats, maîtres et serviteurs, et les émigrés, tout à l'heure si arrogants, se précipitent pêle-mêle sur la route de Turin, qui s'encombre de piétons, de voitures, de mulets et d'équipages. L'approche de la nuit ne fait qu'augmenter la confusion[1]. » Les troupes piémontaises elles-mêmes, gagnées par la terreur générale, croient avoir l'ennemi à leurs trousses et s'enfuient en jetant leurs armes et aux cris de sauve qui peut! Ils ne s'arrêtent qu'au col de Braus ; mais le lendemain ils continuent leur retraite jusque sous le canon du fort de Saorge. Pendant ce temps, la populace de Nice pille les maisons abandonnées. A la nouvelle de ces événements étranges, que viennent lui annoncer les membres du conseil de Nice en implorant son intervention, Anselme, général des troupes républicaines, franchit aussitôt le Var, occupe avec 5000 hommes et 6 pièces de campagne la ville de Nice et les forts voisins, tandis que le comté demandait et obtenait sa réunion au territoire français. Le prestige de la République avait suffi pour débander une armée et conquérir un nouveau département à la France.

Pendant les années qui suivirent, la guerre ne cessa de sévir entre les détachements français et les montagnards ou *barbets* qui étaient restés attachés avec ferveur à la religion catholique et professaient une haine traditionnelle contre les Provençaux et les Français. Des corps de troupes, se dirigeant vers Gênes et d'autres parties de l'Italie, traversaient Nice et suivaient la route du littoral. Masséna, Kellerman, Schérer, Augereau, Serrurier, Suchet, y passèrent tour à tour. Lors

---

1. *Histoire de Nice*, par M. Fervel.

de la chute de Robespierre, le général Bonaparte était à Nice. Accusé d'appartenir au parti des terroristes vaincus, il fut consigné dans son logement sous la surveillance de deux gendarmes, puis transféré au fort d'Antibes ; le représentant Laporte leva les arrêts quinze jours après.

En 1800, les Français furent obligés d'évacuer le département des Alpes-Maritimes, en laissant après eux un terrible typhus qui coûta la vie à plusieurs milliers d'habitants. Le général Mélas fit son entrée dans Nice, où il rétablit l'ancien ordre de choses ; mais, après avoir essayé vainement de forcer le passage du Var, il fut rappelé en toute hâte vers Turin, et battit en retraite, poursuivi par Suchet. Depuis cette époque jusqu'en 1814, la possession des Alpes-Maritimes ne fut plus disputée à la France ; toutefois le blocus continental, l'inscription maritime et la conscription militaire, le séjour de la reine d'Étrurie, internée à Nice, y rendirent le gouvernement impérial très-peu populaire, et ce fut avec une explosion de joie que les Niçois acclamèrent, en 1814, leur nouvelle annexion aux États sardes. Par suite d'un traité conclu (24 mars 1860) entre la France et la Sardaigne, après la dernière guerre d'Italie, le comté de Nice fait de nouveau partie du territoire français, ainsi que le duché de Savoie.

Depuis 1815, la prospérité de Nice n'a cessé de s'accroître, grâce aux étrangers de tous les pays, Anglais, Allemands, Russes, Américains, qui viennent y passer l'hiver. La ville, devenue un rendez-vous des nations, a pris un caractère tout cosmopolite, et les indigènes eux-mêmes ont perdu ce patriotisme local qui, pendant les grands jours de leur histoire, leur fit accomplir tant d'actions héroïques. En tout cas, et quelle que soit la raison de ce changement à vue, on peut s'étonner qu'il ait suffi d'un déplacement de frontières pour faire disparaître des rues et des maisons de Nice toute inscription, toute phrase italiennes : on voit plus d'enseignes rédigées en allemand et en anglais qu'on n'en voit d'écrites dans l'ancienne langue officielle du pays, parlée encore par une partie de la population. Quant à l'importance matérielle de Nice, elle augmente chaque année et surtout depuis l'annexion ; de nouveaux quartiers, des monuments publics s'élèvent, des travaux d'utilité générale s'accomplissent ; on discute des projets immenses qui se réaliseront peut-être. Un chemin de fer réunit la ville de Nice à la France ; bientôt un autre tronçon de la grande voie ferrée du littoral méditerranéen la reliera à Gênes, à Florence, à Naples. La population du chef-lieu des Alpes-Maritimes, qui était de 20 000 habitants en 1802, dépasse aujourd'hui 50 000 âmes.

Nice a vu naître le peintre Carl Vanloo, fils d'un charpentier hollandais ; Ludovico Brea, autre peintre, qui fut le chef de l'école génoise au seizième siècle ; son fils, Francesco Brea ; le savant naturaliste Antoine Risso ; l'économiste Blanqui ; le maréchal Masséna et Garibaldi, le grand héros des temps modernes.

La ville, ses monuments et ses promenades.

Les vieux quartiers de Nice, qui forment à la base occidentale du rocher du Château une espèce de long triangle, limité, au sud, par la promenade du Cours, et à l'ouest par le lit pierreux du Paillon, ont presque entièrement gardé leur aspect d'autrefois. Comme dans toutes les antiques cités du littoral, quelques rues sales et tortueuses escaladent de degré en degré les premiers escarpements de la colline ; d'autres rues, plus régulières, plus propres et pavées en larges dalles, se développent en pentes assez douces ; mais elles sont pour la plupart très-étroites et les voitures s'y engagent rarement.

À l'extrémité septentrionale de la vieille ville se trouve une place carrée qu'entourent de grandes maisons à arcades, construites dans le même style d'architecture que celles de Turin, et badigeonnées de peintures qui simulent des colonnes, des bas-reliefs et d'autres ornements. Cette place, dont le nom a toujours changé en même temps que le régime politique de la ville, et qui s'appelle aujourd'hui place Napoléon, est la plus vaste de Nice : c'est l'ancien *campus Martius* (Cammas) des Romains. Là viennent se joindre trois des principales artères : le boulevard de Pont-Vieux, dont les allées ombragées de platanes longent la rive gauche du Paillon; la rue Ségurane, qui suit la base orientale de l'abrupte colline du Château et gagne le port de Limpia; enfin l'interminable rue Victor, qui se dirige parallèlement au cours du Paillon, projette à l'est la route de Gênes et se continue par la route de Turin.

Le quartier qu'on pourrait appeler la ville du xviiie siècle, parce qu'il a été en grande partie construit à cette époque, occupe, au sud et à l'ouest de la vieille ville, l'extrémité de la péninsule allongée qui s'étend entre le Paillon et la grève marine. Une ceinture de boulevards, protégeant cette partie de Nice contre les assauts de la mer et les affouillements du torrent, s'élargit à la pointe extrême de la presqu'île pour former là place moderne des Phocéens. Trois autres places de petites dimensions embellissent aussi ce quartier, et de larges rues le partagent en massifs réguliers. Une de ces rues, qui commence à la place des Phocéens et se prolonge sur une distance de 300 mètres, parallèlement à la mer, est la plus belle de Nice : c'est la rue de Saint-François de Paule. Au delà du théâtre, elle s'élargit encore et se continue à l'est sous le nom de Promenade du **Cours**. Une triple rangée d'ormeaux centenaires ombrage cette promenade, qui était, il y a peu d'années, la seule de Nice et qui est encore la plus animée. Le Cours occupe l'emplacement de l'arsenal et des chantiers de construction que Charles d'Anjou avait fondés en 1250. Vers le milieu de la promenade, à l'endroit où s'ouvre aujourd'hui la Porte Marine, s'élevait jadis une statue grossièrement taillée, représentant la Ségurane ou *Maufaccia*, cette femme courageuse qui, pendant le siège de 1543, avait enlevé un drapeau aux Turcs. C'est au Cours que pendant le carnaval les batailles à coups de *confetti* se livrent avec le plus d'acharnement.

Le Cours est séparé de la grève par deux rangées de maisons très-basses, au-dessus desquelles règnent deux **terrasses** bitumées de 250 mètres de longueur, servant de promenades et commandant une vue admirable sur la baie et sur les monts de l'Esterel et des Maures. Ces terrasses, qu'on a mis près d'un siècle à construire, ont été longtemps considérées comme la merveille de Nice, et les promeneurs s'y rendaient

Nice. — Boulevard du Midi et Ponchettes.

chaque soir en foule pour y jouir de la brise, de l'aspect de la mer et du bruit régulier des vagues; mais telle est l'influence de la mode, que maintenant les terrasses sont relativement délaissées, et l'on parle même de les abattre pour les remplacer par une espèce de *square* imité de ceux de Paris. De même, le quartier des Ponchettes, qui se prolonge à l'est des terrasses, entre la grève marine et le rocher du Château, est assez méprisé par les étrangers qui se piquent d'élégance; cependant, c'est incontestablement la partie de Nice la plus pittoresque. Là se termine brusquement la grève uniforme et s'élève une abrupte falaise à la base percée de grottes ; entre la falaise et la grève, s'arrondit une petite crique dans laquelle viennent s'engouffrer les flots du large ; des barques sont éparses sur le bord ; une hutte de branchages se tapit dans l'anfractuosité du rocher ; çà et là des filets sont suspendus en guirlandes. Au-dessus de ce petit réduit, habité par les pêcheurs, se dressent les escarpements à pic que couronne l'énorme tour Bellanda.

Le **Paillon**, dont le lit tortueux sépare de la ville moderne les deux villes du moyen âge et du dix-huitième siècle, est actuellement traversé par deux ponts de pierre. Le Pont-Neuf, qui date de 1825, fait communiquer les deux places Charles-Albert et Masséna. Le Pont-Vieux, construit en 1531, à la place de l'ancien pont Saint-Antoine, franchit le Paillon à un demi-kilomètre plus haut. Il porta d'abord le nom de Pont-Sacré, parce que l'évêque avait accordé des indulgences à tous les ouvriers, dans l'intention de les exciter au travail. A 400 mètres au nord, une passerelle en bois, qui sera tôt ou tard remplacée par un pont de pierre, réunit la place Napoléon au quai de la place d'Armes. Enfin, on s'occupe de construire un quatrième pont près de l'embouchure même du Paillon, entre le boulevard du Midi et la promenade des Anglais ; ces deux quais, aujourd'hui séparés l'un de l'autre, seront ainsi transformés en une magnifique avenue de 3 kilomètres de longueur.

Quatre ponts semblent un grand luxe pour un mince cours d'eau qu'on pourrait franchir le plus souvent au moyen d'une simple planche et qui parfois tarit complétement. En effet, le lit du Paillon n'est d'ordinaire qu'un fossé de 100 mètres de largeur, rempli de cailloux sur lesquels les blanchisseuses font sécher leur linge et mouillé de distance en distance par une eau bourbeuse. Les étrangers et les Niçois eux-mêmes se croient obligés de se moquer de ce torrent desséché ; mais, lorsque de fortes pluies s'abattent sur les montagnes environnantes, les pentes dénudées ne peuvent retenir les eaux, le moindre ravin se change en torrent, et toute la masse liquide s'engouffre à la fois dans le lit du Paillon, pour descendre en déluge sur la ville de Nice. En 1530, une crue soudaine emporta le pont Saint-Antoine, et depuis cette époque, les quartiers du nord ont été souvent inondés. Du reste, même lorsque le Paillon semble complétement à sec, une quantité d'eau considérable, qui s'est infiltrée dans le sol perméable, coule souterrainement et se fraye une issue directe jusqu'au fond de la mer.

La partie occidentale de la ville occupe un espace de 3 kilomètres de longueur sur la rive droite du Paillon et le bord de la Méditerranée. Au nord, ce quartier se réduit à une seule rangée de maisons, tournant leur façade vers le torrent. Un beau quai, commençant à la place d'Armes, non loin de la base des collines de Cimiès, longe la rive du Paillon jusqu'au Pont-Vieux; mais là il cesse d'être accessible aux voitures, et, sous le nom de quai Saint-Jean-Baptiste, ne forme plus qu'une corniche étroite et mal pavée. Immédiatement au sud des maisons délabrées qui dominent cette partie du quai et qui sont destinées à disparaître bientôt, s'élèvent les constructions régulières de la ville nouvelle. En face du Pont-Neuf, s'ouvre la place rectangulaire où l'on doit ériger prochainement une statue en bronze de Masséna, et qui, dans un avenir prochain, sera certainement la plus animée de Nice. C'est là que se réunissent le boulevard du chemin de fer et les plus importantes des nouvelles avenues, ouvertes déjà ou seulement projetées; c'est là aussi qu'aboutit, par les deux issues de la rue Masséna et du quai Masséna, la route de France, qui vient de traverser dans toute sa longueur le faubourg de la Croix-de-Marbre. Ce faubourg est ainsi nommé d'une croix qui s'élève dans un angle de la rue, à un demi-kilomètre environ de la place Masséna, et qui rappelle l'entrevue de Charles-Quint, de François Ier et de Paul III, en

1538. Abattue en 1796, la croix commémorative fut replacée en 1819. En face, de l'autre côté de la rue, se trouve une colonne d'ordre étrusque, en marbre blanc, élevée en 1823, pour témoigner du zèle religieux dont firent preuve les Niçois lors du double passage de Pie VII, en 1809 et en 1814. D'ailleurs les deux monuments n'offrent rien de remarquable ni par leur architecture, ni par leurs inscriptions latines.

La pointe que forment la rive droite du Paillon et le bord de la Méditerranée est occupée par les allées et les beaux massifs d'arbustes du **Jardin Public**. Cette promenade, au centre de laquelle s'élève un palmier planté en l'honneur de l'annexion, est chaque soir le rendez-vous de la foule élégante, surtout le jeudi et le dimanche, quand la musique militaire se fait entendre. Dans la partie du jardin la plus rapprochée du Paillon, on remarque un myrte colossal récemment transplanté. Des hôtels, aux façades monumentales et régulières, entourent le jardin à l'ouest et au nord. Sur la porte de l'un de ces hôtels, le n° 15 du quai Masséna, on lit une inscription aussi simple qu'éloquente : *Alphonse Karr, jardinier*.

A l'extrémité méridionale du jardin commence la belle **promenade des Anglais**, ainsi appelée, parce que, dans l'intention de donner du travail aux nécessiteux, la colonie britannique de Nice en fit ouvrir une partie pendant les hivers de 1822, de 1823 et de 1824. Des maisons d'une architecture élégante se construisent sur le quai, complétant ainsi la magnifique perspective qu'offraient déjà les beaux hôtels du Jardin Public, vus du boulevard du Midi. La promenade des Anglais longe le bord de la Méditerranée sur une longueur de 2 kilomètres, de l'embouchure du Paillon à celle du Magnan. Elle a plus de 26 mètres de largeur.

Aux quartiers d'aspect si différent qui constituent la ville, s'ajoute encore un faubourg, dont bien des étrangers, passant rapidement à Nice, n'ont pas même soupçonné l'existence. Ce faubourg est celui du port, et n'est guère habité que par des marins et des douaniers. Situé à la base orientale du rocher du Château, il forme comme une ville à part et n'est réuni directement aux autres quartiers de Nice que par la rue Ségurane, aboutissant à la place Napoléon, et par le chemin des Ponchettes, taillé sur le bord de la mer dans la roche vive du promontoire. Ce chemin, ouvert en 1770, est le plus pittoresque de Nice. Simple corniche suspendue au-dessus des flots, il commande un admirable panorama de la ville, de la mer, des montagnes lointaines, et nulle part on ne peut mieux contempler la lutte éternelle des écueils et des vagues. Néanmoins cette belle promenade est assez peu fréquentée, soit parce qu'elle est trop éloignée du centre de la ville, soit parce que les promeneurs craignent d'y être exposés à cette brise violente qui a fait donner au cap le nom de *Raouba-Capeou* (enlève-chapeau), soit encore parce que le chemin est mal entretenu et que l'une des falaises avancées est occupée par une poudrière. A l'extrémité orientale de la promenade s'élève une *statue* de marbre blanc, qui représente le roi Charles-Félix rendant à Nice la franchise du commerce. Cette statue, érigée en 1826 aux frais des négociants, est une œuvre parfaitement ridicule, et, plutôt que de perdre son temps à la regarder, l'étranger fera bien de contempler le charmant tableau de marine formé par les falaises du cap, la plage sablonneuse du môle et un grand rocher qui surgit, en guise de tour, du milieu d'un flot d'écume.

Sur la plage, qui s'étend à l'est du port, une ou deux rangées de maisons, l'hôtel Royal et plusieurs villas éparses forment le quartier connu sous le nom du Lazaret, à cause d'un ancien établissement de ce genre dont il reste encore quelques ruines. C'est là que les Niçois viennent de préférence prendre des bains de mer pendant la saison d'été. Un nouveau boulevard, qui sera un jour l'un des plus beaux de la cité grandissante, longe le bord de la Méditerranée et va finir à la base des roches escarpées de Montboron, couronnées de maisons de plaisance. En cet endroit les falaises pittoresques sont percées de nombreuses cavernes. Les unes s'ouvrent au niveau même des flots marins, qui s'y engouffrent en grondant; les autres, également creusées par les vagues, ont été depuis de longs siècles soulevées à une certaine hauteur au-dessus de la mer par le gonflement de l'épiderme terrestre. Une de ces grottes, située à 28 mètres d'élévation sur le flanc du rocher, a dû servir autrefois de tanière à des bêtes sauvages, puis de demeure à des hommes, car on y a trouvé de nombreux fossiles et divers débris de l'âge de bronze. Aujourd'hui elle est remplie de barriques de vin; elle a 37 mètres de long sur 15 mètres de large. Pour la visiter, il faut s'adresser au fermier de la villa Lefèvre.

La principale curiosité de Nice est sans contredit le monticule rocheux auquel on donne encore le nom de **Château**, bien qu'il reste à peine quelques traces de la formidable citadelle qui fut jadis le boulevard de l'Italie; ce pittoresque rocher, entouré d'une ceinture de maisons, contribue singulièrement à la beauté de la ville. Ces pentes escarpées, ces précipices, ces fleurs sauvages qui croissent dans les anfractuosités, ces massifs d'arbres, tout semble être encore la libre nature, gardant encore sa splendeur première au centre même d'une cité. Malheureusement, le jardin du Château, dessiné en 1822, se trouve dans un triste état d'abandon. La vente des légumes et des plantes doit subvenir aux frais d'entretien. Tandis que la municipalité de Nice fait de grands efforts pour embellir certains quartiers qui se distinguent seulement par une massive et vulgaire architecture, elle délaisse cette admirable promenade, qui pourrait à peu de frais devenir un jardin unique dans le monde.

Trois chemins mènent au rocher du Château. Le plus court pour les habitants des beaux quartiers est la rue du Château, qui commence dans la vieille ville et gravit directement la pente occidentale de la colline, en laissant à gauche l'enclos du cimetière. Toutefois, on monte d'ordinaire au Château soit par l'avenue Éberlé, qui a son origine près de la place Napoléon, soit par l'avenue Montfort, dont la rampe commence sur la place Bellevue, derrière la statue de Charles-Félix. Des aloès, des cactus, des agaves américaines bordent les allées sinueuses qui ont remplacé les anciens remparts; çà et là s'élèvent quelques dattiers et des palmiers *chamærops;* mais, si belles qu'elles soient, ces plantes exotiques n'apparaissent plus que comme de simples détails du paysage, quand on se trouve sur la plate-forme qui couronne le monticule et d'où l'on voit la nappe de la mer s'étendre à 96 mètres plus bas. De cet observatoire on contemple un panorama d'une indescriptible beauté. A ses pieds on voit s'étaler en un vaste cercle toute la ville de Nice; autour se développe une autre ceinture, celle des jardins et des vergers; au delà se redressent les collines et plus haut s'arrondit le triple amphithéâtre des montagnes. Il serait à désirer qu'on installât sur la plate-forme une table de marbre où fussent indiquées les directions des maisons de plaisance, des villages et des montagnes qu'on aperçoit dans l'immense horizon; en consultant cette table, l'étranger pourrait s'orienter facilement.

La grosse tour ronde qui s'élève au sud de la plate-forme, immédiatement au-dessus de la crique des Ponchettes, est la *tour Bellanda,* cette même tour qui, d'après la tradition, aurait été bâtie pendant le cours du ve siècle et qui aurait même donné son nom à la ville de Charlemagne. En 1538, les Niçois y mirent en sûreté le jeune Emmanuel-Philibert et firent bonne garde de peur que le pape ou Charles-Quint ne tentassent un coup de main pour s'emparer de la forteresse. Aujourd'hui la tour Bellanda, appelée aussi tour Clérissy, appartient à un particulier, qui en a fait un belvédère. Le puits de 50 mètres de profondeur, que l'ingénieur Bergante avait creusé, en 1517, dans le roc vif, a été comblé en 1706, puis déblayé pendant la Révolution par les soldats républicains. On l'a fait « voûter en 1830 pour cause d'infanticides[1]. »

Les **édifices publics** de Nice n'offrent rien de remarquable comme architecture. L'église de Sainte-Réparate, située dans la vieille ville, a été bâtie en 1650 en remplacement de l'ancienne cathédrale qu'on avait fait raser au commencement du XVIe siècle pour étendre les fortifications du château ; c'est un grand corps de bâtiment décoré à l'intérieur avec une profusion de mauvais goût. Un grand nombre d'autres églises, oratoires et chapelles s'élèvent dans les divers quartiers ; mais tous ces édifices religieux sont surchargés de lourds ornements dorés rappelant le style espagnol. Les tableaux de quelque valeur sont rares dans les églises de Nice ; cependant on remarque à Saint-François de Paule (même rue) la *Communion de saint Benoît*, tableau attribué à Carl Vanloo ; dans l'oratoire de la Miséricorde, sur le Cours, un diptyque du XIVe siècle, signé Johannes Miratheti ; dans l'église de la Croix, au centre de la vieille ville, une tête du Père éternel, que l'on dit être de Vanloo ; dans la chapelle du Saint-Sépulcre, sur la place Napoléon, un tableau du même maître. Enfin, dans l'église du Vœu, située au milieu d'une place sur la rive droite du Paillon, on voit une belle toile allégorique de M. Hauser, représentant l'ange de la mort passant au-dessus de Nice sans frapper. L'église elle-même a été bâtie en 1835 pour remplir un vœu qu'avaient fait les consuls d'élever un temple à la Vierge si le choléra ne sévissait point. Le fronton de cette église porte une singulière inscription latine : *Gratiarum matri*. A la mère des Grâces !

Depuis que la tolérance religieuse est inscrite dans la loi, c'est-à-dire depuis 1848, un temple vaudois d'une architecture assez élégante s'est élevé dans la nouvelle ville, tout près

---

1. M. Émile Négrin, *les Promenades de Nice*.

de la place Masséna. Les anglicans, les catholiques grecs et les israélites ont aussi leurs temples dans cette ville où récemment toute profession de foi en désaccord avec l'orthodoxie romaine était un crime. En 1510, lorsque Martin Luther était encore catholique fervent, il prêcha dans l'église du couvent de Saint-Augustin, située à la base septentrionale du Château.

L'*hôtel de ville*, qui occupe un des côtés de la petite place de Saint-François, au nord de la vieille ville, est un édifice d'un style bizarre, dégradé à l'extérieur et très-mal distribué à l'intérieur. Il importe, pour la dignité même de la ville, que ce prétendu « palais » soit promptement réparé ou reconstruit et réponde par son architecture à l'importance de la cité dont il est le centre. Quant au *palais de la préfecture*, situé non loin du Cours, sur la place du Gouvernement, il a été récemment restauré et la cour d'entrée a été transformée en un charmant jardin : c'est une construction massive et sans beauté.

Parmi les autres monuments publics, il suffira de citer le théâtre Italien et le Tribunal, le premier dans la rue Saint-François de Paule, l'autre, à l'extrémité orientale du Cours. Non loin du Tribunal, dans la rue de la Préfecture, on voit quelques arcades adossées aux murailles noires de l'église Saint-Jacques. L'étroit espace compris entre ces arcades était autrefois réservé aux nobles, qui seuls avaient le droit d'y danser pendant le carnaval. Ce fait, qui ressort d'un règlement de police de 1614, « prouve, dit M. Émile Négrin, qu'à cette époque, à Nice, les nobles étaient peu nombreux ou les bals peu suivis. » Une autre curiosité de Nice est l'ancien *palais des Lascaris*, situé dans la rue Droite, au milieu de la vieille ville, et construit dans le style des grands palais génois, mais avec moins de splendeur : on y remarque de beaux plafonds du XVIIe siècle, peints par Carlone, l'auteur de la *Chute de Phaéton* qu'on admire au château de Cagnes.

Nice possède un grand nombre d'établissements hospitaliers, construits pour la plupart dans les faubourgs ou complétement en dehors de la ville. Le principal est l'*hôpital civil*, vaste construction à plusieurs ailes, située au nord de la ville, et non loin de la base du coteau de Cimiès. L'hôpital de la Croix, qui se trouve dans la rue Victor, a été ouvert en 1636 par la confrérie des pénitents blancs, et, de nos jours encore, il est administré par cette confrérie, composée presque uniquement d'ouvriers et de petits bourgeois. Les autres confréries, c'est-à-dire les pénitents noirs, les pénitents rouges et les pénitents bleus, ont aussi fondé divers établissements de bienfaisance. Presque tous les Niçois appartiennent à l'une de ces confréries qui sont à la fois des associations religieuses et des sociétés de secours mutuels, et maintiennent encore leur organisation du moyen âge. La salle d'asile est un gracieux édifice moderne, situé au nord du château, à l'entrée de l'allée Éberlé.

Le *lycée*, qui occupe un espace considérable sur la rive droite du Paillon, en face du Pont-Vieux, a été fondé par les Jésuites au commencement du XVIIe siècle; il a été récemment agrandi. Les botanistes peuvent y visiter « le plus beau *melaleuca linearifolia* de l'Europe[1]. »

La *bibliothèque* publique, située tout près du théâtre, à l'extrémité occidentale du Cours, est très-riche en ouvrages de théologie provenant de diverses abbayes supprimées à la Révolution et des collections particulières d'un certain abbé Massa : elle renferme actuellement plus de 40 000 volumes et quelques inscriptions; on peut la visiter tous les jours, excepté le dimanche, de dix heures du matin à trois heures de l'après-midi.

Le **musée** d'histoire naturelle, ouvert aux mêmes heures que la bibliothèque, occupe une maison de la place Napoléon

---

1. Émile Négrin.

à côté de la poste et donne sur la rive même du Paillon. Cédé à la ville en 1846 par M. Vérany, qui en est le directeur, il s'enrichit assez rapidement et comprend aujourd'hui deux grandes salles remplies d'animaux empaillés (plus de 1800 oiseaux, dont 900 exotiques), de mollusques, de fossiles, d'échantillons de roches, de minéraux, de champignons. On dit que la collection de champignons, offerte par M. Barla, de Nice, est une des plus belles, sinon la plus belle de l'Europe.

Nice possède aussi une pépinière et un jardin botanique, situés près de l'hôpital civil; en outre, des spéculateurs privés ont fondé dans le faubourg de la Croix-de-Marbre un prétendu jardin zoologique, que nous citons pour mémoire. Les étrangers munis de lettres de recommandation pourront visiter diverses collections particulières : les antiquités de Cimiès recueillies par M. Guilloteau, rue Saint-Gaëtan; le cabinet de M. Méric, place Masséna, n° 4; l'herbier célèbre de M. Barla, place Napoléon, n° 6; la collection d'insectes et de reptiles appartenant à M. Bruyat, rue des Ponchettes, n° 15, etc. Nous recommanderons surtout la collection de géologie et d'histoire naturelle léguée par le savant Antoine Risso à son neveu M. J.-B. Risso et le plan géologique des Alpes-Maritimes, non compris l'arrondissement de Grasse, dressé par un habile botaniste et géologue, M. Gény. Ce plan, construit à l'échelle de 1 mètre pour 75 000 mètres d'étendue et de 3 centimètres pour 1000 mètres de hauteur, est un travail à la fois orographique et géologique des plus importants; tous ceux qui désirent parcourir les hautes vallées des Alpes le verront avec le plus grand intérêt. M. Gény, ainsi que M. Risso, demeure au nord-est de la ville, dans le quartier rural de Saint-Roch.

Parmi les curiosités de Nice, il nous reste à signaler deux maisons qui n'offrent en elles-mêmes rien de remarquable, mais que regardent avec intérêt les personnes qui, à tort ou à raison, ont le culte des souvenirs : l'une est le n° 21 du quai Saint-Jean-Baptiste, où naquit Masséna, le 6 mai 1758 ; l'autre, située sur le Port, quai Cassini, n° 4, a vu naître Garibaldi, le 4 juillet 1807.

Culture du sol. — Industrie et commerce.

« L'olivier, dit M. Roubaudi, forme la principale richesse de Nice et des pays environnants. » Malheureusement cette richesse est si précaire, elle est soumise à tant de hasards, qu'elle ressemble parfois à de la pauvreté.... Les années d'abondantes récoltes ne viennent qu'à de longs intervalles de cinq et six ans, et le prix de l'huile descend alors si bas, que les petits propriétaires peuvent à peine couvrir les dettes contractées pendant les années de stérilité.... Celui qui ne possède que des oliviers est toujours pauvre, dit le proverbe. L'espèce la plus communément répandue et la plus appréciée à cause de la qualité des olives et de l'excellent goût de l'huile, est l'espèce connue sous le nom de *noustral*, synonyme d'indigène. En outre les botanistes comptent un grand nombre de variétés et de sous-variétés ; mais toutes sont plus ou moins exposées aux ravages des insectes parasites qui se logent dans l'écorce, le bois, les feuilles ou les fruits. L'ennemi le plus redoutable de l'olivier est le ver appelé vulgairement *keïron*, du mot grec χείρων qui signifie rongeur.

Les engrais actifs sont absolument nécessaires à la prospérité des oliviers, et, parmi ces engrais, les meilleurs sont ceux de l'homme. Il ne faut donc pas s'étonner si les campagnards des environs de Nice, plus avisés que la plupart des paysans français, utilisent soigneusement toutes les matières excrémentitielles qu'ailleurs on a la déplorable habitude de laisser perdre, au grand détriment de l'agriculture et de la salubrité publique. L'usage qu'ont les cultivateurs chinois, de construire au coin de leur champ ou de leur jardin de petites maisonnettes à l'usage des passants, est également général dans les campagnes de Nice; de même dans la ville on conserve précieusement les immondices pour les vendre aux paysans des environs, soit au mois, soit à l'année. Çà et là des affiches placées en dehors des maisons donnent les renseignements nécessaires à cet égard. Inutile de dire que le bon sens pratique des Niçois les expose aux mauvaises plaisanteries des touristes. « Le prix ordinaire des excréments, dit M. Millin, est de 3 francs par an pour chaque personne; mais ce prix varie selon l'abondance et la qualité de la matière, que l'acquéreur examine et juge au goût et à l'odorat. Les déjections des protestants, qui font toujours gras, sont payées plus cher que celles des bons catholiques, qui font souvent maigre. Les fosses des Minimes n'étaient pas jugées dignes d'entrer dans ce commerce. »

Les figuiers, les amandiers, les mûriers, les caroubiers sont aussi cultivés dans les environs de Nice; mais après l'olivier c'est l'oranger qui livre au commerce les produits les plus importants. Très-nombreuses sont les variétés d'orangers qui croissent dans les jardins de Nice. Risso, dont le grand ouvrage[1] sur cette famille de plantes fait autorité dans la science, compte 180 variétés et sous-variétés de *citrus* cultivées dans les Alpes-Maritimes pour leurs fruits ou seulement par intérêt de curiosité. Elles sont ainsi réparties : 44 limoniers ou citronniers, 43 orangers, 31 bigaradiers, 31 cédratiers, 12 lumies, 8 limetiers, 6 pamplemousses, 5 bergamotiers. De toutes ces variétés, celle qu'on cultive le plus à Nice est l'oranger de Portugal, connu, de même que l'olivier commun, sous le nom vulgaire de *noustral*. Les fruits de cet oranger étant plus précoces que les autres et recouverts d'une écorce plus épaisse, on croit qu'ils se conservent mieux quand ils sont expédiés à l'étranger.

---

1. *Histoire naturelle des Orangers*, avec figures, 2 vol. in-4, Paris, 1818.

La vigne, disposée généralement en longues rangées alternant avec des arbres fruitiers ou des plates-bandes de légumes, occupe une grande partie du territoire de Nice. Les vins rouges et blancs les plus généreux de la contrée sont ceux qui proviennent des vignobles de Bellet, de Saint-Isidore, d'Aspremont, de Saint-Martin-du-Var, et de toute cette chaîne de collines nues et cailloutouses qui se prolonge parallèlement à la rive gauche du Var-Inférieur. « Le vin de Bellet, dit M. Roubaudi, peut soutenir la comparaison avec les vins les plus estimés; mais il en est de ce vin comme de ceux d'Alicante, de Malaga, de Bordeaux, de Champagne; l'espace de terrain qui produit cette excellente qualité de vin est très-limité, et chaque année il se consomme à Nice et à l'étranger mille fois plus de Bellet que le sol n'en pourrait annuellement produire. Aussi peut-on difficilement, à Nice même, s'en procurer de véritable, à moins de s'adresser aux propriétaires mêmes des vignobles.... Les vins de Nice contiennent en général beaucoup d'alcool; ils stimulent fortement l'estomac, désaltèrent très-peu et portent à la tête. Aussi doit-on les employer plutôt comme vins de dessert que comme vins ordinaires. »

Considérée dans son ensemble, l'agriculture de Nice est parfaite pour l'application des anciens procédés transmis de siècle en siècle par les Ligures, les Grecs et les Romains. Nulle part on ne sait mieux broyer la roche pour la transformer en terre végétale; nulle part on ne pratique avec plus d'intelligence l'art de retenir par des murailles le sol glissant sur les pentes inclinées des montagnes; nulle part on n'emploie d'une manière plus judicieuse les engrais pour faire prospérer individuellement tous les arbres cultivés; mais quant aux procédés nouveaux indiqués par la science moderne, les cultivateurs sont encore en retard. Récemment plusieurs citoyens de Nice se sont réunis pour fonder une société d'agriculture et d'acclimatation.

L'industrie proprement dite est peu considérable dans la ville de Nice ; mais elle se développe depuis quelques années, et plusieurs établissements ont déjà pris une véritable importance. Les principales fabriques sont les parfumeries et les distilleries, où l'on transforme en essences et en parfums de toute espèce les 30 000 kilogrammes de violettes et les 200 000 kilogrammes de fleurs d'oranger recueillis dans les jardins environnants, ainsi que le thym, la lavande, la gentiane, le sumac, récoltés sur les versants des montagnes. Dans cette branche d'industrie, Nice aspire à devenir une rivale sérieuse de Grasse, et grâce à la richesse de ses jardins, à son heureuse position commerciale, à ses nombreuses relations avec l'Angleterre et tout le reste de l'Europe, elle peut certainement réussir. La fabrique de parfums la plus importante de Nice est celle de MM. Warwick frères.

La fabrication des meubles est aussi une branche d'industrie niçoise. Pour tous ces objets élégants qui servent à l'ameublement ou à l'ornementation des salons, on emploie surtout le bois d'olivier, si remarquable par les contours bizarres et multipliés de ses lignes concentriques. Ce sont également des bois indigènes de nuances diverses qu'on utilise pour la marqueterie proprement dite. « L'oranger et le citronnier donnent le jaune ; le caroubier, le rouge foncé ; le jujubier, le rouge clair ; le houx, le blanc ; le figuier apprêté, le noir ; le chêne, le brun clair ; le noyer, le gris, etc.[1]. » L'atelier de tabletterie le plus connu est celui de M. Gimelle, sur la place Charles-Albert ; il date de 1823.

Nice possède aussi une usine à vapeur pour la préparation des fruits confits, une savonnerie, des tanneries, et une manufacture des tabacs. Cette fabrique est un grand édifice rouge situé en dehors de la ville, au nord de l'ancienne route de Villefranche ; plusieurs centaines d'ouvriers des deux sexes

M. Émile Négrin, *les Promenades de Nice*.

y trouvent une occupation. Les autres industries de Nice sont purement locales : il suffit de citer la pêche et l'exploitation des carrières. Malheureusement le rocher que les carriers de Nice ont choisi pour théâtre de leurs travaux est le rocher du Château; ils en attaquent l'extrémité du sud-est, qui est la partie la plus pittoresque, et chaque année la brèche s'élargit d'une manière effrayante. Il est grand temps que la municipalité intervienne pour mettre un terme à cette destruction graduelle du monticule qui constitue la principale beauté de la ville.

Le commerce de Nice, presque uniquement maritime, se borne à l'exportation des denrées agricoles du pays et à l'importation des marchandises nécessaires à la consommation locale. N'ayant pour zone de trafic que l'étroit littoral de la mer et le versant méridional des Alpes-Maritimes, Nice ne peut espérer d'être un jour une grande cité commerciale qu'à la condition d'être rattachée aux plaines du Piémont par un chemin de fer international. Cependant le voisinage de la frontière d'Italie, la voie ferrée du littoral méditerranéen et les diverses lignes de bateaux à vapeur dont le port de Nice est le point d'attache, ne peuvent manquer d'accroître dans de fortes proportions l'importance du trafic. En 1861, le mouvement du port de Nice, pour le commerce étranger, a été, à l'entrée, de 1125 navires jaugeant 63 335 tonneaux, et, à la sortie, de 1114 navires ayant ensemble 62 394 tonneaux de jauge. Total : 2239 navires et 125 729 tonneaux. Le principal commerce se fait avec l'Italie : il consiste surtout, pour l'exportation, en huiles d'olive et en fruits; pour l'importation, en vins, en fruits, en blé et en matériaux de construction.

L'ancien port de Nice, connu sous le nom de port Saint-Lambert, était cette anse gracieuse des Ponchettes que domine la tour Bellanda : il était protégé par deux môles. Vers le milieu du siècle dernier, on proposa de prolonger ce

[CHAP. 7] LE PORT DE NICE. 241

port jusqu'à l'embouchure du Paillon et de donner au torrent un nouveau lit, allant rejoindre la mer à l'endroit où se trouve aujourd'hui le port. Ce plan fut abandonné et l'on démolit l'ancien village du Lazaret pour creuser, entre le rocher du Château et le pied de la colline de Montboron, les deux bassins à flot qui existent actuellement; ils doivent leur nom de Limpia[1], qui semble peu mérité, à la pureté des eaux de source qui viennent se jeter dans le bassin septentrional.

Le port occupe une superficie de 4 à 5 hectares; il est

Port de Nice.

abrité de la manière la plus parfaite contre tous les vents dangereux et peut donner accès aux navires d'un tirant d'eau de 4 mètres. Malheureusement, l'ouverture étant sans cesse obstruée par les sables et le gravier, il faut maintenir dans le chenal des bateaux dragueurs occupés à nettoyer la passe. Deux môles d'un bel aspect séparent de la mer le bassin méridional. Le phare, qui s'élève à l'extrémité de la jetée du sud, porte un feu fixe à éclats rouges brillant de 30 secondes en 30 secondes et rayonnant jusqu'à 18 kilomètres en mer.

---

1. En espagnol, *limpia* signifie pure, limpide.

VILLES D'HIVER. 14

On ne l'allume pas lorsque le temps est assez mauvais pour empêcher les navires de donner dans la passe.

Au commencement du siècle, on parlait d'augmenter les dimensions du port et de le prolonger jusqu'à la place Napoléon. Ce plan, souvent modifié depuis, a été repris de nouveau.

Villas et jardins.

La plaine, les petites vallées, les collines qui entourent la cité de Nice sont parsemées de villas à plusieurs lieues à la ronde. Moins splendides que les châteaux et les palais de Cannes, les maisons de campagne niçoises sont en revanche beaucoup plus nombreuses; et, d'un point élevé, tel que le château de Nice, on ne voit autour de la ville que des bastides éparses, assez rapprochées en certains endroits pour former de véritables villages. Les rochers eux-mêmes sont couronnés de maisons de plaisance. A peine la nouvelle route de Villefranche était-elle terminée qu'elle s'égayait déjà de villas dans toute sa longueur et que les pentes nues se couvraient de verdure. De même, aussitôt que le chemin de fer de Nice à la frontière italienne sera inauguré, les ravins sauvages et les promontoires abrupts de Villefranche, d'Eza, du cap d'Aigl s'animeront de villas semblables à celles des environs immédiats de la cité.

La plupart des jardins de la campagne de Nice sont gracieusement ouverts au public et quelques formalités de politesse suffisent pour forcer les portes de ceux dont l'entrée n'est pas absolument libre. Les étrangers doivent d'autant plus se féliciter de l'hospitalité des propriétaires niçois que les sentiers sont presque partout encaissés entre de hautes murailles et qu'on pourrait se promener pendant des heures entières à travers la campagne sans voir autre chose que des pierres et du plâtras, sans respirer d'autre air que l'atmosphère poudreuse des chemins. Le contraste qui existe entre l'intérieur des jardins et les ruelles environnantes contribue peut-être à augmenter le sentiment d'admiration qu'éprouve le visiteur à son entrée dans une belle villa. Les kiosques élégants, les terrasses pavées de marbre, les pièces d'eau, les grands arbres, les massifs de fleurs, et, par-dessus tout, la vue soudaine de la ville, des promontoires et de la Méditerranée, forment un tableau des plus saisissants.

Il serait inutile et fastidieux d'énumérer toutes les villas des environs de Nice, remarquables, soit par quelques détails de leur architecture, soit par la beauté de leurs jardins ou la splendeur de leurs points de vue. C'est par centaines qu'on peut les compter, et, du reste, le promeneur qui comprend la nature saura mieux que personne de quel côté il doit porter ses pas. Qu'il nous suffise de citer ici quelques-unes des principales maisons de plaisance des environs de Nice.

L'une des plus fastueuses et celle qui fixe le plus, sinon l'attention, du moins le regard dans l'ensemble du paysage niçois, est la villa encore inachevée du colonel Smith. Elle occupe une position magnifique, à l'extrémité méridionale du promontoire de Montboron, et commande une admirable vue de Nice; mais elle est bien l'un des échantillons les plus ridicules du style baroque. Au milieu de l'édifice s'élève une large tour trapue ornée de créneaux fantastiques et de clochetons terminés par de petites coupoles byzantines; deux tourelles du même genre couronnent les deux ailes; le reste est un mélange de gothique, de sarrasin, d'anglais et de rococo. Au-dessous de la villa des jardins suspendus, taillés à grands frais dans le rocher, descendent de terrasse en terrasse jusqu'à la mer.

Toutes les maisons de campagne situées sur le promontoire de Montboron et sur le versant occidental des hauteurs de Montalban offrent des points de vue qui rivalisent en beauté avec celui de la villa Smith; mais il faut descendre dans la plaine et traverser le Paillon pour trouver les beaux jardins qui ont valu à Nice son immense célébrité. Près de l'abbaye de Saint-Pons, sur le revers oriental de la colline de Cimiès, ce sont d'abord les bosquets d'orangers de la villa Clary, bosquets devenus classiques dans l'histoire de l'horticulture ; puis viennent les villas Pierlas, de Cessoles, de Châteauneuf, éparses sur les hauteurs au milieu des forêts d'oliviers. Plus loin, dans la plaine, et non loin de la gare du chemin de fer, se trouve la villa Bermond, autour de laquelle croissent en forêt plus de 10 000 orangers productifs et 10 000 arbres fruitiers d'autres espèces, sans compter plusieurs centaines de mille pieds d'arbres en pépinière. A l'ouest, se montre la villa Peillon avec ses jets d'eau, ses cascades, ses grottes, ses mines artificielles, et sa belle serre où fleurit la *victoria regia*. Enfin, les belvédères, les chalets, les jardins de la villa Gastaud recouvrent, au nord du chemin de fer, une longue croupe que séparent de la plaine plusieurs terrasses flanquées de hautes murailles semblables à des bastions.

Parmi toutes les villas qui parsèment la campagne de Nice, la plus connue, et néanmoins l'une des plus modestes, est celle qu'habite Alphonse Karr. Elle est située près de la villa Peillon, entre la route de France et le chemin de fer. La ferme qu'habitait auparavant l'écrivain-jardinier était protégée contre les visiteurs intempestifs par cette franche inscription : On est prié de ne pas entrer. « L'interdiction n'est plus affichée, dit M. Émile Négrin, peut-être est-elle sous-entendue. Quoi qu'il en soit, soyez littérateur, homme d'esprit ou malheureux, et vous pouvez pénétrer sans crainte. »

VILLEFRANCHE.

On peut se rendre en une heure de Nice à Villefranche, soit par l'ancienne route, qui passe devant la manufacture des tabacs et gravit directement à l'est la rampe très-inclinée du col de Montalban, soit par la nouvelle route, qui contourne au

ENVIRONS DE NICE

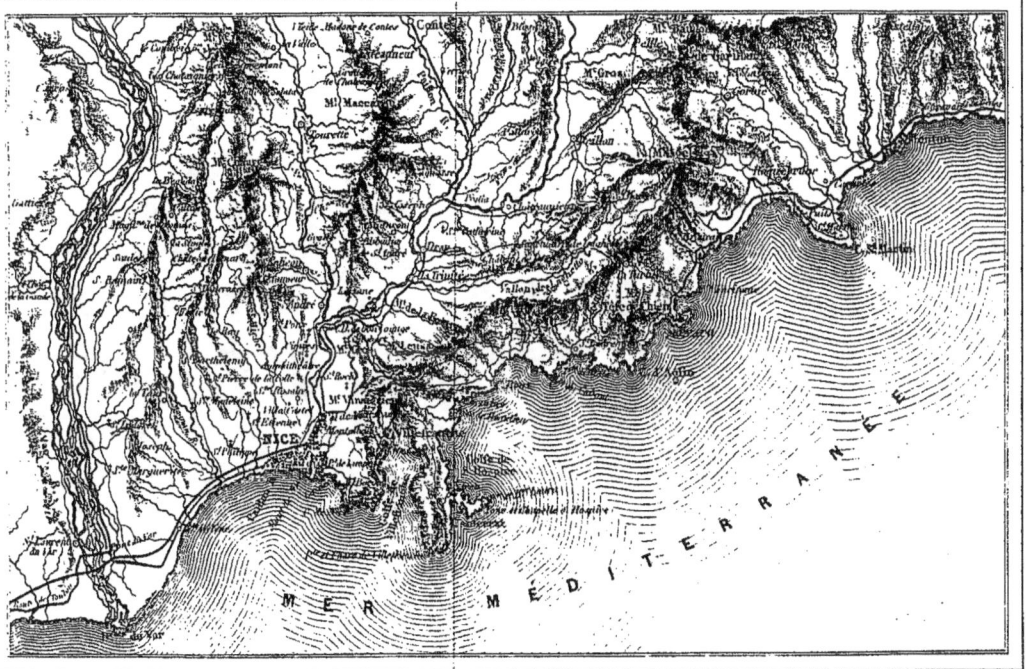

sud, par une pente des plus faciles, le promontoire de Montboron [1]. Enfin, par un beau temps, on ne saurait faire mieux que de doubler en bateau les falaises rocheuses projetées à l'est du port de Limpia.

La première excursion que les étrangers doivent faire dans les environs de Nice est celle de Villefranche; car il n'en est pas qui donne l'occasion de contempler de plus beaux points de vue, surtout quand on suit la nouvelle route taillée sur le flanc de la montagne. A peine a-t-on dépassé la villa Smith que déjà l'on aperçoit la pointe extrême du cap de Fer, gardant l'entrée de la rade. Bientôt après on perd de vue la ville et le château de Nice, la baie des Anges, la bouche du Var, le cap d'Antibes, les îles de Lérins et les monts de l'Esterel; mais en revanche, on voit se développer graduellement l'admirable péninsule de Saint-Jean aux collines d'une forme si harmonieuse, puis l'isthme étroit de Beaulieu, revêtu d'une forêt d'oliviers, puis encore le pittoresque amphithéâtre des maisons de Villefranche; enfin, quand on a fini de contourner le promontoire de Montboron, près de la batterie des Sabatiers, on a sous les yeux toute la nappe bleue du golfe avec les bosquets, les falaises, les tours qui la bordent et les navires qui s'y reflètent.

Villefranche[2], chef-lieu de canton peuplé de 3000 habitants environ, fut bâtie de 1295 à 1303 par Charles II d'Anjou, qui dota la nouvelle cité de la franchise du commerce afin d'y attirer les habitants des localités voisines : telle fut l'origine du nom de *Cieutat franca* (Villefranche). L'ancien port de la rade se trouvait autrefois sur la rive orientale, dans l'anse parfaitement abritée que l'on connaît aujourd'hui sous le nom de Passable. Au nord de cette anse s'élevait la petite

---

1. Des omnibus partent quatre fois par jour de la place de la Mairie. Trajet en 40 minutes. Prix : 40 centimes. Il est inutile d'indiquer le heures de départ, car elles peuvent changer souvent.
2. Hôtel-restaurant *du Limon*, au milieu de la ville.

ville d'*Olivula*, qui avait été construite, dit-on, par les Phocéens de Marseille, et qui pendant une partie du ixe et du xe siècle avait été occupée par les Sarrasins du Fraxinet. Après la fondation de Villefranche, elle fut graduellement abandonnée et finit même par perdre son nom : à l'endroit où elle se trouvait sont éparses maintenant quelques cabanes.

En dépit de ses priviléges, Villefranche n'a jamais été une cité considérable. La difficulté des communications avec l'intérieur, le voisinage d'une ville importante qui accaparait tout le commerce à son profit, le manque de place et peut-être aussi la présence continuelle des vaisseaux de guerre effarouchant les pacifiques navires marchands, ont empêché Villefranche de prospérer. Mais ce fut toujours une place militaire des plus importantes. Pendant de longs siècles, les princes de Savoie n'eurent pas d'autre arsenal maritime sur les côtes de la Méditerranée : là séjournait la flottille de guerre que le Piémont entretenait contre les corsaires barbaresques aux frais de tous les navires de commerce, qui devaient acquitter en passant les *droits de Villefranche*. C'est aussi de là que partirent les quatre galères savoyardes qui prirent part à la bataille de Lépante. Les annales de la ville ne rappellent d'ailleurs aucun fait mémorable. Seulement les chroniqueurs racontent qu'en l'année 1538, quelques jours avant la fameuse conférence de Nice, la reine de France manqua de se noyer dans le port de Villefranche. Suivie d'un long cortége de dames et de pages, elle traversait le pont de bateaux qui menait de la plage à la magnifique galère de Charles-Quint, lorsque le pont se rompit tout à coup sous le poids de la foule. La reine et tous les courtisans tombèrent dans l'eau et furent repêchés par les matelots de la galère impériale.

Le savant artilleur Papacino naquit à Villefranche en 1714 ; Honoré d'Urfé, le célèbre auteur du roman d'*Astrée*, y mourut en 1625.

Ayant toujours été presque uniquement une place de guerre, la ville n'offre aux étrangers d'autres curiosités que ses travaux de défense et ses établissements militaires. Au bas de la ville, une tour pittoresque se dresse sur un écueil que tapissent des algues rougeâtres. A l'ouest, le fort couvre de ses vieux murs, de ses bastions et de ses constructions de toute espèce la partie inférieure de la colline. Plus loin, les

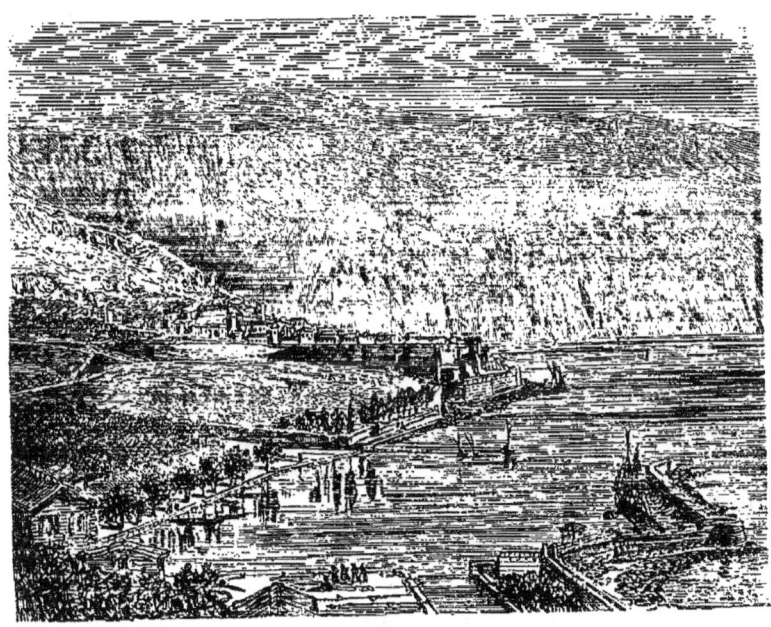

Villefranche.

grands corps de bâtiments uniformes de l'arsenal, d'un ancien bagne et d'un lazaret, bordent le rivage occidental du golfe. Avant l'annexion du comté de Nice, ces vastes entrepôts, devenus inutiles au gouvernement piémontais, avaient été concédés par lui à une compagnie de navigation russe qui voulait faire de Villefranche le centre de ses opérations dans la Méditerranée.

La ville proprement dite, resserrée entre la mer et la montagne, n'offre d'autre monument qu'une église de style italien, décorée avec mauvais goût. Les maisons, très-dégradées pour la plupart, sont bâties les unes au-dessus des autres comme de grands degrés de pierre ; les rues non parallèles au rivage sont des escaliers pénibles à gravir ; la ville tout entière est comme suspendue au flanc de la montagne. Mais, si Villefranche n'est pas commodément située pour ceux qui aiment les pentes douces et les promenades horizontales, en revanche elle jouit d'un climat exceptionnel. Exposée en plein au soleil du midi, parfaitement abritée par les hauteurs qui se dressent au nord et à l'ouest, elle n'a jamais eu à souffrir du mistral et de ces âpres vents des Alpes qui soulèvent des tourbillons de poussière dans toute la vallée du Paillon ; l'atmosphère qui repose sur le bassin de Villefranche est presque toujours calme et la température hivernale y est sensiblement plus élevée qu'à Nice. Les citronniers des jardins environnants croissent avec plus de vigueur et mûrissent plus tôt leurs fruits que ceux des villas niçoises. Les dattiers y prospèrent aussi. Toutefois, la douceur du climat de Villefranche n'a pas suffi pour attirer les étrangers : l'ouverture du chemin de fer pourra seule ajouter la petite ville, naguère presque isolée, au nombre des résidences d'hiver des bords de la Méditerranée.

De même que le havre de Monaco (voir chapitre XIII) et tant d'autres ports dont les falaises abruptes rappellent quelque révolution de la nature, la **rade de Villefranche** était connue par les anciens sous le nom de *portus Herculis*. Cette belle nappe d'eau bleue qui se déploie dans une profonde échancrure de la côte entre le promontoire de Montboron, à l'ouest, et la péninsule de Saint-Jean, à l'est, a plus de 2 kilomètres de longueur sur une largeur moyenne d'un kilomètre : son étendue est d'environ 350 hectares. La profondeur du bassin varie de 10 à 25 et même à 50 mètres ; la tenue des navires y est assez bonne ; cependant, quand le vent souffle directement du sud, les vagues du large viennent se dérouler jusqu'à l'extrémité de la rade, sur les quais de la ville. Alors les vaisseaux de l'État, qui sont à peu près les seuls à fréquenter ce beau port de Villefranche[1], se réfugient dans la darse qui borde les diverses bâtisses de l'arsenal, et que sépare de la rade un môle construit par la compagnie de navigation russe, peu de temps avant la guerre d'Italie. Des batteries, élevées sur les deux promontoires, gardent l'entrée du golfe. Sur la plus haute colline de la péninsule de Saint-Jean, appelée le Cauferrat (cap de Fer), se dresse un phare de deuxième ordre, dont le feu tournant de 30 secondes en 30 secondes éclaire, pendant les nuits, jusqu'à 33 kilomètres de distance.

En 1861 on a établi une huîtrière artificielle dans un des endroits les mieux abrités de la rade.

Sur le quai de Villefranche les bateliers se pressent autour des étrangers pour les engager à faire une promenade au milieu du golfe, ou bien à se rendre par mer à Nice, à Saint-Hospice, à Saint-Jean, à Monaco. Toutes ces courses sont réglées par un tarif assez compliqué, dont les voyageurs feront bien de demander communication aux bateliers eux-mêmes, s'ils ne veulent pas s'exposer à payer des prix trop élevés.

LES PÉNINSULES DE SAINT-JEAN ET DE SAINT-HOSPICE.

A l'est de Villefranche et de sa rade s'allonge, à 4 kilomètres en mer, une presqu'île dont les contours et le relief forment un ensemble d'une incomparable harmonie. La montagne de la Corniche, qui, partout ailleurs, incline brus-

---

[1]. Le mouvement commercial du port, y compris le cabotage, ne s'élève pas en moyenne à 1000 tonneaux.

quement ses pentes vers le rivage, s'affaisse par degrés et projette dans la Méditerranée une étroite langue de terre que recouvre une magnifique forêt d'oliviers. Au sud de cet isthme peu élevé, le sol de la péninsule de Saint-Jean se renfle de nouveau et se redresse en collines de forme arrondie pour se terminer soudain par les escarpements et les falaises du cap de Fer ou de Malalingua (cap Mauvais). A l'est, un autre promontoire, semblable à une miniature de la grande presqu'île, s'en détache à angle droit et se développe parallèlement au rivage du continent sur une longueur d'un kilomètre environ. Cette petite péninsule accidentée est le célèbre cap de Saint-Hospice, qui, jadis, servit de refuge aux Sarrasins, et qui maintenant est le rendez-vous des canotiers et des mangeurs de bouillabaisse.

Pour bien voir les deux péninsules et bien apprécier la beauté de leurs sites, il faut leur consacrer au moins une journée de *flânerie*. Quant à l'itinéraire à suivre, on peut le varier à l'infini au gré du caprice ou de la fantaisie; mais, de quel côté qu'on se dirige, on est toujours sûr de faire une excursion charmante. En prenant Villefranche pour point de départ, quelques promeneurs traversent directement l'isthme de Beaulieu pour se rendre ensuite à Saint-Jean par le chemin qui longe la plage; d'autres se font porter en bateau dans l'anse de Passable; d'autres encore font par mer le tour des deux presqu'îles.

En moins d'une heure on peut se rendre de Villefranche à Beaulieu. Le sentier, frayé sur les escarpements à travers les ronces, les agaves et les caroubiers, contourne l'extrémité de la rade à une certaine hauteur au-dessus des flots, puis il s'engage dans la belle forêt d'oliviers à laquelle l'antique cité d'*Olivula* devait probablement son nom. Plusieurs des arbres qui composent cette forêt sont d'une grosseur gigantesque. L'un d'eux, situé près du hameau de Beaulieu, offre, d'après M. Émile Négrin, qui l'a mesuré lui-même, une circonférence de 7 mètres 30 centimètres à la hauteur de 1 mètre 15 centimètres du sol. Au-dessus de terre, les énormes saillies des racines accroissent encore ces dimensions de plusieurs mètres. Autour de ce doyen de la forêt s'étendent des plantations de violettes de Parme.

Beaulieu est un petit groupe de maisons occupant, ainsi que son nom l'indique, une position des plus charmantes. Il est situé entre deux baies arrondies, à l'extrémité d'un promontoire qu'ombragent des oliviers et que défend une redoute récemment construite. En creusant le sol qui devait recevoir les fondations de la redoute, on a découvert plus de cinq cents squelettes humains, des lampes et des urnes sépulcrales, des monnaies frappées à l'effigie de Constance. Ces vestiges de l'antiquité prouvent que les Romains avaient su apprécier la beauté du site où sont éparses aujourd'hui les villas de Beaulieu.

Au nord du gracieux hameau se développe une anse mollement arrondie, bordée dans tout son pourtour d'une énorme quantité d'algues accumulées en couches épaisses de plusieurs mètres, et tellement compactes que les vagues y ont creusé de véritables grottes et taillé des falaises. En suivant cette plage, on atteindrait en quelques minutes la base des rochers escarpés de la **Petite-Afrique,** ainsi nommés à cause de la température presque tropicale produite en cet endroit par la réverbération des rayons solaires sur les parois rougeâtres de la montagne. Les talus d'éboulement qui s'appuient sur la partie inférieure des escarpements sont encore verts d'oliviers ; mais plus haut on voit seulement quelques caroubiers aux troncs déformés et des touffes de plantes sauvages. Un sentier des plus fatigants escalade ces rochers et va rejoindre, par la crête de l'Olivetta, la route de la Corniche et le chemin d'Éza. Un autre sentier suit le bord du golfe ; mais, arrivé au pied du grand promontoire de Baous-Rous (Rocher Rouge), il est brusquement interrompu. Pour continuer sa route vers les plages de la mer d'Éza il faut prendre un bateau.

De Beaulieu, on peut se rendre en 20 minutes à **Saint-Jean** par un chemin très-agréable qui ne cesse de longer le bord de la mer. Le petit village de Saint-Jean [1] est le principal rendez-vous des étrangers qui veulent parcourir la péninsule ou visiter les baies des rivages voisins ; parfois les promeneurs s'y comptent par centaines. C'est que la position de Saint-Jean est tout à fait centrale, et que de ce point on peut se rendre en peu de temps soit à Beaulieu, soit à l'extrémité de la péninsule de Saint-Hospice, soit encore au cap de Fer. Et puis on peut faire les plus charmants pique-niques sous l'ombrage des oliviers gigantesques qui croissent au bord même de la grève et projettent leurs longues branches au-dessus du flot mourant. Enfin, s'il faut tout dire, les marins, dont les embarcations se balancent dans le petit port de Saint-Jean, sont de grands artistes pour la préparation de la bouillabaisse.

Saint-Jean occupe la partie septentrionale de l'isthme peu élevé qui réunit la petite presqu'île de Saint-Hospice à la grande péninsule ; la partie méridionale de ce même isthme est profondément découpée par les deux criques de Lilong et des Fosses, qu'entourent des bosquets d'un aspect mystérieux. Il suffit d'un quart d'heure de marche pour se rendre de Saint-Jean ou des Fosses à l'extrémité du cap de Saint-Hospice, d'où l'on voit se dresser, au nord et à l'est, le Baous-Rous, la montagne d'Éza, le rocher de Monaco, la Tête de Chien et le Mont-Agel. Dans le lointain on suit du regard l'immense courbe décrite par le rivage du golfe qui se termine à Bordighera.

Le **cap Saint-Hospice,** appelé aussi *San-Souspir* par les marins, doit son nom à un ermite qui vivait dans une caverne

---

1. *Hôtel Victoria.*

de ce promontoire vers le milieu du VIe siècle. D'après la tradition, Hospitius aurait prédit l'invasion et les victoires des Lombards : « *Venient in Galliam Longobardi et vastabunt civitates septem*[1]. » Ces barbares vinrent en effet et saccagèrent plus de sept villes. Puis, à leur tour, débarquèrent les Sarrasins, qui s'établirent sur la péninsule même qu'avait habitée l'ermite, et y construisirent, vers la fin du IXe siècle, une de leurs plus formidables citadelles, connue sous le nom de Petit-Fraxinet. Ils l'occupaient encore en 973, lorsque le Grand-Fraxinet tomba au pouvoir de Guillaume de Provence; après avoir été expulsés, ils firent de fréquentes incursions pour piller les villages voisins et opérer des *razzias* de captifs.

En 1527, les chevaliers de Saint-Jean de Jérusalem, chassés de Rhodes par Soliman, vinrent à leur tour s'établir dans cette péninsule de Saint-Hospice, qui avait servi de forteresse aux Musulmans; mais ils n'y restèrent que deux années, et le siége de l'ordre fut transféré dans l'île de Malte. Après le départ des chevaliers, les corsaires barbaresques revinrent souvent et même le duc de Savoie, Philibert-Emmanuel, faillit un jour tomber entre leurs mains. Il surveillait la construction d'un fort à Saint-Hospice, lorsque les Algériens apparurent tout à coup. A grand'peine parvint-il à s'enfuir; mais deux de ses gentilshommes furent saisis et restèrent prisonniers. Occhiali, le renégat génois qui commandait les pirates, se piquait de galanterie; il consentit à rendre la liberté à ses captifs moyennant une rançon de 2000 écus d'or et le privilége de baiser la main de la duchesse. Si l'on en croit la chronique, le corsaire fut trompé; une dame de la cour, s'avançant à la place de sa maîtresse, aurait présenté sa main aux lèvres d'Occhiali.

Il ne reste plus que des ruines du fort construit par Phi-

1. Les sept villes désignées étaient Gap, Embrun, Avignon, Arles, Fréjus, Cimiès et Glandèves.

libert-Emmanuel, le duc de Berwick l'ayant fait raser en 1706. Les seules constructions anciennes de la presqu'île sont une petite tour, une chapelle et quelques remparts.

Dans le petit golfe de Saint-Jean, on pêchait le thon, il y a peu d'années encore. On prenait parfois de 100 à 120 thons dans une seule *mattanse*, mot d'origine espagnole (*matanza*), qui signifie tuerie.

LE MONT-GROS, LE VINAIGRIER, MONTALBAN ET MONTBORON.

Ces divers sommets sont les points culminants de la chaîne de hauteurs qui se dresse à l'orient de Nice et de la vallée inférieure du Paillon. Inutile de dire qu'on y jouit de vues admirables sur l'amphithéâtre des Alpes, sur les rivages de la Méditerranée, de l'Esterel à la presqu'île de Saint-Hospice, sur les plaines et les vallons avec leurs villes, leurs villages, leurs maisons de plaisance, leurs bois d'oliviers et leurs jardins. C'est au promeneur à juger par lui-même du panorama qui lui semble le plus beau.

Le **Mont-Gros**, ainsi nommé, non point à cause de sa hauteur, mais à cause de la largeur de sa puissante croupe, se prolonge au loin vers le nord et s'abaisse pour former la crête du mont Saint-Aubert, contourné à sa base par la route de Turin et à mi-flanc par la route de Gênes. En suivant cette dernière route, on peut gagner en voiture le revers oriental du Mont-Gros, et l'on n'a plus qu'à monter pendant quelques minutes à travers les débris et les plantes odoriférantes pour atteindre la cime, haute de 366 mètres. Le **Vinaigrier**, qui doit son nom, dit la chronique locale, au mauvais vin qu'on y obtenait jadis, dresse sa principale cime (370 mètres) à une petite distance plus au sud. On monte aussi par la grande route jusqu'à une petite distance de la crête; mais, pour abréger la longueur de l'excursion, les promeneurs feront bien de suivre l'ancienne route de Gênes, qui gravit directement le versant occidental de la montagne. Par la nouvelle route, l'ascension dure de 2 heures et demie à 3 heures; par l'ancienne route, une heure et demie suffisent à un piéton ordinaire.

Pour gagner les crêtes de **Montalban** et de **Montboron**, il faut prendre l'ancienne route de Villefranche, et s'élever à droite dans la direction du fort carré qui couronne la montagne (330 mètres). Ce fort est celui que le duc Philibert-Emmanuel fit construire en 1557, et qui fut tant de fois disputé par les Français et par les Piémontais. Sur le versant occidental de la montagne, au-dessus du lazaret, se trouve la bastide Thaon, où quelques bourgeois en partie de chasse se défendirent pendant toute une nuit contre une division de l'armée franco-espagnole. La croupe qui se prolonge à l'est de Montalban et se termine par un promontoire escarpé, est le Montboron, dont le nom rappelle peut-être l'existence d'un ancien fraxinet des Sarrasins (*mons Mororum*). D'après d'autres chroniqueurs, c'est au contraire à un vainqueur des Maures, l'anachorète Boron ou Bobon, que la montagne devrait son appellation actuelle.

Aux premiers siècles de notre ère, les croupes supérieures de Montalban et de Montboron étaient recouvertes d'une végétation magnifique; mais les consuls de Nice firent couper tous les arbres en 970, afin que la forêt ne favorisât plus les embûches des pirates musulmans. Naguère encore, ces montagnes étaient complétement dépourvues d'arbres; il n'y croissait que des herbes et des broussailles. On s'occupe actuellement de reboiser les pentes de Montboron.

L'ABBAYE DE SAINT-PONS.

Ce monastère, le plus célèbre des environs de Nice, est un édifice de dimensions considérables qu'on aperçoit de loin sur une terrasse de jardins et de bosquets dominant au sud le confluent du Paillon et du torrent de Saint-André. On peut s'y rendre facilement en 50 minutes, soit en suivant la grande route qui longe la rive droite du Paillon, soit en contournant à mi-côte les hauteurs parsemées de villas.

D'après la légende, le saint Pons en l'honneur duquel le monastère a été nommé, était évêque de Cimiès vers le milieu du III° siècle. Sa naissance avait été annoncée par de grands prodiges. « Celui que tu portes dans ton sein abattra les statues des dieux ! » s'était écrié l'oracle du Capitole, lorsque la matrone romaine Julie, enceinte de celui qui devait être saint Pons, s'était présentée dans le temple. Pons, devenu chrétien, puis évêque de Cimiès, n'eut en effet d'autre soin que de détruire les autels des dieux et de renverser leurs statues. Mis en prison par ordre du préfet de Cimiès, il refusa de sacrifier dans le temple d'Apollon pour avoir la vie sauve, et bien que citoyen romain, il fut condamné à mort. Là commencent les miracles. On étendit le martyr sur un chevalet qui se rompit. Puis, on le jeta aux bêtes féroces de l'amphithéâtre, qui vinrent se traîner devant lui et lécher ses pieds. Alors on le fit monter sur un bûcher, mais les flammes s'éteignirent. Le glaive eut cependant raison de ce corps qui semblait invulnérable, et la tête de saint Pons roula du haut des rochers dans le Paillon. Aussitôt deux torches flamboyantes jaillirent de l'eau du torrent pour accompagner la tête sacrée qui descendit lentement jusqu'à la mer et, portée triomphalement sur les vagues, finit par aborder à Marseille ou sur une côte voisine. C'est en l'année 261, le 11 mai, que tous ces prodiges se seraient accomplis.

L'abbaye de Saint-Pons fut fondée en 775 par un certain Siagrius, bénédictin qu'une tradition sans valeur historique dit avoir été parent de Charlemagne. L'empereur franc séjourna deux fois dans le couvent de Saint-Pons et lui accorda de grands priviléges. L'abbé, crossé et mitré comme un évêque, fut déclaré noble ainsi que tous ses religieux, et devint bientôt, grâce aux libéralités des princes et des fidèles, l'un des seigneurs les plus puissants de la contrée. En 890, les Sarrasins détruisirent le monastère et dispersèrent les moines; ce fut seulement à plus d'un siècle d'intervalle, en 999, que l'approche redoutée de la fin du monde fit rétablir la communauté. Un acte authentique, daté du 5 décembre de cette année fatale que l'on croyait la dernière de l'humanité, nous apprend que le noble Miro, comte de Nice, « comptant sur la miséricorde de Dieu et craignant son jugement, donnait aux moines la quatrième partie de la villa Roc Saint-André, avec toutes ses dépendances.... afin qu'ils se plaisent à prier et supplier Dieu pour les âmes des donateurs, pour les orthodoxes, pour ceux qui craignent le Seigneur, et qui feront les mêmes présents que le comte de Nice[1]. »

Rapidement enrichis par des largesses de même nature, les abbés de Saint-Pons gagnèrent en puissance et en autorité, si bien que vers 1144, l'un d'entre eux se déclara indépendant de l'évêque de Nice et le fit excommunier par l'archevêque d'Embrun. Toute la moitié du xii⁰ siècle est remplie par des luttes entre les dignitaires rivaux, au sujet de leurs prérogatives. L'évêque de Nice finit par l'emporter et l'abbé dut rentrer dans l'obéissance religieuse. Cependant il ne cessa point d'être un personnage important; en 1388, lorsque les habitants de Nice se donnèrent au comte de Savoie, Amédée le Roux, ce fut devant le monastère de Saint-Pons que les notables de la commune jurèrent fidélité à leur nouveau suzerain. D'après l'opinion commune, la cérémonie de l'intronisation aurait eu lieu sous un grand ormeau, qui existait encore à la fin du xviii⁰ siècle.

En 1543, lors du siège de Nice par les armées alliées de

---

1. *Chronique de Provence, cité de Nice*, par l'abbé Tisserand.

François Ier et de Barberousse, les Turcs s'établirent dans l'abbaye et la saccagèrent. Pendant les guerres de la République elle fut transformée en hôpital militaire; enfin, restaurée en 1835, elle devint un couvent de *frères oblats*.

L'édifice n'offre qu'un faible intérêt au point de vue de l'art; mais du portique et des terrasses on jouit d'une vue admirable sur la vallée du Paillon. Dans le cloître, où les hommes ont seuls le droit de pénétrer, on montre quelques fragments de sculpture, ainsi qu'un reste du tombeau prétendu de saint Pons; à côté, une salle abandonnée renferme quelques inscriptions antiques; enfin, il existe derrière le monastère, un pan de mur romain que l'on dit avoir fait partie d'un temple. Une petite chapelle, qui se dresse au sommet d'un rocher, immédiatement au-dessus de la grande route, désigne l'endroit où d'après la légende saint Pons aurait été décapité.

Après avoir vu l'abbaye de Saint-Pons il est facile de continuer sa promenade en visitant d'autres curiosités des environs de Nice. Pour se rendre à Cimiès, au Ray, aux fontaines du Temple et de Mouraille, il faut monter sur le plateau boisé qui s'étend à l'ouest; pour aller à Saint-André, on n'a qu'à descendre sur la grande route de Levens et à pénétrer dans la gorge qu'on voit s'ouvrir au nord.

LA GROTTE DE SAINT-ANDRÉ.

Cette curiosité naturelle se trouve dans la gorge de Saint-André, que parcourt du sud au nord la route de Levens, desservie tous les jours par des voitures publiques. La distance de Nice à la grotte étant d'environ 6 kilomètres, un promeneur peut s'y rendre en 1 heure 30 minutes. La route est une levée très-large, assez solidement construite pour résister aux crues du Paillon; elle suit tous les tours et les détours du torrent, puis, après avoir dépassé un petit hameau, pénètre dans l'étroite gorge de Saint-André. Au-dessus du confluent du Paillon et de son petit tributaire s'élève une colline pyramidale aux gradins verdoyants.

Grotte de Saint-André.

A 2 kilomètres de cette haute roche, la route laisse à droite une arcade de pierre jetée sur le ruisseau. A côté de cette arche pittoresque se groupent de petits moulins d'où l'eau jaillit en minces cascatelles. Au-dessus se redresse un coteau de forme conique, auquel les agaves et les tulipiers donnent un aspect oriental, et dont la cime porte un lourd château du XVIIe siècle. Une belle allée de cyprès commence à la base du coteau et longe la rive du torrent. Au loin quelques villas sont éparses sur les pentes très-inclinées qui remontent vers le col de Revel.

C'est à un kilomètre plus au nord que se trouve l'espèce de caverne appelée *grotte de Saint-André*. « Les énormes rochers dans lesquels sans doute le torrent l'a creusée sont revêtus de figuiers qui ont glissé leurs racines dans les fentes de la pierre, et se penchent sur l'eau pour respirer par leurs larges feuilles la fraîcheur qu'ils ne peuvent demander au sol. Du haut de la grotte, toute tapissée à l'intérieur du feuillage si vert et si finement découpé des capillaires, tombe une cascade qui voile le fond de la caverne d'un rideau diaphane. Quand on est parvenu de l'autre côté de cette fraîche courtine, on voit le torrent qui, là où le terrain est encore uni, coule comme un calme et murmurant ruisseau ; ses eaux rassemblent sur leur surface tous les rayons lumineux qui se glissent dans la grotte, l'œil le suit dans l'obscurité jusqu'à un point où, sans doute éclairé par une fissure du haut de la roche, on l'aperçoit venir limpide et lumineux comme s'il était éclairé par les flammes du Bengale[1] ! »

La route passe sur les blocs amoncelés de la grotte. L'eau de Saint-André est pétrifiante; de petits objets recouverts de sédiment calcaire, sont exposés dans un établissement voisin.

L'AMPHITHÉATRE ET LE COUVENT DE CIMIÈS

Le plateau de Cimiès est la terrasse couverte de jardins et de villas qui s'élève immédiatement au nord de la ville de Nice. Pour s'y rendre, on suit le quai de la place d'Armes

---

1. Alphonse Karr. *Promenade hors de mon jardin.*

jusqu'à la rue Saint-Barthélemy, puis, après avoir fait quelques pas dans cette rue, on prend à droite le chemin qui gravit obliquement la colline, encaissé dans de hautes murailles.

En arrivant sur le plateau, on passe à la base d'une arcade en ruines et l'on se trouve dans un bosquet d'oliviers qu'entourent les gradins de l'**amphithéâtre romain**, entrevus à travers le feuillage. Le cirque est aujourd'hui très-dégradé : des pariétaires et d'autres plantes qui se plaisent sur les murs croulants, tapissent les pierres disjointes; des chênes insèrent leurs racines dans les lézardes. Le sol de l'arène s'étant exhaussé de 3 mètres environ pendant le cours des siècles, les loges des animaux sont enfouies et le gradin inférieur, là où il ne s'est pas écroulé, ne se trouve plus qu'à 1 mètre et demi de hauteur. Quelques-uns des arceaux qui soutenaient ce gradin et s'ouvraient sur la façade extérieure de l'amphithéâtre, existent encore : on voit aussi sur le pourtour du bâtiment quelques pierres en saillie percées de trous où l'on introduisait les pieux qui devaient porter le *velarium*.

Le cirque est de forme ovale : il a 65 mètres de longueur sur une largeur de 54 mètres et demi; l'arène a 45 mètres de long sur 34 mètres de large. D'après Bertolotti, six à sept mille spectateurs auraient pu prendre place à la fois sur les gradins et « si, comme on le prétend, les architectes anciens avaient coutume de donner à leurs amphithéâtres des dimensions suffisantes pour contenir le tiers de la population locale, on peut en inférer que l'antique Cimiès était peuplée de 20 000 habitants[1]. » Mais c'est là une simple hypothèse qui ne saurait remplacer des témoignages positifs. On sait seulement que l'ancien village des Ligures Védiantiens devint, sous le nom de *Cemenelum*, une cité romaine et la capitale des Alpes-Maritimes; on sait qu'elle fut la résidence du préfet, qu'elle

---

1. *Viaggio nella Ligura Maritima*, di Davide Bertolotti.

eut des temples, des palais, des villas nombreuses où les riches patriciens de Rome venaient passer l'hiver, comme le font aujourd'hui les puissants lords anglais et les grands seigneurs russes. On sait aussi que Cemenelum fut détruite de fond en comble par les Lombards, en 572, et que les habitants dispersés durent chercher un refuge dans les villes voisines et surtout à Nice. Quelques débris, parmi lesquels ceux de l'amphithéâtre sont les plus importants, marquent encore l'emplacement de l'antique cité. Les paysans donnaient au cirque le nom *tina de li fada* (cuve des fées), parce que les reines de l'air l'avaient construit pour s'y baigner la nuit dans la rosée. D'ailleurs, si l'on en croit tous les auteurs qui parlent de Cimiès, les traditions locales garderaient à peine quelque souvenir de l'ancienne domination romaine. « Il en est de même, dit Bertolotti, pour la plupart des monuments anciens de l'Italie du nord. Annibal, les Fées, les Sarrasins, le Diable sont les seuls bâtisseurs dont les habitants de toute la chaîne des Alpes aient gardé la mémoire. Ceux qui connaissent le nom des Romains sont les savants des villages et des bourgs. »

A une petite distance de l'amphithéâtre, on arrive sur une terrasse ombragée de deux gigantesques chênes-verts ayant chacun plus de 3 mètres de circonférence. A l'est de cette terrasse s'élèvent une église et un couvent qui appartenaient autrefois à l'abbaye de Saint-Pons et qui furent achetés, restaurés et agrandis par les Récollets Franciscains, après que leur monastère, situé dans la ville, eût été brûlé pendant le terrible siége de 1543.

Dans le corridor qui mène du péristyle de l'église au cloître du monastère et dans les galeries du cloître lui-même, on remarque une série de gravures sur bois, assez curieuses au point de vue xylographique, représentant les tortures que les martyrs de l'ordre ont subies en Chine, au Japon et dans les diverses parties du monde. L'église renferme trois peintures de Francesco Brea, fils de Ludovico Brea, le fondateur de l'école génoise; les fresques modernes de la voûte sont dues au pinceau du vénitien Giacomelli. Ce sont là, avec quelques missels enluminés, toutes les curiosités du monastère; mais sur la terrasse, on voit une croix portant, non le Christ ailé, ainsi qu'on le dit généralement, mais le Séraphin qui apparut crucifié à saint François d'Assise[1]. Cette croix se trouvait autrefois sur la place de l'Hôtel-de-ville de Nice. Elle fut renversée pendant la Révolution.

Du cimetière, situé près du couvent, à l'est du parvis, on jouit d'une vue très-belle sur la vallée du Paillon, la mer et les montagnes. Du belvédère qui se trouve au fond du jardin, le spectacle est encore plus beau; l'impératrice douairière de Russie est, dit-on, la seule femme à laquelle on ait permis de pénétrer dans ce jardin.

La propriété Garin, qui s'étend au sud du monastère, renferme quelques ruines romaines : les murs d'un temple que l'on dit avoir été consacré à Apollon, les restes d'un édifice de bains, les débris de deux aqueducs. On y a trouvé et l'on y conserve encore, avec d'autres objets antiques, les deux inscriptions qui attestent l'ancienne dignité préfectorale de Cemenelum. En 1839, on a aussi découvert dans le même jardin, qui était probablement situé vers le centre de la cité romine, un souterrain contenant du blé. Les propriétés voisines ont aussi fourni leur contingent d'antiquités : pierres sépulcrales, urnes, lampes, mosaïques, statuettes, médailles, instruments et outils de tout genre. Une grande partie des objets anciens que les fouilles ont fait découvrir sur la colline de Cimiès ont été déposés dans les musées particuliers de Nice ; mais il est probable que les objets les plus précieux ont depuis longtemps disparu. Les consuls de Nice donnèrent au musée de Turin, en 1625, toutes les antiquités qu'ils avaient recueil-

---

1. Voir les *Promenades de Nice*, par M. Émile Négrin.

lies, et depuis cette époque plusieurs archéologues étrangers ont tourné et retourné dans tous les sens le sol de Cimiès. Au bord du plateau, du côté de la ville, sont éparses quelques ruines, que l'on dit être celles de l'ancien palais du préfet romain et du haut desquelles on contemple dans toute sa beauté le panorama des jardins d'oliviers, de Nice et de la baie des Anges.

Sur le versant du plateau incliné à l'est vers le Paillon, se trouvent une carrière et une fabrique de plâtre.

LES SOURCES DU RAY.

Au delà de Cimiès, on suit dans la direction du nord le plateau de Rimiès, parsemé de villas modernes qu'entourent de magnifiques oliviers. Bientôt on arrive au hameau du Ray, ainsi nommé d'un ancien canal (*ray*) qui portait à l'antique Cemenelum les eaux de plusieurs sources abondantes en passant sur le point culminant du plateau de Rimiès (*ray-Cimiès*). Ces sources, qui jaillissent au nord et au nord-ouest du Ray, dans de petits vallons ouverts à la base d'un contrefort calcaire du Mont-Cau, font aujourd'hui mouvoir les roues de plusieurs moulins et servent à l'irrigation des jardins de Brancolar et de Carabacel.

La *fontaine de Mouraille*, qu'on peut atteindre sans se presser en une heure un quart, sourd en deux filets d'eau à l'extrémité supérieure de la combe sauvage qui s'ouvre directement au nord du Ray. Un de ces filets, le plus considérable, sort d'une anfractuosité du roc; l'autre est recouvert sur une longueur d'environ 500 mètres par un aqueduc de construction romaine où un homme peut facilement pénétrer.

En continuant de remonter la combe au nord de la fontaine de Mouraille, on laisse à droite l'avenue de magnifiques marronniers qui conduit à la *villa Châteauneuf*, puis en 10 minutes de marche, on arrive au pied du rocher dont les cavernes recèlent les eaux de la Fontaine sainte. Cette source est intermittente et jaillit avec plus ou moins d'abondance à des intervalles de six mois à trois ans. Aussi le peuple, la considérant comme un prodige, l'a-t-il baptisée du nom de *Sainte*. Des escarpements et des plateaux environnants, principalement de la villa Châteauneuf, on jouit du beau panorama de Nice, des jardins et du littoral de la Méditerranée.

La *fontaine du Temple* jaillit dans un charmant vallon boisé qui se prolonge du nord au sud parallèlement à celui de Mouraille. On se rend en un quart d'heure de l'église du Ray à la fontaine par un étroit sentier que baigne et que recouvre çà et là l'eau claire du ruisseau. A son issue du rocher, la source s'épand dans un bassin de construction romaine. La fontaine du Temple est ainsi nommée d'un établissement que les Templiers avaient fondé près de la source.

LE MONT-CAU.

La plus belle ascension que l'on puisse faire dans les environs de Nice est celle du Mont-Cau, dont la cime pyramidale, haute de 854 mètres[1], domine toutes les autres montagnes qui s'élèvent en amphithéâtre autour du bassin niçois. On peut gravir le Mont-Cau de différents côtés; mais en général, on y monte directement par Cimiès. En suivant ce sentier, parfaitement praticable aux montures et carrossable jusqu'au Ray, on n'a qu'à se détourner un peu des deux côtés de la route pour visiter en même temps les fontaines du Temple et de Mouraille, Falicon, la grotte du Mont-Cau. Les personnes qui désirent faire la plus grande partie du trajet en voiture doivent remonter la vallée du Saint-André jusqu'au pied du rocher qui porte le village de Tourettes et

1. Hauteur indiquée par la carte de l'État-major piémontais.

gravir ensuite les pentes brusques qui se redressent à l'ouest. Ce sentier est plus court, mais beaucoup plus pénible que le précédent. De Nice au sommet du Mont-Cau par le chemin direct, on compte environ 3 heures de marche. Les promeneurs qui ont l'intention de visiter, à droite et à gauche, les diverses curiosités naturelles, feront bien de prendre un guide ou de se munir de la carte de l'état-major sarde.

Au delà du Ray, le sentier continue de remonter dans la direction du nord le plateau incliné, puis il contourne le penchant occidental d'un ravin profond qui plonge, à l'est, vers la gorge de Saint-André, et que domine, au nord, l'étrange village de **Falicon**, perché sur son rocher. A trois quarts d'heure du Ray, on arrive à la petite chapelle de Saint-Sébastien, où le chemin se trifurque : celui de droite suit l'étroite crête d'un promontoire et monte à Falicon, pyramide de maisons délabrées que des précipices entourent de trois côtés, et d'où l'on contemple un immense horizon de pentes abruptes et de cimes nues ; des deux sentiers de gauche, l'un descend dans la combe de Mont-Cau pour remonter sur l'autre versant au hameau de Faliconet ; enfin, le troisième chemin gravit obliquement la pente de la montagne, d'abord sous l'ombrage des oliviers, puis à travers les pierres et les broussailles. Une villa, admirablement située dans le vaste cirque qui s'ouvre comme un cratère sur le flanc méridional du Mont-Cau, indique la limite de la végétation des oliviers. Au-dessus de cette villa, un sentier monte, à gauche, vers la grotte de Falicon ou des Chauves-Souris, caverne dont la grande salle, longue de 22 mètres et large de 15 mètres, repose sur 8 colonnes. Le propriétaire l'a fermée et ne la montre aux étrangers que moyennant finance. On peut facilement punir ce paysan de son avidité en se dispensant de visiter la grotte, bien inférieure en beauté à beaucoup d'autres galeries souterraines des Alpes maritimes.

La dernière partie de l'ascension du Mont-Cau est assez pénible. On escalade d'abord des terrasses cultivées qui font ressembler la pente de la montagne à un gigantesque escalier; puis, après avoir atteint une terrasse d'où l'on pourrait descendre dans le vallon de Magnan, on gravit à droite, par le revers de l'ouest, la pyramide terminale dont les strates blanches et rougeâtres et les pâtis semés de pierres ont fait croire aux géographes français et italiens que le nom populaire de Mont-Cau était synonyme de Mont-Chauve ou de Monte Calvo [1].

Le sommet du Mont-Cau se termine par une plate-forme presque horizontale qui semble avoir servi de forteresse dans les temps anciens, car ses assises de rochers offrent encore en certains endroits, et principalement sur les bords, des vestiges de murailles. De cette plate-forme, l'observatoire le plus élevé des environs de Nice, on a sous les yeux une immense étendue limitée d'un côté par la grande chaîne des montagnes neigeuses, de l'autre par la Méditerranée. Au nord, à l'est, à l'ouest, d'innombrables cimes rougeâtres et de longues murailles calcaires, aux arêtes uniformes, se dressent comme du fond d'un abîme. A ses pieds, on voit s'ouvrir, d'un côté le ravin de Mont-Cau et les gorges de Saint-André; de l'autre le vallon de Magnan, celui d'Aspremont, et plus loin la large vallée pierreuse du Var, où serpente le fleuve en filets jaunâtres. Au delà se montre la roche à pic de Saint-Jeannet, dominant de son énorme masse les collines arrondies et plantées d'oliviers inclinant vers la mer leurs croupes en pente douce. Directement au sud, des combes verdoyantes se dirigent vers le bassin de Nice, où la ville ap-

---

1. Voir pour la réfutation de cette erreur *les Promenades de Nice*, par M. Émile Négrin.

paraît tout entière, entourant d'une ceinture de maisons le grand rocher du château, semblable à un îlot au milieu de la mer. La côte, hérissée de promontoires, se prolonge au loin jusqu'à l'Esterel et aux montagnes des Maures. La seule partie de l'immense paysage qui n'offre rien de grandiose ou d'agréable, est la chaîne de collines pierreuses prolongeant en deçà du Var ses longues croupes uniformes où les vignes alternent avec des bouquets de pins.

On peut redescendre du sommet du Mont-Cau à Nice par le vallon du Magnan, ou par les pentes brusques qui plongent à l'ouest vers Aspremont et vers la vallée du Var : là on rejoint le chemin de fer de la levée. De ce côté, la descente est extrêmement pénible.

CONTES ET SA VALLÉE.

La petite ville de Contes est située à une distance de 17 kilomètres au nord de Nice; c'est donc une véritable excursion que doivent faire les promeneurs pour s'y rendre. Heureusement, la route de voitures de Nice à Contes est actuellement terminée; elle ne cesse de longer la rive gauche du Paillon. L'omnibus qui la parcourt accomplit le trajet en 2 heures (prix 80 centimes). On peut aussi prendre la voiture de Coni, jusqu'à l'entrée de la combe de Giallier, et continuer sa route à pied; enfin on peut suivre la route de Levens jusqu'à Tourettes et pénétrer dans la vallée du Paillon par le col de Châteauneuf.

Contes, qui a titre de chef-lieu de canton, et qui renferme une population de 1700 habitants, est bâtie en amphithéâtre sur un promontoire ombragé de châtaigniers magnifiques. Son nom (*Castrum de computis*) rappelle les comptes que venaient y régler les administrateurs romains. Bien qu'elle se trouve dans le cœur des montagnes, la petite ville jouit d'une température très-agréable, et des orangers croissent dans ses jardins bien abrités. Quelques débris d'anciennes constructions se montrent sur la colline.

Les produits les plus importants des coteaux et des vallons qui entourent la ville de Contes sont l'huile et le vin. Ce dernier jouit d'une assez grande réputation locale. Il est blanc et très-sucré. « Quand il est mis en bouteille avant que la fermentation soit terminée, l'acide carbonique reste dans le vin et lui donne la propriété de mousser comme le champagne. De tous les vins blancs de Nice et des environs, c'est le plus léger, le plus agréable, celui qui étanche le mieux la soif. Bu même en quantité, il ne pourrait pas faire de mal. Il produit tout au plus une ivresse momentanée et gaie. Aussi les habitants de Contes qui le recueillent ont-ils généralement une imagination vive, fertile, des passions ardentes, une mobilité extrême[1]. » M. Émile Négrin affirme que presque tous les citoyens niçois de professions libérales sont originaires de Contes.

Au nord de cette ville, se prolonge au loin la vallée du Paillon, que domine à l'ouest la crête monotone du Férion, semblable à un gigantesque rempart élevé de main d'homme. Il ne se trouve que deux villages dans cette partie de la vallée : Bendejun, dont l'église est construite sur l'emplacement d'un ancien temple de Junon (*bona dea Juno*), et Coaraze, au nom qui semble d'origine basque. La haute tour de l'église et les ruines d'un château couronnent le groupe pittoresque des maisons de Coaraze.

PEILLON. — PEILLE.

Ces villages, situés tous les deux dans la région la plus sauvage des montagnes, se trouvent à une distance de plusieurs kilomètres de la grande route de Nice à Coni. Un

---

1. *Nice et ses environs*, par Roubaudi.

sentier de mulets se détache de la route au confluent de la Peille et du Paillon, puis longe, tantôt à une certaine hauteur sur le versant méridional, tantôt dans le fond de la vallée, le lit sinueux où coulent quelquefois les eaux de la Peille. A 4 kilomètres de son origine, le chemin escalade le promontoire qui porte le village de Peillon; ensuite il contourne, soit à l'est, soit à l'ouest, la longue montagne de Rastel, pour gagner le village de Peille, à 2 kilomètres à l'ouest du torrent de même nom, dont il faut remonter la vallée, si l'on veut rejoindre la grande route de Coni à Lescarène. De Nice au confluent de la Peille et du Paillon, la distance est de 10 kilomètres. De cet endroit à Peillon, on compte une heure de marche; puis une autre heure de Peillon à Peille, et une heure et demie de Peille à Lescarène.

Parmi tous les villages qui couronnent des promontoires presque inaccessibles des Alpes maritimes, **Peillon** est l'un des plus étranges. Les maisons qui se dressent en forme de bastions et de tours, et qui sont percées d'étroites meurtrières servant de fenêtres, se groupent en désordre au sommet d'un rocher; on dirait de gigantesques cristaux calcaires hérissant l'extrémité d'un pan de montagne. Le rocher est taillé à pic du côté de la vallée et fortement incliné du côté des hauteurs; il est complétement isolé, et la blancheur de ses assises contraste avec les forêts d'oliviers qui recouvrent les pentes environnantes. Dans le lointain, la crête des montagnes est découpée en saillies de forme bizarre.

Peille, village situé à mi-côte sur le versant d'une montagne, est d'un accès plus facile que Peillon; mais ses rues sont aussi sombres, ses maisons aussi vieilles et dégradées; quelques-unes, de style ogival, offrent de curieux détails d'architecture. L'ancien palais des Lascaris, auquel on arrive par un passage voûté, est devenu aujourd'hui l'hôtel de ville et la maison d'école. L'église, située à l'endroit le plus élevé du village, est très-ancienne : le sol en est formé par le roc vif ; quelques-uns des piliers sont d'énormes masses de pierre grossièrement taillées. Les fonts baptismaux, creusés dans un bloc de porphyre, et les bénitiers en granit, d'un travail primitif, sont aussi très-curieux.

Les vins rouges et les vins blancs mousseux de Peille jouissent d'une certaine réputation.

De Peille et de Peillon on peut se rendre à Menton par la crête de Garillan et Gorbio (voir chapitre XIV). On peut aussi gagner la Corniche en faisant l'ascension du Mont-Agel (voir chapitre XII). On ne saurait trop recommander ces excursions aux personnes qui ne craignent pas la fatigue et qui savent admirer la nature.

LE VALLON OBSCUR.

Le Vallon obscur est une des curiosités naturelles les plus rapprochées de Nice. Les promeneurs s'y rendent en moins d'une heure et demie à pied, en moins d'une heure en voiture. Le chemin développe ses contours entre les jardins et traverse le hameau de Saint-Barthélemy, où l'on peut visiter, en passant, une église qui renferme quelques toiles curieuses. Les voitures s'arrêtent au bord du ruisseau qui sort de la gorge du Vallon obscur. Il faut alors continuer sa route à pied, soit à travers les champs et les bosquets d'oliviers, soit directement par le sentier pierreux qu'offre le lit même du ruisseau. Bien avant d'arriver à l'entrée du Vallon obscur, on est déjà poursuivi par une bande de petits garçons et de petites filles traînant des planches pour les étendre sous les pieds des étrangers et leur faire passer à pied sec les filets d'eau qui coulent dans la gorge.

Le nom français de Vallon obscur ne traduit nullement la désignation patoise de *valloun escur*, dont le sens est à peu près celui de *torrent caché* (*securus*). En effet, la brèche de la colline qui donne passage au ruisseau n'est point un vallon :

c'est une étroite fissure dans laquelle deux ou trois personnes peuvent à peine se glisser de front, et dont les parois perpendiculaires et çà et là surplombantes se dressent à 30 mètres de hauteur. Des mousses, des capillaires tapissent le rocher ; des arbustes se balancent sur les saillies ; de petites sources jaillissent des petites cavernes de la base et s'épanchent goutte à goutte dans le ruisseau. La lumière du soleil descend rarement dans cette fente du sol ; mais aussi jamais n'y pénètre la poussière qui recouvre quelquefois toute la plaine de Nice comme l'immense fumée d'un volcan.

La longueur de ce défilé, que les eaux du ruisselet ont évidemment creusé à la longue à travers les terrains de dépôt caillouteux, est de près d'un demi-kilomètre. A l'extrémité supérieure, on remarque un éboulis pittoresque du rocher et une jolie cascatelle. En remontant le ruisseau jusqu'à sa source, on finirait par gravir le Mont-Cau.

LE VALLON DU MAGNAN.

Le Magnan est le ruisseau qui se jette dans la mer à 2 kilomètres à l'ouest de l'embouchure du Paillon. La promenade des Anglais vient y aboutir. En suivant le chemin carrossable qui passe sous la voie ferrée et longe le bord du petit cours d'eau, on pénètre dans un charmant vallon où l'on peut varier à l'infini les promenades et les points de vue, car la combe de Magnan prend son origine sur les flancs du Mont-Cau et reçoit des affluents qui descendent des hauteurs d'Aspremont et de Colomas. En général, les étrangers se bornent à visiter le hameau de Sainte-Madeleine, situé à 2 kilomètres de l'entrée, ou bien celui de Saint-Roman, qui se trouve plus loin dans le cœur des montagnes (2 heures et demie de Nice). On monte aussi à gauche sur les hauteurs de Bellet, célèbres par l'excellent vin qu'elles produisent (voir page 238).

M. Émile Négrin parle ainsi du vallon de Magnan. « Si vous avez soin de faire cette promenade, en automne ou au printemps, avant que les arbres aient perdu leurs feuilles ou lorsque celles-ci commencent à pousser, vous serez tout étonné de trouver là un paysage de Normandie. Il n'est plus question de jardins, de grilles, ni de villas; les collines qui vous entourent forment une multitude de petites vallées toutes plus fraîches les unes que les autres; de grands noyers projettent leur ombre pastorale sur les haies touffues; vos yeux n'apercevront que de la verdure : vous songerez au pays natal. J'ai bien vu un palmier, mais il est si chétif! » Pendant les longues soirées des hivers de Saint-Pétersbourg, Joseph de Maistre se rappelait avec tristesse « le doux vallon de Magnan. »

L'EMBOUCHURE DU VAR.

Près de Sainte-Hélène un chemin se détache de la grande route de Marseille et longe à distance le bord de la mer. Après avoir traversé quelques nappes d'eau stagnante, il se divise en plusieurs sentiers qui se perdent dans les prairies humides et marécageuses, puis descendent sur la grève pour atteindre l'embouchure du Var, à 8 kilomètres de Nice. Les bosquets de la Californie qu'on aperçoit à droite, près du pont du chemin de fer, croissent sur un sol d'alluvions que le fleuve a graduellement apportées. On dit que ces terres humides, aujourd'hui parcourues par les chasseurs, seront bientôt transformées en promenades d'agrément par la municipalité de Nice.

A l'embouchure du Var, on voyait récemment une digue de blocs énormes que le fleuve avait déchaussée pour aller dévorer la rive bien au-delà. La muraille renversée n'était plus qu'un écueil sur lequel les eaux venaient se briser.

Les diverses excursions qu'on peut faire aux environs de Nice, dans les vallées du Var, de la Tinée, de la Vésubie, de la Roya, à Eza, à la Turbie, au Mont-Agel, à Laguet, à Monaco, à Menton, à Ventimiglia, sont décrites dans les chapitres suivants.

CHAPITRE VIII.

LA VALLÉE DU VAR.

Le fleuve Var, qui a longtemps servi de frontière entre la France et l'Italie, et que les armées en marche ont si souvent traversé, n'est guère connu des voyageurs que dans la partie inférieure de son cours. C'est là un tort de la part des étrangers qui aiment la nature sous ses divers aspects. On peut s'étonner à bon droit que les Niçois ne recommandent pas plus instamment à leurs hôtes annuels d'aller visiter les bords de ce fleuve, qui, sur une longueur développée de 115 kilomètres, parcourt des régions si pittoresques et en même temps si curieuses au point de vue géologique.

La Var prend son origine dans une vallée qu'entourent des montagnes de plus de 2500 mètres de hauteur, couvertes de neige pendant une grande partie de l'année, et revêtues à leur base de forêts de sapins et de mélèzes. Il coule d'abord au sud-est entre deux des hauts chaînons qui rayonnent en éventail autour du Mont-Pelaz, puis, en aval de Guillaumes, il traverse le chaînon méridional par une énorme entaille, et descend directement au sud en longeant la base d'escarpements rougeâtres qui se délitent sans cesse sous l'action des intempéries. Déjà la vigne se montre sur les pentes. Au sortir de la *clus* de Gueidan, le Var entre dans la zone des oliviers, et, faisant un coude brusque vers l'est, court parallèlement à une chaîne calcaire qui se dresse au sud comme une longue muraille. Au confluent de la Tinée, le fleuve change de nouveau sa direction et traverse perpendiculairement, par une *clus* prodigieuse, l'énorme chaîne qui se dresse en travers de son cours. En aval de ce défilé sauvage, le Var n'a plus qu'à serpenter dans une assez large vallée entre des collines à pentes douces, et se déverse dans le golfe d'Antibes où ses apports ont formé, pendant le cours des siècles, une pointe marécageuse sans cesse agrandie en dépit du courant littoral qui la ronge et de la profondeur considérable du golfe. Le Var, dont les alluvions jaunâtres constituent les deux millièmes de la masse totale du fleuve, se distingue jusqu'à une assez grande distance en mer; infléchi par le courant maritime, il se replie vers l'ouest et longe la côte dans la direction d'Antibes.

Les Romains avaient donné au Var le nom de *Varum* (*varius*) à cause de la soudaineté de ses crues. Ce n'est le plus souvent qu'un mince torrent; mais, parfois aussi, c'est un fleuve redoutable, entraînant avec bruit des millions de galets, érodant ses berges, formant de nouveaux îlots, déplaçant continuellement son cours. A l'étiage, le Var débite environ 28 mètres cubes d'eau par seconde; mais pendant les crues il roule une énorme quantité d'eau, évaluée à 4000 mètres cubes par seconde, soit à 143 fois l'étiage[1]. La Durance, fameuse par ses crues rapides, roule, lors des plus fortes inondations, une masse liquide égale à 100 fois celle de l'étiage. Pour la Seine, la proportion de la masse des eaux de crue à celle du plus bas niveau est de 18 à 1.

Plusieurs affluents importants se jettent dans le Var; la Vaire (petit Var), la Tinée, la Vésubie, l'Estéron; mais ni

---

1. Voir la *Description minéralogique et géologique du Var*, par M. de Villeneuve-Flayosc.

lui, ni aucun de ses tributaires n'arrosent le département auquel, par une étrange fiction administrative, on a, depuis l'annexion du comté de Nice, conservé le nom de Var.

DE NICE A PUGET-THÉNIERS.

La route de voitures qui doit réunir les deux chefs-lieux d'arrondissement n'est pas encore terminée (1864), et, pour faire ce trajet de 67 kilomètres, il faut voyager pendant une journée entière, en changeant plusieurs fois de moyens de locomotion. On monte d'abord dans un véhicule disloqué, poliment décoré du nom d'omnibus (1 fr.); puis on descend au hameau de Saint-Isidore, on longe à pied un petit canal pendant 3 ou 4 kilomètres, et l'on monte sur un truc de chemin de fer, à traction de chevaux, qui conduit à Saint-Martin. Dans ce village, on trouve des voitures particulières (de 2 à 10 fr., suivant le nombre des voyageurs), pour se rendre au Touet; mais là, il faut de nouveau descendre de voiture et continuer sa route à pied ou à dos de mulet.

On quitte la route d'Antibes immédiatement en deçà du pont du Var pour s'engager dans un étroit chemin séparé du fleuve par un rideau de trembles. A l'ouest, la vallée est bordée d'escarpements rougeâtres et de pentes couvertes de vignes et d'oliviers. Cette première partie de la route est assez monotone. De distance en distance, on traverse le lit de quelque torrent desséché pendant dix mois de l'année. A l'est de la route, les collines en partie boisées se relèvent en molles ondulations.

Au-delà du hameau de Saint-Isidore, se trouvent actuellement les scieries les plus importantes des bords du fleuve.

L'une d'elles, celle des Angoustières, est située à l'entrée d'une petite gorge latérale, au débouché de laquelle on voit encore des vignes, et communique avec le Var par un canal coupé en souterrain dans un conglomérat solide. Un rebord a été ménagé dans le tunnel pour servir de sentier aux ouvriers de l'usine. L'entrée de ce souterrain est défendue en amont par une grande porte qui doit résister pendant les crues à la pression des eaux du Var. C'est un spectacle curieux que de voir les troncs d'arbres poussés par le courant s'engouffrer dans l'ouverture.

Tandis que la voiture chemine péniblement à travers les graviers du Var, les voyageurs longent le canal de la scierie. Autrefois, les collines dont on contourne la base étaient couvertes d'arbres magnifiques; mais il n'en reste plus que le nom : *Bosc-Ordan*. Depuis que les arbres ont été coupés, les inondations du Var ont été beaucoup plus fatales. Il y a quelques années, elles ont emporté la route sur une longueur de plusieurs kilomètres : on ne l'a pas encore réparée.

A une petite distance des scieries, on laisse à gauche un pont de bois provisoire établi pour le service de carrières importantes situées sur la rive droite du Var : c'est le pont de la **Gaude**, ainsi nommé du village de ce nom que l'on aperçoit, à l'ouest, sur une colline arrondie renommée pour ses vignobles. Les grandes ruines qui couronnent la hauteur et forment l'un des traits les plus remarquables du paysage, étaient autrefois un beau palais des Templiers. Au commencement du XIIIe siècle, la Gaude fut détruite parce que les Vaudois s'y étaient réfugiés [1]. Les habitants de la Gaude, que l'on dit être assez batailleurs, sont d'origine génoise. En 1707, ils se défendirent avec courage contre les Savoyards et les Allemands du prince Eugène.

Au nord de la Gaude, se dressent les superbes escarpe-

---

1. *Géographie départementale des Alpes-Maritimes*, par l'abbé Tisserand.

ments à pic des rochers de **Saint-Jeannet**, parfaitement visibles des sommets de l'Esterel et des Maures, ainsi que de toutes les cimes qui dominent Monaco, Menton, Ventimiglia. Toutes les femmes du petit village de Saint-Jeannet avaient autrefois la réputation d'être sorcières.

Les blocs extraits des carrières de la Gaude servent à la construction d'une grande digue latérale à la rive gauche du Var. Ce travail important, commencé par ordre du gouvernement sarde, puis interrompu pendant quelques années, est poussé actuellement avec une grande activité. Il est destiné à défendre contre le fleuve une grande étendue de prairies, jadis périodiquement ravagées par les inondations. Un chemin de fer provisoire, établi sur la digue pour le transport des blocs, sert également à celui des voyageurs. A la montée, un cheval ou un mulet remorque le wagon; à la descente, le véhicule glisse par son propre poids, avec force cahots et soubresauts, sur les rails inégaux et décloués; aux endroits périlleux, le conducteur serre énergiquement le frein pour modérer la vitesse du char. Le wagon étant un simple plancher porté par deux roues, le voyage offre bien quelque danger; mais il ne laisse pas d'avoir son charme à cause de la nouveauté du genre de locomotion.

Bientôt la vallée du Var fait un coude vers le nord-est, et l'on voit déboucher à droite un large vallon pierreux, dont les ravins latéraux se redressent vers les hauteurs nues que couronne un village du nom bien mérité d'**Aspremont**. Un superbe rocher vertical de conglomérat rougeâtre se dresse à plus de 100 mètres de hauteur à l'entrée méridionale du vallon; dans les Alpes maritimes, si riches en spectacles de ce genre, un bien petit nombre d'escarpements offrent une apparence aussi formidable. De l'autre côté du Var, que traverse un gué facile, souvent choisi par les Romains, on voit encore le roc non moins abrupt de Saint-Jeannet; mais l'ensemble du paysage est assez gracieux. Gattières (*terres gastes*) et son château se montrent au sommet d'une colline plantée de vignes et d'oliviers. Plus au nord, dominant un coude du Var, ou aperçoit **Carros**, auquel ses vieilles murailles grises donnent l'aspect d'un amoncellement de rochers. Ce village doit son nom au char ou *carrocium* au-dessus duquel flottait l'étendard du pays et que venaient escorter les seigneurs des environs lors des grands rendez-vous de guerre. Des archéologues visitent à Carros une porte ogivale d'origine mauresque (?) et des inscriptions romaines. On a découvert aux environs des indices de houille.

A 28 kilomètres de Nice, on atteint le village de *Saint-Martin du Var*, dépendant de la commune de la Roquette, dont le chef-lieu est situé immédiatement au-dessus de Saint-Martin, comme dans une aire d'aigle (392 mèt.). En face du village, s'unissent les deux larges vallées pierreuses du Var et de l'Estéron, qui, plus haut, se rétrécissent en défilés sauvages. De toutes parts, se dressent des montagnes escarpées, des rochers à pic : à droite, c'est la pyramide qui porte la Roquette ; au nord, Bonson est suspendu au bord d'un précipice ; Gilette est situé à mi-flanc de la montagne de Vallonge qui sépare les deux vallées et que couronnait autrefois une forteresse souvent assiégée, rarement prise ; enfin on aperçoit au sud-ouest, non loin de Carros, l'antique village du Broc (en patois, *oliviers greffés*), entouré d'arbres fruitiers et peuplé de plus de 1000 habitants. Les Hospitaliers y possédaient autrefois un important prieuré.

La digue continue de longer la rive gauche du Var jusqu'à 2 kilomètres de Saint-Martin, au pied du Baous Rous (Rocher rouge), dans lequel elle s'enracine solidement. C'est là que commence le premier défilé du Var. A l'entrée de cette gorge le beau pont suspendu de Charles-Albert, composé de trois travées et long de 200 mètres environ, traverse le fleuve à côté des ruines d'un ancien pont de pierre.

La route qui pénètre dans la **vallée de l'Estéron** passe sur le pont de Charles-Albert, puis contourne la montagne escarpée de Vallonge en s'appuyant sur des murs de soutènement et en s'engageant dans des tranchées rocheuses. Au-delà de Gilette, où elle cesse d'être praticable pour les voitures, elle suit le versant septentrional de la vallée à une hauteur variable au-dessus du torrent, qui tantôt coule en minces filets dans une large vallée pierreuse, tantôt remplit en entier la fente étroite et profonde ménagée entre les bases des rochers abrupts. Des bois recouvrent en partie les pentes uniformes des montagnes calcaires qui se dressent au sud. En général, les bords de l'Estéron sont sauvages, pierreux, infertiles; les villages sont rares, mal bâtis, faiblement peuplés. Le principal est *la Roque-Estéron*, que l'on atteint après avoir marché pendant près de 6 heures, à partir de Saint-Martin. Ce village, habité en grande partie par des gens d'origine mauresque, est situé sur les deux rives de l'Estéron, au débouché du pittoresque vallon de Cuébris (*cou-brise*, casse-cou) et à la base orientale du Mont-Long (1063 mèt.). A 40 minutes plus loin se trouve **Sigale**, village entouré de tous côtés par des escarpements et des pentes très-raides; on y remarque deux portes ogivales, les restes d'anciennes fortifications détruites pendant les guerres de la République, une fontaine érigée en 1583 et plusieurs maisons gothiques.

Aux environs de Sigale, les voyageurs peuvent aller visiter plusieurs de ces curiosités naturelles qui distinguent les montagnes calcaires de cette partie des Alpes. A 2 kilomètres à l'ouest, la source abondante de la Gravière jaillit d'une grotte profonde. A 30 minutes plus loin, en amont du village d'Aiglun, s'ouvre une étroite clus que la rivière d'Estéron s'est creusée à travers la chaîne et qui ressemble à cette fente énorme de Saint-Auban (voir chapitre V), située à 20 kilomètres plus à l'ouest. A une lieue de Sigale, vers le nord-ouest, s'ouvre le vallon boisé de Sallagriffon, où les eaux des divers torrents ont graduellement érodé d'étroites clus. Les paysans croient que les bruits sourds qui s'échappent souvent de ces ouvertures par un temps calme, pronostiquent les météores. L'une, appelée *clus du Poli*, annonce les orages et la grêle en été, ainsi que la neige en hiver; une autre promet la pluie, une autre encore le vent. — De Sigale on peut se rendre en moins de 4 heures à Puget-Théniers soit par le col du Loup, soit par celui de Rigaudon.

Après avoir laissé à gauche le pont de Charles-Albert, la route de la haute vallée du Var pénètre dans l'étroite gorge dominée à l'ouest par le rocher presque vertical que couronnent les maisons grises de Bonson : des pins ont inséré leurs racines dans toutes les anfractuosités offrant un peu de terre végétale.

Au delà de l'auberge du Plan du Var, où les voyageurs s'arrêtent d'ordinaire pour dîner et où ils peuvent trouver des voitures de louage, la route franchit l'embouchure de la Vésubie sur un beau pont à quatre arches de pierre, et s'engage dans l'étroit **défilé de l'Échaudan** (ou *Ciaudan*), véritable clus où il y avait place pour le fleuve seulement avant qu'on n'y obtînt, par le pic et la poudre, l'emplacement nécessaire à la construction du chemin.

La route est taillée dans le roc qui la surplombe; elle traverse une assise par une espèce de porte triomphale, puis elle entre dans un petit tunnel. Au delà, on se trouve comme au fond d'un abîme : par suite des brusques détours que forme le fleuve encaissé, on ne voit de toutes parts que des parois à pic, se dressant à 200, 300 et même 400 mètres de hauteur. Ces parois sont échancrées de distance en distance par d'énormes rainures cylindriques semblables à des puisards; c'est là que pendant les pluies d'orage les eaux s'abattent en cascades du sommet de la montagne. Une seule fois, la gorge s'ouvre un peu, et l'on aperçoit en face, sur un terrain planté d'oliviers, le village de Revest où se trouvait le château dans lequel le comte de Beuil fut étranglé en 1621[1]; mais la clus se resserre de nouveau entre les parois de la Granotte, à droite, et ceux de la Rochette, à gauche. Rarement un rayon de soleil pénètre au fond de cette effroyable gorge. Des cordes, attachées aux roches surplombantes, se balancent sur les eaux du Var et servent aux ouvriers qui veulent se hisser à l'entrée des carrières ouvertes dans les flancs du rocher. Enfin, on traverse un tunnel de 60 mètres, au sortir duquel on aperçoit la Mescle (mélange), ou confluent du Var et de la Tinée. On laisse à droite la route qui pénètre dans cette dernière vallée (voir chapitre IX), et, franchissant le Var sur un pont suspendu construit en aval de l'embouchure de la Tinée, on longe la rive droite du fleuve. La gorge s'élargit un peu; aux roches à pic succèdent des pentes arides et dénudées. Les villages, en partie ruinés, de Tournefort, de Malaussène, de Massoin, se montrent sur les hauteurs, au-dessus de pentes revêtues de vignes et d'oliviers.

En amont des ruines d'un pont de pierre qui s'appuyait sur deux promontoires de rochers, on sort enfin de l'étroite et sinistre gorge, pour entrer dans un bassin assez large. On traverse le ruisseau de Vial ou du Grand-Vallon, puis on longe la base des croupes mollement arrondies de la Roche-Rousse, à l'est de laquelle on aperçoit l'échancrure du col de Vial et la cime du Vial (1551 mèt.), la plus haute montagne de la chaîne qui sépare le Var de l'Estéron. Ensuite la route franchit sur un remblai un champ de pierres qui formait autrefois le lit du Var, et que l'on tâche aujourd'hui de conquérir à l'agriculture en forçant le fleuve, au moyen d'un ingénieux système de barrages, à déposer ses alluvions sur le sol. Au

---

1. Voir chapitre IX.

sommet d'une terrasse qui s'élève au nord, se trouve, à 413 mètres d'altitude, le **Villars du Var**, chef-lieu de canton peuplé d'un millier d'habitants; mais on ne voit pas ce village, tant les rochers qui le portent sont escarpés. Près du Villars, se dressait le magnifique château des Grimaldi de Beuil, aujourd'hui simple amas de ruines. Villars du Var est à 53 kilomètres de Nice.

Immédiatement au-dessus de la prise d'eau du bassin de colmatage, la route passe sur la rive gauche du Var, traverse successivement plusieurs ruisseaux, à leur sortie de clus étroites, et contourne un promontoire au pied duquel le pittoresque pont de Sainte-Pétronille fait communiquer les deux rives. Au sud, se dresse le pic de Brune (1518 mèt.), l'une des plus hautes cimes de la chaîne de l'Estéron.

Le village du **Touet**[1] de Beuil (58 kil. de Nice) est situé, comme toutes les vieilles bourgades de la contrée, sur un escarpement de rochers. Les maisons sont hautes, percées de longues fenêtres semblables à des meurtrières, et tellement agglomérées qu'elles paraissent ne former qu'une seule construction. On dirait un vieux château féodal. Le chemin passe au pied même du village, dans un petit ravin, où les eaux d'un ruisseau tombent en cascatelles. Immédiatement à droite, un pont, dont les pierres grisâtres sont festonnées de lierres et d'autres plantes grimpantes, réunit les deux parois du ravin; une cascade, qui semble jaillir du milieu de la verdure, vient se briser sous le pont, au milieu des pierres de la route; plus haut, s'étagent les maisons et les murailles; çà et là quelques arbres s'accrochent aux escarpements du rocher; plus haut encore, on aperçoit une autre arche de pont, au-dessus duquel apparaît le clocher du Touet. A gauche, les pentes de la montagne, revêtues d'une verdure abondante, descendent rapidement vers le Var. L'ensemble du paysage forme un charmant

---

1. Toît, hôtellerie.

sujet de tableau et contraste agréablement avec les pays désolés qu'on vient de parcourir. Un petit pont de bois provisoire, jeté sur le Var, fait communiquer le territoire du Touet avec le versant opposé de la vallée. En face, on voit le sentier qui monte obliquement vers le col de Rorebel en contournant des roches d'ardoises parfaitement unies. Ce col est le passage principal qui relie le Touet à la Roque-Estéron.

A 1 kilomètre à l'ouest du Touet, au delà d'un promontoire couvert d'oliviers et rongé à sa base par les eaux du Var, la route franchit le ruisseau du Champ (Ciamp) sur un beau pont de pierre construit en 1861.

La *clus* d'où sort le Champ est l'une des plus belles des Alpes maritimes. Les parois, qui s'élèvent à droite et à gauche jusqu'à la hauteur de 200 mètres environ, se composent d'assises de diverses couleurs : jaune, rouge, gris ; des saillies arrondies et semblables à de gigantesques colonnes, flanquent ces assises ; les aiguilles et les dents qui hérissent les crêtes des rochers ont l'apparence d'anciens châteaux forts. Cette formidable clus est longue de 4 à 5 kilomètres. La gorge s'élargit un peu au-dessous du village de Rigaud, puis au delà, se trouvent de nouveaux étranglements, dans lesquels ne se hasarde nul sentier. Pour se rendre au village de Beuil (voir chapitre IX), situé sur un plateau, près des sources du Champ, il faut longer constamment les hauteurs qui dominent la gorge du côté de l'ouest.

Après avoir franchi le Champ, la route contourne la base escarpée du plateau rocheux de Dine. Le paysage est assez monotone. La montagne pyramidale qui domine au sud toute cette partie de la vallée est connue sous le nom de Roquefort ; elle est séparée, à l'est, des cimes de Rorebel, par la profonde dépression du col de Bela Fia.

Puget-Théniers (*hôtel de la Croix de Malte*), qui a reçu le titre de sous-préfecture du département des Alpes-Maritimes, est un bourg insignifiant, situé à 67 kilomètres de Nice et à 449 mètres d'altitude, sur les deux rives de la Roudoule, près de l'embouchure de ce torrent dans le Var. Ses rues sont étroites et escarpées, ses maisons mal construites, et sa population atteint à peine 1304 habitants. Grâce à ses franchises municipales et à sa constitution républicaine, la commune était beaucoup plus peuplée dans le moyen âge. Il est vrai que Jeanne de Naples, entre autres priviléges, avait accordé aux citoyens du Puget le droit « de se révolter si on cherchait à les inféoder [1]. »

Les monuments publics du Puget-Théniers sont les ruines d'un château fort, une vieille église sans intérêt, que l'on dit avoir été bâtie par des Templiers, une petite fontaine à jet d'eau et un pont en bois jeté sur le Var. Près du bourg jaillit une source d'eau minérale ferrugineuse. Puget-Théniers est (1864) le seul chef-lieu d'arrondissement français qui n'ait pas encore une route carrossable. Ses produits les plus estimés sont les vins des coteaux environnants.

L'abbé Papon, l'historien de la Provence le plus estimé, était né à Puget-Théniers en 1737.

Les inondations de la Roudoule font de grands ravages ; pendant les pluies, les eaux, qui charrient des débris d'ardoise rougeâtre, ont la couleur du sang.

ENTREVAUX.

Cette petite ville est située à 7 kilomètres à l'ouest de Puget-Théniers. On s'y rend par un chemin assez monotone, qui traverse des champs de pierres sur les bords du torrent et contourne la base d'escarpements rocheux. A moitié route, on sort du département des Alpes-Maritimes pour entrer dans celui des Basses-Alpes.

Entrevaux (auberge *du Bras-d'Or*), en latin, *Inter valles*,

---

1. Fodéré, *Voyage aux Alpes-Maritimes*.

est une petite place de guerre contenant une population de 15 à 1600 habitants, et située sur la rive gauche du Var, que traverse nn beau pont d'une seule arche. Elle a été construite au XIe siècle après la destruction de Glandèves, ancienne ville épiscopale qui fut dévastée par les Lombards et les Sarrasins et complétement démolie pendant les guerres du moyen âge : il n'en reste qu'une vieille tour.

Placée comme au fond d'un gouffre entre des montagnes qui la dominent de toutes parts, Entrevaux semble séparée du reste du monde. Ses rues méritent plutôt le nom d'égouts; elles sont étroites, sales, fétides, dominées par de hautes maisons dont les étages supérieurs se rejoignent presque de chaque côté. La garnison d'Entrevaux se compose en moyenne de 15 hommes. L'église, du XVIe siècle, est décorée intérieurement dans le style italien.

Le fort, qui domine la ville du côté du nord, ressemblerait à une misérable bastide si l'on ne voyait de loin les zigzags et les poternes du sentier militaire qui y conduit.

Lorsque Charles-Quint envahit la Provence, une partie de ses troupes s'empara d'Entrevaux, qui appartenait alors au Piémont. Quelques années après, une jeune fille se mit à la tête des montagnards des environs, surprit les Impériaux qui formaient la garnison et les chassa de la ville; puis, ayant convoqué les principaux habitants, elle leur proposa de se mettre sous la protection de la France : on ajoute même, chose difficile à croire, que la ville, ayant été exemptée du droit de taille, réclama l'honneur de contribuer aux dépenses de l'État comme les autres nationaux. Depuis cette époque, Entrevaux fait partie du territoire français.

Entrevaux est très-bien situé pour servir de quartier général aux voyageurs qui voudraient visiter les hautes vallées du Var et de la Vaire, la clus de Saint-Joseph (voir ci-dessous) et celle de Saint-Auban (voir chapitre V). Les routes carrossables sont peu nombreuses dans les Alpes-Maritimes et les

Basses-Alpes; aussi Entrevaux, qui communique par des routes de voitures avec Colmars, Digne et Castellane, peut-elle se dire une ville privilégiée; elle n'est pas séparée du reste du monde comme le sont encore plusieurs de ses voisines.

LA VALLÉE DE LA VAIRE.

Au sortir d'Entrevaux, la route d'Annot franchit le Var sur le beau pont fortifié dont la tour de défense sert de porte à la ville, puis elle remonte la rive droite du torrent. Après avoir contourné les escarpements de la montagne de Caouche-Rouge et traversé plusieurs ruisseaux, descendus de vallons sauvages, on passe de nouveau sur la rive droite du Var, et bientôt après on s'engage dans un étranglement de la vallée formé par les rochers de Sainte-Branne. A droite, les pentes des montagnes sont cultivées en vignes; à gauche, les talus, beaucoup plus escarpés, sont couverts de chênes et de hêtres rabougris.

A 5 kilomètres d'Entrevaux, on arrive au **pont de Gueidan**, jeté sur le Var à l'issue de la gorge que ce fleuve parcourt avant de s'unir à la Vaire, cours d'eau moins important, dont la vallée, ouverte dans la direction de l'ouest, semble être la continuation de la vallée principale. Le pont, semblable à presque tous ceux du pays, consiste en une arche en plein-cintre de 25 mètres d'ouverture, appuyée des deux côtés sur la masse solide du roc et inscrite dans l'angle obtus formé par les parapets; la voûte, très-mince à la clef, est d'une aussi grande légèreté que celle des ponts métalliques modernes; mais, comme dans tous les ponts anciens, la voie est très-étroite et ne laisse passer qu'une voiture à la fois.

Les rochers dont le pont réunit les deux bases sont très-remarquables sous le rapport géologique : on dirait des monuments taillés de la main des géants. Comme deux immenses bastions de hauteur égale, ils présentent une égale inclinaison sur toutes leurs faces; l'angle par lequel chaque rocher se termine au point de rencontre des deux vallées est d'une régularité presque parfaite, et les parois, surtout celles qui regardent le midi, offrent à peine quelques anfractuosités; à une certaine distance à droite et à gauche du pont, deux talus d'éboulement, parfaitement circulaires à la base et terminés en pointe au sommet, flanquent les deux murailles. Cette entrée de la vallée supérieure du Var est une des plus curieuses de ces *portes de fleuves*, si nombreuses dans les pays de montagnes calcaires. La route de Guillaumes et d'Entraunes (voir ci-dessous) pénètre par cette ouverture.

Au delà du pont de Gueidan, le chemin d'Annot longe la rive gauche de la Vaire, dominée au sud par des pentes couvertes de chênes et de hêtres, au nord par de grandes roches très-pittoresques et de forme étrange, au pied desquelles croissent des oliviers rabougris, des vignes et des mûriers. A 3 kilomètres du pont du Var, on remarque à gauche de la route une autre arcade élégante et frêle jetée sur la Vaire entre deux parois opposées; c'est le pont de Saint-Benoît, ainsi nommé d'un village qui se trouve à droite sur un petit mamelon ombragé de noyers et en partie revêtu de vignes. Le village de Saint-Benoît doit son origine à un monastère de Bénédictins dont on retrouve les ruines dans le voisinage.

Le promontoire sur lequel s'appuie l'extrémité septentrionale du pont de Saint-Benoît offre une curiosité naturelle célèbre dans tout le midi de la France. A droite, immédiatement à côté de la route, mais à une hauteur considérable au-dessus du niveau de la Vaire, une ouverture noire indique l'entrée de la **grotte de Saint-Benoît**, longue de 300 mètres environ et d'une largeur moyenne de 6 à 7 mètres. L'entrée de la caverne forme une espèce de vestibule d'où l'on pénètre dans une galerie dirigée vers le nord. La hauteur du plafond est très-variable; mais en général elle ne dépasse pas 3 à 4 mètres ; à droite et à gauche, se remarquent plusieurs galeries latérales, dans lesquelles on ne peut avoir accès qu'en rampant sur le sol. Sous la couche épaisse de tuf calcaire qu'ont déposée les eaux lorsqu'elles parcouraient cette grotte, on a découvert des fragments de poterie rougeâtre et non vernissée, des ossements humains et des os d'animaux appartenant aux genres cheval, mouton, bœuf, sanglier et cerf. Lorsqu'on ignorait encore que la plupart des grottes de la France avaient été habitées par les aborigènes, Ibères ou Celtes, des antiquaires prétendaient, à grand renfort d'érudition, que les ossements retrouvés dans la grotte de Saint-Benoît étaient ceux des Celto-Lygiens poursuivis par l'ordre de Fulvius, ou bien ceux des Oxybiens et des Décéates vaincus par Quintus Opimius. De magnifiques stalactites décorent les parois de la grotte.

A l'ouest de Saint-Benoît, la route dépasse un ermitage vénéré dans le pays et parcourt le *plan* ou terrasse de Coulomb, le dernier point de la vallée de la Vaire où les oliviers et les mûriers se montrent sur les pentes exposées au midi. Ensuite elle traverse le ruisseau de Coulomb, descendu de l'âpre et rocailleuse combe du même nom, qui prend son origine dans le groupe des hautes montagnes du Grand-Coyer, du Lignet et des Aiguilles de Pélens. La *vallée du Coulomb*, l'une des plus sauvages et aussi des moins connues des Basses-Alpes, renferme les trois villages des Braux, d'Argenton et d'Aurent. Ce dernier, situé sur un promontoire, à la jonction de deux vallons, est surplombé par un énorme rocher. Dans cette région des Alpes, où les escarpements, les chaos de pierres et les pentes désolées se rencontrent si fréquemment, le territoire d'Aurent est un de ceux que redoutent le plus les montagnards à cause de ses précipices, de ses ravins et de ses avalanches de débris.

Immédiatement au delà du pont du Coulomb, construit sur le même modèle que celui de Gueidan, on contourne la base de la Roche-d'Annot, dernier sommet du chaînon projeté par le groupe du Grand-Coyer entre les deux vallées de la Vaire et du Coulomb. Cette montagne se termine par une haute muraille circulaire flanquée à droite et à gauche de deux gigantesques rochers en forme de tours. Au pied de la Roche-d'Annot, la vallée de la Vaire, changeant de direction, remonte vers le nord. En face, on entrevoit le charmant bassin d'Annot dont on est encore séparé par des éboulis de blocs énormes détachés de la Roche. Quelques-uns de ces blocs sont assez considérables pour que des ouvriers puissent les exploiter à la mine comme de véritables carrières; des maisons sont tapies sous leurs anfractuosités, et de grands châtaigniers croissent à leur base.

Annot, situé dans un bassin fertile, à 12 kilomètres d'Entrevaux, vis-à-vis du confluent de la Vaire et de la Gallange, est un bourg de 1200 habitants, ayant titre de chef-lieu de canton. Il était autrefois construit un peu plus haut, là où se trouve aujourd'hui le quartier de Vers-la-Ville; on y remarque une vieille tour de défense et un enfoncement creusé dans le roc, connu sous le nom de Chambre du Roi. « On ne sait, dit M. Féraud, s'il faut reconnaître dans ces restes une petite forteresse, ou le logement du viguier, ou bien encore une prison. » En fait de monuments, telles sont toutes les curiosités d'Annot. Les jésuites possèdent dans ce bourg un collége que fréquentent une cinquantaine d'élèves. L'industrie est représentée par deux manufactures de drap.

En suivant la route de Digne qui s'engage au sud d'Annot, dans la gorge sauvage de la Gallange, on arrive en une heure de marche environ au formidable défilé connu sous le nom de **clus de Rouaine** ou de Saint-Joseph. Cette clus est presque aussi grandiose que celle de Saint-Auban (voir chapitre v); à l'une des parois est comme suspendue une chapelle, bâtie on ne sait quand ni comment, et dans une position d'un accès tellement difficile que personne n'essaye d'y monter. La tradition rapporte qu'un soldat, ayant tiré un coup de fusil sur cette chapelle, tomba mort sur-le-champ.

Au nord d'Annot, le chemin qui remonte la vallée de la Vaire longe un canal d'irrigation ombragé d'arbres fruitiers. Le paysage est charmant : à droite, de gros blocs de rochers, restés en équilibre sur les pentes boisées, se montrent à travers le feuillage ; à gauche, les premières croupes, également couvertes de végétation, sont dominées par de grands talus d'éboulis blanchâtres. Après avoir traversé des terrains sablonneux où croissent des châtaigniers épars, on atteint le petit village de Fugeret, consistant en une seule rue très-malpropre et très-étroite, au milieu de laquelle coule un ruisseau encaissé dans de larges dalles. Sur un promontoire qui se dresse à l'ouest, de l'autre côté de la Vaire, apparaît la vieille ruine du château de Murat. A l'est s'ouvre un col facile où passe le sentier d'Argenton, principal village de la vallée du Coulomb. Le Fugeret est à 5 kilomètres d'Annot.

Cessant de suivre la route départementale d'Entrevaux à Colmars[1], qui, traversant la Vaire, s'élève par de longs lacets sur les pentes infertiles qui se redressent vers la colle de Saint-Michel, les voyageurs désireux d'aller visiter la curieuse grotte de Méaille, gravissent, par un sentier en zigzag, les pentes d'une terrasse aride, passent (1 h.) au village de Méaille, dont les maisons sont pittoresquement groupées au sommet d'un rocher, puis cheminent sur les assises d'un calcaire blanchâtre, dont les failles parallèles sont garnies de touffes de buis.

Partout les parois des rochers sont percées de grottes. Les deux plus importantes sont celle de Trou-Madame, où une femme persécutée par son mari alla, dit-on, s'enfermer et

---

1. Voir l'*Itinéraire du Dauphiné*, IIe partie, par M. Adolphe Joanne.

mourir de faim, et celle des Pertus, dont les bergers des environs ont fait un parc à brebis.

A 1 heure de marche de Méaille, on atteint l'extrémité supérieure d'une combe pierreuse, puis, obliquant à gauche, on suit pendant quelques minutes le rebord d'une muraille calcaire qui domine, à une hauteur de plusieurs centaines de mètres la vallée de la Vaire, et l'on descend par une brèche étroite au pied de ce rempart que longe un petit sentier. Au delà de deux rochers appuyés l'un sur l'autre de manière à former une espèce d'arche, on passe sous les assises surplombantes de la roche, dans un enfoncement où les pâtres viennent abriter leurs troupeaux pendant les froides nuits d'été. Bientôt après, on arrive à l'entrée de la célèbre caverne.

La grotte de Méaille, ou de Cul-de-Bœuf, est longue de 400 mètres environ. Pour y pénétrer, il faut d'abord se baisser et ramper sur le sol ; mais, à mesure que l'on avance, la hauteur du plafond augmente, et vers l'extrémité, où la grotte se partage en deux cavernes divergentes, elle a 20 mètres d'élévation; sa largeur moyenne est de 10 mètres. La pente, inclinée de 4 à 8 pour 100 à partir de l'entrée, est assez égale. Les plus beaux stalactites ont été enlevés; les autres ont été noircis par la fumée des torches, et maintenant on ne remarque plus qu'un seul groupe assez intéressant, dans lequel les montagnards veulent à toute force reconnaître une Sainte Famille. Des ossements humains ont été découverts dans cette caverne, comme dans celle de Saint-Benoît.

De l'entrée de la grotte, on jouit d'une très-belle vue sur la profonde gorge de la Vaire, sur les pentes boisées qui plongent d'un jet rapide vers les bords du torrent et sur le promontoire rocheux qui porte le village bien nommé de Peyresc.

Après avoir visité la grotte de Saint-Benoît, ou peut revenir au Fugeret en passant par le village de Peyresc et le versant occidental de la vallée de la Vaire. De la grotte à Peyresc, on compte au moins 1 heure 20 minutes de marche : il faut d'abord côtoyer quelques précipices dangereux, puis descendre obliquement la montagne en s'appuyant sur les troncs des pins qui croissent çà et là, et en s'aidant des touffes de bruyères qui tapissent les rochers. De l'autre côté de la Vaire, la montée n'offre aucun danger, mais elle est très-fatigante. Le savant antiquaire Peyresc était natif du village dont il portait le nom.

Pour se rendre de Peyresc au **Grand-Coyer**, on marche pendant 3 heures environ à travers de longues croupes de pâturages très-faciles à parcourir dans tous les sens. On n'a qu'à suivre le sommet de la Cassille jusqu'à la Grand'Cabane (2 h.), puis son prolongement qui se relève par degrés jusqu'au renflement central du massif (1 h.). Du sommet du Grand-Coyer, haut de 2692 mètres, on embrasse du regard un immense horizon de montagnes, parmi lesquelles se font remarquer surtout les Aiguilles de Pélens et le Mont-Saint-Honorat. Au sud, on aperçoit par-dessus les crêtes dénudées les chaînes de collines du Var et des Alpes-Maritimes, les golfes de Nice, de la Napoule, de Grimaud, ainsi que plusieurs villes situées sur le bord de la Méditerranée, les îles d'Hyères, les collines de Toulon et un immense horizon maritime.

DE PUGET-THÉNIERS A GUILLAUMES.

C'est là une course très-fatigante, qu'on ne peut faire en moins de 6 heures, quand on voyage à dos de mulet ; mais la fatigue est compensée par le spectacle d'un horizon très-étendu. D'ailleurs le sentier de Puget-Théniers à Guillaumes est de beaucoup le plus court chemin pour les voyageurs qui veulent pénétrer dans la haute vallée du Var ; il leur évite un détour d'une heure et demie environ par Entrevaux et le pont de Gueidan.

La première partie du voyage est peut-être la plus pénible, car le paysage, d'une nudité repoussante, n'offre guère de compensation à l'ennui qu'on éprouve à marcher par des chemins escarpés et raboteux. Après avoir dépassé les terrasses de vignes et d'oliviers qui dominent Puget, on se trouve dans une gorge environnée de montagnes blanchâtres où croissent à peine quelques arbustes rabougris. Quand les rayons du soleil éclairent les rochers, on pourrait se croire perdu dans quelque massif montagneux de l'Arabie : çà et là des stratifications régulières, séparées les unes des autres par des couches de terre bleuâtre, interrompent un peu l'uniformité du spectacle.

En une heure et demie, on atteint le village pittoresque de la **Croix** situé sur un promontoire isolé et conservant encore l'apparence qu'il avait au moyen âge, alors que les brigands chrétiens ou maures, nobles ou roturiers, parcouraient les campagnes et détroussaient les paisibles voyageurs. Toutes les maisons de la Croix sont groupées les unes contre les autres, de manière à ne former qu'un seul château fort dont la solide muraille extérieure est percée de fenêtres étroites semblables à des meurtrières. Les maisons qui flanquent les angles du village servaient de tours de défense, et l'on y voit encore la trace des herses.

Presque toutes les montagnes qui s'élèvent au nord du village de la Croix, sont composées de schistes d'un rouge éclatant, comme on n'en voit peut-être dans aucune autre partie des Alpes : de loin on dirait que ces montagnes sont teintes de sang fraîchement versé, ou bien recouvertes d'un immense tapis de fleurs écarlates. Ces schistes se délitent facilement sous l'influence des intempéries, et la moindre pluie entraîne dans la Roudoule et ses affluents des amas de débris qui donnent à ces ruisseaux la couleur du sang. Les montagnes de la Croix renferment des gisements de cuivre argentifère exploités depuis 1859 au profit ou aux dépens d'une compagnie anglaise; en 1861, une vingtaine d'ouvriers étaient employés à l'extraction du minerai.

Après avoir marché pendant 3 heures ou 3 heures et demie depuis Puget-Théniers, on atteint enfin le **col de la Roue,** large échancrure qui forme la ligne de séparation entre le bassin de la Roudoule et un ravin qui plonge à l'ouest vers la profonde vallée du Var. De ce col on jouit d'une vue très-étendue au nord et à l'ouest sur le Monnier, les montagnes du col de la Croix et du col de Pal, la grande chaîne en partie neigeuse qui sépare la haute vallée du Var de celle du Verdon, le groupe pyramidal des monts Saint-Honorat, et dans le lointain sud-ouest, sur l'arête aiguë de Chamate qui ensevelit autrefois le village de Vergons sous les débris d'une de ses parois. Dans cet immense panorama, on ne voit guère que deux couleurs : sur l'avant-plan, le rouge brun des rochers nus; dans le lointain, l'azur plus ou moins foncé des grandes chaînes; à peine quelques petits bois de mélèzes se montrent-ils sur les pentes.

A la descente, qui est des plus raides en certains endroits, on contourne par de très-grandes courbes plusieurs vallons considérables dont l'un, celui d'Ame ou de la Clus, était rempli naguère par une vaste forêt de mélèzes; mais il est à craindre que bientôt il n'y reste plus un seul arbre, et que le ruisseau, qui lance maintenant de cascade en cascade les troncs abattus, n'entraîne plus vers le Var que la terre végétale enlevée par les pluies du flanc de la montagne. Au delà de ce vallon et du promontoire qui porte les maisons d'Ame et que hérissent des rochers nus en forme de tours, on longe le flanc de montagnes plantées de vignes et rayées de distance en distance par de profonds ravins. A l'ouest de la vallée du Var, au-dessus du village de Sauze, on remarque sur la crête d'une montagne hérissée d'aiguilles et d'obélisques, une arche énorme à travers laquelle apparaît le bleu du ciel.

Enfin on descend par de nombreux zigzags vers le confluent du Var et de la Tuébie, puis on traverse ce dernier cours d'eau pour entrer à Guillaumes, dont on apercevait depuis longtemps le pittoresque château fort (voir ci-dessous). — Du col de la Roue à Guillaumes on compte environ 3 heures de marche.

D'ENTREVAUX A ENTRAUNES [1].

LA HAUTE VALLÉE DU VAR.

On suit pendant 5 kilomètres la route d'Annot jusqu'au remarquable pont de Gueidan; et, continuant de longer le cours du Var, on pénètre dans la gorge étroite que le fleuve s'est frayée à travers les rochers. Le chemin, qui n'est pas encore praticable pour les voitures, passe au-dessous des petits villages de Gueidan et des Sausses, puis, à l'issue de la *clus*, atteint le pied de la colline ombragée qui porte les maisons de **Daluis** et son vieux château. Le village, que les archéologues disent être d'origine romaine, est situé au débouché d'un vallon ouvert sur le flanc méridional de la montagne de Saint-Honorat, haute de 2520 mètres. Cette cime conique, plus élevée que tous les sommets environnants, est souvent parsemée de plaques de neiges pendant le cœur de l'été. C'est probablement de Daluis que l'ascension du mont Saint-Honorat est le plus facile.

Non loin du village jaillissent plusieurs sources qu'on devrait utiliser. L'une, qui coule avec assez d'abondance dans

---

1. 10 heures de marche. Un guide est parfaitement inutile.

un vallon élevé, est hydrogénée froide. L'autre, qu'on appelle le *chaudon*, sort du rocher à une petite distance de la route du Var. Les truites s'y plaisent et vont y frayer[1].

En amont de Daluis, les eaux du Var coulent en serpentant dans un lit de pierres dominé de côté et d'autre par des escarpements rougeâtres revêtus çà et là d'une faible végétation. Au delà du vallon d'Ame, ces escarpements, se rapprochent pour former une nouvelle clus, remarquable par la hauteur et la couleur éclatante de ses parois. Puis viennent un autre bassin et un court défilé. La route, cessant de suivre la rive droite du Var, franchit le torrent au pont des Roberts, situé à 20 minutes de marche en deçà de Guillaumes. On compte environ 6 heures de marche d'Entrevaux à ce village.

Guillaumes (auberge des *Trois-Étoiles*), est un bourg de 1100 habitants, situé au confluent du Var et du torrent de Tuébie. Il a conservé des restes imposants de ses anciennes fortifications : murailles crénelées, tours de guet, contreforts ; mais ces divers débris semblent insignifiants comparés à la citadelle en ruines qui se dresse au-dessus de Guillaumes, sur la cime d'un rocher quadrangulaire. Ce château, flanqué de tours et percé de nombreuses fenêtres, est l'un des plus considérables de cette partie de la France ; il est entouré de terrasses jadis fortifiées, et de roches escarpées en forme d'aiguilles et d'obélisques. Entre le bord du Var et les maisons, s'étend une place ombragée d'ormeaux, d'où l'on peut voir à son aise le beau tableau que présentent le village, ses ruines, son château et les montagnes environnantes. Sous le gouvernement de la maison d'Anjou, tous les habitants de Guillaumes étaient « nobles entre les nobles » et complètement exempts de tailles et de corvées.

De Guillaumes, deux sentiers mènent dans la vallée de la

---

1. Fodéré. *Voyage aux Alpes-Maritimes.*

Tinée, l'un par le col de Crous, l'autre par Beuil et Roubion (voir chapitre IX).

Immédiatement au delà de Guillaumes, on franchit le Var, que rétrécissent en cet endroit d'abrupts escarpements calcaires, puis on longe la rive droite du torrent. La vallée, changeant de direction, remonte vers le nord-ouest. Au détour on aperçoit en face les trois pointes bleuâtres des Aiguilles de Pélens, qui ont tout à fait le caractère des grandes Alpes. A gauche, les pentes qui se redressent vers les cimes du Mont-Saint-Honorat, de la Fourcière et du Clos-Muletier, sont en partie recouvertes de forêts formant un contraste agréable avec les ravins pierreux, les roches d'ardoise en débris, les promontoires complétement dépourvus de végétation que l'on voit au nord et à l'est de la vallée du Var. A droite le pittoresque village de Châteauneuf, posé sur un rocher, domine l'âpre vallée de la Barlatte.

A 45 minutes de Guillaumes, on franchit encore une fois le Var pour en suivre la rive droite, d'abord à travers les pierres éboulées, puis sur une terrasse fertile et bien cultivée où se trouve le village de Villeneuve; des noyers, des pruniers et d'autres arbres ombragent cette terrasse; mais, au delà, le versant oriental de la vallée offre de nouveau l'image de la stérilité. Le versant occidental, coupé de distance en distance par des combes profondes, est beaucoup plus verdoyant: sur les pentes supérieures on aperçoit même de belles forêts connues sous le nom de Sussignes et de Lare (*larix?*), et conservées avec un soin jaloux. Au sud-ouest, entre la cime du Gran-Poey de Lignet et celle du Clos-Muletier, se montre l'échancrure du Pas-Robinou (*ruiné*, écroulé), col inaccessible aux mulets, mais très-fréquenté par les pasteurs qui veulent pénétrer de la vallée du Var dans celle du Verdon (voir l'*Itinéraire du Dauphiné*, 2ᵉ partie, par M. Adolphe Joanne).

Bientôt après avoir laissé à gauche l'embouchure du ruisseau de Monnard, qu'alimentent les neiges des Aiguilles de Pélens et du Pas-Robinou, on franchit de nouveau le Var pour s'engager dans un charmant petit vallon boisé, puis gravir obliquement le monticule qui porte le village de **Saint-Martin d'Entraunes**, tout ombragé de noyers. Ce joli village (bonne auberge chez *Olivier*) est à 2 heures 15 minutes de marche de Guillaumes. Il est bien situé pour servir de point de départ aux voyageurs qui veulent se rendre à Colmars par le col des Champs (voir ci-dessous), ou bien faire l'ascension des Aiguilles de Pélens, du Grand-Coyer, etc. L'église de Saint-Martin d'Entraunes, dans laquelle on pénètre par un porche latéral de style gothique, est ornée d'un cadran solaire portant cette inscription digne de la théocratie la plus égyptienne :

> « Me sol, vos pastor regit. »

Pour continuer sa route vers la source du Var, il faut passer sur la rive gauche du torrent et contourner la base de la superbe montagne de Maridon ou Roche-d'Aigle formée d'assises superposées que termine un piton conique. A gauche se dresse la Pointe de Quart, haute de 1956 mètres. Ensuite on voit s'ouvrir à l'est la combe de Chamoussillon qui remonte vers les hauteurs du col de l'Aspre et la montagne de Roche-Grande. Les divers vallons creusés sur le versant occidental de la vallée sont tous parcourus par des sentiers plus ou moins pénibles qu'on peut suivre pour monter au col des Champs.

A 1 heure et demie de Saint-Martin on atteint le village **d'Entraunes** (auberge chez *Tourte*), situé au confluent du Var et du ruisseau de Bourdous, au point de jonction de sentiers qui conduisent à Colmars par le col des Champs, à Barcelonnette par les cols de Caiolle et de Sanguinière, à Saint-Dalmas-le-Sauvage par le col de Jallorgues, à Saint-Étienne et à Lieusolla par le col de Pal. Pour faire des excursions dans cette âpre région des Alpes maritimes, on ne saurait donc choisir un meilleur quartier général. En hiver, la température est très-froide à Entraunes; aussi une grande partie de la population masculine émigre-t-elle périodiquement pour aller passer la saison froide, en tâchant de s'enrichir, à Nice, à Toulon, à Marseille et dans les autres villes du littoral.

La grande **source du Var** jaillit, à 1 heure et demie en amont d'Entraunes, dans un bassin parfaitement uni qu'entourent des montagnes nues et déchiquetées à leur crête. Cette fontaine abondante, qui donne toujours à peu près la même quantité d'eau, est probablement alimentée par quelques petits lacs qui se trouvent à l'ouest dans les vallons supérieurs des pointes de Lauzon et des Trois-Évêques. Les montagnards des environs croient que le grand lac d'Allos, situé sur le versant occidental de la chaîne, contribue aussi à gonfler la source du Var. Lors de la fonte des neiges et après les fortes pluies, des ruisseaux descendus des hauts vallons de Sanguinière et de Jallorgues unissent leurs eaux à celles de la fontaine; mais en été ils sont quelquefois complétement à sec.

On compte environ 6 heures de marche d'Entraunes à Fours par le col de la Caillole, soit 4 heures à la montée et 2 heures à la descente. Le sentier qui remonte la vallée principale jusqu'à 2 kilomètres au nord de la source du Var, puis s'élève à gauche vers la profonde échancrure de Caillole, est un des plus faciles de cette région si tourmentée des Alpes maritimes.

Pour se rendre d'Entraunes à Saint-Dalmas-le-Sauvage par le col de Jallorgues, on met à peu près le même temps que pour se rendre à Fours, soit environ 6 ou 7 heures : 4 heures à la montée, 2 heures à la descente. En amont de la source du Var, on pénètre à l'est dans l'étroit vallon de

Strop qui prend son origine au col de Jallorgues. Le chemin est raide et pierreux.

Enfin, pour aller d'Entraunes à Saint-Étienne par le col du Pal, un piéton met en général 5 à 6 heures. Le sentier qui monte directement à l'est dans la combe du Bourdon et, de l'autre côté du col de Pal, descend à Saint-Étienne par le val de Demandos, est très-fatiguant à suivre à cause des pierres roulantes.

DE SAINT-MARTIN D'ENTRAUNES A COLMARS,

PAR LE COL DES CHAMPS.

De crainte de s'égarer en faisant l'ascension du col, on devra prendre un guide. Le sentier, praticable aux mulets, n'est pas très-pénible; mais on peut facilement le confondre avec plusieurs autres chemins qui s'élèvent vers les hauts vallons de la chaîne. La distance qui sépare Saint-Martin de Colmars est évaluée à 4 heures de marche.

En quelques minutes on atteint le hameau du Villard, situé sur un promontoire en face de la Roche-d'Aigle, puis, retournant au sud, on monte dans une échancrure et l'on gravit par un long zigzag une arête de rochers au sommet de laquelle se trouve (40 min.) la chapelle de Saint-Jean. De cette arête qui se continue au nord pour former la superbe montagne de Quart, coupée du côté du Var par des précipices verticaux, on jouit déjà d'une très-belle vue sur Villeneuve, la Roche-d'Aigle, la haute cime de Roche-Grande, dominant le col de Pal, et les Aiguilles de Pélens visibles en entier de la base au sommet. A ses pieds, du côté de l'ouest, on voit le vallon riant de Prapelé et de Rio Salat descendre vers la combe de Monnard; au sud-ouest, par-dessus la croupe des Sussignes parsemée de bouquets de mélèzes, on distingue parfaitement l'échancrure du Pas-Roubinou.

En quittant la chapelle de Saint-Jean, on s'engage dans un charmant vallon de pâturages et de bosquets situé sur le revers occidental de la montagne de Quart; puis, obliquant à gauche, on traverse un ravin qui plonge vers la combe boisée des Vallières et l'on s'élève de nouveau pour gravir la terrasse qui porte le misérable hameau de Chastellonnette, habité même pendant l'hiver, de même que le hameau de Sauce situé vis-à-vis, de l'autre côté des Vallières. De Chastellonnette, on voit bien les cimes principales de la chaîne que traverse le col : à gauche, les parois inaccessibles en apparence des Aiguilles de Pélens; en face, la Teste de la Fréma (de la Femme), et le Queyras; à droite, la Cérié; puis, au nord du col des Champs, les Renières et l'Encombrette.

Au delà de Chastellonnette, on contourne un contre-fort pour pénétrer à une assez grande hauteur sur le versant méridional de la combe des Vallières. Après avoir traversé un joli bois de mélèzes, on s'élève graduellement par un sentier facile qui développe ses lacets dans la direction du nord-ouest à travers des pâturages et des ravins pierreux. Entre les Aiguilles de Pélens et la Teste de la Fréma, on distingue la cime lointaine du Clos de Laïte [1], dominant un chaînon latéral, mais évidemment plus haute que les sommets de la chaîne principale.

Le col des Champs, que l'on atteint en 2 heures et demie de marche depuis Saint-Martin, est un petit plateau de pâturages pierreux situé entre les contreforts de la Cérié, au sud, et ceux des Renières, au nord. De ce plateau, on voit le rocher de Guillaumes et la vallée du Var; mais, sauf la combe boisée des Vallières, le regard n'embrasse que des montagnes nues pour la plupart, Roche-Grande, le col de la Roue, les Aiguilles de Pélens, le Clos de Laïte. Au nord, l'Encombrette, aux pâturages presque grisâtres rayés de dis-

---

1. Tête de l'Esclaut, sur la carte de l'état-major piémontais.

tance en distance par des ravins noirs, domine l'ensemble du paysage.

En 10 minutes de marche, on arrive au rebord occidental du plateau, d'où l'on voit en face les montagnes neigeuses de la Foux et d'Allos. En hiver, lorsque la neige couvre la terre et que le brouillard cache les cimes environnantes, il est très-facile de s'égarer en cet endroit et de perdre le sentier pour aller s'engouffrer, à droite ou à gauche, dans quelque précipice. En décembre 1851, un républicain fugitif périt misérablement dans une de ces-fondrières : on ne retrouva son cadavre que six mois après.

En appuyant toujours sur la gauche on contourne l'arête aux pentes çà et là boisées, qui sépare le vallon du Clignon de celui de la Sence : à droite, on aperçoit sur une terrasse fertile le petit village de Clignon, qui domine la remarquable cime de Rochecline, formée d'une pyramide comprise entre deux cornes à parois extérieures presque perpendiculaires.

En moins d'une heure et demie de marche, on atteint la petite ville de Colmars (voir l'*Itinéraire du Dauphiné*, 2ᵉ partie, par M. Adolphe Joanne).

CHAPITRE IX.

LA VALLÉE DE LA TINÉE.

La vallée de la Tinée, continuation directe de la vallée inférieure du Var, prend son origine dans l'intérieur de l'angle formé par la bifurcation de la grande chaîne des Alpes du Viso, immédiatement au sud du col de l'Argentière. Le torrent qui parcourt cette vallée longe d'abord, du nord-ouest au sud-est, la base méridionale du principal chaînon, qui sert de frontière entre la France et l'Italie, puis, en aval du bassin de Lieussola, coule directement au sud en traversant, par d'étroits défilés et de profondes clus, plusieurs arêtes de rochers qui, dans les âges géologiques antérieurs, s'opposaient à son cours. Immédiatement en amont de l'endroit où il unit ses eaux avec celles du Var, il passe dans une de ces formidables gorges qui sont le principal caractère des vallées de cette partie des Alpes. De sa source à son embouchure, la Tinée a une longueur de 75 kilomètres environ.

Ce torrent roule en moyennne une quantité d'eau presque égale à celle du Var. Au plus fort de la sécheresse, ce n'est, il est vrai, qu'un mince filet d'eau serpentant au milieu des pierres; mais, quand les pluies et les neiges fondues se déversent dans son lit, c'est un fleuve de plusieurs mètres de profondeur, rongeant ses rives, et roulant d'énormes rochers qui s'entre-choquent avec un sourd tonnerre sous l'eau mugissante. C'est un spectacle curieux de voir alors les troncs de sapins, coupés dans les vallées supérieures, descendre comme des flèches au milieu de l'écume, plonger du haut des rapides avec de majestueuses oscillations et finalement s'arrêter, soit en s'engageant comme un coin sous la masse d'un rocher, soit en échouant sur un banc de cailloux, soit encore en tournoyant dans un remous sans issue. Les troncs que l'on débite en planches dans les scieries des Angoustières et de Saint-Laurent du Var viennent presque uniquement des deux vallées de la Tinée et de la Vésubie.

Les bords de la Tinée méritent d'être visités, non-seulement à cause des belles forêts de sapins et de mélèzes qui recouvrent, en certains endroits, les versants des montagnes, mais aussi à cause de leurs clus sauvages, de leurs promontoires couverts de cultures, de leurs belles cascades, de leurs rochers aux formes hardies et pittoresques. Cependant cette vallée est encore moins connue que celle du Var; elle est séparée du reste du monde, pour ainsi dire, comme si l'étranglement de son embouchure avait arrêté les voyageurs. Il est juste d'ajouter aussi que la route de voitures n'a pas jusqu'à ce jour dépassé la partie inférieure et la moins intéressante de la vallée. Quant aux auberges où l'on est malheureusement obligé de demander un gîte, elles laissent beaucoup à désirer et sont très-certainement inférieures en propreté à celles des vallées voisines du Var et de la Vésubie.

DE NICE A SAINT-ÉTIENNE.

Ce chemin, long de plus de 100 kilomètres, est encore loin d'être en son entier praticable pour les voitures. La route carrossable ne dépasse pas le pont d'Ilonse, à 20 kilomètres du confluent du Var et de la Tinée, et se continue (1864) en amont par un simple sentier de mulets que les crues de la Tinée rendent quelquefois impraticable. De Nice à l'embouchure de la Tinée on suit la route du Var décrite dans le chapitre précédent.

Bientôt après avoir pénétré dans la clus de la Tinée, qui ressemble à celle de l'Échaudan par la hauteur et l'escarpement de ses parois, on franchit le torrent sur un pont de pierre pour suivre la base du versant occidental. A gauche, l'échancrure de Cour-de-Baisse (Colle basse) s'ouvre dans la muraille de rochers ; à droite, débouchent plusieurs ravins creusés par les eaux sur le revers des montagnes d'Utelle. Sur une crête de rochers apparaît l'oratoire de Sainte-Élisabeth. A 5 kilomètres de l'embouchure, on traverse une seconde fois le torrent entre deux promontoires portant chacun les maisons et les débris d'un village à physionomie féodale. A l'est, c'est la Tour ; à l'ouest, Tournefort.

En amont, la vallée s'élargit un peu ; mais bientôt de nouveaux étranglements se présentent et la vue est arrêtée par des pentes infertiles hérissées de roches de diverses couleurs. Tous les villages sont situés sur des terrasses à une grande hauteur au-dessus du torrent. Les groupes de maisons, vers lesquels on voit des sentiers monter en longs zigzags, sont à droite ceux de Clans et de Marie, à gauche ceux de Bairols et d'Ilonse. Le territoire de cette dernière commune est peuplé de loups qui font de grands ravages parmi les troupeaux.

Au nord de Marie, situé sur un contre-fort de la montagne en partie boisée des Chalanches, on traverse à son embouchure le petit torrent de Boline, descendu des hautes terres infertiles du Val de Blore (voir ci-dessous) ; puis, contournant la base de l'énorme rocher qui porte Rimplas et son calvaire, on débouche bientôt dans un petit bassin que domine le beau promontoire cultivé de Roure. Au centre du bassin, sur la rive gauche de la Tinée, se trouve **Saint-Salvadour** ou

Saint-Sauveur, village formé de quatre rues étroites disposées en carré autour d'une prairie, qui jadis était probablement une propriété seigneuriale. Dans les jardins et les vergers des environs, on voit encore des vignes, des figuiers, des amandiers, des mûriers. Saint-Salvadour est le village des bords de la Tinée le mieux situé pour les voyageurs qui désirent visiter le Val de Blore, la vallée de Molières, la gorge de Vignoles et les montagnes de Roubion (voir ci-dessous et chapitre x). Saint-Salvadour est à 65 kilomètres de Nice.

Immédiatement après avoir quitté le village, on laisse à gauche le pont de pierre qui mène aux villages de Roure et de Roubion, puis un pont suspendu des plus gracieux dont personne ne se sert et qui semble n'avoir été posé entre les deux rochers que pour embellir le paysage. Le chemin de Lieussola se développe sur la rive gauche du torrent, tantôt à quelques mètres du bord, tantôt à une certaine hauteur sur le flanc de la montagne. La gorge se rétrécit peu à peu; les versants opposés se redressent de plus en plus, ou même sont coupés par des parois à pic, du haut desquelles plongent des cascades.

A une heure de marche de Saint-Salvadour, on entre dans un petit bassin qui forme un gracieux contraste avec la gorge sauvage qu'on vient de traverser. C'est là que l'on franchit la Tinée pour en longer la rive droite. A gauche, s'ouvre l'étroit vallon latéral de Longon où l'on voit en passant des rochers pittoresques, de beaux châtaigniers et de frais gazons arrosés par des eaux courantes ; mais peu après avoir dépassé l'entrée de ce vallon, on se retrouve comme au fond d'un abîme dans une gorge étroite que des montagnes abruptes enferment de toutes parts. Le sentier, suspendu aux flancs du rocher, ne cesse de monter et de descendre soit pour escalader les promontoires, soit pour en contourner la base.

En 30 minutes on atteint le confluent de la Tinée et du torrent de Molières (voir chapitre x), issu d'une gorge semblable à celle du torrent principal. A la jonction des deux vallées, l'horizon s'élargit un peu et l'on aperçoit au loin quelques terrasses cultivées; mais en amont du confluent, les escarpements se rapprochent de part et d'autre, et la Tinée, rétrécie entre deux chaos de blocs éboulés, bondit en cascades et en rapides. En cet endroit, son lit sert de frontière entre la France et l'Italie : la cabane des douaniers chargés de garder la limite du territoire français se trouve près d'un pont de bois jeté sur la Tinée entre deux rocs.

Ici la direction de la vallée change insensiblement et se recourbe peu à peu vers le nord-ouest. Le sentier, quittant le bord du torrent, s'élève sur le flanc de la montagne à une grande hauteur au-dessus du torrent, que l'on entend mugir comme au fond d'un étroit fossé. On marche ainsi pendant près d'une heure et demie sur le versant méridional de la gorge, embellie sur un espace de quelques centaines de mètres par un bosquet de châtaigniers, de chênes et de bouleaux; puis, franchissant la Tinée sur un joli pont suspendu, on en suit la rive gauche. En face, les montagnes s'écartent et l'horizon s'abaisse comme si l'on entrait en plaine. On traverse un champ de pierres apportées par la Tinée et le Chastillon, et l'on entre (25 min.) dans le village de **Lieussola**, que l'on apercevait en face depuis quelque temps.

Intérieurement, le village ne présente que des ruelles étroites et des maisons délabrées; mais, vu dans le paysage, il ajoute un trait gracieux à l'admirable tableau que forment les rochers, les torrents, les cascades et les bouquets d'arbres. Le souvenir des sombres gorges que l'on vient de quitter contribue à rehausser la beauté de l'ensemble. Dans les Alpes maritimes, il n'est pas de site à la fois plus grandiose et plus charmant que celui de Lieussola.

Le village est situé au confluent de la Tinée et du torrent de Chastillon, sur le dernier renflement d'un talus en pente douce couvert d'arbres fruitiers. Au nord, la montagne, jusque-là si âpre, si nue, si monotone, est fendue par une énorme entaille et se divise en deux roches du dessin le plus hardi, opposant l'une à l'autre des parois presque perpendiculaires. De beaux châtaigniers cachent la base des deux roches, et par leur verdure touffue forment le plus agréable contraste avec les deux sourcilleux gardiens de la vallée de Chastillon. Un torrent aux eaux claires, qui descend en écumant de cette vallée, va se mêler aux flots gris de la Tinée; au milieu des bouquets d'arbres s'élèvent une église romane aux arcatelles rompues, des tours ruinées, et, sur un rocher complétement isolé, une tour de guet transformée en pigeonnier.

De l'autre côté de la Tinée se dresse une muraille abrupte ; mais, par-dessus le rebord du précipice, on aperçoit une terrasse verdoyante et la combe boisée de Soubiran qui remonte vers les contre-forts du Monnier. D'une noire entaille du rocher une cascade d'une centaine de mètres de hauteur tombe sur un talus de terre végétale qu'ombragent des châtaigniers et qui semble, lui aussi, être tombé de la terrasse supérieure molécule à molécule. La nappe d'eau glisse d'abord dans une fente du rocher, puis elle disparaît dans un gouffre d'où elle sort en tourbillons d'écume pour bondir de vasque en vasque jusque dans la Tinée, qui dévore en passant la dernière cascade et l'engloutit dans ses eaux ternes chargées de débris. Un pont de bois, effrayant à contempler, passe au-dessus de la fissure de la cascade vers le quart de sa hauteur. Cette belle chute, certainement l'une des plus belles des Alpes-Maritimes, a reçu le nom de **cascade de Louche**.

Lieussola mérite d'être fréquemment visitée, et nul doute qu'elle ne le soit en effet lorsqu'elle pourra offrir aux voyageurs, dans un gîte décent, quelques-uns des comforts de la civilisation. A l'avantage d'être elle-même si agréablement située, Lieussola ajoute le privilége d'être le point de départ de nombreux sentiers qui rayonnent vers plusieurs vallées pittoresques. De ce village, on peut se rendre à Guillaumes par le col de Crous, à Entraunes par le col de Pal, à Barcelonnette par tous les passages de la Haute-Tinée, aux bains de Vinadio par la Colla Lunga, à Vinadio par le col de Santa Anna, aux bains de Valdieri par les vallées de Chastillon et de Valasco (voir ci-dessous et chapitre x).

Au delà de Lieussola, le chemin de Saint-Étienne, large et facile à transformer en route carrossable, continue de remonter la vallée de la Tinée. La pente est partout très-douce; en face, on n'aperçoit que des sommets arrondis semblables à des collines; c'est en aval, dirait-on, que se dressent les grandes montagnes. La vallée, souvent recouverte par les eaux d'inondation, n'est qu'un vaste champ de pierres.

A une heure et demie de Lieussola, on franchit la Tinée, et bientôt après on laisse à gauche la sauvage **clus de Rouey** au fond de laquelle coulent les eaux descendues des cols de Crous et de Pal. Les forêts de mélèzes qui en ombragent le versant méridional, au-dessus du précipice, rendent cette clus très-pittoresque. On ne peut y pénétrer directement; pour atteindre le hameau de *Rouey*, situé à l'origine de la clus, il faut monter à gauche sur un promontoire couronné d'une chapelle qui domine à l'ouest l'entrée de la gorge, puis suivre de niveau le flanc de la montagne. Rouey est situé à 1 heure 40 minutes de marche des bords de la Tinée. De ce hameau on compte 5 heures jusqu'à Entraunes par les pâturages du col de Pal et plus de 3 heures jusqu'à Péone. En 2 heures on pourrait aussi atteindre le sommet du Monnier qui dresse au sud-ouest ses parois escarpées.

Après avoir dépassé l'entrée de la clus de Rouey, on voit bientôt s'ouvrir à gauche une autre gorge descendue du mont Rionet. Au nord, se dresse la superbe montagne pyramidale de Colla Lunga, flanquée vers le milieu de la hauteur de terrasses verdoyantes, bien cultivées et découpées à la base par de profondes ravines dans lesquelles les eaux de neige et de pluie descendent en cascades. En face, on voit Saint-Étienne au pied d'une montagne en pente douce qui sépare les deux vallées de la Tinée et du Demandos.

Le village de **Saint-Étienne** des Monts ou de la Tinée est situé à 3 heures de marche de Lieussola et à plus de 100 kilomètres de Nice. On y remarque une assez belle église décorée de fresques grossières. Les foires de l'endroit sont très-importantes, surtout pour l'échange des bestiaux. Les montagnards des vallées environnantes émigrent en grand nombre pendant l'hiver.

Saint-Étienne, étant situé dans la haute vallée de la Tinée, à l'endroit où viennent se réunir en forme d'éventail tous les vallons supérieurs des deux grandes chaînes qui se bifurquent à la montagne de l'Enchastraye ou des Quatre-Évêques, communique par des cols nombreux avec toutes les vallées avoisinantes de France et d'Italie. Au sud-ouest, le sentier qui monte au col du Pal par la combe de Demandos mène en 5 ou 6 heures de marche à Entraunes; au nord-ouest, un chemin qui passe à (2 h.) Saint-Dalmas-le-Sauvage, dans la vallée de Sestrières, donne accès au col de Jallorgues, d'où l'on peut descendre à la source du Var, et au col de Planton qui verse ses eaux dans la vallée de Fours, près de Barcelonnette. En suivant la Tinée jusque dans la gorge supérieure où elle prend sa source, on peut, en gravissant à droite les pentes des montagnes, pénétrer dans les vallées de l'Ubaye et de l'Ubayette par les cols des Granges-Communes, de Pelouzelle, du Lauzanier, de la Mule. Enfin les cols de Pouriac, de Ferro, de Gorgion-Long, del Valonnetto sont traversés par des sentiers qui font communiquer Saint-Étienne avec la haute vallée de la Stura. La montagne du Ferro est ainsi nommée à cause de la grande quantité de minerai de fer qu'on y trouve ; les mines ne sont pas exploités à cause de la difficulté des sentiers.

De toutes les courses que l'on veut faire autour de Saint-Étienne, la plus agréable est celle du Lauzanier. De Saint-Étienne à Larche, par le col et le lac de Lauzanier, on compte près de 6 heures de marche (voir l'*Itinéraire du Dauphiné*, 2ᵉ partie, par M. Adolphe Joanne).

DE SAINT-SALVADOUR A GUILLAUMES.

Cette excursion très-intéressante peut facilement s'accomplir dans l'espace d'une journée. Le sentier est partout praticable aux mulets. Les personnes habituées aux courses des montagnes n'ont pas besoin de prendre un guide, surtout si elles ont eu la précaution de se munir d'une bonne carte.

A l'ouest de Saint-Salvadour, dominant de plusieurs centaines de mètres le confluent de la Tinée et du torrent de Vignoles, se dresse le promontoire de Roure, ainsi nommé sans doute des chênes qui l'ombrageaient autrefois, mais aujourd'hui couvert de la base au sommet d'arbres fruitiers, de vignes et de cultures diverses étagées en terrasses et arrosées par des canaux ingénieusement tracés sur le flanc des rochers. L'exposition du promontoire au soleil de l'ouest et du midi, la réverbération des rayons par le sol rougeâtre et les canaux d'irrigation dont on voit çà et là les cascades briller à travers les feuilles donnent une grande fertilité à ce haut promontoire : les habitants y cultivent des plantes qui ne croîtraient pas au fond de la gorge, sur les bords de la Tinée.

Immédiatement après avoir franchi le torrent en amont de Saint-Salvadour, il faut gravir la rampe de cette roche pyramidale dont tous les degrés sont autant de terrasses cultivées. C'est la partie la plus fatigante du chemin. Pendant une heure, on suit péniblement un sentier inégal, pierreux, brisé au-dessus de chaque terrasse par de brusques lacets ;

heureusement que l'ombre des noyers, des châtaigniers et des autres arbres qui étendent leur branchage au-dessus du sentier invite au repos, et qu'à chaque détour on jouit d'une vue plus étendue sur le bassin de Saint-Salvadour, la vallée de la Tinée et les hautes montagnes qui vont se réunir au nord-est à la crête des grandes Alpes. Le village de **Roure** groupe pittoresquement ses maisons sur la plate-forme supérieure du promontoire, et, comme la plupart des villages de cette partie des Alpes, s'appuie à un grand rocher, qui a le double avantage d'arrêter les vents froids du nord et de figurer la montagne du Calvaire les jours de fêtes religieuses.

Après avoir dépassé le rocher de Roure, on suit un chemin presque horizontal qui contourne le flanc d'une montagne nue, parallèlement à un canal d'irrigation. A gauche, on voit s'ouvrir comme un gouffre la profonde vallée de Vignoles ou de Mioneina, dans laquelle viennent déboucher plusieurs vallons latéraux. Une de ces combes, celle du Moulin ou des Adreits, est arrosée par un ruisseau qui, avant de s'unir au Roubion, passe dans un tunnel creusé de main d'homme et plonge en cascade du milieu d'une paroi de rochers. A la suite de fortes pluies, cette chute d'eau considérable, qui jaillit d'un trou percé dans une muraille à pic, produit un effet saisissant.

A 40 minutes de Roure, on arrive en face de Roubion, qui se dresse de l'autre côté du torrent sur un promontoire escarpé. Les pentes sont trop roides pour qu'on essaye de se rendre directement au village. Le sentier, qui ne cesse de longer le canal, pénètre à droite dans la combe de Vignoles, que dominent des roches aux arêtes vives, flanquées à leurs bases d'éboulis de pierres mouvantes. En 30 minutes, on atteint le bord du torrent que l'on traverse pour remonter à gauche le versant septentrional de la vallée. On s'élève d'abord par un sentier assez escarpé dans une forêt de pins, de sapins et de mélèzes qui tapisse la montagne, puis, quand on est parvenu à une grande hauteur au-dessus du torrent, on suit un chemin tracé presque horizontalement sur le flanc d'énormes talus de pierres, que dominent à droite des arêtes de rochers rougeâtres hérissées d'aiguilles et de dents. Lors de la fonte des neiges et sous l'action des grandes pluies, des pierres se détachent constamment de cette formidable crête et glissent en avalanches jusque dans le torrent. Pendant trois ou quatre mois de l'année, les habitants de Roubion et des villages voisins n'osent s'aventurer sur ce sentier, de peur d'être écrasés par les débris : pour se rendre à Roure et à Saint-Salvadour, ils descendent comme ils peuvent de leur haut promontoire en s'accrochant aux broussailles.

On atteint **Roubion** 3 heures après avoir quitté Saint-Salvadour. Ce village, dont le nom signifie *ruine*, *débris*, est situé de la manière la plus pittoresque sur une plate-forme entourée de trois côtés par des précipices ou des pentes escarpées, et dominée au nord par une paroi perpendiculaire de rochers rougeâtres. Il existe encore des débris des anciennes murailles et des tours qui défendaient ce village déjà si bien fortifié par la nature. De nos jours, Roubion, perché sur son aire d'aigle, est encore comme autrefois séparé du reste du monde : aussi ses habitants émigrent-ils en grand nombre. On perce actuellement (1864) le rocher qui domine Roubion pour y faire passer en tunnel un canal d'irrigation.

Au delà de Roubion, le sentier longe la base des rochers abrupts qui dominent le village et ses cultures, puis s'engage dans un étroit vallon où se trouvent les dernières cabanes de la commune. En 40 minutes de marche, on atteint le *col de Roubion* indiqué par une grande croix. On traverse alors un bassin de pâturages pour franchir ensuite (10 min.) un deuxième col, d'où l'on descend à gauche sur le versant d'un vallon pierreux ombragé de quelques mélèzes ; arrivé (30 min.) au bord du ruisseau de Champ, qui prend sa source dans les gorges supérieures du Monnier et va s'unir au Var près du Touet, après avoir coulé au fond d'étroites *clus*, on n'a plus qu'à gravir une pente roide pour atteindre (10 min.) le village de **Beuil**, situé sur un plateau peu fertile. C'était à Beuil que résidaient, pendant le moyen âge, les Grimaldi de Beuil, qui furent assez puissants pour donner le comté de Nice à la maison de Savoie. Le dernier potentat de cette dynastie fut le fier Annibal Grimaldi, qui répétait souvent :

> « Io son conte di Boglio.
> Che faccio quel que voglio.

(Je suis comte de Beuil, je fais ce que je veux). » Entre autres caprices, il eut celui de vouloir trahir la Savoie en donnant Nice à l'Espagne. Il fut condamné à mort et étranglé par un esclave maure dans son château de Tourettes-Revest.

L'économiste Garnier et son frère le chimiste sont nés tous deux à Beuil.

Au nord, on voit le sol se redresser par degrés vers les hauts escarpements que couronne la pyramide terminale du **Monnier**. De cette montagne, dont on peut atteindre la cime en 2 heures et demie de marche par des rampes faciles, on jouit d'une vue très-belle et très-étendue, car le Monnier est le pic le plus élevé de tous ceux qui se dressent entre la vallée du Var et celle de la Tinée. Lorsque le temps est beau, on contemple au sud la mer d'Antibes, tandis qu'au nord on peut distinguer les hauteurs de Moncalieri et de Turin, par-dessus la crête de la grande chaîne des Alpes. Le Monnier, aujourd'hui déboisé, ne mérite plus son nom (*Mons niger*, mont noir).

A l'ouest de Beuil, le chemin, praticable aux chars, se développe en une longue courbe autour d'un vallon aux pentes douces. A voir les longues ondulations du terrain, les coteaux arrondis, on se croirait sur la limite d'un pays de plaines, tandis qu'on se trouve à un niveau plus élevé que celui des montagnes situées au nord de Nice et de Menton. En hiver, le plateau de Beuil est souvent recouvert de plusieurs mètres de neige, si bien qu'on a dû bâtir de petites coupoles au-dessus de tous les puits, dans la crainte que les hommes et les bestiaux ne s'y engouffrent. C'est peut-être à cause de la rigueur des hivers qu'un grand nombre des habitants de Beuil et des environs sont boiteux.

En 25 minutes de marche, on arrive à un petit col marqué par une chapelle et l'on se trouve dans un étroit bassin, dominé à droite par les maisons éparses des Laumes. Ce bassin est complétement environné de collines, élevées de quelques mètres à peine au-dessus du plateau; en été, il est complétement desséché et l'herbe y est brûlée; en hiver, il est caché par la neige; au printemps, il est transformé en marécage. Pendant quelques semaines seulement, le sol est à la fois résistant et tapissé d'un gazon vert.

Le paysage est toujours celui d'une plaine doucement ondulée. On quitte le bassin des Laumes pour entrer dans une espèce de chemin creux, puis on gagne un étroit ravin que domine à droite un rocher nu, à gauche une pente ombragée de mélèzes. Bientôt après on se trouve dans un charmant petit vallon de prairies et de bosquets, où sont épars des chalets en désordre. Aucun ruisseau ne parcourt cette combe; mais de nombreux entonnoirs remplis d'une terre poreuse, dans laquelle disparaissent les eaux de neige et de pluie, communiquent avec des grottes souterraines et entretiennent jusqu'au milieu de l'été la fraîcheur des prairies.

En s'élevant à travers les gazons par une pente des plus douces, on atteint (à une heure de Beuil) le renflement supérieur du col; là on s'apercoit tout à coup que l'on se trouve à une grande hauteur au-dessus de la plaine en voyant se dérouler au loin l'immense panorama des montagnes. Au nord, se dressent le Monnier et d'autres cimes; ses rivales; par delà les sources du Var, on distingue la haute pyramide du Mont-Pelaz et les crêtes noires et déchirées qui entourent le lac d'Allos; directement à l'ouest s'élèvent le Grand-Coyer et les Aiguilles de Pélens, et, plus à gauche encore, les cimes de Saint-Honorat et la Chamatte de Vergons.

La descente est d'abord aussi facile que l'était la montée. On parcourt un petit vallon doucement incliné, puis on longe le revers de la montagne autour d'un immense cirque de terrains cultivés qui plonge à l'ouest vers Guillaumes, et l'on gagne l'extrémité du promontoire escarpé de Collet, d'où l'on voit s'ouvrir à ses pieds la vallée de la Tuébie, dominée au nord par les montagnes escarpées du col de Crous. On descend à droite par une série de lacets dans le vallon de Saint-Pierre, dépourvu de toute végétation. On suit le bord de ce ruisseau, affluent de la Tuébie, et bientôt (1 h. du col) on entre dans le village de **Péone**, situé à 460 mètres d'altitude, sur la rive droite du torrent principal.

Le monticule qui abrite Péone du côté de l'ouest est couronné de pointes rocheuses affectant les formes les plus étranges. Au-dessus des pentes couvertes de buis et d'herbes aromatiques jaillissent des tours perpendiculaires et des obélisques pointus dont les bases percées de grottes ont été autrefois fouillées par les eaux. Un rocher qui surplombe a l'aspect d'une grande corne de rhinocéros. En face, sur la rive gauche de la Tuébie, et plus loin, au-dessus de la vallée de Saint-Pierre, se dressent d'autres aiguilles de formes diverses qui doivent évidemment leur structure actuelle au passage de quelque déluge ou bien à l'action de la mer pendant une époque géologique antérieure. La nature des roches friables qui composent les montagnes de Péone a rendu facile ce travail d'érosion. En effet, la plupart de ces assises schisteuses se délitent très-rapidement sous l'influence des intempéries ; aussitôt après la moindre pluie, on voit la Tuébie rouler des eaux noires comme l'encre, tandis que le torrent de Saint-Pierre est complétement jaune et qu'un autre ruisseau, débouchant plus en amont, apporte un liquide blanchâtre semblable à du mortier. Après les violentes averses, un vingtième environ de l'eau de la Tuébie consiste en débris de roches réduites en poussière.

Le village lui-même n'offre rien de curieux, et, comme presque toutes les localités de ces montagnes, il est graduellement abandonné par ses habitants. En 1800, il comptait une population de 900 âmes; de nos jours, il contient à peine 600 personnes. Ce qui contribue le plus à sauver le village d'une décadence totale, c'est l'exploitation des mines de plomb argentifère qui se trouvent à une demi-lieue de Péone, dans le vallon de Saint-Pierre. Ces mines, appartenant à la même compagnie que celles de la Croix (voir page 296), occupent depuis 1860 une quarantaine d'ouvriers.

De Péone, on se rend en une heure et demie à Guillaumes, en suivant la rive droite de la Tuébie (voir chapitre VIII).

Le **col de Crous** que l'on voit s'ouvrir au nord de la vallée de Péone, entre les escarpements à pic de la Cima Negra, à l'est, et une autre montagne couronnée de roches pointues, est à peu près le seul passage fréquenté par les habitants de Guillaumes qui veulent se rendre dans la haute vallée de la Tinée. Par ce col, on compte environ 6 heures et demie de marche de Péone à Lieussola ou à Saint-Étienne. Jusqu'à l'étroite arête qui forme le col, le sentier est roide, fatigant, monotone, et la vue d'aucun arbre ne repose du spectacle des rochers, des pierres croulantes, des amas de débris. La gorge de Rouey, qui s'ouvre sur le versant septentrional de la chaîne (voir page 311), est plus intéressante à visiter que la vallée de Péone.

DE SAINT-SALVADOUR A SAINT-MARTIN-LANTOSQUE.

Cette course, que l'on peut accomplir à dos de mulet, est très-fatigante, et, pendant la plus grande partie du chemin, n'offre d'intérêt qu'aux géologues ; mais elle a l'avantage de faire passer de la vallée de la Tinée dans celle de la Vésubie par le passage le plus court, le plus facile et le plus fréquenté. De Saint-Salvadour à Saint-Martin un piéton met environ 5 heures.

A peine sorti de Saint-Salvadour, on gravit un promontoire escarpé qui s'élève au sud-est, puis, obliquant à gauche, on escalade successivement divers escarpements superposés dont les pentes plongent vers la Tinée en formant un angle de 45 degrés. Arrivé à une hauteur de plusieurs centaines de mètres au-dessus du torrent, on longe obliquement le flanc de la montagne, que des couloirs d'avalanches ravinent de distance en distance et qui laisse partout voir ses assises jaunes, blanches, bleues ou d'un rouge vif, incessamment rongées par les intempéries. Le sentier, suspendu à une effrayante élévation, s'affaisse quelquefois avec les pierres mouvantes et glisse sur la pente du précipice.

En une heure et demie on atteint une petite fontaine dont l'eau peu abondante est, au sortir du rocher, soigneusement emprisonnée dans un aqueduc ; bientôt après on entre à **Rimplas**. Ce village occupe une position des plus extraordinaires à l'angle extrême d'une arête entre la masse énorme de la montagne et une pointe rocheuse portant une vieille chapelle. De cette pointe, située à 1026 mètres de hauteur au-dessus du niveau marin, on jouit d'une vue très-étendue sur l'âpre vallée pierreuse de la Tinée et les plateaux infertiles du Val de Blore. Cependant on aperçoit çà et là quelques restes de forêts tapissant les pentes supérieures des monts. Au-dessus de Rimplas, on ne voit que des assises de roches schisteuses fournissant des ardoises à toutes les maisons des localités voisines jusqu'à Saint-Martin-Lantosque et au delà.

A l'angle de l'arête où se trouve le village on tourne brusquement à gauche pour descendre obliquement une pente couverte de vignes. Près d'anciens trous de mines, inexploitées aujourd'hui, on franchit (30 min.) le torrent de la Boline, puis on gravit par de nombreux lacets un promontoire ombragé de magnifiques châtaigniers. Au sommet de ce promontoire, au milieu de campagnes bien arrosées, est situé (20 min.) le village de la Boline, chef-lieu de la commune du **Val de Blore**. A droite, dans les champs, s'élève l'église de Saint-Jacques, qui possède une belle *Descente de croix* de l'école de Carrache.

A l'est de la Boline, le terrain change de nature : aux grès et aux schistes succède le calcaire et en même temps le sol devient infertile et nu. Le village de Saint-Dalmas du Val de Blore, que l'on atteint à 40 minutes de marche de la Boline, est situé dans un bassin où l'herbe est presque complétement grillée en été ; seulement au printemps un léger gazon recouvre les pentes. Au nord et à l'est, les montagnes sont complétement dépourvues de végétation ; mais, au midi, des groupes de sapins et de mélèzes, connus sous le nom de Bois-Noir, égayent le versant de la Tête de Chalanche. Le village de Saint-Dalmas ne possède qu'une seule fontaine pour l'alimentation publique et les divers usages domestiques. A un certain point de vue, les habitants peuvent se féliciter de ce manque d'eau ; ils ne sont pas affligés de goîtres comme un grand nombre de leurs voisins dans les vallées environnantes.

Au delà de Saint-Dalmas on commence de gravir les pentes qui se redressent vers le col. En 40 minutes, on arrive aux pâturages qui forment la ligne de séparation des eaux et que domine au nord une montagne calcaire percée de grottes vers le sommet. En se retournant, on ne voit guère que le plateau nu du Val de Blore et les âpres cimes de Roubion. Au sud s'ouvre le charmant vallon de la Colmiane, tapissé de gazon et ombragé de beaux mélèzes : c'est un site charmant dont la vue repose de celle du désert qu'on a parcouru.

A la Colmiane commence la descente. Bientôt on s'engage

dans un étroit ravin entre deux escarpements couronnés de pins. Au-dessous d'un grand rocher qui forme la limite entre les possessions des communes du Val de Blore et de Saint-Martin, la pente devient plus raide, et l'on descend en zigzag par un sentier pierreux. Après avoir dépassé une carrière d'où l'on extrait des blocs d'un admirable granit blanc, on franchit le Borréon et l'on entre à Saint-Martin, que depuis longtemps on voyait au pied de la montagne, entouré de sa double ceinture d'eau courante et de feuillage.

DE LIEUSSOLA AUX BAINS DE VINADIO, A VINADIO, ET AUX BAINS DE VALDIERI.

On compte environ 6 heures de marche de Lieussola aux Bains, et 2 heures des Bains à Vinadio. Le sentier, praticable seulement aux piétons et aux bêtes de somme, remonte d'abord au nord-est l'admirable vallée de Chastillon, puis s'élève à gauche par un vallon latéral assez escarpé. L'échancrure de la crête, à laquelle on donne le nom de Colla-Lunga, à cause de la longueur du plateau qui la continue au nord, n'a pas moins de 2613 mètres de hauteur. Elle est dominée au nord-est par la cime conique du Monte della Guercia, que termine une pyramide de triangulation. L'élévation de cette montagne est de 2751 mètres.

Les **sources de Vinadio**, au nombre de 8, jaillissent à peu de distance les unes des autres, à la base du Monte-Oliva et près du confluent de deux ruisseaux qui forment ensemble le torrent de Traversa. Les eaux de ces fontaines sont toutes thermales muriatiques sulfureuses; mais leur température diffère : la plus chaude est de 67 degrés et la plus froide de 31 degrés centigrades; la hauteur des sources au-dessus du niveau de la mer est de 1275 mètres. D'après le docteur Borelli, les eaux de Vinadio sont efficaces pour la guérison des affections cutanées, des ophthalmies, des rhumatismes, des paralysies, des fièvres invétérées, des migraines, des catarrhes persistants. On prend l'eau sulfureuse en boisson, en bains, en douches, en boues. L'établissement est assez vaste pour donner l'hospitalité à plus de 100 baigneurs; en outre, il existe un hôpital pour les soldats malades. Malheureusement, il n'y a pas encore de route carrossable entre les bains de Vinadio et la vallée de la Stura. Les patients doivent monter et descendre la combe de la Traversa à dos de cheval ou bien en chaise à porteurs. Près du hameau de Pianche (les Planches), situé au milieu des châtaigniers, à l'embouchure de la Traversa dans la Stura, commence la route de voitures, destinée à devenir un jour la grande route internationale du col de l'Argentière (voir l'*Itinéraire du Dauphiné*, 2ᵉ vol., par M. Adolphe Joanne).

Le passage de Colla-Lunga n'est pas le seul qui fasse communiquer les bassins de Lieussola et de Vinadio. On peut aussi se rendre en 7 heures à Vinadio en franchissant la crête au col de Santa-Anna qui s'ouvre à 2441 mètres de hauteur. De ce col, on descend par la belle combe de Santa-Anna au petit village de Roviera, à une faible distance en amont de Vinadio.

En remontant la vallée de Chastillon jusqu'à son extrémité orientale on atteint au sud de la haute cime de Malinvern (*mauvais hiver*), le col de Valasco, d'où un sentier descend aux bains de Valdieri par la combe de Valasco. On ne peut se rendre de Lieussola à l'établissement thermal de Valdieri en moins de 6 à 8 heures de marche (voir chapitre x).

CHAPITRE X.

LA VALLÉE DE LA VÉSUBIE

LES BAINS DE VALDIERI.

La Vésubie, le principal affluent du Var après la Tinée, n'a pas, en comptant tous les détours, un développement de plus de 50 kilomètres de longueur; cependant elle roule dans son lit une quantité d'eau assez considérable, surtout au printemps, alors qu'elle reçoit les neiges fondues des montagnes du Borréon, de la Fenêtre, de la Gordolasque et d'autres cimes élevées ayant de 2500 à 3000 mètres d'altitude. Grâce à l'établissement de lacs artificiels qui retiennent le surplus des eaux dans les hautes vallées et les déversent ensuite en cataractes, la Vésubie peut, comme la Tinée, être utilisée pour le flottage des troncs d'arbres.

La vallée de la Vésubie offre dans sa petite étendue une grande variété de sites. Elle prend son origine sur le territoire italien, au milieu de montagnes granitiques d'un caractère alpestre, embellies de cascades, de lacs, de forêts, de pâturages fleuris; puis viennent de hautes collines aux sommets arrondis et aux pentes garnies de terrasses en gradins où l'on cultive l'olivier, l'amandier, le figuier, la vigne; plus bas la

Vésubie, comme la Tinée, s'engage dans une âpre gorge, entre des escarpements calcaires presque dépourvus de toute végétation, et finalement elle perce une chaîne de montagnes par une énorme coupure dans laquelle les ingénieurs n'ont pas osé suspendre leur route aux parois verticales. En aval de cette clus la Vésubie s'unit au Var, qui vient de traverser un défilé semblable.

Les voyageurs curieux visitent la haute vallée de la Vésubie plus fréquemment que celles de la Tinée et du Var. On le comprend facilement : cette vallée est plus accessible, grâce à la route de voitures qui la parcourt déjà sur une partie notable de son étendue, et qui remplace l'ancienne route muletière construite au xve siècle par le Niçois Paganino del Pozzo ; elle est aussi plus rapprochée des villes du littoral, et, dans l'espace de quelques heures, les habitants de Nice peuvent échanger leur climat chaud, leur ville bruyante, leurs rues poudreuses, les bords desséchés de leur Paillon, pour de frais vallons remplis du murmure des ruisseaux et du bruissement des feuilles, embellis par le spectacle des neiges et des rochers. Et puis la vallée de la Vésubie offre, après le col de Tende, le chemin le plus facile aux personnes qui veulent se rendre directement dans les plaines du Piémont. Dans un avenir prochain, lorsque les hautes combes de la Fenêtre et du Borréon seront mieux connues, lorsque les thermes de Valdieri auront un modeste rival dans un établissement fondé près de Roquebillère, nul doute que la Vésubie ne devienne une retraite favorite des étrangers qui s'enfuient de Nice aux approches du printemps.

DE NICE A SAINT-MARTIN-LANTOSQUE.

La route, longue de 59 kilomètres, qui doit prochainement permettre aux Niçois de remonter en voiture jusqu'à la base même de la grande chaîne, n'est pas encore complétement terminée. Elle dépasse à peine (1864) le village de Lantosque. Tous les jours une voiture part de Nice pour cette dernière localité.

De Nice à la grotte et au château de Saint-André, la route est connue (voir chapitre vii). En amont de cet endroit pittoresque elle continue de suivre le fond de la gorge en contournant la base du promontoire escarpé qui porte le village de Falicon, puis, après avoir laissé à gauche une grotte dont l'entrée est close par une épaisse muraille, elle traverse trois fois le torrent de Saint-André dans un espace de moins de 2 kilomètres, et à peu de distance, franchit à son embouchure le ruisseau de Sainte-Claire. Là cesse le défilé; les blancs escarpements calcaires percés de grottes font place à des pentes aux innombrables gradins ombragés d'oliviers.

Au sommet d'un rocher qui se dresse à droite de la route apparaissent les maisons de **Tourettes** et son vieux château sarrasin transformé en maison de plaisance. Le village, l'un des plus anciens du pays, doit son nom à trois tours que les Romains y avaient élevées; dans la petite chapelle de Saint-Sébastien, il existe encore une inscription romaine dédiée galamment aux matrones védiantiennes.

La route contourne le rocher de Tourettes, et, franchissant un petit col, redescend dans le vallon de Sainte-Claire dont le ruisseau est presque toujours à sec. A droite, sur l'arête uniforme d'un long chaînon calcaire percé de grottes, se montre le village ruiné de **Châteauneuf**, qui fut primitivement une bourgade des Ligures Védiantiens, et dont les Romains firent une station militaire; comme à Tourettes et dans toutes les localités voisines, diverses inscriptions romaines y ont été découvertes. Une tour et quelques murailles isolées sont tout ce qui reste aujourd'hui de l'ancien village : il fut abandonné après les longues guerres du moyen âge, à cause du manque d'eau et de la difficulté des communications.

Le vallon que remonte la route est d'une nudité désolante : pas d'arbres sur les pentes, pas d'eau dans les ravins. Cependant quelques propriétaires ont planté récemment des pins sur le versant de la montagne qui s'allonge à l'est comme une haute muraille uniforme; leurs essais ont parfaitement réussi. En donnant suite à ces tentatives isolées, on pourrait boiser toute la contrée et transformer en un frais vallon cette gorge encaissée entre des rochers blancs.

Levens, que l'on atteint après avoir franchi un petit col, est un bourg de 1800 habitants, situé à 22 kilomètres de Nice et à 584 mètres de hauteur, presque au sommet d'une montagne complétement dépourvue de végétation. Du point culminant, on jouit d'une vue très-étendue sur les montagnes et les collines du Var, ainsi que sur les rochers à pic qui dominent le confluent du Var et de la Vésubie; mais on ne voit pas la mer. A l'est, se prolonge la croupe uniforme que domine le Mont-Férion (1412 mèt.), l'une des plus hautes cimes de la contrée. Dans un vallon qui s'ouvre au sud-ouest de Levens, on remarque un ancien aqueduc très-pittoresque.

Ancienne ville des Ligures Lépontiens, Levens fut choisie par les Romains pour leur servir de place d'armes et tenir en respect toutes les peuplades des environs. Au moyen âge, elle appartint successivement aux comtes de Provence, au monastère de Saint-Pons, à Charles d'Anjou, puis à diverses familles du pays. De 1400 à 1621, elle eut pour seigneurs les Grimaldi de Beuil; mais ces princes surent si bien se faire détester que les habitants célébrèrent des fêtes et placèrent sur la place publique une pierre commémorative lorsqu'ils furent enfin délivrés de leurs maîtres. Immédiatement après l'exécution du baron de Beuil, étranglé par ordre du duc de Savoie, pour avoir voulu livrer le comté de Nice à l'Espagne, le château des Grimaldi, qui se dressait au sommet de la montagne, fut démoli : il n'en reste plus aujourd'hui que des ruines insignifiantes.

On monte encore pendant quelques centaines de mètres, et tout à coup on voit à ses pieds la sauvage et profonde vallée de la Vésubie, encaissée entre des rochers blanchâtres. On ne descend pas directement dans ce gouffre; mais, obliquant à droite, on contourne par des courbes hardies les escarpements formidables de la montagne du Dragon ou de Castellar. La route, trop étroite et portée sur des murs de soutènement, n'est pas même séparée par des garde-fous du précipice qui s'ouvre à 4 ou 500 mètres de profondeur. Dans la plus grande partie de cette descente, un voyage en voiture est vraiment périlleux, surtout si les chevaux sont ombrageux ou non encore habitués à la vue des abîmes.

Enfin on voit s'ouvrir à droite, entre des pentes douces et cultivées, un ravin latéral dans lequel la route décrit une grande courbe pour monter à **Duranus**. Ce village est directement exposé au soleil du midi, ce qui permet aux habitants de cultiver encore l'olivier sur les terrasses en gradins de la montagne. Un rocher pointu sépare les maisons des escarpements verticaux qui plongent vers la gorge de la Vésubie. Dans un de ces précipices, furent lancés plusieurs soldats républicains faits prisonniers pendant les guerres de la Révolution.

Après avoir dépassé Duranus, la route contourne le rocher qui probablement avait fait donner au village son ancien nom de Roquespavière (roche des Éperviers), et s'engage dans un tunnel de 80 mètres de longueur, au sortir duquel on revoit à ses pieds la vallée de la Vésubie, semblable à un véritable abîme. La rivière elle-même, cachée par les saillies des rochers, reste invisible. Le paysage est l'un des plus tristes et des plus désolés qu'on puisse voir. A droite, sur les pentes de la montagne nue que couronne (1274 mèt.) une chapelle de la Madone, visitée chaque année par de nombreux pèlerins, on aperçoit le village d'**Utelle**, jadis ville des Ligures Oratelles, aujourd'hui simple chef-lieu de canton contenant avec tous les hameaux environnants près de 2200 habitants. Pendant le moyen âge, Utelle sut conserver ses franchises municipales. Tous les citoyens du village étaient nobles, tous avaient le droit de porter à leur ceinture, en signe d'indépendance, un couteau d'une palme et demie de longueur. Grâce à la liberté dont Utelle jouissait, elle devint riche et prospère ; sa population dépassa 5000 âmes au XIIIe siècle. En 1355, les Utelliens se liguèrent avec les communes voisines pour résister aux incursions des Lascaris de Tende et mirent sur pied une armée de 3000 hommes ; malheureusement ils ne se contentèrent pas de sauvegarder leurs libertés municipales et souvent se louèrent en qualité de *condottieri* aux princes de diverses nations qui se disputaient le sol de l'Italie. Lorsque tous les transports se faisaient à dos de mulets, Utelle servait d'entrepôt commercial entre Nice et Coni ; aujourd'hui le trafic suit nécessairement le grand chemin et la population ne peut manquer de descendre tôt ou tard dans les hameaux inférieurs de la vallée pour obéir à l'appel du commerce. D'excellents fromages se fabriquent dans les chalets d'Utelle.

De lacets en lacets, la route finit par atteindre le bord de la rivière. En hiver et au printemps, les voitures ne se hasardent pas sur cette dangereuse rampe exposée aux avalanches et aux éboulements de pierres. Au pied de la rampe, on dépasse le hameau de la Rivière, puis on laisse à droite un pont très-pittoresque servant au chemin d'Utelle, et bientôt on s'engage au fond d'une gorge étroite où la route, taillée dans le roc, passe deux fois d'une rive à l'autre. Au sortir de ce défilé, on entre dans le charmant bassin du Figaret, formé par la jonction des vallées de la Vésubie, du Figaret et de l'Infernet. A gauche, des oliviers entourent le petit village de Figaret ; au nord se dresse un rocher pittoresque couronné d'arbustes ; au nord-ouest on aperçoit les hautes cimes du Raus et de l'Authion ; à l'ouest on voit l'âpre combe de l'Infernet remonter vers la cime de la Pietra Cava, entre deux hautes murailles de rochers gris et rouges ; en amont du pont du Suchet, sur lequel la route franchit la Vésubie, la vallée se rétrécit de nouveau, et c'est par une véritable gorge qu'on arrive à Lantosque. Pour gagner le monticule au sommet duquel s'élève la ville, il faut traverser successivement deux ponts jetés sur le torrent.

Lantosque (*hôtel des Étrangers*), petite ville qui compte, avec les hameaux voisins, une population de 2400 habitants, semble complétement fermer la vallée de la Vésubie. Elle faisait autrefois partie de la confédération d'Utelle, et, pendant toute la durée du moyen âge, elle dut au courage de ses citoyens de n'avoir à subir le joug d'aucun seigneur. Les rues de Lantosque, bordées de hautes maisons, sont pour la plupart des espèces d'escaliers de pierre assez pénibles à gravir. Au pied de la ville, en amont du pont de la nouvelle route, on remarque une arche de pierre très-pittoresque festonnée d'herbes pendantes qui se reflètent dans l'eau profonde du torrent. A une petite distance au sud de la ville, sur une terrasse cultivée, se montrent les constructions de l'ancien couvent de Saint-Pancrace, converties en habitations particulières par des paysans. Lantosque est à 45 kilomètres de Nice.

A 2 kilomètres au nord de Lantosque, la route, qui longe de nouveau la rive gauche de la Vésubie, traverse le torrent de la Bollène, puis celui de la Condamine. A droite, au sommet d'une colline (704 mètres), dont les pentes, admirablement cultivées et disposées en terrasses, forment un immense escalier de verdure, se montrent les maisons de **Bollène**, étagées en amphithéâtre. De ce village, qui eut aussi pendant le moyen âge l'inappréciable privilége de ne pas être inféodé, on jouit d'une vue magnifique sur les jardins et les vergers des campagnes voisines, sur les châtaigniers touffus des bords de la Vésubie et du ruisseau de la Bollène, sur les trois vallées qui enceignent le promontoire, et sur les cimes rocheuses de la crête de Raus. Une inscription de l'église de Bollène rappelle un désastreux tremblement de terre qui eut lieu en l'année 1348.

A une petite distance au nord du ruisseau de la Condamine, la route traverse le torrent bien plus important de la Gordolasque, alimenté par les neiges des plus hautes montagnes de la grande crête; ensuite elle contourne la colline de Belvédère, non moins belle et non moins bien cultivée que celle de Bollène, et pénètre dans le grand village de Roquebillère, peuplé, avec tous les hameaux voisins, de plus de 1700 habitants. Il est situé à 51 kilomètres de Nice, sur la rive gauche de la Vésubie.

Roquebillère (*hôtel des Étrangers*) était une station romaine, ainsi que le prouvent un grand nombre d'antiquités découvertes sur son territoire. Il paraît qu'elle occupait autrefois la rive droite du torrent; mais, à la suite d'une terrible inondation qui renversa presque toutes les maisons, les habitants s'établirent à l'endroit où se trouve actuellement le village. En 1564, un tremblement de terre transforma pour la seconde fois Roquebillère en un monceau de ruines. Les rues du village, comme celles de presque toutes les localités des Alpes maritimes, sont très-étroites, et les hautes maisons se pressent les unes contre les autres. Un grand nombre des habitants de la commune sont affectés de crétinisme.

Les excursions intéressantes que l'on peut faire aux alentours de Roquebillère sont très-nombreuses : à l'ouest, le vallon de Sirol avec ses prairies, ses bois de sapins et ses crêtes de rochers, invite les promeneurs; à l'est, Belvédère, le bien nommé, s'élève au sommet de sa grande pyramide de verdure; plus loin s'ouvre la vallée de la Gordolasque, si charmante à l'entrée, grâce à ses bois de châtaigniers, de noyers, de cerisiers, si âpre dans sa partie supérieure.

Roquebillère étant le village des bords de la Vésubie le plus rapproché de la vallée de la Roya, on en part aussi le plus souvent pour gravir le col de Raus (voir page 336) et rejoindre la grande route du col de Tende.

A 2 kilomètres de Roquebillère, la route de Saint-Martin traverse le ruisseau de Spaillard, qui coule dans un large lit de pierres roulées. C'est à 3 kilomètres en amont de l'issue du vallon, à l'endroit où les torrents de Lancioures et de Férisson se réunissent pour former le Spaillard, que jaillissent les **sources minérales** connues sous les divers noms de Roquebillère, de Lancioures et de Berthemont. Un filet d'eau sulfureuse, d'une température de 25 degrés centigrades, sort de la base d'un petit rocher ombragé de noisetiers, tombe dans une grotte d'un demi-mètre de hauteur et va se perdre dans le torrent; près de là sourdent d'autres fontaines moins abondantes et moins chargées de principes minéraux. Enfin on a découvert récemment à une petite distance des sources principales une eau ferrugineuse coulant avec abondance.

Les habitants de Roquebillère ont la confiance que ces eaux minérales attireront tôt ou tard des centaines d'étrangers dans le pays; mais ils n'ont encore absolument rien fait pour rendre les sources accessibles. Les personnes des environs, auxquelles on recommande les bains sulfureux, sont obligées de faire transporter l'eau de Lancioures à leur domicile, ou bien encore elles doivent s'accroupir de leur mieux dans la vase de la grotte, immédiatement au-dessous du filet d'eau ruisselant sur leur corps; deux planches de pins appuyées contre le rocher servent d'abri aux baigneurs. Le propriétaire des eaux minérales, M. Bergundi, attend que la route de la vallée soit complétement terminée pour se mettre à l'œuvre. Alors il fera construire un chemin dans le vallon de Spaillard et captera les sources pour les amener à quelques centaines de mètres en aval sur la petite terrasse de Monare où s'élèvera l'établissement des bains. C'est là qu'on jouit du plus joli point de vue de tout le vallon : au nord, se dressent les pittoresques rochers à pic de la Cima del Tor; à l'est, les eaux du Spaillard forment de belles cascades; mais on se sent à l'étroit dans cet espace entouré de hautes montagnes, nues pour la plupart ou couvertes seulement de maigres taillis. Quelques châtaigniers ont été récemment plantés sur les pentes qui dominent la vallée.

Suivant la tradition, les Romains auraient connu les sources minérales de Roquebillère, et l'on ajoute même que Salonine, femme de l'empereur Gallien, aurait recouvert la santé en faisant usage de ses eaux. Une des montagnes qui s'élèvent à l'est de la combe de Spaillard, le Mont-Gioje (*Mons Jovis*), a probablement reçu son nom des Romains.

Après avoir dépassé l'embouchure du Spaillard et laissé à gauche les contre-forts de rochers croulants sur lesquels s'appuie la montagne pyramidale de Sirol, la route, ombragée de beaux châtaigniers, s'élève à une assez grande hauteur au-dessus de la Vésubie. En face, on aperçoit le pittoresque village de **Venançon** perché sur un rocher qui se dresse à 1164 mètres de hauteur au-dessus du niveau de la mer. Ce village, dont le nom signifie rendez-vous de chasse, est dominé au sud par les longues pentes boisées du Sirol, peuplées d'un grand nombre de loups.

Saint-Martin-Lantosque (auberge de *Moschetti*) est un bourg de plus de 2000 habitants, situé à 960 mètres d'altitude moyenne sur un promontoire entouré par le Borréon et par le ruisseau de Fenêtre, dont les eaux réunies forment la Vésubie. Saint-Martin est à 59 kilomètres de Nice. Il se compose d'une rue montueuse qui se développe sur une longueur de près d'un kilomètre entre les deux torrents, et de quelques ruelles latérales bordées de maisons noires et délabrées. On remarque sur la façade de l'église de Saint-Martin trois bas-reliefs modernes d'une certaine valeur artistique. Non loin de là, au milieu d'une petite place qui domine le cours du Borréon, on bâtit actuellement (1864) un hôtel de ville qui se distingue, si ce n'est par l'architecture, du moins par la beauté des matériaux employés. Les admirables blocs de granit blanc qui servent à la construction de cet édifice sont extraits d'une carrière située à quelques minutes du bourg, à côté du chemin qui mène au Val de Blore. En 1795, Serrurier détruisit à Saint-Martin un corps franc de 300 hommes commandés par l'émigré Bonneau.

La commune de Saint-Martin est l'une des plus riches des Alpes-Maritimes. Avant que la route du col de Tende ne fût construite, Saint-Martin était le principal entrepôt des marchandises expédiées du Piémont ou du comté de Nice, par le col de Fenêtre. Maintenant il possède encore sur le territoire français et au delà des frontières, dans les vallons du Borréon et de la Madone de Fenêtre, des forêts et des pâturages de vaste étendue qui lui donnent chaque année des revenus considérables. Grâce à l'aisance générale, la population augmente à Saint-Martin, tandis qu'elle diminue dans presque tous les villages des Alpes et des autres montagnes de la France entière. Il est vrai que depuis l'annexion le surplus de la population de Saint-Martin consiste principalement en employés de toute sorte envoyés par le gouvernement français comme surveillants de la frontière.

La température de Saint-Martin est d'une grande douceur, et ses oscillations sont comprises entre des limites assez étroites; l'air de la vallée, sans cesse renouvelé par les courants atmosphériques descendus des combes supérieures, garde toujours sa pureté; les alentours du village offrent les sites les plus gracieux, les paysages les plus grandioses. Les vallons du Borréon et de la Fenêtre ont leurs cascades, leurs roches abruptes, leurs prairies, leurs forêts; la vallée de la Vésubie a ses champs fertiles et les beaux ombrages de ses châtaigniers et de ses noyers ; Venançon, les pentes boisées de la Colmiane, et surtout la cime du **Sirol** ou Siruol, qu'on peut atteindre en 2 heures et demie de marche, ont leurs admirables points de vue sur la grande crête des Alpes, sur le cours de la Vésubie et la mer lointaine. De tous les côtés se présentent de charmants buts de promenade. Aussi n'est-il pas douteux que les environs de Saint-Martin Lantosque ne soient un jour considérés comme la petite Suisse des Niçois et n'attirent des multitudes de visiteurs pendant la saison d'été. Déjà, bien que la route carrossable de Saint-Martin à la ville de Nice ne soit pas encore terminée, on commence à construire çà et là quelques maisons de plaisance dans la campagne [1].

DE ROQUEBILLÈRE A SAORGE,

PAR LE COL DE RAUS.

Cette promenade n'est pas la plus intéressante que l'on puisse faire en partant de Roquebillère ; cependant, en certains endroits du chemin, de beaux points de vue et diverses curiosités naturelles dédommagent amplement de la fatigue. En outre, le sentier du col de Raus est le plus court de tous ceux qui font communiquer les bords de la Vésubie et les rives de la Roya. Sous la conduite d'un guide, un bon piéton peut se rendre en 5 heures et demie d'une vallée à l'autre.

Le chemin gagne d'abord (25 min.), par une série de zigzags, le village de **Belvédère**, qui s'élève à 828 mètres d'altitude, au sommet d'une colline admirablement cultivée, dont la Vésubie baigne la base occidentale et que le torrent de la Gordolasque entoure au sud et à l'est. Belvédère, d'où l'on jouit en effet d'une belle vue sur toutes les montagnes qui do-

---

1. Pour la description des routes de Saint-Martin au Val de Blore, à la Tinée, aux bains de Valdieri, à Valdieri, voir chapitre ix et ci-dessous.

minent la vallée de la Vésubie, est un village d'origine très-ancienne; il fut en partie ruiné par le violent tremblement de terre du 1er août 1564. A un kilomètre environ du côté du nord, sur le flanc de la montagne, se trouve une mine de plomb argentifère, exploitée depuis quelques années par un petit nombre d'ouvriers.

En descendant de Belvédère, on gagne les bords de la Gordolasque par un chemin pierreux tracé obliquement sur le versant oriental de la colline, ombragé de beaux châtaigniers et d'autres arbres fruitiers. En 25 minutes de marche, on atteint le bord du torrent qui bondit en rapides et en cascades sur un lit de rochers. Formée de deux ruisseaux, dont l'un est alimenté par les neiges du Clapier, tandis que l'autre, descendu du Gelas, la plus haute montagne des Alpes niçoises, recueille ses premières eaux dans le bassin du beau lac Long, la **Gordolasque** roule dans toutes les saisons une quantité d'eau considérable. Sa vallée, dont la partie supérieure est en territoire italien, offre, comme celle de Fenêtre (voir ci-dessous), de vastes pâturages et, sur le versant méridional, de belles forêts de mélèzes; mais, en certains endroits, elle est réduite à un simple défilé par de hauts escarpements de rochers aux assises nues. Un passage aujourd'hui très-peu fréquenté, le col de Colomb, fait communiquer la vallée de la Gordolasque avec celle du Gesso d'Entraque. Les divers hameaux qui composaient l'ancienne commune de Gordolasque furent presque tous renversés par le tremblement de terre de 1564. Depuis cette époque, la commune n'existe plus.

Le sentier, traversant le torrent, gravit immédiatement le promontoire extrême de l'arête qui sépare la vallée de la Gordolasque de celle du Raus, et qu'on doit suivre jusqu'au col. A côté du sentier, se dressent des obélisques en terre d'une quinzaine de mètres de hauteur, portant chacun un rocher sur leur pointe. Évidemment ces obélisques, semblables à ceux que l'on connaît dans le Dauphiné sous le nom de *colonnes coiffées*, faisaient autrefois partie de la base du promontoire, et, tandis que cette base était lentement érodée par les eaux de pluie, chacune des colonnes, protégée par le rocher qui la surmonte, restait fièrement debout comme pour indiquer l'ancien niveau du sol.

Tant qu'il suit l'arête pierreuse ou qu'il contourne, à la base de rochers rougeâtres, le versant des montagnes qui dominent au nord le vallon de Raus, le chemin présente peu d'intérêt. En 2 heures de marche, on atteint l'extrémité supérieure du vallon, au pied même des escarpements qui se redressent à l'est vers l'échancrure du col, et, franchissant le ruisseau, on gravit au sud par de nombreux lacets des pâturages très-inclinés parsemés de quelques bouquets de mélèzes. En 45 minutes d'une ascension assez pénible, on gagne enfin le **col de Raus**, étroit plateau gazonné, que domine au nord la cime de Raus, au sud celle du Tuor. De ce col, on contemple un vaste horizon de montagnes, à l'est jusqu'au delà du chaînon de la Nervia, à l'ouest jusqu'aux monts de Saint-Honorat, par-dessus la vallée du Var. A ses pieds, on voit s'ouvrir l'étroite combe de Raus, que limite au loin la colline verdoyante de Belvédère. Dans l'un des ravins qui entourent la cime de Raus, se trouvent des gisements de plomb argentifère exploités depuis quelques années.

Du col on descend à travers les pâturages dans la vallée de Cairos, que dominent des sommets d'un grand caractère, ressemblant d'une manière frappante aux montagnes d'Andorre, dans les Pyrénées. En 25 minutes, on atteint le hameau d'été de *Formagine*, situé sur une terrasse herbeuse ; bientôt après (15 min.), on gagne le sol de la vallée proprement dite et l'on n'a plus qu'à suivre le bord du torrent de Cairos : le versant méridional de la vallée est couvert de grands bois de pins, interrompus de distance en distance par des clairières de pâturages ; sur le versant septentrional sont épars des hameaux exposés au soleil du midi et garantis des vents du nord par des escarpements de rochers nus.

En aval du hameau de *Cairos*, situé à une heure et demie de marche du col, on traverse une première fois le torrent et l'on s'engage dans un défilé étroit où la route, en certains endroits, a dû être taillée dans le roc. En face d'un deuxième pont, une échancrure en forme de cirque s'ouvre dans la paroi du rocher qui domine le défilé du côté du sud. Trois cascades plongent du haut des corniches sur les gradins étagés du cirque ; elles s'engouffrent dans les fissures et les cavernes, se cachent derrière les buissons, puis reparaissent en filets qui se rejoignent pour se séparer et se rejoindre encore. Au loin, par-dessus l'amphithéâtre des chutes, on aperçoit les longues pentes boisées des montagnes ; au pied des cascades, sont amoncelés en désordre les troncs d'arbres que les bûcherons livrent au courant des ruisseaux et font descendre de plongeon en plongeon jusque sur le sol de la vallée.

Après avoir dépassé ces charmantes cascades, appelées l'**Eau des Cabanères**, on entre dans un bassin où les noyers, les figuiers et même les oliviers commencent à se montrer. On traverse le hameau de *Maurion*, puis, longeant un canal d'irrigation, on rejoint, à 2 heures et demie du col, la route de Tende (voir chapitre XI). En face, on voit le bourg de Saorge suspendu aux flancs de la montagne.

DE SAINT-MARTIN-LANTOSQUE A SAINT-SALVADOUR ET A LIEUSSOLA,

PAR LE COL DE SALÈZE.

Une partie de cette promenade, de l'embouchure du torrent de Salèze au village de Molières, est l'une des courses les plus charmantes et les moins pénibles que l'on puisse faire dans les Alpes maritimes. Un bon marcheur peut se rendre facilement en 7 heures à Saint-Salvadour, ou en 7 heures et demie à Lieussola ; mais, s'il veut se donner le temps d'admirer en route, il fera bien d'employer toute la journée à son excursion. Un guide est sinon nécessaire, du moins utile.

A l'extrémité supérieure de la grande rue de Saint-Martin, on prend le chemin de chars qui, pénétrant à gauche dans la vallée du Borréon, longe d'abord la rive du torrent pour s'élever ensuite sur un plateau. La route se rétrécit graduellement et devient un sentier assez fatigant pour les piétons. De gros blocs de rochers, tombés des flancs de la montagne de Brondas, et parsemant les champs, servent à la construction des murailles cyclopéennes qui séparent les propriétés. Çà et là on aperçoit quelques bouquets de mélèzes sur les pentes ; en face se dressent les hautes cimes du Mercantourn, de la Balma de' Ghilié, et plus à droite, du Pelago. Après avoir marché pendant près d'une heure, on entre sur le territoire italien, dont la frontière n'est marquée, en cet endroit, par aucune limite naturelle, puis on descend vers le Borréon, que l'on traverse.

A 1 heure 40 minutes de Saint-Martin, on cesse de remonter la vallée du Borréon pour s'élever à gauche dans la **combe de Salèze**, dont le ruisseau clair bondit de cascade en cascade à côté du sentier. Près du confluent on dépasse les travaux abandonnés d'une mine de plomb récemment encore exploitée par une compagnie française, puis on traverse deux fois le ruisseau et l'on escalade une espèce de degré qui sépare le vallon tributaire de la vallée principale. Déjà la belle forêt de Salèze ombrage les deux versants : sur les pentes de l'ouest, les pins, les sapins sont les principales essences ; sur les pentes orientales, domine le mélèze.

La *grange de Salèze*, que l'on gagne en 45 minutes d'ascension, s'élève dans un site enchanteur au milieu d'une petite terrasse tapissée de gazon et parsemée de bouquets d'arbres. C'est là un endroit charmant, bien connu des botanistes, et tous ceux qui savent jouir de l'immense paix des hauts vallons boisés feront bien de s'y reposer quelques heures. Le ruisseau gazouille doucement sur le sable et les petits cailloux; les racines des grands arbres rampent sur le sol dans la direction de l'eau courante, les plantes rares épanouissent leurs fleurs sur le gazon, sur les éboulis, dans les fentes des rochers; au-dessus de sa tête, on entend frémir les innombrables aiguilles des pins, et, par delà le profond abîme que forme la vallée, on aperçoit, à travers les branches, les montagnes lointaines aux cimes pyramidales, aux flancs tout noirs de forêts.

Au-dessus de la grange de Salèze, le vallon, se rétrécissant un peu, est coupé, de distance en distance, par les pentes roides de terrasses superposées; mais il ne cesse d'offrir, jusqu'à son origine, des sites gracieux et variés : seulement il serait à désirer que la commune de Saint-Martin, à laquelle appartiennent ces bois, fît bientôt procéder à de nouveaux semis, car, en certains endroits, les bouquets d'arbres, décimés par la hache, sont déjà bien clair-semés.

Les piétons qui ne s'arrêtent pas en route atteignent le col en 45 minutes de marche depuis la grange de Salèze. Ce passage, dont l'altitude est d'environ 2500 mètres, est une étroite échancrure dominée au sud par la belle montagne granitique de *Leduch*, aux trois pointes aiguës. Les pentes supérieures de cette montagne sont les seules qui ne soient pas ombragées d'arbres; partout ailleurs, même sur le col, les mélèzes croissent isolés ou par groupes. On ne voit de toutes parts que la verdure des gazons ou celle des branchages. Mais le champ de la vue est assez peu étendu; les escarpements rapprochés des vallons de Salèze et de Molières sont les seuls qui se montrent au regard. A droite du col de Salèze, on aperçoit un autre passage appelé col des Faisans, à cause des nombreux oiseaux de cette espèce qui peuplent les bois des environs; en face s'ouvre le col de Frema-Morta (Femme-Morte), par lequel on pourrait se rendre, en 3 heures, aux bains de Valdieri.

La descente dans le vallon de Molières, à travers les pâturages ombragés de mélèzes, est peut-être plus agréable encore que ne l'est l'ascension du col. En 30 minutes, on dépasse trois granges considérables appelées le Vaccairas de Molières, et servant de gîte aux vaches de la commune, du mois de juin au mois de septembre. Bientôt après, on côtoie les bords d'un lac artificiel retenu par une écluse derrière laquelle s'accumulent les troncs abattus, pour être lancés ensuite en énormes cascades dans le torrent de Molières. Les chalets du hameau d'été de Chiaisses se montrent (10 min.) sur un charmant plateau gazonné. Dans les Alpes maritimes, il n'existe pas de vallon d'apparence plus champêtre que le haut vallon de Molières. En se retournant vers le col, on jouit d'un beau coup d'œil sur les pentes boisées et sur la superbe cime pyramidale de Leduch.

Le hameau de **Molières**, qui donne son nom à la combe, est situé sur la rive droite du torrent, à 10 minutes de marche des Chiaisses. Avec les hameaux voisins, qui dépendent politiquement de l'Italie, mais qui sont constamment visités par les employés français, Molières forme une espèce de territoire neutre. Les habitants ne payent pas de droits, car il n'y a pas de douaniers dans leur village; mais ils sont très-rigoureusement surveillés par les gardes forestiers, parce que les forêts exploitées dans le vallon de Molières appartiennent aux communes françaises de Saint-Salvadour et du Val de Blore. En hiver, les habitants de Molières n'émigrent pas comme ceux de Roubion et de Saint-Dalmas-le-Sauvage; à cette époque, ils sont tous occupés sur les montagnes à couper les troncs d'arbres, qu'ils livrent ensuite au cours du torrent; lorsqu'ils ont affaire à des billes considérables, ils les font traîner par des bœufs jusqu'aux bords de la Tinée.

Immédiatement en aval des chalets de Molières, on dépasse

un deuxième lac artificiel formé pour le lancement du bois de flottage, et l'on s'engage dans une gorge étroite et d'un grand caractère au fond de laquelle mugit le torrent. Au sortir de cette gorge, on laisse à gauche le hameau de Leduch, appuyé contre un rocher, et situé peut-être dans le seul endroit du vallon qui ne soit pas menacé par les avalanches. Plus loin, à 40 minutes de Molières, on contourne avec le torrent la base du promontoire cultivé et boisé qui porte le hameau de la Liouna; alors on n'a plus qu'à marcher pendant 3 quarts d'heure pour atteindre le confluent de la Tinée et du torrent de Molières.

Du pont de la Tinée, situé en amont du confluent, on peut se rendre en 1 heure 25 minutes à Saint-Salvadour, ou bien en 2 heures à Lieussola (voir chapitre IX).

DE SAINT-MARTIN-LANTOSQUE AUX BAINS DE VALDIERI.

Il serait dangereux d'entreprendre sans guide cette course qui demande environ 5 heures et demie de marche. Le sentier est, en certains endroits, très-encaissé; mais, pendant la belle saison, il est praticable pour les mulets.

A 1 heure 40 minutes de marche de Saint-Martin, près des anciens travaux de mine situés au confluent du Borréon et du torrent de Salèze, on laisse à gauche le sentier de Molières (voir page 340), pour continuer l'ascension de la haute vallée du Borréon. En face, les hauts escarpements du **Ray** se dressent en travers de la combe, et l'on voit, à travers les branches des mélèzes, le torrent plonger en nappe dans une étroite fissure du rocher. Les exploiteurs des forêts du Borréon ont profité de cet étranglement de la vallée pour y établir, comme dans la vallée de Molières, un barrage où flottent les troncs d'arbres coupés sur les pentes des montagnes environnantes. Lorsque ce lac artificiel est rempli jusqu'au bord, l'écluse qui retient les eaux est enlevée soudain, et les billes de bois, plongeant en cascade dans la gorge inférieure, sont poussées par le courant de chasse jusqu'à Saint-Martin, où le flot de la Vésubie les prend pour les pousser plus avant. En moyenne, le voyage des sapins lancés du haut de l'écluse du Ray, et que de nombreux ouvriers remettent constamment à flot, dure trente-cinq jours jusqu'aux scieries du Var. C'est un spectacle à la fois splendide et terrible que de voir les troncs d'arbres se presser à la gueule de l'écluse, se heurter et s'entre-croiser au milieu des tourbillons d'écume, et tomber pêle-mêle dans le gouffre noir et grondant. Déjà la cascade est très-pittoresque, lorsqu'un simple filet d'eau glisse à travers les interstices du barrage et disparaît dans l'étroit défilé qu'ombragent des mélèzes en désordre.

A une heure et demie de marche du barrage du Ray, il en existe un autre pour lequel a été utilisé le lac *delle tre Colpe*, situé sur le versant septentrional de la montagne du Borréon, où prend son origine, en grande partie, le torrent du même nom. Le barrage retient une énorme quantité d'eau qui ne met pas moins de cinq heures et demie à s'écouler complétement quand on ouvre l'écluse. Ces travaux considérables, entrepris dans le but d'exploiter plus rapidement les forêts du Borréon, contribuent à l'appauvrissement, et peut-être à la ruine future des communes qu'ils enrichissent maintenant. Lorsque les pentes seront toutes déboisées, comme plusieurs le sont déjà, lorsque la terre végétale aura été emportée par les pluies et que les assises de la roche, dépourvues de tout gazon, montreront clairement au regard la structure géologique de la montagne, alors peut-être on songera à utiliser, pour l'irrigation des campagnes, ces lacs artificiels qui menacent actuellement de les ruiner un jour.

Immédiatement en amont de l'écluse du Ray, s'élèvent les *chalets de Cérèze* (Ciriegia), où le sentier du col quitte la vallée et commence à monter vers les pentes supérieures.

Bientôt on perd de vue le Mont-Borréon, ou cime de l'Agnellière (2702 mètres), dont les escarpements, encore ombragés par des forêts de mélèzes, dominent la vallée du côté de l'est. Sur le versant que l'on gravit, se montrent encore quelques restes de bois; mais bientôt on ne trouve plus que des broussailles, puis des éboulis de rochers. Près du sommet, un petit lac remplit un bassin pierreux à côté du sentier; de distance en distance, on rencontre des pierres que les ingénieurs italiens avaient placées comme jalons d'un chemin de fer, auquel on ne pense plus depuis que Nice est annexée à la France.

A 4 heures de Saint-Martin on se trouve enfin sur le **col de Cérèse**, arête d'un mètre de largeur à peine, qui se trouve à une altitude de 2564 mètres, entre le Mercantourn (3167 mètres), à l'est, et la cime moins élevée de Naucetas, à l'ouest. De cette échancrure de la grande chaîne, on contemple un vaste amphithéâtre de montagnes. Au nord, c'est la Rocca del Mat qui domine le vallon des Bains et toute la vallée du Gesso de sa masse pyramidale; à l'ouest, se prolonge un chaînon latéral marqué par les cimes de San-Giovanni, de Frema-Morta, de Pagari; au sud de la profonde vallée du Borréon, on voit s'élever le Piagù aux flancs parsemés de rares mélèzes; par-dessus cette montagne, on distingue les plateaux, uniformes en apparence, du Raus et de l'Authion, et, plus loin encore, la mer bleue de Vintimiglia. De petits lacs, situés à droite et à gauche du col, sont cachés par des murailles de rochers.

Du col on descend dans la combe de la Valetta, d'abord par une longue pente de neige, puis par des éboulis de pierres rougeâtres, à travers lesquels le sentier est assez difficile à reconnaître. En 10 minutes, on trouve un bon sentier de chasse tracé pour le roi Victor-Emmanuel, puis, après avoir contourné un cirque pierreux où se rassemblent les premières eaux de la vallée, on atteint une cabane, située dans les pâturages de Casa. On traverse la Valetta naissante, formée par la réunion des ruisselets de Frema-Morta, de Cérèze, de Balma de' Ghilié, de Culata, descendus des montagnes de même nom, et l'on ne cesse de longer la rive droite du torrent, tantôt à travers les broussailles, tantôt sous l'ombrage des mélèzes et des hêtres. Enfin, à 1 heure 30 minutes du col, on atteint l'établissement thermal.

LES BAINS DE VALDIERI.

Le village des Bains est situé à 1349 mètres d'altitude, dans un petit bassin triangulaire, et sur les deux rives du Gesso que viennent de former, par leur confluent, les deux torrents de la Valetta et du Valasco. De toutes parts l'horizon est limité par de hautes montagnes : au nord-est, ce sont les escarpements et les précipices de la Mera ; au nord-ouest, c'est l'énorme Matto ou Rocca del Mat, dont la cime, haute de 3087 mètres, est couronnée de neiges et de glaces en toute saison ; au sud-est s'étagent les terrasses boisées de la Stella, contre-fort de l'Argentera ; enfin au sud-ouest, entre les deux profondes gorges de la Valetta et du Valasco, se dresse la formidable roche de San-Giovanni aux parois abruptes portant çà et là quelques arbustes sur leurs saillies. Malgré l'âpreté de ce bassin qui semble séparé du reste du monde par des montagnes inaccessibles, les voyageurs bien portants ou malades peuvent y pénétrer facilement par la route des voitures récemment construite qui longe le bord du torrent. On compte environ 36 kilomètres des bains de Valdieri à Coni (voir ci-dessous).

Les sources thermales sulfureuses de Valdieri étaient connues et employées des Romains, ainsi que le prouve une inscription découverte dans les environs ; mais, complétement oubliées pendant le moyen âge, elles ne semblent avoir été utilisées de nouveau que vers 1501. Au XVIe siècle,

Mme Violante de Savoie, veuve de Philibert II, y trouva la guérison d'une maladie que l'on croyait mortelle. Frappé de cette cure étonnante, Philibert-Emmanuel confia l'examen scientifique des sources à une commission de médecins, puis il fonda sur la rive gauche du Gesso un petit établissement thermal que visitèrent fréquemment ses successeurs. En 1755, Charles-Emmanuel III fit construire, sur la rive droite, un

Bains de Valdieri.

second établissement, qui fut détruit en 1794 pendant les guerres de la République, puis rebâti sous la direction du médecin Luigi Fumé.

L'édifice actuel des Thermes, élevé de 1860 à 1862 par les soins d'une société de capitalistes, à laquelle on doit aussi la route de voitures qui relie les bains à la ville de Valdieri, est une belle maison de trois étages, bâtie en pierres schisteuses et en granit. Situé à la base de la Stella, sur une plate-forme qui domine à l'est le torrent de Gesso, l'édifice renferme environ 250 chambres d'étrangers[1], une magnifique salle à manger de 150 couverts, un bazar, des salles de bal, de jeu, de conversation; la belle galerie à portiques cintrés qui donne sur le torrent sert de café; une autre galerie couverte unit le grand corps de bâtiment des Thermes à l'ancien établissement de Santa-Lucia, où se trouve le restaurant. Plus en amont, s'élèvent plusieurs chalets pittoresques; enfin les vieilles masures du Paradis, situées près des sources les plus importantes, sur la rive gauche du Gesso, et jadis réservées aux malades nobles, complètent l'ensemble des constructions destinées à la réception des étrangers. On a compté jusqu'à 600 baigneurs dans le village des Bains.

Les sources de Valdieri sont nombreuses, et la masse liquide qu'elles fournissent est tellement abondante, que la plus grande partie de l'eau minérale va se perdre dans le torrent; les vapeurs, non encore captées, s'élèvent incessamment au-dessus des ruisselets, et parfois, surtout pendant les froides matinées, leurs tourbillons obscurcissent l'atmosphère. Il est facile de donner 600 bains chaque jour, et, si l'on prenait soin de recueillir tous les filets d'eau qui s'écoulent librement dans le Gesso, et de creuser dans les entrailles du rocher des galeries de captage, plus de 1000 baigneurs pourraient, sans peine, se baigner toutes les vingt-quatre heures.

Une seule source thermale jaillit sur la rive droite du Gesso, au pied de la Stella; c'est la fontaine sulfureuse de Santa-Lucia, dont la température est de 39 degrés, et qui débite environ 75 litres par heure. Les principales eaux thermales se trouvent sur la rive gauche, à la base du

---

1. De 1 fr. 50 c. à 5 fr. — Le tarif des prix est affiché dans la salle à manger.

Matto : ce sont les abondantes sources sulfureuses de San-Lorenzo et de San-Martino, dont la température s'élève parfois jusqu'à 69 degrés centigrades; la source *vitriolique*, qui diffère à peine des précédentes par sa composition, mais qui offre seulement 28 degrés de chaleur; la source *magnésienne*, ainsi nommée parce qu'elle renferme une petite quantité de magnésie. Sa température est de 56 degrés, et son débit de 4 litres par minute. Plus loin, sourdent les fontaines des Polli, de San-Carlo, et l'eau *degli antichi fanghi*, dont les boues servaient autrefois pour les bains des pauvres de la commune de Valdieri. En outre, des sources d'eaux minérales froides, possédant également des vertus curatives précieuses, jaillissent à la base du Matto. Les principales sont l'eau de San-Giovanni, qui coule près de la chapelle du même nom, à l'entrée de la combe de Valasco, et la fontaine d'Or, dont l'eau, exquise de fraîcheur et de légèreté, s'épanche en aval des sources thermales, près du pont de la grande route. C'est l'eau que les baigneurs boivent de préférence.

Les eaux de Valdieri sont recommandées dans tous les cas de rhumatismes, de tumeurs, d'ulcères, de dartres, de scrofules, de carie; elles sont excellentes surtout pour la guérison des fractures, des lésions de membres, des contusions, des blessures anciennes. On les administre en boissons, en bains, en douches, en vapeurs, en bains de boue et de limon. Ce limon, *muffa*, qui semble appartenir aux trois séries animale, végétale et minérale, puisque ses fibres d'*ulva labyrinthiformis*, diversement colorées par les dépôts des sources sulfureuses, sont peuplées d'innombrables animalcules, produit des effets surprenants dans le traitement des blessures. En outre, les sources d'eau froide du village des Bains ont permis de consacrer quelques salles de l'établissement au traitement des malades par l'hydrothérapie.

A cette abondance d'eaux minérales qui font des bains de Valdieri l'une des stations thermales les plus importantes des Alpes, le bassin des sources joint les avantages que lui donnent une situation agréable, de charmants environs, une température égale. Du commencement de juin à la fin de septembre, c'est-à-dire pendant la durée de la saison des bains, la température oscille entre 12 et 20 degrés centigrades, et se maintient en général à 15 degrés. Les vents qui descendent des combes du Valasco et de la Valetta ou qui remontent la vallée du Gesso, renouvellent l'atmosphère; mais, retardés dans leur marche par les divers promontoires des gorges, ils soufflent rarement avec violence. Quant aux vents du nord, les montagnes du Matto et de la Mera en garantissent complétement la vallée des bains. On le voit, il ne manque aux Thermes de Valdieri qu'une plus grande facilité d'accès. Si l'on construisait une route carrossable de Nice à Coni par le col de Cérèze, comme on a souvent proposé de le faire, nul doute que la station de Valdieri ne devînt la rivale des grandes villes de bains des Alpes et des Pyrénées [1].

Quelques charmantes allées ont été tracées pour les promeneurs sur les pentes des montagnes qui dominent le village. L'une, serpentant sous l'ombrage des hêtres, part de l'édifice des Thermes pour monter obliquement, et par une série de lacets, à la terrasse gazonnée qu'on appelle Piazza Castello, par allusion à la grande place de Turin. Une autre allée également ombreuse, longe la rive gauche du Gesso, passe au-dessus des diverses sources sulfureuses et aboutit à la petite chapelle San-Giovanni, à l'entrée de la combe de Valasco. En outre, des sentiers bien entretenus pénètrent dans les vallons qui rayonnent autour du village.

En suivant l'un de ces sentiers, qui longe les bords du

---

1. Les personnes qui désirent connaître les bains de Valdieri au point de vue thérapeutique doivent consulter l'ouvrage du docteur Giovanni Garelli, *Valdieri e le sue acque*.

Gesso de Valetta, descendu du col de Cérèze (voir page 345), on arrive en 45 minutes de marche à la tombe de l'Enchanteur Merlin. C'est une énorme pierre au-dessus de laquelle des sapins étendent leurs branches au feuillage sombre ; à voir ce grand rocher couvert de mousses qui semblent cacher une inscription, on croirait avoir, en effet, sous les yeux le tombeau de quelque géant. Là, dit la tradition, repose un Merlin d'Italie, qui n'avait rien de commun avec le Merlin des Gaules, si ce n'est l'amour immense des hommes et la connaissance profonde des choses de la nature. A son retour d'Orient, où il avait servi comme esclave, il avait été encore dix fois plus esclave d'une grande dame italienne qui riait de sa science et de son amour, et finalement il s'était enfui dans cette vallée pour y retrouver son cœur et vivre ses derniers jours en faisant du bien.

Les montagnes des environs sont en général très-escarpées et coupées de précipices ; cependant elles sont d'un accès relativement facile, grâce aux sentiers que Victor-Emmanuel, ce forcené chasseur, y a fait tracer dans tous les sens, afin de pouvoir suivre à cheval la piste des chamois. Un de ces chemins pénètre à l'est dans la pittoresque combe de Valasco, d'où l'on peut se rendre en 4 heures à Molières par le col de Portete, et en 5 heures à la chapelle de Santa-Anna di Vinadio, par les cols de Vallescura et de la Lombarda (voir chapitre IX) ; un autre sentier, qui se détache de celui du col de Cérèze, traverse les montagnes de Frema-Morta, parsemées de petits lacs, et descend dans le vallon de Molières (voir ci-dessus) ; enfin on peut, en remontant la combe de Lourousa qui débouche dans la vallée du Gesso, immédiatement en aval de l'établissement thermal, gagner en 2 ou 3 heures les pâturages et les beaux lacs du vallon de Ruina, ainsi nommé à cause de ses éboulis considérables. Pour atteindre ce vallon, il faut traverser une crête à côté du petit glacier de l'Argentera.

DE SAINT-MARTIN-LANTOSQUE A VALDIERI.

PAR LE COL DE FENÊTRE.

Cette course très-intéressante, que l'on peut faire à dos de mulet pendant la belle saison, demande 7 ou 8 heures de marche. Dès l'entrée, la combe de la Fenêtre, qui s'unit en aval de Saint-Martin avec celle du Borréon, offre des points de vue à la fois charmants et grandioses. Des prairies, des forêts de mélèzes, donnent un aspect champêtre aux pentes les plus inclinées; à côté du sentier, la Vésubie, déjà considérable, glisse en rapides écumeux sur les blocs de pierres et les rochers; en arrière, au delà du promontoire allongé de Saint-Martin, on voit se dresser le rocher pittoresque de Venançon et la haute montagne boisée de Sirol.

En 45 minutes on traverse la frontière qui sépare le territoire français du territoire italien. Cette frontière, qui n'en est pas une au point de vue géographique, est simplement indiquée par le ruisseau d'Imboussonira, dont le mince filet d'eau coule sous un chaos de pierres éboulées. Les deux cimes qui marquent la limite sont au nord, la Tête de Piagù (2342 mèt.), au sud, la Tête de la Palù (2131 mèt.). Du reste, en amont de cette limite conventionnelle, les forêts et les pâturages sont toujours la propriété de la commune de Saint-Martin; seulement, pour mener paître les bestiaux dans leurs prés, ou pour aller ramasser du bois mort dans leurs forêts, les habitants sont obligés de se munir d'un passavant de la douane. Ils ne peuvent entrer librement dans les propriétés communales que pendant les trois jours de fête consacrés à la Madone de Fenêtre.

A l'est de la frontière, le chemin, qui était assez roide et pierreux, devient plus facile, et, en certains endroits est même presque horizontal. La forêt de mélèzes couvre sans interruption l'*envers* ou versant méridional de la vallée; mais l'*endroit*, c'est-à-dire le versant tourné vers le soleil, n'offre que des bouquets isolés de pins, en général assez rabougris. De distance en distance la pente de la montagne est labourée par d'étroits ravins dans lesquels les avalanches descendent au printemps en poussant devant elles des amas de débris, et trop souvent aussi quelques lambeaux des anciennes forêts. Une de ces avalanches annuelles est tellement considérable, qu'il reste toujours de la neige au fond de la combe, même au plus fort des chaleurs.

Une heure environ après avoir dépassé la frontière, on entre dans un petit bois, et, cessant de longer le bord du torrent, on gravit à gauche, par une série de lacets, un promontoire au pied duquel la Vésubie coule dans un étroit défilé, en aval de plusieurs cascades. Sur le versant opposé de la vallée, s'étendent, au-dessus de belles forêts, les vastes pâturages de Pralis où se trouvent quelques petits lacs. A côté du sentier on remarque un pin singulier dont le large tronc, semblable à celui d'un gigantesque bambou, s'est gonflé à intervalles égaux pour former des saillies annulaires ou semi-annulaires.

La chapelle et l'auberge de la **Madone de Fenêtre**, que l'on atteint en 2 heures 30 minutes de marche depuis Saint-Martin, sont situées à 1908 mètres d'altitude, au sommet d'une plate-forme d'où l'on jouit d'une vue très-belle sur les bois de Pralis, les hauts pâturages de la Vésubie, les crêtes de rochers déchiquetés et croulants qui les dominent. L'hospice, aujourd'hui simple auberge, est une ancienne fondation des Templiers. La chapelle, construction massive partagée à l'intérieur en trois nefs sombres, ne renferme rien de curieux. Des centaines et même des milliers de montagnards s'y rendent en pèlerinage à l'époque des fêtes de la madone. En 1861, une partie de la chapelle fut dévorée par l'incendie.

Au-dessus de l'hospice on n'a plus à parcourir que des pâturages et des neiges. On escalade successivement deux ressauts de la vallée, puis on contourne à l'ouest le petit lac de la Fenêtre, pièce d'eau de 150 mètres de longueur environ, où Victor-Emmanuel s'est donné le luxe de se promener dans une barque apportée à grand'peine. Des bords du lac il ne reste plus qu'à gravir une dernière pente assez roide pour atteindre (1 heure 20 minutes de l'hospice) l'étroite arête du col de **Fenêtre**.

Ce passage, très-fréquenté pendant toute la belle saison, s'ouvre, à une hauteur d'environ 2500 mètres, sur une crête granitique hérissée de rochers pointus. Le panorama est immense, puisque d'un côté on peut voir la mer, de l'autre les plaines du Piémont et le massif du Mont-Blanc; mais les premiers plans n'offrent que des roches nues, des neiges et des pâturages. Au sud-est se dresse la haute montagne de *Ponset*, percée près du sommet par une grotte à travers laquelle on voit passer la lumière. Par une filiation des moins probables, c'est à cause de cette *fenêtre*, disent les montagnards, que le col et le vallon de la Madone auraient reçu leur nom actuel. Avant la construction de la route qui traverse le col de Tende, presque tout le trafic d'échange entre le Piémont et le comté de Nice se faisait par le col de Fenêtre. C'est là qu'en 1372 une partie de l'armée du pape Grégoire XI passa pour aller s'unir à celle du duc de Savoie, en guerre contre Galéas, duc de Milan.

Du col on descend directement dans l'étroite gorge qui plonge vers le nord et que dominent à l'ouest les escarpements formidables de la Pointe des Tre-Colpe, de la Pierre de Coucourde, et de la Mattariva. En aval du cirque où se réunissent les premières eaux, la vallée offre une succession de plateaux et de pentes rapides, alternant de manière à former d'immenses degrés aussi pénibles à descendre qu'à gravir. A la base de l'un de ces degrés, on atteint (45 min.)

la première cabane, d'où l'on aperçoit au sud-est le petit glacier du Gelas; au pied d'un autre degré se réunissent les deux ruisseaux déjà considérables dont les eaux réunies forment le Gesso d'Entraque.

Quelques châtaigniers commencent à se montrer sur les pentes de la vallée, en amont de la chapelle et de la bergerie (*gias*) de San Giacomo, que l'on atteint en 2 heures de marche du col. Là se réunissent le Gesso d'Entraque et le torrent de Colomb, descendu des glaciers du Clapier et de la Maledia, les seuls, avec le glacier de Gelas, qui existent dans les Alpes maritimes. A côté de la bergerie, on remarque la belle chute du Gesso. Le torrent plonge d'abord sur un gradin, d'où il gagne une autre saillie, pour s'engouffrer dans un étroit canal; ensuite il s'étale en mince couche sur une roche inclinée, puis se contracte de nouveau avant de tomber dans le bassin inférieur et de s'unir au ruisseau de Colomb.

En aval de San Giacomo, on entrevoit un instant le Clapier aux flancs couverts de glaces immaculées; mais bientôt la gorge étroite et ses abrupts versants rayés de couloirs, reprennent leur solennelle uniformité. On contourne la base de la superbe Roche de Crosetta, puis celle du Garblin, et l'on traverse (45 min.) le torrent de Ruina, descendu de la sauvage combe (voir page 351) à laquelle ses chaos de pierres ont valu son nom. Bientôt après on franchit le Gesso lui-même, en face de l'âpre ravin où le ruisseau de la Donna-Morta tombe en longues écharpes secouées par le vent. Ensuite on dépasse les murs épais d'anciens retranchements élevés par les Piémontais pendant les guerres de la République, et l'on entre dans le vaste bassin de prairies et de cultures, au nord duquel on voit depuis longtemps s'élever les maisons d'Entraque. La route, désormais accessible aux voitures, franchit le torrent considérable du Rousset à une petite distance en deçà du bourg.

Entraque (*Inter aquas*) est situé, ainsi que son nom l'indique, entre plusieurs torrents ; le Gesso à l'ouest, le Rousset au sud, la Lauza au nord. Trois vallées, sans compter des vallons de faible étendue, se réunissent pour former son large et fertile bassin, qu'on ne s'attendrait guère à trouver au cœur des montagnes. Ce qui frappe surtout dans le paysage, c'est que les cimes environnantes, se dressant comme les bastions extrêmes de chaînons latéraux, semblent toutes complétement isolées, et prennent l'apparence de cônes volcaniques. Au sud, c'est la Truccia, qui s'élève entre la vallée du Gesso et celle du Rousset; au sud-est, c'est la Crosetta, entre les deux gorges supérieures du Gesso et de la Ruina ; à l'ouest, c'est le Lauzetto; au nord, c'est le mont de l'Arp ; au sud-est, c'est le Bec d'Orel.

Les truites d'Entraque jouissent d'une grande réputation sur le marché de Coni.

Une route carrossable, desservie journellement par la voiture des dépêches, relie Entraque à Borgo San-Dalmazzo et au reste du Piémont. Au sortir du bourg principal, cette route franchit le torrent de la Lauza, monte au faubourg du même nom, que domine une montagne schisteuse en ruine, et descend par des lacets faciles vers le Gesso d'Entraque. On traverse ce torrent, puis bientôt après le Gesso des Bains et l'on rejoint la grande route de la vallée à 4 kilomètres d'Entraque, et à 2 kilomètres en amont de Valdieri (voir ci-dessous). Un voyageur parti le matin de Saint-Martin-Lantosque peut, sans trop se presser, franchir les Alpes pendant la matinée et gagner Turin avant la nuit.

DES BAINS DE VALDIERI A CONI.

Immédiatement en aval du palais des Thermes, la route traverse le Gesso et suit la rive gauche du torrent, en se maintenant presque partout à une hauteur considérable au-dessus de la vallée. A gauche, les pentes hérissées de rochers du Matto, de la Mera, à droite celles de l'Asta rétrécissent le champ de la vue ; de distance en distance, des talus de pierres flanquent la base des escarpements; tout est nu, désolé ; à peine quelques cabanes se montrent-elles çà et là sur les bords du torrent. Enfin, après avoir traversé l'étroit défilé de Babao ou de Quaranta, la route pénètre dans le riche bassin de San-Lorenzo, où se montrent déjà tous les arbres des fertiles campagnes du Piémont. A droite, on remarque une espèce de fissure sur le versant de la montagne de Lauzetto. Là, passe un ruisseau qui recueille les eaux d'un cirque de forme ovale lentement creusé par les pluies : ce cirque offre un grand intérêt au point de vue géologique.

La montagne de l'Arp ou de Marmorera, qui dresse en cet endroit ses parois escarpées au nord de la route, est en partie composée de marbre. Ses carrières exploitées depuis trèslongtemps fournissent un beau marbre blanc propre aux œuvres de sculpture, un marbre gris peu recherché et le célèbre *bardiglio* de Valdieri, rayé de lignes parallèles d'une couleur éclatante. Depuis quelques années, l'extraction de ces marbres s'est un peu ralentie ; pendant l'année 1863 on n'employait en moyenne qu'une dizaine d'ouvriers.

Au delà des carrières on rejoint la route d'Entraque (voir ci-dessus), près du confluent des deux Gesso, et bientôt après on passe au-dessous de la terrasse en pente douce qui porte les pittoresques constructions de **Valdieri**[1]. Cette ville, où l'on peut visiter un vieux château et une église de belles proportions, richement décorée à l'intérieur de fresques et de marbres, est dominée au nord par les rochers blanchâtres de la montagne de Pisousa, haute de 1673 mètres. La population de la commune est de 2500 habitants. En face de Valdieri, de l'autre côté du Gesso, s'ouvre la combe dell' Infernetto où s'exploitait autrefois une mine de fer et dont les carrières

---

1. Vaudier en français et en patois piémontais.

d'ardoise sont importantes. Au nord de la ville s'ouvre le col facile de la Madone, d'où l'on peut gagner Demonte en 2 heures (voir l'*Itinéraire du Dauphiné*, 2ᵉ partie, par M. Adolphe Joanne).

En aval de Valdieri, la fertile vallée du Gesso se rétrécit un peu. On dépasse le village d'Andonno, dominé par une vieille tour en ruine, puis on s'engage dans la gorge d'Andonno, à la base de parois perpendiculaires où la route, taillée en plein roc, n'est plus assez large pour laisser passer deux voitures à la fois. Au sortir de la gorge on voit s'étendre au loin la belle plaine dans laquelle s'unissent les eaux du Gesso et de la Vermenagna. Bientôt on rejoint la route du col de Tende pour entrer à Borgo San-Dalmazzo (voir chapitre xi).

On compte 28 kilomètres des bains de Valdieri à Borgo et 36 jusqu'à Coni.

CHAPITRE XI.

LA VALLÉE DE LA ROYA ET LES MONTAGNES DE TENDE

ROUTE DE NICE A CONI.

La Roya, la *Rutuba* des Latins, est le tributaire le plus considérable de la Méditerranée, entre le Var et la Magra. Elle prend sa source sur le territoire italien, dans les gorges supérieures des montagnes de Tende. Au-dessous de Saint-Dalmas, la Roya s'unit aux eaux qui descendent du groupe du Mont-Clapier, couvert de glaces éternelles, puis elle s'engage dans une série de défilés sauvages interrompus de distance en distance par de petits bassins verdoyants où viennent déboucher les vallons latéraux et qu'animent de pittoresques villages. Après avoir reçu la Bevera, le plus long, sinon le plus important de ses affluents, elle s'épand dans un lit de pierres d'une largeur de plusieurs centaines de mètres, et mêle ses eaux rouges aux flots bleus de la mer, en rongeant la base de la colline que couronnent les remparts de Ventimiglia. Son développement total est d'environ 60 kilomètres. Vers le milieu de son cours, entre l'abbaye de Saint-Dalmas et Penna, sur une longueur de 15 kilomètres, elle traverse le territoire récemment annexé à la France. C'est la partie la plus remarquable et la plus connue de la vallée.

Les gorges de la Roya sont d'une beauté grandiose; les combes supérieures, principalement celles de Briga, de la Miniera, de Fontanalba, de Valmasca, sont encore couvertes de magnifiques bois de pins, que l'on exploite comme ceux de la Tinée et de la Vésubie, pour en livrer les troncs au cours de la Roya. En outre, c'est dans le bassin de ce torrent, à l'origine des diverses combes de la Miniera, que se trouvent les plus grands et les plus beaux lacs de toutes les Alpes maritimes, à l'est du lac d'Allos. L'établissement de Saint-Dalmas, ouvert aux étrangers pendant la belle saison, est très-bien placé pour servir de quartier général à tous ceux qui désirent visiter les sites remarquables des bords de la Roya et des vallons tributaires.

Plus favorisée que toutes les autres vallées niçoises, celle de la Roya est parcourue dans sa partie supérieure par une route de voitures, qui met en communication directe et journalière le littoral de Nice avec Turin et les plaines du Piémont. Cette belle route, ouverte à grands frais longtemps avant que l'on songeât à construire les routes du Mont-Cenis et du Simplon, traverse quatre cols: celui de Nice, entre Drap et Lescarène; celui de Braus, entre Lescarène et Sospel; celui de Brouis, entre Sospel et Giandola; enfin, celui de Tende ou de Cornio, entre Tende et Limone. Tracée en courts lacets sur le flanc des montagnes, la route de Nice à Coni est difficile, périlleuse même en certains endroits, et l'on ne saurait trop se hâter de la remplacer en partie par une route carrossable qui permettrait aux voyageurs d'éviter la pénible ascension des cols de Nice, de Braus et de Brouis. La route future, qui ne cessera de longer les bords de la Roya et qui frayera la voie à un futur chemin de fer international, aura pour premier résultat de relier directement à la Corniche les hautes vallées de Tende et d'en faciliter l'accès aux savants, aux industriels et aux artistes.

On compte 138 kilomètres de Nice à Coni. Tous les jours une voiture parcourt cette distance en 18 heures.

DE NICE A SAINT-DALMAS DE TENDE.

Au sortir de Nice, le chemin, qui continue la rue Victor, n'est qu'une levée poudreuse longeant la rive gauche du Paillon, au-dessus du niveau des inondations. Elle laisse à droite la route de la Corniche, et bientôt après, vis-à-vis de l'embouchure du torrent de Saint-André, elle se dirige brusquement vers l'est pour contourner, avec le Paillon, la base septentrionale du Mont-Gros. A l'angle de la route s'élève la chapelle de Notre-Dame-de-Bon-Voyage, ainsi nommée parce qu'elle occupe l'endroit ou les voyageurs partis de Nice cessent de voir la cité. Au nord se dresse un promontoire taillé en gradins et portant une rangée d'oliviers sur chacune de ses terrasses.

A 6 kilomètres de Nice, on traverse près de son embouchure le torrent de Laguet (voir chapitre XII), puis le village important de la Trinité, situé au milieu d'une plaine fertile. Plus loin, les hameaux de la commune de **Drap**, ancien fief des évêques de Nice, sont épars sur les deux rives du torrent. A 2 kilomètres à l'est, sur une cime escarpée qui domine à la fois la vallée du Paillon et celle du Laguet, se dresse l'ancien château seigneurial encore flanqué de tours et transformé aujourd'hui en maison de ferme. Au delà de Drap, la route traverse la Peille pour longer d'abord la rive du Paillon ou torrent de Contes (voir chapitre VII), et pénétrer ensuite dans la combe de Blausasco ou de la Fontaine de Giallier, aux versants revêtus de vignes, d'oliviers et de bouquets de pins. Cet étroit vallon servait autrefois de repaire à des bandits. Au commencement du siècle actuel, la marquise de Bute, qui se rendait en poste à Turin, fut arrêtée par un certain nombre de brigands masqués qui lui enlevèrent ses bijoux et ses diamants. Malheureusement pour ces industriels, ils s'emparèrent aussi d'un flacon d'opium que lady Bute portait sur elle afin de se procurer du sommeil pendant le voyage, et, croyant avoir découvert quelque liqueur précieuse, ils s'empressèrent de boire le contenu du flacon. Mal en prit à plusieurs d'entre eux; ils s'endormirent sur le bord du chemin, et le lendemain les gendarmes n'eurent pas de peine à les trouver. On apprit alors avec étonnement que divers jeunes gens des premières familles de Nice appartenaient à la bande. Afin de prévenir toute possibilité de soupçon, ils invitaient souvent les autorités à leur table, et choisissaient d'ordinaire pour leurs banquets le lendemain d'un exploit de grand chemin.

Vers la partie supérieure de la combe de Blausasco, la pente devient plus roide; mais elle n'est pas longue, et bientôt on se trouve sur la terrasse cultivée du col de Nice ou de Pisfolchier, d'où l'on redescend par une forte rampe dans la vallée de la Peille.

Lescarène, dont le nom patois *escaren* (escalier) indique la position à la base d'une pente rapide, est un chef-lieu de canton, peuplé de 1900 habitants, et situé au confluent du ruisseau de Braus et du torrent de Lucéram, qui s'unissent pour former la Peille. Les vignes plantées sur les collines environnantes produisent des vins muscats et mousseux estimés. On peut faire des excursions intéressantes aux environs de Lescarène, soit en aval dans la vallée du Paillon, soit en amont dans les combes supérieures. Au sud on visite les villages de Peille et de Paillon (voir chapitre VII), pittoresquement situés au sommet de leurs promontoires; au nord (7 kil.), le bourg de Lucéram (*Luci ara*, temple du bois sacré), ancienne colonie romaine, puis commune libre, ceinte de murailles et de tours. Les habitants de Lucéram purent garder pendant le moyen âge leurs libertés municipales, et, pour mieux les maintenir, entrèrent en confédération avec Utelle et d'autres petites *cités* voisines. Lucéram occupe le fond d'un bassin en forme d'entonnoir, que domine immédiatement à l'est la cime du Gros-Braus.

A un kilomètre et demi de Lescarène, la route de Turin, qui longe le versant septentrional de la combe de Lescarène de Braus, passe au village de Thoët (*hôtellerie*), où s'arrêtaient autrefois les voyageurs, soit en descendant du col de Braus, soit avant d'en faire l'ascension. C'est au delà que commence la partie difficile de la montée, celle où les ingénieurs ont dû faire décrire à la route une série de lacets qui se déroulent et se replient sur eux-mêmes de manière à former sur le flanc des abîmes les arabesques les plus compliquées. Le **col de Braus**, que l'on atteint enfin, après une ascension d'une heure et demie, s'ouvre à 1003 mètres d'altitude entre la Tête-Lavine (*avalanche*), au sud, et la cime de Ventabren (*vente bien*) au nord ; au nord-ouest se redressent les pentes en partie boisées que couronne la cime du Gros-Braus, haute de 1332 mètres. Pendant les guerres de la République, le col de Braus fut le théâtre de sanglants combats entre les Français et les Austro-Sardes.

A la descente, la route décrit des lacets correspondants à ceux de la montée, contourne à l'est, sur une haute terrasse, les escarpements de la Tête-Lavine et, rentrant de nouveau dans la zone des oliviers et des vignes, gagne le versant occidental de la vallée de Merlanson, descendue des âpres rochers de Castillon.

Sospel (*hôtel Carengo*), appelée autrefois *Lespel*, est une ancienne ville située à 349 mètres d'altitude et à 41 kilomètres de Nice, dans un bassin de forme triangulaire qu'arrose la Bevera et dans lequel vient déboucher le vallon de Castillon. D'après une prétendue tradition, inventée par quelque chroniqueur, Sospel devrait sa fondation à un compagnon d'Hercule, nommé Braus. En tout cas, elle existait du temps des Romains qui lui donnèrent le nom d'*Hospitellum* à cause de sa position au pied du col. En 859, elle fut livrée aux flammes par les Sarrasins. Pendant le moyen âge elle sauvegarda pendant quelque temps son indépendance comme ville libre et petite république ; mais elle finit par devenir tour à tour la proie des Guelfes et des Gibelins, des Lascaris et des Grimaldi. Pourchassés comme des bêtes féroces, des Albigeois vinrent s'y réfugier au XIII siècle ; mais ils n'y trouvèrent qu'un asile précaire et même, en 1471, plusieurs de leurs disciples furent brûlés sur la place publique de Sospel pour la plus grande gloire de Dieu et de la sainte Église. Lors des terribles guerres provoquées par la rivalité de François Ier et de Charles-Quint, et, plus tard, par l'ambition de Louis XIV, Sospel eut beaucoup à souffrir, surtout de la part des Provençaux. Les Sospellitains se vengèrent en 1692 ; ils surprirent sans provocation le paisible village de Saint-Laurent-du-Var, et, après l'avoir complétement saccagé, firent subir à la population les plus grossiers outrages. Cependant les habitants de Sospel se vantaient de leurs mœurs civilisées. Ils ont eu leurs sociétés littéraires, leurs Académies des *Occupati* et des *Inculti*. En 1821, d'après Fodéré[1], il y avait à Sospel jusqu'à « 30 avocats, 8 procureurs, 8 notaires et une nuée de clercs d'huissiers, etc. » Faut-il en féliciter les habitants ?

Sospel, qui compta dans ses murs une population de 6 à 7000 âmes, n'est plus habitée aujourd'hui que par 3900 personnes, et son nom de comtesse de Castillon et de Moulinet a été remplacé par le titre plus modeste de chef-lieu de canton. On y remarque de beaux restes de ses anciennes fortifications, ainsi qu'un vieux pont à deux arches en plein cintre dominé au milieu par une tour pittoresque. L'église Saint-Michel est un grand vaisseau soutenu par une double

---

1. *Voyage aux Alpes maritimes.*

rangée de colonnes d'une seule pièce. Au sud-ouest de la ville se voient encore les ruines très-vastes d'un ancien couvent abandonné depuis longtemps et complétement envahi par les plantes sauvages. Dans les environs se trouvent des bancs non exploités de marbre et d'albâtre, des gisements de charbon et de fer.

C'est à Sospel que doivent s'arrêter les voyageurs qui désirent se rendre à Menton par le col pittoresque de Castillon (voir chapitre XIV), ou bien remonter la vallée de Moulinet ou de la haute Bevera, immense chaos de pierres d'où l'on gagne Lantosque par le col de Pietra-Cava. On compte de 5 à 6 heures de marche de Sospel à Lantosque.

La route de Coni franchit la Bevera, dont elle suit la rive pendant un kilomètre, pour pénétrer ensuite dans un vallon latéral et s'élever sur les pentes du col par une série d'interminables lacets. De tous les côtés les pentes qui dominent le cours de la Bevera sont cultivées, et les terrasses de sol végétal, soutenues par des murailles en pierre, s'étagent régulièrement de la base au sommet des collines. Plus haut, les montagnes, séparées les unes des autres par des ravins profonds, sont presque complétement dépourvues de végétation. A quelques pas du col, près d'une petite auberge, on aperçoit la Méditerranée par-dessus quelques cimes arides et pierreuses.

Le **col de Brouis**, ouvert à 830 mètres d'altitude entre le sommet arrondi del Bosco et les pâturages de Mangiabo, est un point stratégique de la plus haute importance : aussi la possession de ce passage a-t-elle été disputée avec acharnement pendant les guerres de la République. Des retranchements, dont on voit encore les restes, défendaient les abords du col et l'arête de la chaîne qui se prolonge dans la direction du nord vers le plateau de Mille-Fourches (*mille cols*), et vers la cime de l'**Authion**, haute de 2078 mètres. Cette montagne, du sommet de laquelle une armée d'invasion peut descendre à volonté par les combes latérales dans les vallées de la Bevera, de la Roya, de la Gordolasque et de la Vésubie, est encore couronnée de fortes redoutes carrées que les Piémontais élevèrent au commencement de la guerre. Le 12 juin 1793, le général Brunet, qui venait, à la tête de 12 000 hommes, d'enlever le col de Brouis, attaqua les retranchements de l'Authion; mais il fut repoussé après une lutte sanglante dans laquelle il perdit 3000 soldats. Du haut de ce champ de bataille, le plus élevé de tous ceux qu'offre la carte d'Europe, on jouit d'une vue extrêmement étendue sur les divers chaînons et sur la grande chaîne des Alpes maritimes. — Un chemin militaire, qui sert aujourd'hui de sentier aux pâtres et aux brebis, mène du col de Brouis au plateau de Mille-Fourches et à l'Authion, éloigné de 10 kilomètres à vol d'oiseau. A gauche du col, on suit du regard tous les lacets de ce chemin qui gravissent les flancs du Mangiabo pour longer ensuite l'arête herbeuse de la chaîne.

A l'est du col de Brouis, la route de Turin descend dans un cirque presque dépourvu de culture, puis, après avoir décrit un grand nombre de lacets dans les ravins latéraux, contourne un promontoire revêtu d'oliviers et gagne par une pente rapide les bords de la Roya. Pendant la descente on voit à droite, au fond de la vallée, le grand village de **Breil**, aux maisons couvertes en tuiles rouges. Ce bourg pittoresque, entouré par un méandre de la Roya et dominé à l'est par un rocher qui porte la vieille tour de la Crivella, tire son nom du mot latin *prœlium* (combat), en souvenir, dit-on, d'une bataille qui y fut livrée entre les Othoniens et les Vitelliens. Breil fut souvent pris et repris pendant le moyen âge à cause de sa position stratégique importante à l'entrée des gorges de la Roya; en 1630, il fut presque complétement dépeuplé par la peste; enfin, en 1748, il soutint glorieusement un siége contre l'armée espagnole de don Philippe et fit échouer par sa résistance toutes les combinaisons stratégiques de l'ennemi au sujet du comté de Nice. Actuellement, le bourg, qui a le titre de chef-lieu de canton, renferme une population de 2700 habitants. A l'est se dresse la montagne pyramidale à laquelle sa hauteur (1586 mètres) et son profil hardi ont fait donner le nom de Testa d'Alpe, ou de Testa di Giove (Jupiter). Le col de Giove, qui passe sur le versant méridional de cette montagne, fait communiquer les campagnes de Breil avec celles de la Rochetta et de Dolceacqua, sur les bords de la Nervia.

Giandola, que la route traverse au pied de la rampe du col de Braus et à 52 kilomètres de Nice, est une longue rue située à 380 mètres d'altitude, au confluent de la Roya et de la Maille; ses hôtels sont fréquentés en été par les voyageurs venus de Nice; dans les environs, quelques maisons de campagne, habitées par des étrangers, s'élèvent au milieu des oliviers et des cyprès. En amont du village, on traverse un petit bassin verdoyant, puis on entre dans un défilé aux parois peu élevées. La Roya coule, étroite et profonde, dans un lit très-encaissé qu'obstruent de distance en distance des piles et des culées de ponts démolies par des inondations successives.

Tout à coup la gorge s'ouvre et l'on voit apparaître à droite, à 150 mètres de hauteur au-dessus du torrent, le bourg de **Saorge**, composé de deux lignes de maisons noirâtres, se prolongeant horizontalement entre deux promontoires de rochers. Sur l'une de ces arêtes qui portait autrefois un temple de Mars et de Cybèle, se dresse une église; au-dessous du bourg une forêt d'amandiers et d'oliviers revêt toute la pente, semblable à une immense cascade d'arbres; quelques ruines de l'ancien château de Malemort se montrent sur un sommet.

Saorge, ancienne ville des Ligures, puis colonie romaine, a souvent changé de maîtres pendant le cours du moyen âge. En 1177, elle fut brûlée par des troupes allemandes qui passaient le col de Tende. En 1284, la puissante famille des Lascaris l'enleva aux comtes d'Anjou; mais ceux-ci reprirent bientôt possession de leur fief. Lorsque Charles-Emmanuel Ier fit construire la route de la vallée, Saorge devint une place de guerre, et depuis lors les armées ennemies qui se sont disputé le comté de Nice ont livré bien des combats sanglants pour la possession de cette gardienne de la vallée de la Roya. En 1793 et 1794, les Français essayèrent vainement de s'emparer des gorges et du fort de Saorge. Les Austro-Sardes n'évacuèrent cette position qu'après avoir été tournés à l'est par les vallées de la Taggia et du Tanarello; Masséna en fit sauter les remparts. La population de Saorge et de ses divers hameaux est de 3350 habitants.

A l'issue du défilé de Saorge, sur la paroi verticale du rocher, on lisait naguère une inscription, maintenant effacée, qui rappelait la victoire remportée par les Piémontais, en 1793; deux autres inscriptions, que les volontaires républicains détruisirent en 1794, célébraient en un langage trop emphatique les grands travaux entrepris par Charles-Emmanuel Ier afin d'ouvrir la route « pour la commodité de l'Italie et même de tout le monde. » Des grottes spacieuses, creusées dans la roche à côté du chemin et percées de fenêtres, servent d'habitations.

La route franchit plusieurs fois la Roya sur des ponts modernes qui ont remplacé d'anciennes constructions dont il ne reste que des arches à demi rompues, ou des piles se dressant comme des rochers au milieu du torrent. A l'ouest on voit s'ouvrir la vallée de Carros (voir chapitre x), assez large à l'entrée. Sur le promontoire qui domine au sud le confluent de la Roya et du Carros, se remarquent des amas de débris noirâtres indiquant l'entrée d'une mine de charbon exploitée pendant quelque temps avec un médiocre profit. En face de la vallée de Carros, la route de Saorge, portée par des murs de soutènement semblables à des bastions de forteresse, gravit par de nombreux lacets le versant de la montagne.

Le hameau de *Fontan*, que l'on atteint à 69 kilomètres de Nice, se compose d'une longue rue rectiligne, comprise entre la base de la montagne et la rive droite de la Roya. En amont de ce village, qui doit son nom à ses nombreuses fontaines d'eau vive, et autour duquel se montrent encore des mûriers et des oliviers, la vallée se resserre peu à peu, les escarpements des montagnes se redressent, et bientôt on entre dans un des plus formidables défilés des Alpes, la **gorge de Berghe**, qui plus haut change de nom et s'appelle le défilé de Gaudarena.

Dès l'abord on se trouve comme au fond d'un puits qu'entourent de tous côtés des murailles perpendiculaires; à chaque détour on pénètre dans un nouveau gouffre dominé par des rochers aux formes étranges, offrant mille aspects divers. En bas tout est dans l'ombre; en haut, par un beau jour, les pointes entre lesquelles apparaissent quelques châtaigniers, sont éclatantes de lumière. Des plantes peu élevées croissent çà et là dans les anfractuosités de la pierre; mais presque partout on ne voit que la roche nue. A droite, un énorme rocher, haut de plusieurs centaines de mètres, et couronné de pins parasols, se dresse au milieu de la gorge comme une tour à créneaux; à gauche, on aperçoit au-dessus de l'inaccessible paroi une petite combe boisée, suspendue comme une aire d'aigle au flanc de la montagne. Les schistes des escarpements, qui sont en plusieurs endroits polis comme du marbre, brillent des couleurs les plus splendides : violet, vert, pourpre, orangé. La route, attachée à la paroi du rocher, serpente au-dessus du torrent qui mugit parmi les blocs entassés.

A 4 kilomètres de Fontan, s'ouvre à gauche un couloir de rochers dans lequel les eaux d'un ruisselet plongent en cascades. C'est ce couloir qui sert de frontière entre la France et l'Italie. De l'autre côté de la Roya, la limite internationale se continue par le petit vallon de Groa, qui remonte au sud-est, vers les cimes boisées de Giasque et de Lugo. La gorge, un moment élargie, recommence, mais beaucoup moins étroite et beaucoup moins sauvage qu'en aval. Enfin on voit s'ouvrir la vallée, et l'on traverse le torrent de la Miniera, dont le lit rocailleux roule au moins autant d'eau que celui de la Roya. A une petite distance en amont du confluent (77 kil. de Nice), l'établissement de Saint-Dalmas, ombragé par de grands arbres, se montre au-dessous de la route.

SAINT-DALMAS DE TENDE ET SES ENVIRONS.

L'établissement hydrothérapique de Saint-Dalmas de Tende était au siècle dernier une abbaye de Chartreux. Abandonné pendant les guerres de la Révolution française, le couvent resta longtemps inhabité, et toutes ses constructions tombaient en ruine, lorsque, en l'année 1848, le propriétaire eut l'idée d'en faire un établissement de bains. Lors de l'annexion des Alpes maritimes à la France, cet établissement, que la nouvelle frontière séparait de Nice, la capitale naturelle de toute la contrée, dut être fermé. Il ne put être ouvert de nouveau que pour la saison de 1863. Dans l'intervalle on avait essayé vainement de le transformer en verrerie.

Les vastes constructions de l'ancienne abbaye ont été réparées et graduellement appropriées à leur destination actuelle. Les cellules des moines sont devenues les chambres des étrangers, les pièces plus grandes ont été changées en salles à manger, en salons de lecture, de billard, de conversation. Les eaux d'une source voisine ont été amenées dans l'établissement pour alimenter les bains et les douches; les arcades du cloître où se promenaient les moines ont été décorées de vigne vierge et d'autres plantes grimpantes.

Le jardin, situé entre l'établissement et le bord du torrent, est vraiment admirable, moins toutefois par sa propre beauté que par la magnificence du panorama que l'on y contemple. Des arbres indigènes et exotiques forment çà et là de beaux massifs à l'ombre desquels on aime à se reposer; mais ce qui fait surtout le charme de ces allées sinueuses, c'est la vue du torrent qui passe, c'est aussi le spectacle des montagnes qui dressent leur sommets granitiques ou calcaires au-dessus des terrasses cultivées, des pentes boisées, des escarpements rocheux. Une partie du jardin est ravissante entre toutes; c'est une petite île ombreuse, qui s'est formée au confluent de la Roya et de son bruyant tributaire, la Briga. Dans cet espace étroit, qu'un pont rustique réunit au continent, on pourrait se croire en pleine nature sauvage, à cent lieues de toute population civilisée. On ne voit autour de soi que des rideaux de verdure, le promontoire abrupt posé entre les deux vallées, et les torrents qui mugissent en poussant devant eux d'énormes blocs de pierre ou les troncs de sapins livrés à leur courant.

Saint-Dalmas est très-favorablement situé pour devenir une des grandes villas d'été des Niçois et des étrangers établis dans les cités du littoral. Cependant les visiteurs ne sont pas aussi nombreux qu'on pourrait s'y attendre; cela tient en partie à la situation de l'établissement dans un bassin trop étroit, mais surtout à la longueur des routes fatigantes qui y donnent accès. Pour se rendre en voiture des bords de la mer à Saint-Dalmas, il faut nécessairement gravir les deux cols de Braus et de Brouis. Aussi la prospérité future de l'établissement hydrothérapique est-elle intimement liée à l'ouverture d'une route carrossable de Breil à Ventimiglia par la vallée de la Roya.

La plupart des étrangers qui passent à Saint-Dalmas de Tende une partie de la saison d'été sont des Anglais; le médecin attaché à l'établissement est également un Anglais. Les conditions de la pension sont les suivantes[1] :

Pour les personnes adultes.	5 fr. 50 c. par jour.	
— enfants au-dessous de 7 ans.	4 »	—
— domestiques.	3 50	—

En général, les hôtes de Saint-Dalmas commencent leurs excursions par une visite à **Briga**. C'est une simple promenade de 25 minutes. Le village, dont le nom (*Brücke, Bridge*, pont) semble être d'origine teutonique, est situé dans une position charmante sur la rive gauche de la Briga ou Levenza, et sur les deux versants de la combe de Riosecco. Son altitude moyenne est d'environ 1000 mètres. L'église de Briga, terminée en 1509, est un assez beau monument d'architecture lombarde.

Le plus grand nombre des Brigasques sont bergers, et mènent, à la suite de leurs troupeaux, une vie nomade sur les montagnes environnantes. « Rarement, dit un voyageur cité par Bertolotti, rarement ils dorment ailleurs que sur la terre nue, à la belle étoile. Ils boivent peu de vin; ils ne mangent point de viande. Quatre livres de pain bis et quelques laitages forment toute leur alimentation journalière. Cependant ils se portent bien. Le pasteur de Briga vit longtemps et ne connaît d'autre maladie que la vieillesse. » Les Brigasques sont d'une probité parfaite comme l'étaient leurs ancêtres. En général, ils sont aussi très-intelligents, et recherchent tous les moyens de s'instruire. Un grand nombre de professeurs, de savants, d'artistes, sont originaires de Briga.

Dans les environs de ce curieux village, on peut faire une foule d'excursions et d'ascensions intéressantes. En 3 heures

1. A Nice, les étrangers qui désirent avoir des renseignements spéciaux peuvent s'adresser à M. Milliet, directeur, rue de France, 22, et à l'agence Dalgoutte, rue Paradis, près du Jardin public.

de marche on gagne, par le chemin du Riosecco, la cime boisée de la Ceriana ou Vacche, haute de 2137 mètres.

A l'ouest de Saint-Dalmas, la belle vallée de la Miniera, et les diverses combes qui viennent y déboucher, offrent aussi des buts nombreux de promenades. On y visite surtout les mines de plomb argentifère.

En sortant de l'établissement, on escalade d'abord un petit promontoire pour gagner les bords de la Miniera, dont on suit la rive méridionale par un chemin de mulets parfaitement tracé. Après avoir marché pendant 1 heure 40 minutes à la base de pentes boisées çà et là, coupées de ravines pierreuses, on arrive aux *Mescie* (mélange, confluent). C'est ainsi qu'on appelle l'endroit où la Miniera et le Casterino, deux torrents d'une égale importance, viennent mêler leurs eaux. Le sentier des mines continue de remonter la vallée de la Miniera, et traverse successivement le ruisseau del Taupe, descendu de la Nauca (2207 mèt.), puis la Miniera elle-même. En moyenne, on compte 2 heures de marche de Saint-Dalmas au hameau qui a donné son nom à toute la vallée.

La Miniera est une agglomération de maisons, de cabanes, de hangars et d'entrepôts considérables; on dirait un village. C'est que les mines jadis fameuses des montagnes environnantes ont été exploitées à diverses reprises par des centaines d'ouvriers. D'anciennes galeries portent encore le nom de galeries des Sarrasins, soit que la légende populaire attribue aux Maures des travaux dont il faudrait faire honneur aux Romains, soit que les Sarrasins aient vraiment exploité ces mines lorsqu'ils régnaient en maîtres dans les Alpes maritimes, ou, plus tard, lorsqu'un grand nombre d'entre eux travaillaient comme esclaves sous le fouet de leurs vainqueurs chrétiens. Quoi qu'il en soit, les mines de Saint-Dalmas sont en exploitation depuis des siècles. En 1805, près de 250 ouvriers s'y trouvaient réunis. De nos jours, le nombre des mineurs a considérablement diminué. Les mines appartiennent au propriétaire de l'établissement de Saint-Dalmas ; mais elles sont louées à une compagnie française.

L'épaisseur des gangues varie de 1 à 10 mètres. Certaines veines du minerai renferment 75 pour 100 de plomb et 35 grammes d'argent par 100 kilogrammes. Les trois principales galeries ont respectivement 200, 300 et 450 mètres de longueur ; mais en tenant compte de leurs nombreuses ramifications, elles ont ensemble un développement total de plusieurs lieues.

En continuant de remonter la combe de la Miniera, on arrive en 2 heures dans une espèce de cirque entouré de rochers abrupts et dominé au nord par la cime du Mont-Bego, au sud par le Pic du Diable ou Testa dell' Inferno. Ce cirque a reçu le nom de **vallée d'Enfer**, à cause de l'âpreté du lieu, de la couleur sombre des rochers, de l'absence presque complète de végétation et du silence effrayant qui règne dans cette solitude. Plusieurs lacs, que le reflet des roches environnantes fait paraître presque noirs, sont épars dans les dépressions du cirque. Ces lacs d'Enfer, à l'aspect sinistre, sont au nombre de neuf, sans compter de petits *gourgs* que les éboulis combleront peu à peu. Chaque pièce d'eau a sa dénomination particulière : lac Charbon, lac d'Huile, lac Long, etc. Les petits lacs des Merveilles, situés au nord, à la base occidentale du Mont-Bego et dans la partie la plus élevée du cirque, doivent leur nom à des rochers de forme étrange qui semblent avoir été sculptés de main d'homme : d'après Fodéré, on y verrait en effet des inscriptions hyéroglyphiques en langue inconnue. Les montagnards des environs disent que ces rocs ont été taillés par les soldats d'Annibal. « Quand même, dit Bertolotti, quand même périraient tous les témoignages de l'histoire écrite, le grand nom du chef carthaginois vivrait encore pendant des centaines de siècles dans la bouche des habitants des Alpes, car du Saint-Gothard aux monts de la Provence, il n'est pas une vallée qui ne se glorifie d'avoir vu passer Annibal. »

Pour gravir le **Mont-Bego**, qui se dresse au nord du cirque d'Enfer, il faut monter encore pendant 2 ou 3 heures. Cette cime, haute de 2873 mètres, est la plus élevée de toutes celles qui couronnent les chaînes secondaires des Alpes maritimes. « Du sommet où croissent encore des saxifrages et quelques violettes, le regard contemple un espace presque illimité de montagnes, de terres et de mer. Par un beau jour, on voit à la fois toute la ligne des côtes, du golfe Jouan à l'île de Capraja, on distingue presque toutes les cimes de la Provence et de la Ligurie, et par-dessus la crête dentelée de la grande chaîne qui décrit un vaste demi-cercle autour des plaines du Piémont, on peut apercevoir, au lever du soleil, la colline de la Superga couronnée de son temple [1]. » L'horizon est limité seulement au nord-ouest par le Clapier et les autres montagnes de la Gordolasque et du Borréon.

Le torrent de Casterino qui s'unit à celui de la Miniera, en aval du hameau des Mines, est formé lui-même des eaux réunies des ruisseaux de Fontanalba (Fontaine-Blanche) et de Valmasca, qui prennent leur origine : le premier, sur le revers oriental du Mont-Bego, le second, dans les cirques qui s'ouvrent à l'est du Mont-Clapier. En remontant au nord-ouest le torrent de Casterino, puis celui de Valmasca, on arrive en 2 heures de marche à l'extrémité inférieure d'un vallon qui descend du col de Sabbione, passage qui fut très-fréquenté avant l'ouverture de la route du col de Tende. Les ruines de l'hospice où les voyageurs se réfugiaient pendant les tourmentes se montrent encore à une petite distance au sud du col, dans un cirque dont un gourg souvent gelé oc-

1. *Viaggio nella Liguria maritima*, di Bertolotti.

cupe le fond. Le col de Sabbione s'ouvre à une hauteur de 2348 mètres; il fait communiquer directement le val de la Miniera avec la combe du Sabbione, dont les eaux vont, sous le nom de Rousset, s'unir au Gesso, immédiatement en amont d'Entraque. Un bon marcheur peut se rendre en 7 heures de Saint-Dalmas à Entraque par le col de Sabbione.

Les lacs supérieurs du Valmasca, ouverts comme des gouffres à la base des énormes *clapiers* ou éboulis qui ont fait donner son nom à l'une des hautes montagnes de cette partie des Alpes maritimes, sont les plus considérables de toute la contrée. Le plus grand lac, situé dans un cirque pierreux qui ressemble à un énorme cratère, a près d'un kilomètre de long et 500 mètres de large. Il se trouve à égale distance du Mont-Clapier et du Mont-Bego.

DE SAINT-DALMAS DE TENDE A CONI.

Immédiatement en amont de l'établissement et de l'embouchure de la Briga, la vallée de la Roya se rétrécit : on cesse d'apercevoir sur les pentes les noyers, les trembles, les châtaigniers, et l'on s'engage dans un défilé presque aussi sauvage que celui de Gaudarena. Vers le milieu du défilé, la route franchit la Roya sur un pont composé de plusieurs arcades dont une seule est jetée au-dessus du torrent. Plus loin, on laisse à gauche la ruine d'un autre pont très-pittoresque qui n'a plus que deux arches, l'une sur la Roya, l'autre sur la prairie. A droite on voit s'ouvrir un ravin dont les avalanches de neiges et de pierres dégradent souvent la route. Plus loin, sur la pente de la montagne, s'élèvent quelques ruines difficiles à distinguer du rocher.

Tende (*hôtel National*), où l'on arrive (81 kil. de Nice) après avoir traversé une seconde fois la Roya, est une ville de 1700 habitants, située à 817 mètres d'altitude, sur la rive droite du torrent, au pied de la montagne de San-Salvatore et vis-à-vis du confluent du Riofreddo. Elle se divise en deux parties, celle d'amont, où sont les auberges et les remises, celle d'aval, où la plupart des maisons particulières se groupent autour de l'église.

Les archéologues disent que Tende est l'ancien *Tentorium* fondé par Probus vers l'an 280 de notre ère. Comme les autres villes de la contrée, elle fut détruite en 859 par les Sarrasins, puis elle devint le repaire de seigneurs bandits qui levaient un tribut sur les marchands et les voyageurs. Au XIIe siècle, les Lascaris de Ventimiglia s'établirent à Tende, que de leur propre autorité ils érigèrent en comté, et grâce à l'importance stratégique et commerciale des passages qu'ils pouvaient ouvrir et fermer à volonté, ils devinrent bientôt les seigneurs les plus puissants de cette partie des Alpes maritimes. C'est de la famille des Lascaris qu'était cette Béatrice de Tende, si cruellement mise à mort en 1418 par son mari le duc de Milan, Philippe-Marie Visconti. Emmanuel-Philibert, duc de Savoie, fit l'acquisition du comté de Tende en 1575.

Les ruines de l'ancien château, que le chevalier de la Fare fit sauter en 1692, s'élèvent immédiatement au-dessus de la ville, sur une plate-forme de rochers, au pied du San-Salvatore. Un angle de muraille, resté debout d'une manière incompréhensible, se dresse, comme un obélisque de plus de 20 mètres, au-dessus d'anciennes constructions, flanquées au sud par une large tour ronde à deux étages. On monte au château par un chemin en colimaçon qui passe sous une série de portes dont la première est en ogive, et les autres en plein cintre. Un espace libre à côté des ruines sert de cimetière.

L'église, vaste, mais très-massive, a été construite de 1474 à 1518 sous la direction du Génois Marco Lazzarino. Cet édifice, l'un des monuments les plus complets de l'architecture lombarde, se compose de trois nefs d'un caractère simple et sévère : on y voit la rose, le cœur et l'étoile des corporations de maçons italiens. La façade est peinte en grisaille. Deux lions accroupis se tiennent de chaque côté des degrés; le parvis élevé de dix marches rappelle le *podium* antique où se rendait la justice au moyen âge.

De Tende les piétons peuvent aller directement à la Chartreuse de Pesio (voir ci-dessous) par la combe du Riofreddo, qui s'ouvre au nord-est entre le Mont-Cagnolina, au nord, et le Mont-Bigiorin au sud.

Au sortir du bassin fertile de Tende, où les vignes se montrent pour la dernière fois sur le versant méridional des Alpes, la route de Coni pénètre dans un nouveau défilé et traverse la Roya pour longer la rive gauche. A l'est, la montagne de Cagnolina, étrangement ravinée et déchiquetée, est couronnée de rochers offrant les formes les plus fantastiques; à l'ouest, se dresse le Castello di Maina, moins étonnant d'aspect, mais également escarpé.

On repasse sur la rive droite, à l'embouchure d'un petit vallon vert, remontant à l'ouest vers le col de Pietrafica, qui va rejoindre dans le vallon de Casterino le sentier d'Entraque par le col de Sabbione (voir ci-dessus). Immédiatement en amont, le défilé recommence. La vallée devient une gorge où l'on a dû tailler la route en plein roc. On ne voit plus de pins; tout est aride et nu, mais superbement coloré. En un endroit, les roches, qui surplombent et se rejoignent presque au-dessus de la route, devaient sans aucun doute former autre fois une porte naturelle; à gauche, la Roya bondit dans son lit profondément encaissé. Ce défilé est connu sous le nom de l'Arma-Ventosa, ou mieux encore, de Barma-Ventosa (Grotte venteuse). Dans ce défilé, la route traverse deux fois la Roya.

En amont d'un petit bassin que dominent des escarpements rougeâtres hérissés de tours et d'aiguilles et portant sur leurs cimes des bouquets de pins, on atteint le pied de la grande montée du col. Du fond de l'entonnoir au point culminant de la route, on compte 69 lacets qui se déroulent comme un immense ruban blanchâtre sur les pentes légèrement gazonnées. La route est assez large et la rampe uniforme; mais la partie de la montagne qui n'est pas exposée aux avalanches étant très-étroite, les ingénieurs n'ont pu donner aux courbes qu'un faible rayon et les lacets sont extrêmement brusques. La route est en grande partie dégarnie de barrières ou de bordures en pierre du côté du précipice, ce qui ajoute à l'inquiétude quand on descend, surtout aux tournants du chemin brusquement replié sur lui-même. Pendant trois ou quatre ou même cinq mois de l'année, le chemin n'est pas praticable aux voitures; alors la traversée du col doit se faire en traîneau. Avant l'ouverture de la route, les voyageurs riches se faisaient porter en *laise*, espèce de chaise à porteurs. Le voyage de Nice à Coni durait trois jours.

La route carrossable de Tende a été construite sous le règne de Victor-Amédée III, de 1779 à 1782; pendant la première année des travaux, plus de 200 ouvriers furent engloutis par un éboulement. D'après Gioffredo, le duc Charles-Emmanuel Ier aurait fait commencer le creusement d'un tunnel à travers la partie supérieure de la montagne afin de faciliter en toute saison les échanges commerciaux et de supprimer les dangers de la route. Depuis, on a souvent proposé de reprendre les travaux interrompus; mais le percement attend encore sa réalisation et l'attendra peut-être aussi longtemps qu'une voie ferrée ne mettra pas en communication la vallée de la Roya et les plaines du Piémont.

Des maisons érigées de distance en distance sur la route servent de lieux de refuge aux piétons pendant les temps d'orage. La principale auberge est située près du col, à l'extrémité du premier lacet méridional. Le propriétaire de l'auberge connaît parfaitement les montagnes environnantes et s'offre pour servir de guide aux voyageurs.

Le **col de Tende** ou de Cornio, que l'on atteint après avoir monté pendant 2 heures, est une simple échancrure ouverte sur le sommet de la montagne, à 1873 mètres de hauteur (État-major sarde). Au sud le cirque de la Roya naissante apparaît comme le fond d'un abîme. Les pentes des montagnes latérales hérissées de roches d'un ton rougeâtre offrent çà et là des restes de bois de pins; en bas, elles sont zébrées de cultures étagées les unes au-dessus des autres et retenues sur les pentes par des murailles de pierres sèches. Du col on ne découvre point la Méditerranée; au nord, le Mont-Viso n'est pas encore visible; mais le regard embrasse la chaîne des Alpes, du Grand-Paradis au Mont-Rose; les plaines du Piémont sont masquées par les montagnes plus rapprochées. Des escarpements de la crête qui s'élèvent des deux côtés du col de Tende, la vue est beaucoup plus belle et plus étendue et, par un beau temps, on voit parfaitement la mer et ses rivages. Le panorama est également très-beau du petit col de Cabaneira qui s'ouvre à 1 kilomètre plus à l'est et que prennent quelquefois les piétons. Un autre col, celui de Margheria, traverse la crête, à 1 kilomètre et demi vers l'ouest.

A la descente du col de Tende, ceux qui voyagent à cheval ou à pied ont le choix entre deux routes : ils peuvent suivre le grand chemin qui se déroule comme un serpent sur le flanc de la montagne, ou bien prendre l'ancienne route, qui descend à gauche dans la combe de Limonetto, vaste cirque de pâturages dominé au sud-ouest par la cime hardie de la Roccia dell' Abisso ou Roche de l'Abîme, haute de 2757 mètres. A gauche, sur l'autre versant de la combe, se montre le hameau de *Limonetto*, dont les montagnes renferment des gisements très-riches de fer oxydulé et de minerai argentifère. En plusieurs endroits, la route est soigneusement pavée, et le milieu en est occupé par un trottoir en larges dalles polies : on croirait voir les vieilles routes des Andes construites par les Chibchas, telles qu'on les découvre çà et là au milieu des forêts vierges.

A la base d'un promontoire escarpé (1 h. du col), l'ancien

chemin rejoint la nouvelle route qui vient de décrire plus de 20 lacets sur le flanc de la montagne. On franchit le torrent pour descendre par une pente douce vers Limone, en suivant le bord de l'eau.

Limone (*hôtels de l'Europe, de la Poste*) est une ville de plus de 3000 habitants, située à 121 kilomètres de Nice et à 1018 mètres au-dessus du niveau de la mer, dans un petit bassin entouré de pentes dénudées. C'est à Limone que se réunissent les divers ruisseaux qui descendent de la Roche de l'Abîme, du col de Tende, du col della Perla, pour former ensemble la Vermenagna. Les seuls monuments publics sont le *Palazzo municipale*, qui est une espèce de grange, et une fontaine ornée d'une tête de saint sculptée.

Les habitants de Limone ont un patois particulier ; s'il faut en croire la tradition, leurs ancêtres auraient été des Hongrois ou des Croates venus dans le pays, on ne sait à quelle époque ni pour quelle raison. Lorsque le comté de Nice se donna au Piémont, en stipulant d'exporter par le col de Tende une certaine quantité de denrées et de marchandises, les Limonesques se firent les intermédiaires de tout le commerce entre les deux versants des montagnes. Avant l'ouverture de la grande route, ils possédaient plus de 2000 mulets de transport. En hiver, ils traversaient la montagne au moyen de traîneaux qui descendaient sur la neige en quelques minutes du col à Limonetto. Les hommes avaient dans toute la contrée une réputation bien méritée de vigueur et d'audace. De nos jours, la majeure partie des habitants de Limone exercent la profession de muletiers, ou bien sont occupés dans la mauvaise saison à déblayer la route qui les a appauvris en leur ôtant le monopole des transports.

A une petite distance de Limone, on exploita, de 1760 à la fin du xviiie siècle, une carrière de marbre blanc veiné de rouge, d'où ont été extraits une quantité considérable de blocs pour les palais et les églises de Turin. Pendant les guerres de la République, un combat fut livré dans les environs de Limone. Les Français, repoussés, se retirèrent vers Tende.

De Limone on peut se rendre en 3 heures à la Chartreuse de Pesio (voir ci-dessous). Dans le même espace de temps, on peut aussi gravir la Besimauda.

En aval du bassin de Limone, la gorge de la Vermenagna se rétrécit graduellement; mais en aucun endroit elle ne mérite le nom de défilé. A gauche, de l'autre côté du torrent, un promontoire rocheux porte la chapelle de San Maurizio; à droite, on voit remonter à l'est et au nord-est vers les plateaux herbeux de la Piana les deux combes verdoyantes de Sottan et de Ceresole. En aval de la chapelle et de la maison de refuge qui gardent l'entrée de ce dernier vallon se trouve la partie de la route la plus exposée aux avalanches. De chacun des ravins abrupts qui rayent les pentes occidentales de la vallée s'écoulent au printemps des nappes de neige et de pierres qui recouvrent complétement le torrent et la route. C'est avec la plus grande précaution qu'on doit alors s'engager dans cette gorge dangereuse. Une des montagnes qui dominent la vallée du côté de l'ouest porte le nom mérité de Roccia Cialancia, ou roche des Avalanches.

Vernante (108 kil. de Nice) est une ville de 3400 habitants, composée d'une longue rue et de quelques ruelles latérales. Elle est située dans un petit bassin d'une extrême fertilité que baignent les eaux réunies de la Vermenagna et du torrent de Valgrande. Sur un monticule qui domine Vernante, au nord-ouest, se dresse une vieille tour hexagonale encore parfaitement conservée et garnie de ses créneaux. Ses murs, épais de près de 2 mètres, ne laissent à l'ancien cachot de l'intérieur qu'un espace de 4 mètres environ, où devait régner une obscurité complète et que le bleu du ciel éclaire aujourd'hui à travers le toit effondré. De la plate-forme du château, dont les murailles d'enceinte se sont en partie écroulées, on jouit d'une vue admirable sur la ville, sur les deux combes supérieures de la Vermanagna et du Valgrande, sur le promontoire escarpé de la Roche des Avalanches qui les sépare. Il ne faut pas moins de 10 à 15 minutes pour monter de Vernante au château.

Au-dessous de Vernante, on peut suivre l'une ou l'autre rive de la Vermanagna. La nouvelle route longe encore la rive droite sur une longueur de 3 kilomètres ; l'ancienne route, devenue aujourd'hui simple chemin vicinal, passe immédiatement sur l'autre rive ; les piétons feront bien de la prendre, afin de mieux voir le débouché des deux charmantes combes Degli Agnelli et de Castellar. Dans la première, qui s'ouvre au nord-ouest, les pentes boisées alternent avec les terrasses de prairies et des rochers jaillissent çà et là au milieu de la verdure. La seconde, moins riante, mais encore plus boisée, remonte au sud-est vers les rochers abrupts de Parous (*Parois*, murailles à pic).

Immédiatement en aval du débouché de ces deux combes la nouvelle route, traversant la Vermenagna, passe au-dessous de la Peyra del Molino, dont la base a été coupée. La vallée s'élargit graduellement ; le relief des montagnes s'adoucit ; les cultures deviennent plus riches, les châtaigniers et les noyers plus touffus. On traverse successivement les deux grands villages de Robilante et de **Roccavione** (128 kil. de Nice). Cette dernière localité, située au-dessous d'une roche rouge très-escarpée, domine le confluent de la Vermenagna et du Gesso. C'est un chef-lieu de mandement, peuplé de 2500 habitants. On compte un nombre très-considérable de goîtreux à Roccavione et à Robilante. Dans les environs se trouvent des gisements de plomb sulfuré argentifère non exploités à cause du mauvais état des chemins.

A Roccavione, la route entre dans la grande plaine du Piémont. Elle traverse sur deux ponts de bois les deux bras du Gesso aux eaux abondantes, s'unit à la route de Valdieri (voir chapitre x), et bientôt après entre à (130 kil.)

Borgo-San-Dalmazzo, ville importante de 4000 habitants, située au confluent de trois vallées : celle de la Stura, à l'ouest; celle du Gesso, au sud-ouest; et celle de la Vermenagna, au sud. On y voit un grand nombre d'églises, dont l'une est terminée par un clocher à trois faces. La ville actuelle a remplacé l'antique station romaine de *Pedona*, souvent ravagée par les barbares et par les Sarrasins du Fraxinet.

Plusieurs routes aboutissent à Borgo-San-Dalmazzo (voir l'*Itinéraire du Dauphiné*, 2ᵉ partie, par M. Adolphe Joanne). Il est vivement à désirer que le chemin de fer de Turin à Coni soit bientôt prolongé jusqu'à la ville de Borgo, si admirablement située à l'angle sud-ouest de la plaine du Piémont, au débouché de tant de routes internationales, parmi lesquelles deux de premier ordre, celles du col de Tende et du col de l'Argentière. La construction du tronçon de voie ferrée entre Coni et Borgo-San-Dalmazzo, n'offrirait absolument aucune difficulté, la grande plaine alluviale étant unie comme la surface d'un lac.

En sortant de Borgo-San-Dalmazzo, la route, construite sur un long plateau ombragé de châtaigniers et d'autres arbres touffus, entre le torrent de Stura à l'ouest et celui du Gesso à gauche, court en ligne parfaitement droite et plane jusqu'à Coni. Au nord-ouest, la grande crête des Alpes est dominée par la superbe pyramide du Mont-Viso.

Pour la description de Coni, voir l'*Itinéraire du Dauphiné*, 2ᵉ partie, par M. Adolphe Joanne, et l'*Itinéraire de l'Italie*, par M. A. J. du Pays.

LA CHARTREUSE DE PESIO.

Les personnes qui ne craignent pas de voyager à pied ou à dos de mulet, peuvent, en venant de Nice, quitter à Limone la grande route du col de Tende et traverser directement la montagne, afin de se rendre à la Chartreuse. Trois heures de marche suffisent pour cette petite promenade. On pénètre d'abord à l'est dans le vallon désolé de l'Armellina, puis on gravit en lacets les pâturages très-inclinés que domine au nord la pointe du Roc-Cocu ; et, franchissant le point culminant de la chaîne au facile collet du Bittor-Aguccion, on descend en droite ligne à la Chartreuse.

La route de voitures que suivent la plupart des voyageurs pour se rendre dans le vallon du Pesio, est celle qui part de Coni. Cette route, desservie tous les jours par les omnibus pendant l'été [1], franchit d'abord le Gesso immédiatement, en amont de la gare du chemin de fer, et parcourt, dans la direction de l'est et du sud-est, des campagnes admirablement fertiles, parsemées de nombreuses villas à demi cachées par des arbres touffus. On laisse à gauche la route de Mondovi pour traverser ensuite le torrent de Colla, souvent desséché à cause des canaux d'irrigation qui le saignent. Ce cours d'eau prend sa source dans les beaux pâturages de la Besimauda; puis, à son entrée dans la plaine du Piémont, arrose les campagnes de Boves, village considérable dont un grand nombre d'habitants sont affligés de goîtres.

Le village de **Beinette**, au milieu duquel passe la route, est situé à 9 kilomètres de Coni, sur le torrent de Jusina, qui change en aval son nom pour celui de Brobbio. Au sud du village on dépasse le château et les beaux jardins du comte Barrale, puis d'importantes filatures de soie et une papeterie, mises en mouvement par un fort ruisseau : on le voit jaillir, immédiatement à côté de la route, d'un petit lac aux eaux profondes qu'alimentent des courants souterrains descendus des montagnes. A gauche, sur un contre-fort de la grande chaîne, on aperçoit l'église de Santa-Lucia, visitée les jours de fête par de nombreux pèlerins; à droite, à l'issue d'un vallon boisé ouvert sur le flanc septentrional de la Besi-

---

1. Une voiture particulière coûte de 10 à 12 francs.

mauda, se montre le village de Peveragno, près duquel on exploite une carrière de marbre gris-noir.

A 6 kilomètres de Beinette, on contourne à l'ouest la ville de **Chiusa**, pittoresquement située à 397 mètres d'altitude à l'entrée de la vallée du Pesio, entre le monticule de Montbruson et un âpre rocher portant une tour carrée, reste de l'ancienne forteresse qui défendait autrefois l'accès de la vallée : de là son nom (en français *Cluse*). La population de Chiusa dépasse 6300 habitants. On remarque dans la ville plusieurs églises et divers édifices monastiques. La colline de Montbruson, qui s'élève à l'ouest, est couronnée par un ancien château restauré avec goût. De la base au sommet, la pittoresque colline est plantée d'arbres exotiques, sous lesquels on a ménagé des allées en pente douce.

Au delà de Chiusa, la route, pénétrant dans la haute vallée du Pesio, longe la rive occidentale du torrent. Au milieu des champs étroits qui bordent le Pesio, se montrent quelques mûriers. A droite et à gauche, les collines aux contours mollement arrondis sont couvertes de forêts de châtaigniers, dont les fruits, connus sous le nom de *marrupi*, ont une grande réputation et sont achetés en quantités considérables par des négociants milanais. Sur la rive orientale du torrent, se montre une fonderie en amont de laquelle on traverse d'abord le Rio Grosso, alimenté par les neiges de la Besimauda, puis le Pesio lui-même, pour en longer la rive droite pendant plus de 3 kilomètres. Au hameau de San-Bartolomeo, où se trouve l'*hôtel Vittoria*, fréquenté par les étrangers lorsque l'affluence des visiteurs est considérable à la Chartreuse, on passe de nouveau sur la rive gauche, où se trouve l'ancienne *courrerie* du couvent, à l'entrée d'une petite combe verdoyante. Au-delà, on s'élève à une vingtaine de mètres au-dessus du torrent, et l'on entre dans une avenue de tilleuls, d'ormeaux et de sycomores, dont le branchage laisse entrevoir les bâtiments de la Chartreuse, situés en face de l'autre côté du Pesio. A l'extrémité de l'avenue se présente un pont couvert au sortir duquel on se trouve dans la première cour de l'ancien monastère. La distance que l'on a parcourue depuis Coni est de 25 kilomètres.

La **Chartreuse** (*Certosa*) **de Pesio**, jadis abbaye célèbre, fondée en 1174 par Arnaldo de Morozzo, aujourd'hui propriété de l'avocat Savaud et transformée en hôtel et en établissement hydrothérapique, occupe une position charmante sur une petite terrasse dominée à l'est par la montagne de Bandelula. De hauts sommets boisés se dressent de toutes parts : à l'ouest, la Crus, le Pitté et d'autres contre-forts de la Besimauda; au sud-ouest, la Pavarina, le Vaccarile; au sud-est, le Maccaron; à l'est, la Bandelula; au nord-est, le San-Michele. La gorge étroite au fond de laquelle est la Chartreuse semble isolée du reste du monde.

L'établissement se compose de plusieurs corps de bâtiment séparés les uns des autres par cinq cours de différentes grandeurs. Les constructions principales, entourant la cour d'honneur, sont remarquables par leurs galeries à cintres romans et renferment une vaste salle à manger, la salle de billard et de jeu, la salle de bal, le cercle, le café. Le reste de la Chartreuse, trop vaste peut-être, et par cela même, difficile à entretenir, comprend 120 chambres d'étrangers, l'établissement des bains, les appartements réservés aux employés, les écuries, les décharges. L'église, située au nord des autres bâtiments, est un édifice coquet précédé d'une galerie à arcades romanes, mais n'offrant rien de curieux à l'intérieur.

Ce qui fait le charme principal de l'établissement, c'est le jardin entouré de tous côtés par une galerie romane pavée en mosaïque. Planté d'arbres exotiques, rempli du murmure des eaux courantes, orné de statues et de jets d'eau, ce jardin se prolonge au loin sur le versant même de la montagne. En suivant des allées bien ménagées qui serpentent le long d'un ruisseau à travers les prairies et les vergers, on monte dans un parc charmant parsemé de châtaigniers, de bouleaux et de frênes. Cet espace, de plusieurs hectares de superficie, est enclos par la muraille de la Chartreuse : on y trouve les sites les plus gracieux sans sortir de l'enceinte.

Pendant la belle saison, 150 à 200 personnes sont parfois réunies à la Chartreuse. Un médecin est attaché à l'établissement.

Dans les environs de la Chartreuse, on peut faire une foule de promenades intéressantes. Toutes les vallées tributaires du Pesio, la combe de la Cravina, celles de Pari, del Cavallo, de San-Michele, de Pra Nuovo, sont ombragées de beaux arbres et animées par le murmure des eaux courantes. Du haut de tous les sommets, on jouit de charmants points de vue sur les gorges, les forêts et les villages du Pesio, sur les pâturages, les rochers et les neiges des montagnes voisines. En remontant à l'ouest le vallon de la Cravina ou celui de Rumian, on peut facilement gravir en 3 heures le point culminant de la Besimauda, qui s'élève à 2404 mètres d'altitude. La Besimauda n'est pas une montagne proprement dite, mais plutôt un vaste plateau accidenté séparant la vallée du Pesio de celle de la Vermenagna. Directement à l'ouest de la Chartreuse, les pâturages offrent, sur une étendue de plusieurs kilomètres, une surface tellement horizontale qu'on leur a donné le nom de *Piana :* dès que les neiges de l'hiver ont disparu, ils sont fréquentés par de nombreux troupeaux. Des cimes diverses de la Besimauda, on contemple l'admirable panorama offert par la verdoyante plaine du Piémont et l'immense hémicycle des Apennins et des Alpes, depuis les monts de Garessio jusqu'à la double pyramide du Viso et aux crêtes Vaudoises.

Une course beaucoup plus pénible que l'ascension de la Besimauda est celle du col de la Malabera qui fait communiquer la Chartreuse et la vallée de Tende. Le sentier remonte d'abord la vallée du Pesio, puis s'élève à droite pour escalader le *pas* difficile de Babon et gagner le col à travers les pâturages et les éboulis. Sur le versant méridional, il faut longer pendant quelque temps le dangereux précipice de Rivortin avant d'atteindre la rive du Riofreddo, qui va se réunir à la Roya en amont de Tende. Cette excursion demande environ 7 heures de marche, 3 heures et demie à la montée, 3 heures et demie à la descente.

En amont de la Chartreuse, des moraines considérables et des sillons parallèles profondément tracés dans les parois des rochers ont révélé aux géologues l'existence anté-historique d'un vaste glacier qui remplissait toute la vallée supérieure du Pesio.

CHAPITRE XII.

LA CORNICHE FRANÇAISE.

DE NICE A MENTON.

La route, célèbre dans le monde entier sous le nom de Corniche, a remplacé un sentier pénible et dangereux qui suivait le littoral, tantôt en longeant la plage des criques, tantôt en serpentant sur le flanc des promontoires ou en s'accrochant aux rochers. La voie romaine, dont on aperçoit çà et là quelques traces, s'oblitéra graduellement pendant les siècles barbares du moyen âge ; ici elle disparaît sous les éboulis, ailleurs sous les alluvions, et, si l'on en croit la tradition populaire, les Génois auraient aidé au travail de la nature en détruisant la route, afin de rendre leur territoire inaccessible par terre à toute armée d'envahisseurs. Au lieu de l'antique voie aurélienne, il ne restait donc plus que les sentiers vertigineux frayés par les chèvres et comme suspendus au-dessus de la mer. Le Dante, qui connaissait ces redoutables *corniches* de la Ligurie, les prend, dans sa *Divine Comédie*, pour terme de comparaison :

« Noi divenimmo intanto appiè del monte :
Quivi trovammo la rocca si erta

> Che indarno vi sarien le gambe pronte.
> Tra Lerici e Turbia la più diserta,
> La più ruinosa via è una scala
> Verso di quella agevole ed aperta. » (*Purg.* Canto III.)

La route carrossable de Nice à Ventimiglia, qui a succédé à l'ancienne Corniche, est une œuvre française; elle date de 1806. Il eût été évidemment plus convenable et sans doute aussi moins dispendieux de la construire sur le bord de la Méditerranée. Tel fut en effet le premier projet; mais, dans la crainte que l'artillerie des navires anglais ne pût facilement profiter de la position du chemin pour canonner les armées en marche, l'ingénieur, M. Sigaud, préféra tracer la route sur les hauteurs et lui faire escalader les montagnes d'Eza et de la Turbie. Le chemin ne se rapproche de la mer que dans les endroits où toute autre direction eût été impossible.

Si les longues et pénibles rampes de la Corniche rendent les communications plus difficiles entre les diverses localités de la côte ligurienne, en revanche les voyageurs y trouvent l'avantage de pouvoir contempler d'une hauteur de plusieurs centaines de mètres l'admirable panorama des rivages si gracieusement découpés, des villes entourées de jardins, des coteaux revêtus d'oliviers. A cette vue déjà si belle s'ajoute le spectacle des grandes Alpes, embrassant tout un monde de sommets rougeâtres dans leur demi-cercle immense. Ceux qui ont eu le bonheur de jouir une fois de cette vue grandiose ne l'oublient jamais.

Cependant il est probable que, dans un petit nombre d'années, cette fameuse route de la Corniche, si bien connue des artistes, sera beaucoup moins fréquentée qu'elle ne l'est aujourd'hui. Le flot des voyageurs suivra certainement la route de voitures qui doit être continuée sur le littoral, de Villefranche à Monaco, ou bien ils se feront transporter par les convois du chemin de fer de Nice à Gênes.

La voie ferrée, à la construction de laquelle on travaille ac-

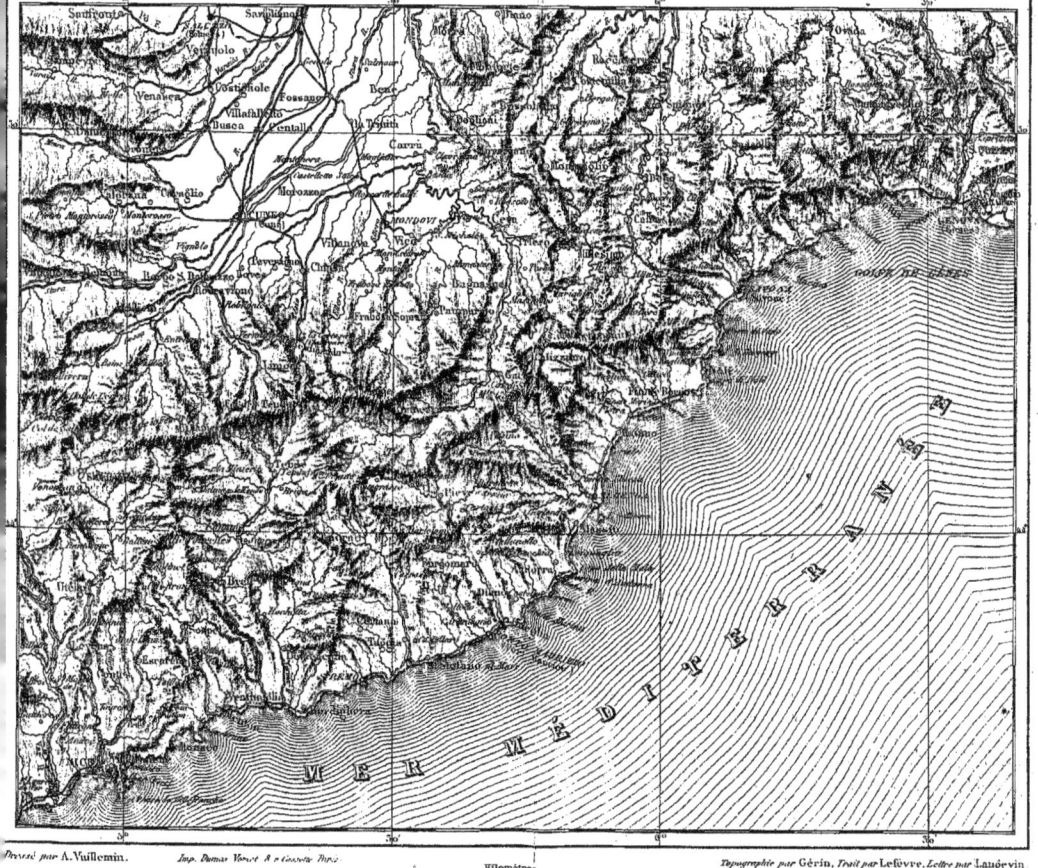

tivement, doit être inaugurée pendant le cours de l'année 1866. La nature montueuse du rivage, entaillé de golfes et dentelé de caps, présente aux ingénieurs de sérieuses difficultés; pour les vaincre, il faut percer, de Nice à la frontière, 10 tunnels d'une longueur totale de 4260 mètres, égale à la septième partie de la voie tout entière; en outre, il faut creuser de profondes tranchées, élever dans la mer des murs de soutènement de plus d'un kilomètre de longueur totale, construire des viaducs sur le Paillon, le Boirigo, le Carei. Le devis approximatif des dépenses est de plus de 24 millions, soit de 800 000 francs par kilomètre. C'est le double de la dépense moyenne par kilomètre de chemin de fer français.

Le tracé de la voie ferrée ne cesse de suivre le littoral, à une distance aussi faible que le permettent les dentelures de la côte et le prix des terrains. A l'ouest de la gare de Nice, il traverse, par un court tunnel de 430 mètres, la base du coteau gypseux de Cimiès, puis franchit le Paillon au moyen d'un pont de 5 arches et passe sous le col de Montalban par un souterrain de 1450 mètres, le plus long de toute la ligne entre Nice et Menton. Après avoir dépassé Villefranche, qui se trouve à l'issue du tunnel et où l'on doit établir une station, le chemin contourne l'extrémité septentrionale du golfe sur un mur de soutènement de 800 mètres, dont la base est lavée par les flots, et s'enfonce aussitôt après dans une profonde tranchée creusée à la racine de la presqu'île de Saint-Jean. A Beaulieu le tracé atteint de nouveau le rivage de la mer, qu'il suit à une faible distance sur le flanc de la montagne. En face se dressent les falaises du Baous-Rous: il faut les percer par un troisième souterrain, long de 360 mètres. Au delà du Baous-Rous, qui limite au sud le golfe ou mer d'Eza, se succèdent de nombreux travaux d'art, parmi lesquels quatre souterrains de 1140 mètres de longueur totale. Le chemin franchit par une tranchée profonde de près de 17 mètres le col qui réunit la presqu'île de Monaco aux escarpements de la Tête de Chien, puis il traverse l'extrémité du Port d'Hercule sur une digue défendue par d'énormes blocs contre les assauts de la mer, et longe la côte par une succession de tranchées et de remblais jusqu'à la station de Roquebrune et au cap Martin. Là nouveau tunnel, long de 570 mètres. Au sortir du souterrain, la voie ferrée se détourne à gauche, afin d'éviter les riches villas et les belles propriétés qui bordent la plage. C'est entre les deux ponts du Boirigo et du Carei que doit être construite la station de Menton. Au delà, le chemin doit passer par un souterrain de 220 mètres sous la ville et la colline du cimetière, puis longer le rivage à une certaine hauteur et gagner le torrent de Saint-Louis, qui constitue la frontière entre les deux États.

Deux omnibus, partant chaque jour de la place Saint-Dominique et de la place de la Mairie, transportent les voyageurs de Nice à Menton. Le prix est fixé à 2 et 3 francs; le trajet s'accomplit en 4 heures environ. Outre ces omnibus, les voyageurs ont aussi à leur disposition de nombreuses petites calèches et des voitures de poste. L'administration de la poste aux chevaux se fait payer, en vertu d'un tarif, 20 centimes pour chaque cheval, 15 centimes pour le carrosse et 25 centimes pour le postillon, par kilomètre de distance parcourue. La distance de Nice à Menton est de 31 kilomètres.

La route de Gênes, se séparant de la route de Turin près de l'extrémité de la rue Victor, se dirige à travers l'étroite plaine vers la base du Mont-Gros. Bientôt commence la montée. Un petit chemin, que suivent les piétons, escalade directement la montagne (voir page 255); la route de voitures décrit au nord un long circuit autour du Mont-Saint-Aubert. Pendant la montée, on ne cesse de voir à travers le feuillage des oliviers la route de Turin, qui se déroule comme un ruban à la base de la montagne, et le lit pierreux où coulent parfois les eaux de Paillon.

A 6 kilomètres de Nice, on se trouve sur le revers oriental de la chaîne du Mont-Gros et de Montalban, et l'on contemple le spectacle indescriptible que présentent les montagnes lointaines de la Corse et de la Provence, l'immense étendue de la mer, le golfe bleu de Villefranche et les deux péninsules de Saint-Jean et de Saint-Hospice, semblables à un monstre marin reposant sur les flots. A droite, un chemin malaisé descend à Villefranche à travers des rochers où s'accrochent les myrtes et les aloës ; à gauche, s'élèvent les escarpements pierreux du Mont-Leuze, dont le nom rappelle une forêt de chênes (*leouse*) aujourd'hui disparue. Inutile de dire aux piétons qu'ils feront bien de gravir (15 minutes) le Pacanaille, point culminant du Mont-Leuze. De cet observatoire, qui se dresse à 576 mètres d'altitude, on voit pour ainsi dire la mer à ses pieds ; du sommet de la montagne au rivage de la mer, la pente moyenne des escarpements n'est pas moindre de 25 degrés.

Après avoir dépassé l'auberge des Quatre-Chemins, bâtie au carrefour formé par l'ancienne Corniche, la route actuelle de Gênes et le chemin de Villefranche, on contourne par une succession de courbes les contre-forts supérieurs du Mont-Leuze et du Mont-des-Fourches ; puis, arrivé presque au sommet de l'arête, on en gagne le versant septentrional par une petite échancrure. A droite, le grand rocher du Mont-Bastia cache pendant quelque temps la vue de la mer. Au nord et à l'ouest, on voit les hauteurs çà et là boisées qui dominent le cours du Paillon et celui du Var ; mais partout ailleurs on n'aperçoit que des pentes calcaires sur lesquelles croissent des touffes de plantes odoriférantes. A un brusque tournant de la route, on revoit soudain la mer. Sur le premier plan se dressent le pittoresque rocher et les vieilles constructions d'Eza, semblables à des ruines. Jean Reynaud décrit ainsi l'admirable panorama que l'on contemple de cet endroit :

« La partie de la route de Gênes, qui domine Eza, est peut-être celle qui présente le plus de grandeur. L'âpre forteresse n'occupe qu'un point dans le tableau. On a devant soi tout un fragment de la géographie de la France. L'azur de la mer ne dessine pas moins d'une demi-douzaine de golfes. D'abord la presqu'île à double promontoire de Saint-Hospice cachant la rade de Villefranche et Nice ; puis les bouches du Var, indiquées par le gravier, sinon par les eaux du fleuve qui, en été, se réduisent à un simple filet ; à la suite, la longue presqu'île de la Garoupe à la base de laquelle se détachent Antibes et sa forteresse ; par derrière, le golfe de Jouan, les îles de Sainte-Marguerite, le golfe de Napoule baignant la charmante ville de Cannes ; au-dessus, la chaîne porphyrique de l'Esterel avec ses pittoresques dentelures ; au fond, le golfe de Grimaud, aboutissant à la ville de Saint-Tropez, que domine la chaîne granitique des Maures, encore revêtue du nom des barbares qui la possédèrent longtemps, et dont la saillie la plus avancée, le cap Camarat, couvre les îles d'Hyères. Du côté de l'Italie, la vue est au contraire aussi resserrée qu'elle est étendue vers la France. La montagne qui s'élève au-dessus de Monaco et qui semble à deux pas éclipse les régions moins élevées qui lui succèdent. »

Le petit village est réuni à la route de la Corniche par un chemin carrossable d'un kilomètre de longueur, qui descend obliquement sur le flanc de la montagne pour remonter au promontoire d'Eza en suivant un isthme cultivé, au milieu duquel jaillit une fontaine abondante. Eza est une ville d'Afrique ; des escarpements à pic et de hautes murailles entourent la partie supérieure du rocher que les habitants ont choisi

Eza, vue prise de la route de la Corniche.

pour leur servir d'aire. Les maisons, appuyées les unes sur les autres, semblent ne former qu'un seul édifice, une étrange citadelle ruinée. Les étroites et tortueuses ruelles disparaissent sous les arcades comme autant de chemins couverts; toutes les constructions sont d'une apparence sordide et misérable comme des repaires de brigands. Le château, auquel on arrive par un escalier naturel, dont les marches énormes sont les strates mêmes du calcaire, a été presque entièrement démoli par les Turcs de Barberousse en 1543. Il n'en reste plus que des pans de murs entourant l'assise supérieure du rocher, égale et polie comme un pavé de marbre. Vus de la Corniche, les débris du château d'Eza ressemblent à une espèce d'éléphant.

Eza est probablement l'antique *Avisium* des Romains; d'enthousiastes archéologues veulent à toute force, à cause de la ressemblance des noms, qu'un temple de la grande Isis ou bien d'Æsus, le Mars gaulois, ait couronné le promontoire d'Eza. Quoi qu'il en soit, on y a découvert plusieurs inscriptions romaines et d'autres antiquités. L'église du village, située sur une terrasse, immédiatement au-dessous du rocher du château, possédait deux tableaux de David que le grand peintre avait donnés au curé en reconnaissance de l'hospitalité reçue pendant une nuit d'orage. Ces toiles, promptement détériorées, ont fini par disparaître.

La population d'Eza est encore assez barbare. On dit qu'avant l'ouverture de la nouvelle route, les brigands de l'endroit étaient presque aussi redoutés que l'avaient été jadis les pirates sarrazins.

Pour se faire une idée de ce qu'était autrefois le chemin de la Corniche, il faut se promener aux environs d'Eza, dans les ravins qui plongent vers la mer. Les chemins suspendus au flanc des rochers contournent les arêtes, descendent dans les abîmes, se développent en escaliers, s'attachent aux corniches. Des grottes s'ouvrent dans les parois rougeâtres de la montagne ; des escarres blanches indiquent les endroits d'où se sont détachés des pans de rochers ; d'énormes strates, fendues çà et là, s'étagent comme des assises de murailles cyclopéennes. De toutes parts se dressent des saillies presque inaccessibles : il faut monter pour descendre et remonter encore. Au loin, la mer se montre dans sa beauté toujours variée ; tantôt on voit la mer d'Eza et la Corse dans le lointain, tantôt l'anse de Beaulieu et la pointe de Saint-Hospice, tantôt le golfe de Villefranche et Montboron. Dans les ravins d'Eza, la température est tout à fait africaine. On y trouve des lézards de plusieurs pieds de longueur[1].

Un chemin de 4 kilomètres de longueur monte obliquement de la fontaine d'Eza vers le plateau de la Turbie et rejoint la grande route à 1500 mètres en deçà du village.

A une petite distance à l'est de la jonction de la Corniche et du chemin d'Eza, et à quelques pas seulement des premières maisons de la Turbie, on atteint le sommet d'une croupe d'où l'on voit s'ouvrir à gauche l'aride vallon du Laguet. En suivant la route de voitures, un piéton peut gagner le monastère en un quart d'heure ou 20 minutes.

Le sanctuaire de **Notre-Dame de Laguet**, le plus célèbre de tous les lieux de pèlerinage situés entre Cannes et Ventimiglia, s'élève dans un cirque pierreux, au bord d'un ruisseau dont le large lit, souvent desséché, offrait çà et là des lagunes aujourd'hui comblées : ces lagunes ont valu son nom (petit lac) au monastère. L'édifice n'offre rien d'intéressant au point de vue architectural ; il est entouré de quelques masures qui servent d'auberges aux nombreux pèlerins attirés par la sainteté du lieu.

Il est possible qu'un établissement romain existât autre-

---

1. Voir dans le cabinet de M. Risso, à Nice, le *lacerta ocellata* pris à Eza.

fois à l'endroit où se trouve le monastère, car de nombreuses bornes milliaires découvertes dans le vallon du Laguet prouvent qu'il était parcouru dans toute sa longueur par la grande voie Julienne, la même chaussée qui, à l'ouest du Var, prenait le nom de voie Aurélienne. Quoi qu'il en soit, des chartes du moyen âge témoignent qu'il existait un château et une chapelle dans le ravin du Laguet. En 1652, eut lieu le premier miracle qui rendit la Vierge de Laguet célèbre en Provence et dans toute l'Italie. La Madone apparut plusieurs fois sous la figure d'une *femme enveloppée d'un soleil* (Gioffredo). Les malades accoururent de toutes parts, apportant leurs offrandes. En 1653, plus de 36 processions se rendirent à Laguet dans le seul mois de novembre. L'année suivante, l'évêque Palletis y monta suivi de 15 à 20 000 fidèles. En 1655, ce fut au tour de l'évêque de Ventimiglia d'aller adorer la Vierge miraculeuse. De nombreux et riches *ex-voto* couvrirent les murs de l'église, construite de 1664 à 1655. Charles-Emmanuel II y envoya un *bambino* d'or massif, du même poids que son fils qui avait été guéri. Madame Royale de Savoie suspendit dans l'église une jambe d'argent massif de grandeur naturelle; le duc de Mercœur donna un diadème d'or enrichi de diamants. Il est bon d'ajouter qu'en 1704 Victor-Amédée II battit monnaie de tous les *ex-voto* offerts à la Vierge de Laguet. Sous la République, les Français transformèrent le couvent en hôpital et la Vierge fut emportée à la Turbie. Les Carmes, qui desservaient le monastère, ne revinrent qu'en 1815.

Les parois du cloître, dans lequel est renfermée la nef de l'église sont couvertes de peintures horribles au point de vue de l'art, qui représentent la Vierge sauvant ses adorateurs du feu, de l'eau, des maladies et des accidents de toute espèce. Au milieu de la cour, une colonne placée sur un lourd piédestal rappelle qu'après le désastre de Novare, Charles-Albert, partant pour le Portugal, le lieu d'exil volontaire où il devait mourir, vint passer à Laguet sa dernière nuit sur le sol italien.

Les pèlerins se rendent durant tout l'été au sanctuaire de Laguet, mais principalement le jour de la Trinité. La foule des visiteurs se compte alors par milliers.

Le village de la **Turbie** est situé à 18 kilomètres de Nice, et à près de 500 mètres au-dessus de la mer, sur l'arête même qui réunit le Mont-Agel au promontoire de la Tête de Chien. « De la Turbie, dit Jean Reynaud, les golfes, les anfractuosités, les collines et les montagnes de l'Italie s'étalent devant vous. Lorsque l'air est transparent, la Corse et les dentelures de l'Apennin au delà de Gênes se dessinent au loin par dessus l'horizon de la mer. Rien de plus frappant que ce spectacle : il est évident qu'on passe ici d'un pays à un autre. En effet, c'est là que se trouvait autrefois la limite entre les Gaules et l'Italie, et jusque dans le milieu du moyen âge, celle de la Provence et de la Ligurie. » Bien des combats ont été livrés depuis le temps des Ligures et des Romains pour la possession de cette frontière naturelle. Aussi le contre-fort de montagne qui domine la Turbie au nord porte-t-il le nom de mont des Batailles.

« La tradition veut que ce soit sur le sol même de la Turbie qu'Auguste ait vaincu les peuplades des Alpes; et il est à présumer, en effet, que la possession de ce point décisif a dû être directement disputée. Mais il est probable que lors même que la Turbie n'aurait été le théâtre d'aucun fait d'armes, sa position culminante, qui la met en vue du côté de la France comme du côté de l'Italie, aurait suffi pour déterminer les conquérants à ériger les trophées de leur victoire. Ces trophées, on en voit les restes dans la **tour d'Auguste**, situés au pied de la Turbie sur un petit tertre qui domine le village.

« Le monument a subi de telles métamorphoses, non-seulement par les dégradations et les démolitions, mais par les changements de destination, qu'il est difficile de s'en faire une idée précise d'après son état actuel. Il consiste aujourd'hui en un massif qui a été vraisemblablement quadrangulaire et que surmonte une tour tranchée en deux sur son axe et à peine en équilibre. Ce n'est que dans le massif inférieur que la main de l'artiste primitif peut être cherchée; non-seulement le mode de construction de la tour, mais les dentelures qui la couronnent semblent indiquer le moyen âge. On sait, en effet, par les témoignages des chroniqueurs, que le monu-

La Turbie.

ment fut changé en forteresse au temps des Guelfes et des Gibelins. Longtemps disputée par les partis rivaux, cette citadelle fut ruinée, à la fin du xviie siècle, par le maréchal de Villars, sur les instances du prince de Monaco dont elle menaçait la frontière.

« Autant qu'on peut le conjecturer d'après quelques débris et les chroniques, le massif quadrangulaire du monument était entouré de colonnes doriques, orné des statues des lieutenants d'Auguste et de celles des barbares vaincus, et couronné par une figure colossale de l'empereur. En 1585, un franciscain, nommé Boyer, découvrit dans les ruines la tête d'Auguste affreusement mutilée, mais suffisamment préservée pour qu'il pût prendre la mesure des traits essentiels; du calcul qu'il établit, il résulte que la figure entière devait avoir 22 pieds de hauteur. A la fin du dernier siècle, on déterra, au milieu des décombres, une tête de Drusus, d'un très-beau style : on la voit aujourd'hui au musée de Copenhague. En fouillant les monceaux qui sont accumulés au pied du monument, on aurait toutes les chances d'y découvrir encore d'importants débris[1]. »

Une inscription triomphale, gravée sur une plaque de marbre, rappelait que le « divin empereur et grand pontife Auguste » avait réduit sous sa domination toutes les nations des Alpes. On voit quelques fragments de cette inscription dans la maçonnerie extérieure d'un portique situé près de l'hôtel de ville : un autre débris est conservé à la bibliothèque de Nice.

Tout, à la Turbie, rappelle la domination de Rome. L'église et les maisons du village sont en très-grande partie construites avec les pierres de l'ancien monument. La fontaine qui coule à côté de la route est élevée sur le même emplacement que celle des Romains et alimentée par les eaux de la même source. Le nom du village lui-même, dérivant de *trophæa* ou de *turris viæ*, est probablement romain. Plusieurs savants affirment, sans preuves, que l'empereur Pertinax était fils d'un charbonnier de la Turbie.

En 20 minutes, on peut se rendre de la Turbie au bord du précipice vertical de la **Tête de Chien** (542 mèt.). De ce rocher superbe, au pied duquel se blottit le petit Monaco, on jouit d'une vue analogue à celle de la Turbie, mais encore

---

1. Jean Reynaud, *Magasin pittoresque*.

plus étendue; et puis, au lieu de se trouver sur une grande route poudreuse et sans cesse parcourue par les voitures, on contemple l'espace du haut d'un promontoire solitaire où le sentier se perd au milieu des broussailles.

L'ascension du **Mont-Agel**, qui se dresse au nord-est de la Turbie, est plus longue; mais elle donne l'occasion de voir les célèbres rivages de la Ligurie dans leur plus grande beauté; aussi les piétons qui ne craignent pas la fatigue feront-ils bien de se rendre de la Turbie à Menton par le Mont-Agel, au lieu de suivre les lacets de la grande route. Cette excursion demande environ 5 heures, près de 2 heures à la montée, 3 heures à la descente.

A la sortie de la Turbie, on suit pendant un demi-kilomètre la route de la Corniche, puis on prend un sentier qui s'élève obliquement à travers les vignes. Bientôt on se trouve dans un étroit ravin dominé par des escarpements calcaires aux âpres saillies. On escalade les rochers de gauche qui semblent former le sommet de la montagne; mais, quand on les a gravis, on s'aperçoit qu'il faut encore traverser un long plateau dans la direction du nord avant d'atteindre la base du cône terminal. La dernière partie de l'ascension est très-roide, cependant on trouve partout des sentiers de chèvres serpentant à travers les broussailles et les éboulis de pierres.

De la cime du Mont-Agel (1149 mèt.), que couronne une pyramide de triangulation, on jouit d'une vue vraiment incomparable sur le littoral de la Provence et de la Ligurie, des îles d'Hyères et de la pointe de Saint-Tropez au promontoire de Bordighera. A ses pieds on voit d'un côté se tordre la large vallée du Paillon entre les pentes revêtues d'oliviers et de vignes; de l'autre côté, le continent s'affaisse de promontoire en promontoire et projette ses pointes dentelées dans l'étendue bleue de la mer. A une petite distance à l'est Menton repose dans son lit de verdure. On se trouve à la même hauteur que le premier hémicycle des grandes Alpes qui se développent à l'ouest et au nord, et cependant on croirait presque facile de faire rouler une pierre jusque dans les bosquets de citronniers et d'orangers que l'on aperçoit au pied de la montagne. Quand le vent souffle du rivage vers le sommet du Mont-Agel, on entend parfaitement le bruissement de la mer, et l'air que l'on respire est à la fois chargé de l'odeur des plantes alpines et du parfum des citrons de la plaine.

Du Mont-Agel, on peut redescendre par des sentiers également pénibles, au nord vers Peille, à l'ouest vers Peillon, au sud-ouest dans le ravin de Laguet, à l'est vers Roquebrune, au nord-est vers Gorbio. Pour ne pas courir le risque de s'égarer, il est bon d'avoir un guide ou bien la carte de l'état-major sarde (feuille 87, Ventimiglia).

Au delà du plateau de la Turbie, la route de la Corniche se développe en nombreux zig-zags sur le flanc des contre-forts du Mont-Agel, au-dessus de Monaco et de l'anse magnifique limitée à l'est par le cap Martin.

Avant d'attaquer les pentes du chaînon qui forme ce cap, on laisse à gauche le village de **Roquebrune**, dont la rue semble être suspendue sur le versant de la montagne. Ce petit village faisait autrefois partie de la principauté de Monaco ; il s'en détacha, ainsi que Menton, en 1848, et fut annexé à la France en 1860. Il n'y a pas encore trois cents ans qu'il fut incendié et ravagé par des corsaires.

De la Corniche on voit fort bien qu'un pan de la montagne s'est effondré immédiatement au-dessus de Roquebrune et que le village est construit sur les blocs de conglomérat éboulés. D'après la tradition, les maisons étaient déjà bâties lorsque l'éboulement se produisit, et le village glissa tout entier sur le versant de la montagne ; heureusement, il fut arrêté dans sa chute par une racine de genêt. Les anciennes fortifications ont disparu, et le château des Lascaris et des

Grimaldi n'est plus qu'une ruine. A côté des maisons se dressent de grands blocs écroulés semblables à des tours.

. A 800 mètres de Roquebrune, on rejoint la route de voitures de Monaco, et bientôt on découvre Menton, Ventimiglia et son fort, Bordighera et le cap des Palmiers. En se retournant, on voit Monaco, la pointe bleue d'Antibes et les monts dentelés de l'Esterel. A droite, une belle forêt d'oli-

Roquebrune.

viers remplit le fond d'un vallon qui descend vers la pointe du cap Martin. C'est là que se trouvait autrefois la petite cité romaine de *Lumone*, dont il ne subsiste plus qu'un vieux mur. Tout à fait à l'extrémité du promontoire, à plus d'un kilomètre de la route, quelques pans de murailles et l'abside ruinée d'une église sont tout ce qui reste du monastère de Saint-Martin. Un magnifique bois de pins entoure ces débris. Dans les environs sont éparses plusieurs villas.

Quand on a laissé à droite le domaine de Bonastron, où se voient encore les vestiges de l'ancienne voie romaine qui passait à Lumone, on se rapproche de la mer, qui forme en cet endroit le beau golfe de la Paix, puis on traverse le torrent de Gorbio sur le pont de l'Union, construit en 1860. La route passe à côté d'un jardin d'orangers appartenant à la famille Saint-Ambroise, et dans lequel se trouvent quelques antiquités romaines, entre autres une chapelle sépulcrale que l'on dit avoir été consacrée à Diane. Plus loin, au delà d'une tourelle du XVIe siècle, un autre jardin attire l'attention : c'est celui de *Carnolès*, dont l'habitation dégradée appartient encore aux princes de Monaco. Le nom de Carnolès (*carnis læsio*) fait supposer aux archéologues du pays que la fameuse bataille livrée par les troupes d'Othon à celles de Vitellius eut lieu en cet endroit.

Bientôt après avoir dépassé les beaux jardins de la Madone, qui renferment un couvent du XVe siècle, depuis longtemps abandonné, on arrive au bord du torrent de Boirigo, descendu des hauteurs de Sainte-Agnès. Pendant les sécheresses il n'y reste plus une goutte d'eau pour humecter les cailloux ; mais, à la suite de fortes averses, les eaux furieuses du torrent remplissent entièrement le lit pierreux, et les chevaux passent à grand'peine en traînant derrière eux la voiture soulevée par le courant. Les voyageurs doivent alors mettre pied à terre et se hasarder sur une petite passerelle tremblante.

A l'est du Boirigo, la route est bordée de villas. On franchit le Carei sur un joli pont suspendu, et l'on entre dans la belle avenue de Victor-Emmanuel II, prolongation de la rue Saint-Michel, artère centrale de Menton (voir chapitre XIV).

CHAPITRE XIII.

MONACO ET SA PRINCIPAUTÉ.

Renseignements divers.

VOYAGE DE NICE A MONACO. — Divers moyens de locomotion s'offrent au voyageur qui veut se rendre de Nice à Monaco. Le petit bateau à vapeur *Palmaria*, subventionné par les propriétaires du Casino de Monaco, se rend chaque jour du port de Nice à l'ancien port d'Hercule. Le trajet dure en moyenne une heure et demie. Prix : 2 fr. 50 c.; 4 fr. aller et retour. Le temps employé pour faire la traversée est plus long (2 heures 40 minutes) si l'on prend un bateau de plaisance; mais aussi le voyage est beaucoup plus agréable, lorsque la mer est belle. De Villefranche à Monaco, le tarif d'un bateau à 4 avirons est de 8 fr. pour 1, 2 ou 3 personnes, 12 fr. pour 4, 5 ou 6 personnes.

Si l'on préfère voyager par terre et se rendre en voiture à Monaco, il faut suivre la route de la Corniche jusqu'au delà de Roquebrune, près du cap Martin, puis rebrousser chemin pour longer le bord de la mer à une certaine hauteur au-dessus des flots et sur une longueur de 6 kilomètres environ. Par cette voie, la distance de Nice à Monaco est de 28 kilomètres. Prix tarifé pour une voiture de poste à deux chevaux, 22 fr. 40. Trajet en 3 heures 30 minutes ou 4 heures. En attendant que la route directe de Nice à Monaco par le littoral soit terminée, nous recommandons vivement aux piétons de se rendre par la Corniche jusqu'à la Turbie, puis de descendre directement par l'espèce d'escalier qui serpente en courts lacets sur le flanc de la montagne. En moins de 45 minutes on peut gagner Monaco, que l'on aperçoit à ses pieds étalé sur la mer comme un plan en relief.

HOTELS. — Monaco possède plusieurs hôtels, parmi lesquels les principaux sont l'*hôtel des Bains*, et l'*hôtel de Russie*, situé sur la place du Palais. — A côté du Casino s'élève le vaste *hôtel de Paris*, tenu avec un grand luxe. La vie est assez chère à Monaco, ainsi qu'on peut s'y attendre, la ville étant fréquentée surtout par des joueurs, et presque tous les articles nécessaires à la consommation locale devant être importés de Nice et de Menton.

Histoire.

« Monaco, dit Jean Reynaud, est un des lieux les plus intéressants de notre occident. C'est sur ce rocher, aujourd'hui si peu considéré, que la civilisation grecque a pris pied parmi nous pour la première fois. La tradition antique rapporte qu'Hercule, avant de se rendre en Espagne, toucha terre à cet endroit, qu'il y vainquit Géryon et les brigands des montagnes, y ouvrit un passage à travers les Alpes, et consacra à sa mémoire le rocher et le port qu'on voit aujourd'hui. Aussi, jusque dans les premiers siècles du christianisme, Monaco conserva-t-il le nom glorieux de *Portus-Herculis*. Voilà une fondation qui remonte bien au delà de toutes celles faites par les Grecs et les Romains sur ce même littoral, car elle appartient aux temps mythologiques. Cinq cents ans avant l'ère actuelle, Hécatée de Milet faisait déjà mention de Monaco comme d'une colonie célèbre.

« Comme cette colonie formait un point complétement isolé dans l'étendue de ce littoral barbare, le dieu protecteur en avait reçu le nom de *Monoikos* (habitation isolée), dont les Romains avaient fait *Monœcus*. La ville se nommait *Portus Herculis Monœci*, ou plus couramment encore, *Portus Monœci*. Dans les siècles du moyen âge, on oublia Hercule, on garda simplement son surnom, et c'est ainsi que le dieu se métamorphosa en moine, et que l'idée de la cellule fut substituée à l'idée de l'Hercule solitaire. L'écu de Monaco figure un moine richement bâti comme le dieu de la force, à la barbe épaisse et courte, au visage fier, et l'épée nue en main. C'est Hercule sous la bure. » Pour les Provençaux, le nom de

Monaco se transforma en celui de Monègue, et pour les Français, en ceux de Mourgues, Mourges, Morges.

Après la mort de Charlemagne, le rocher de Monaco fut pris par les Sarrasins, qui s'y établirent ainsi que sur toutes les hauteurs voisines. D'après une tradition plus que douteuse, ils en auraient été chassés en 962 ou en 968 par un certain Grimoald ou Grimaldi, père de ce Giballin Grimaldi qui délogea les Sarrasins du Grand-Fraxinet de Saint-Tropez, et reçut en récompense le fief de Grimaud.

Quoi qu'il en soit, « la forteresse de Monaco a dû être abandonnée ou détruite, pour un motif encore inconnu, au XIe ou peut-être seulement au XIIe siècle[1]. » En 1162, l'empereur d'Allemagne Frédéric Ier en fit cadeau à la république de Gênes, et cette donation fut successivement confirmée par Raymond V de Provence et par l'empereur Henri VI. En 1215, les Génois prirent possession de leur fief. On lit dans la chronique d'Oggerius Panis que « Fulco de Castello et plusieurs nobles citoyens se rendirent au bourg de Monaco sur trois galères suivies d'autres chargées de matériaux, tels que bois, chaux et fer, et, le 10 de juin, ils jetèrent les fondements du château et ne s'en retournèrent qu'après avoir construit quatre tours, plus un mur d'enceinte de la hauteur de trente-sept palmes. » Ces fortifications des Génois, élevées probablement sur les fondations de l'ancien *fraxinet* arabe, forment encore le noyau de toutes les constructions faites depuis cette époque par les seigneurs de Monaco.

Après sa réédification, la ville de Monaco fut disputée pendant plus d'un siècle et tour à tour prise et reprise par les partis en lutte des Guelfes et des Gibelins. Les Grimaldi et les Spinola, qui se succédaient dans la possession de cette citadelle, en avaient fait un asile de pirates. « A une époque où les plus simples notions du droit étaient méconnues, et où le

---

1. *Monaco et ses princes*, par M. Henri Métivier, 2 vol. 1862.

faible demandait à la nature un secours contre le puissant, Monaco, par sa position forte et solitaire, par son port abrité, semblait appelé à jouer un rôle redoutable. On peut dire qu'il s'est largement acquitté de la triste mission qui était dans ses destinées.... Le port d'Hercule resta pendant longtemps le foyer principal des brigandages maritimes[1]. » L'historien Ubertus Folieta décrit ainsi les mœurs des Monégasques de cette époque : « Monaco, devenu l'asile des banqueroutiers et le refuge des criminels, était pour ses maîtres comme une imprenable citadelle, d'où ils s'élançaient, pirates infatigables, ravageant les côtes de la Ligurie, ruinant le commerce et ne faisant grâce à personne. » Ils osent même s'attaquer aux vaisseaux de Gênes, à ceux du pape et de Venise ; ils vont faire la course jusque dans l'Adriatique et l'archipel grec, pillant indifféremment amis et ennemis.

En 1338, Charles Grimaldi occupait le rocher de Monaco. Afin d'en rester définitivement le maître, il racheta pour la somme de 1200 florins d'or l'investiture que le roi Charles II en avait faite aux Spinola, et désormais il fut, en vertu du droit féodal, le seigneur incontesté de la redoutable forteresse : il ne pouvait plus la perdre que par un fait de guerre. Cette guerre, il la fit. Fort de sa puissante marine et de son alliance avec les plus riches maisons de Gênes, fort de son titre d'amiral de France, il se met en lutte avec la république génoise, dont il était citoyen. En 1345, il équipe une flotte de 30 galères, débarque 10 000 hommes à Sestri, et, secondé par le parti de la noblesse, tente contre Gênes un coup de main qui ne réussit pas. Le 14 janvier 1346, le peuple génois se soulève, chasse les nobles, attaque Charles Grimaldi, et le force à la retraite. En 1357, ce fut au tour de Monaco d'être assiégé. Charles se défendit pendant un mois ; mais il dut rendre la place moyennant une indemnité de 20 000 flo-

---

1. Voir *Menton, Roquebrune et Monaco*, par M. Abel Rendu.

rins d'or; il lui resta seulement les villes de Menton et de Roquebrune, qu'il avait achetées.

Trente-huit ans après la prise de Monaco par les Génois, Jean Grimaldi de Beuil, usurpant les droits de son cousin Rainier Grimaldi, réussit à nouer des intelligences secrètes dans la ville, s'en empara par surprise, et en fit aussitôt un nid de pirates. Il garda sa conquête pendant six mois. En 1401, Boucicault, lieutenant de la France à Gênes, reconquit Monaco et le port d'Hercule; il y installa comme seigneur Rainier, fils de Charles Grimaldi.

Pendant le cours du xve siècle, Monaco, toujours convoité par les comtes de Provence, la république de Gênes, les ducs de Milan et ceux de Savoie, changea souvent de mains. En 1428, Jean Grimaldi, devenu grand amiral de Gênes, remit de bon gré sa citadelle au duc Philippe Visconti, de Milan, afin de n'être pas obligé de la rendre de force; mais, en 1446, il en reçut de nouveau l'investiture, en récompense d'une grande victoire qu'il avait remportée sur les Vénitiens. En 1466, un autre seigneur de Monaco, Lambert Grimaldi, se révolta contre la suzeraineté de Gênes; mais les troupes du duc de Savoie, Amédée IX, forcèrent Lambert à rentrer dans l'obéissance.

Pendant les invasions de l'Italie par les rois de France Charles VIII et Louis XII, les Grimaldi de Monaco devinrent les alliés des envahisseurs et reçurent en échange de leur dévouement le gouvernement de toute la Rivière occidentale de Gênes. Jean II, seigneur de Monaco, était l'un des plus puissants seigneurs de l'Italie, lorsqu'il fut assassiné par son propre frère, Lucien Grimaldi. C'était en 1505. Au moment où le crime faisait de Lucien un duc de Monaco, le peuple se révoltait contre les nobles qui avaient appelé l'étranger, et bannissait de la ville de Gênes les familles aristocratiques. Les proscrits se réfugièrent à Monaco, et Lucien leur prêta sa flottille pour arrêter au passage tous les navires de commerce de la République. Pour mettre un terme à cette piraterie, une flotte imposante, montée par quatorze mille hommes de troupes, quitta le port de Gênes et mouilla dans les eaux de Monaco (septembre 1506). Pendant cinq mois, la garnison monégasque se défendit avec la plus grande énergie ; l'arrivée des renforts envoyés par le duc de Savoie, la présence soudaine du capitaine français Ives d'Allègre et de ses trois mille fantassins, enfin l'approche de Louis XII, déterminèrent les Génois à se retirer. En 1523, Lucien, le meurtrier de son frère, était à son tour assassiné lui-même, dans son propre palais, par son neveu Barthélemi Doria, cousin du célèbre André Doria. Il est à peu près certain que ce dernier trempa dans le crime ; ses galères attendaient au large de Monaco pour donner asile au meurtrier [1].

Afin de se venger plus sûrement, l'évêque de Grasse, Augustin Grimaldi, frère et successeur de Lucien, abandonna l'alliance française, reconnut la suzeraineté de l'empereur Charles-Quint, et demanda sa protection. Charles, heureux de susciter un nouvel ennemi à la France, s'empressa de prendre à ses gages le prince de Monaco, d'accorder titres et pensions à son nouveau vassal. Pendant près de quatre-vingts ans, de 1525 à 1605, les rois d'Espagne protégèrent la principauté de Monaco sans l'opprimer ; mais, après la mort d'Honoré Ier (1604), jeté à la mer par ses sujets pour cause de viols et de rapts, l'Espagne, sous le nom du mineur Honoré II, s'établit maîtresse absolue au port d'Hercule. En 1691, le prince, désirant changer de maîtres, fit conclure un traité secret avec Richelieu, surprit pendant la nuit la garnison espagnole, et l'expulsa presque sans coup férir. Le protectorat de la France fut officiellement reconnu, et des soldats français occupèrent la citadelle. Dès lors les princes de Monaco durent plutôt être rangés parmi les grands digni-

---

1. *Histoire des Alpes maritimes*, par Gioffredo.

taires de la France et les courtisans du roi, que parmi les divers souverains de la péninsule italienne.

Louis Ier, successeur de Honoré II, eut une vie des plus légères; mais il n'en promulgua pas moins, pour les sujets de sa petite principauté, un code draconien portant la peine de mort contre les débauchés et les adultères. Il est célèbre dans le pays par le luxe insensé qu'il avait l'habitude de déployer. Nommé par le roi de France ambassadeur à Rome, il fit ferrer les chevaux de son carrosse avec des fers d'argent tenant seulement à un clou, afin qu'il fût plus facile de les perdre. Ce luxe inouï, ce furent les communes de la principauté qui le payèrent. Le prince s'attribua le monopole des huiles. Son fils Antoine mourut en 1731 sans postérité mâle, et sa fille, mariée au comte français de Goyon-Matignon, laissa à son fils Honoré III la souveraineté de Monaco et le nom de Grimaldi. Les Grimaldi de Cagnes protestent encore contre l'usurpation vraie ou prétendue du petit trône de Monaco qu'auraient accomplie les Goyon-Matignon.

En 1792, à peine l'armée française eut-elle passé le Var, que les trois communes de la principauté se constituèrent en république, et, par une délibération de leurs représentants réunis en convention nationale au Port d'Hercule, demandèrent à la République française de les recevoir dans son sein. Le décret du 15 février 1793 réunit en effet la ci-devant principauté de Monaco à la France et au département des Alpes-Maritimes.

Grâce à l'intervention de Talleyrand, que l'on dit avoir été secrètement intéressé[1], les Matignon-Grimaldi recouvrèrent en 1814 la souveraineté de Monaco; en 1815, le protectorat, au lieu de demeurer à la France, fut transféré au Piémont. Sous l'égide de la Sainte-Alliance, le souverain légitime Honoré V opéra solennellement sa rentrée dans sa

---

1. *Menton, Roquebrune et Monaco*, par M. Abel Rendu.

capitale; mais, habitué à la vie de Paris, il se hâta de revenir en France. Pendant vingt-cinq ans que dura son règne il ne remit que trois fois le pied à Monaco. Doué d'un caractère positif, il avait surtout en vue les revenus : il avait résolu un problème que tous les financiers de l'Europe cherchent en vain, celui de solder les budgets en excédant. Les recettes s'élevaient à 320 000 fr., somme énorme pour une population de six mille âmes sur un territoire de rochers; les dépenses à 80 000 fr. seulement; restaient 240 000 fr. sans emploi, sinon la cassette du prince. Ainsi, au total, en vingt-cinq ans, une somme de 6 millions fut livrée par les trois communes.

« C'est Honoré V qui inventa, dit M. Abel Rendu, cette iniquité fameuse connue sous le nom d'*exclusive des céréales*. Sous le masque d'un étranger, le Français Chappon, il se fit le fermier et le meunier de son pays. Il décida que cet étranger fournirait seul la contrée de céréales, et que seul il ferait moudre; qu'en conséquence, aucun blé autre que celui de ses greniers ne serait employé à la fabrication du pain.... Tous les habitants du pays, valides ou invalides, tous les étrangers de résidence ou de passage furent condamnés au même pain, sous les peines les plus sévères. Impossible de s'en affranchir. Ce pain, fait avec des farines de rebut achetées à bas prix sur les places de Marseille et de Gênes, était de mauvaise qualité; n'importe! il fallait manger le pain du prince. Le voyageur qui traversait la principauté devait laisser, en y entrant, le pain qu'il avait acheté à Nice ou ailleurs, et l'ouvrier sarde ne pouvait apporter avec lui le pain du jour. Le capitaine de navire qui n'avait pas bien calculé sa consommation de manière à arriver sans un seul morceau de pain proscrit, payait cinq cents francs d'amende, et son navire était confisqué. Chaque boulanger avait ordre d'inscrire sur un registre spécial la quantité de pain consommée par chaque famille : si la consommation n'était pas estimée suffisante, alors arrivaient les visites domiciliaires, les procès et les destitutions. Et cela dura vingt-cinq ans.

« L'instruction devint à son tour un monopole. Honoré V, en ouvrant un collége à Menton, interdit à qui que ce fût d'avoir des élèves chez soi ou de donner des leçons particulières. » Le prince établit aussi un droit sur chaque tête de bétail, et, de peur qu'aucune bête n'échappât au droit d'abatage, chaque agriculteur était tenu d'aller faire constater le jour de la naissance et le sexe de l'animal, et cela sur papier timbré. Si l'animal venait à mourir, il fallait annoncer son décès, faire verbaliser les carabiniers, métamorphosés en vétérinaires..., autrement on était soupçonné de l'avoir vendu au dehors ou mangé en famille, à l'insu et au grand dommage du prince. Les arbres, comme les bestiaux, eurent aussi leur état civil. Quant aux douanes, « spoliation est le seul mot qui leur convienne. » Un tribunal siégeait à Monaco ; mais « un avocat, établi à Paris, formait à lui seul tout le conseil de cassation ; ses jugements, toujours ratifiés par le prince, demeuraient sans appel. » Il faut ajouter qu'Honoré V s'était hautement déclaré *philanthrope*, et que, par une singulière ironie, il faisait dans ses terres de Normandie des essais en faveur de l'extinction du paupérisme. Les petites dimensions de la principauté de Monaco empêchèrent l'Europe d'apprendre jusqu'où peut aller le mauvais génie de la fiscalité. La spéculation fondée sur le droit souverain de battre monnaie atteignit seule quelque célébrité, parce que les *sous de Monaco* vinrent se hasarder sur tous les marchés français.

Après la mort d'Honoré V, le prince Florestan fut obligé, par le cri populaire, d'abolir l'exclusive des céréales ; mais les droits de douane furent maintenus, et le mécontentement de la population continua. Aussi, dès que l'occasion s'en présenta, les gens de Menton et de Roquebrune firent-ils leur petite révolution ; le 21 mars 1848, Menton se déclarait ville libre, et la principauté en était réduite à la seule commune de Monaco. Ainsi la volonté même de la population avait fait perdre aux Grimaldi tous leurs droits sur Menton et Roquebrune. Lors de l'annexion du comté de Nice, la France racheta en outre le titre féodal de ces deux anciens fiefs pour la somme de 4 millions de francs.

L'enclave de Monaco, comprise en entier dans le canton français de Menton, a une longueur de trois kilomètres et demi, et une largeur variable de un kilomètre à cent cinquante mètres. La population de la principauté est d'environ douze cents âmes.

L'illustre sculpteur Bosio était monégasque. Le romancier Emmanuel Gonzalès est aussi né à Monaco.

La Ville et ses Monuments.

Le rocher qui porte la ville de Monaco se rattache au continent et aux pentes escarpées de la Tête-de-Chien par un isthme ombragé d'oliviers. Coupé à pic sur presque toute sa circonférence, le promontoire, large de 300 mètres en moyenne, s'avance à 800 mètres en mer et se recourbe à l'est pour embrasser la rade semi-circulaire de l'Hercule Monœcus. La partie supérieure du rocher s'élève à 60 mètres au-dessus du niveau de la Méditerranée et forme une terrasse occupée en entier par la ville et les jardins.

L'aspect de Monaco est singulièrement pittoresque. « Qu'on s'imagine, dit Jean Reynaud, trois étroites ruelles courant depuis la place jusqu'à l'autre extrémité du plateau ; à l'est, un chemin de ronde ; à l'ouest, une terrasse accidentée agréablement, plantée de pins, de cyprès et d'une multitude d'aloès, de cactus et autres plantes qui y pullulent, comme chez nous la mauvaise herbe, et garnissent même l'escarpement sur toute sa hauteur en donnant au paysage un air véritablement africain ; de distance en distance, des plates-formes saillantes pour l'artillerie et des guérites en poivrières, pittoresquement suspendues sur l'abîme : vous

Monaco.

avez une idée de Monaco. » Vue des hauteurs de la Corniche, cette ville présente un merveilleux aspect, et pour la décrire, les poëtes ont employé toutes les comparaisons. « Elle ressemble, dit M. Émile Négrin, au nid gigantesque d'un aptéryx ou à une fleur du gigantesque Océan. »

Le rocher de Monaco étant exposé à tous les vents, la ville ne saurait guère espérer d'être adoptée par les étrangers comme résidence d'hiver. Cependant il existe dans les environs quelques ravins bien abrités où l'on pourrait construire de charmantes villas de plaisance.

Le **Château**, qui dresse ses tours à l'ouest de la ville, entre la place de Bellevue et l'isthme de la Péninsule, est un édifice d'ancienne date, agrandi par des constructions successives « auxquelles princes et seigneurs ont travaillé tour à tour, y apportant chacun le goût de leur époque, y accumulant toutes les fantaisies et y entassant tous les genres. » La partie méridionale du palais, celle qui renferme les appartements les plus somptueux et les plus remarquables, date probablement des XVe et XVIe siècles. La Révolution française fit de ce palais un hôpital pour les blessés de l'armée d'Italie, puis un dépôt de mendicité. Plus tard, les princes de Monaco le laissèrent peu à peu se dégrader, et plusieurs parties offraient déjà l'aspect de ruines lorsque les travaux de réparation commencèrent. Ils ne sont pas encore complétement terminés. Aussi les étrangers (1864) ne sont-ils admis à visiter que la cour d'honneur et les jardins.

La grande façade du palais est dominée par une tour dont le sommet est découpé en créneaux de style mauresque. Deux figures de moines armés, gardant le blason des Grimaldi, surmontent la porte principale. Cette porte donne accès dans la cour d'honneur, qui constitue la principale beauté de l'édifice. A gauche, un magnifique escalier de marbre blanc à double rampe, rappelant celui de Fontainebleau, mais dont les dimensions sont trop vastes relativement aux constructions environnantes, conduit à une belle galerie à arcades qui est décorée de fresques attribuées à Carlone et récemment réparées par M. Murat. A droite, règne une galerie parallèle, également ornée de fresques que l'on dit être de Caravage, mais qui sont en réalité d'un peintre moderne, car elles étaient presque complétement effacées. Les fragments encore visibles de l'ancienne peinture semblent figurer un triomphe de Bacchus.

Cinq portes s'ouvrent sur la galerie de l'escalier ou de Carlone. Celle de gauche mène aux appartements particuliers; celle de droite donne accès dans une grande galerie très-élégante, puis à la salle où s'éteignit le duc d'York, un frère de George III, qu'on avait débarqué mourant; les portes de face sont celles des appartements d'honneur qui donnent sur la mer. C'est là qu'est située la belle salle Grimaldi où se trouve une magnifique cheminée de la Renaissance, ornée de cariatides et de médaillons sculptés avec un fini merveilleux. Sous l'Empire, il fut question de transporter cette œuvre remarquable au musée de Paris. Une autre pièce, située près de la salle Grimaldi, a remplacé la chambre où le prince Lucien, assassin de son frère Jean III, fut poignardé lui-même par son neveu Barthélemi Doria : pendant près de trois siècles, la chambre où s'était passé le drame resta murée, et on n'y laissa pénétrer le jour que pour la démolir en entier.

La chapelle Saint-Jean-Baptiste, dont une façade forme le côté occidental de la cour d'honneur, a été décorée avec splendeur de marbres, de dorures et de mosaïques. « Derrière se heurtent, les uns contre les autres, forts et bastions avec souterrains et oubliettes, ce complément indispensable du château du moyen âge. » (JEAN REYNAUD.)

Les jardins du palais, dessinés en 1848, ont remplacé des bastions étagés et superposés en désordre. On monte, on descend par d'anciennes brèches cachées sous les massifs de fleurs ; on se glisse par les poternes festonnées de plantes grimpantes, et, pendant cette promenade de terrasse en terrasse, on ne cesse d'avoir sous les yeux le spectacle de la Méditerranée et de ses rivages. A l'abri des hautes murailles, qui répercutent sur le sol la chaleur du soleil, la végétation prend un aspect tropical : on remarque surtout les plumbagos, les lauriers-roses, les énormes géraniums, semblables à des arbustes. Près de la porte qui fait communiquer les jardins avec la place du château, les gardiens montrent un tombeau romain et une borne milliaire, dont l'inscription est encore parfaitement lisible :

IVL. CÆSAR
AVGVSTVS IMP.
TRIBVNITIA
POTESTATE
DCI.

La principale *église*, dédiée à saint Nicolas, offre peu d'intérêt. Elle se compose de trois nefs de style roman, datant probablement du XII° ou du XIII° siècle. On y remarque seulement de vieilles peintures sur bois. L'église des Pénitents renferme un assez joli groupe en marbre blanc représentant la Vierge et des anges. Le Vendredi saint de chaque année, cette église est le point de départ d'une procession dramatique, par laquelle les acteurs monégasques prétendent figurer la Passion.

Les autres édifices de Monaco n'ont aucune importance au point de vue architectural. Le plus vaste est le couvent des Jésuites, qui servit de caserne aux troupes piémontaises de 1816 à 1860. Quelques maisons particulières offrent de jolis détails : on remarque surtout dans la rue de Lorraine deux charmantes petites portes de la Renaissance.

Les terre-pleins et les chemins couverts des remparts qui défendaient autrefois la ville, au sud et à l'est, ont été transformés en une charmante **promenade**, malheureusement très-mal entretenue. C'est là surtout que le rocher de Monaco prend un aspect africain. De vieux débris de murs hérissent les saillies de la falaise; des palmiers se penchent au bord du précipice; des figuiers de Barbarie, acclimatés en 1535, forment au rocher une ceinture d'épines; diverses plantes grasses tapissent la pierre de leurs épaisses feuilles d'un vert pâle. A 60 mètres de profondeur au-dessous des allées, on voit les vagues bleues s'engouffrer à temps égaux dans les cavernes.

Le Port.

L'anse semi-circulaire que les anciens appelaient la rade d'Hercule Monœcus offre une superficie d'environ 25 hectares; mais sa profondeur moyenne est peu considérable et les grands navires ne peuvent y pénétrer. D'ailleurs elle est exposée à tous les vents du nord-est, de l'est et du sud-est. En 1859, le mouvement total de la navigation s'est élevé à 857 navires jaugeant 11 655 tonneaux.

Au pied du rocher qui porte la ville, et sur le bord de la plage sablonneuse qui descend en pente douce sous la surface bleue du flot, s'élève un nouvel établissement de bains appartenant à la société du Casino et renfermant, outre les cabinets des baigneurs, des salons, un restaurant, un café. Un établissement d'hydrothérapie est annexé à la maison des bains. Les malades qui viennent des pays du Nord peuvent continuer de suivre dans cet établissement le traitement déjà commencé ailleurs.

Les Environs de Monaco.

Le monument qui s'élève sur le charmant plateau des Spélugues (ou des grottes), au nord de la baie, est le **Casino**. La façade septentrionale de l'édifice, qui donne sur une place rectangulaire entourée de constructions (*hôtel de Paris*, remises, etc.), est précédée d'un péristyle à colonnes, qui donne accès dans une magnifique salle de bal de 30 mètres de longueur, haute et large en proportion. Dans le même rez-de-chaussée se trouvent les salles de concert, de conversation, de lecture et les salons de jeu. Le palais est librement ouvert à tout venant, les tables de lecture sont chargées de journaux et de revues ; de temps en temps un orchestre d'instruments se fait entendre. Tout invite les étrangers à venir déposer gaiement leur argent sur le tapis vert. L'exploitation de la maison de jeu de Monaco, enclavée dans le territoire français, a été confiée au concessionnaire du Casino de Hambourg. On espère donner à Monaco une prospérité factice par l'attraction du jeu, surtout lorsque l'ouverture du chemin de fer permettra de s'y rendre de Nice en quelques minutes.

La façade du Casino, tournée vers la mer, donne sur une belle terrasse pavée de marbre, d'où l'on peut descendre de jardins en jardins jusqu'à la plage. C'est probablement autour du Casino que s'élèveront plus tard les nouvelles constructions de la ville.

La petite plaine comprise entre le plateau des Spélugues, le rocher de Monaco et la base des escarpements de la Turbie est occupée par des bosquets de citronniers et d'oliviers. A travers la verdure on aperçoit la blanche façade de la villa Condamine, qui jadis appartenait aux princes (*campus domini*), et la chapelle de sainte Dévote, patronne de Monaco : là, dit la légende, a été déposé le corps de la martyre, apporté de Corse par un navire que guidait une colombe.

Au nord-est du plateau des Spélugues, la route de Menton longe le bord de la mer en contournant les âpres ravins qui descendent du haut de la montagne. Dans l'un, celui de Vine, nombre de Français furent tués en 1792 par les milices du pays organisées sous le nom de *barbets*. Près d'un autre ravin, on remarque sur une crête de rochers les débris de la tour que les Romains avaient établie pour surveiller la frontière des Gaules et de l'Italie. Cet ancien poste a fait donner au promontoire voisin le nom de Pointe de la Vieille dérivé du latin *vigiliæ*. A une petite distance au delà, on arrive à la chapelle de San Roman, qui marque la limite de la principauté de Monaco; pour atteindre la route de la Corniche, on n'a plus qu'à contourner le petit golfe arrondi qui s'étend à l'ouest du cap Martin.

Des Spélugues à San Roman, la zone de terrain qui constitue la partie orientale de la principauté de Monaco n'a que 2 à 300 mètres de largeur en moyenne. Cet espace étroit est revêtu d'oliviers, de citronniers et d'orangers partout où le sol n'est pas complétement inaccessible aux cultivateurs. La récolte des fruits est la seule industrie des Monégasques; mais elle ne donne pas des résultats assez importants pour subvenir aux besoins de la population : si la principauté de Monaco était tout à coup séparée du reste du monde, la plupart des habitants mourraient de faim. Cependant il faut manger, ainsi que le dit le proverbe monégasque dont nous donnons ici l'une des variantes :

> Son Monaco sopra un scoglio.
> Non semino e non raccoglio,
> E pur mangiar voglio.

« Je suis Monaco sur un écueil. Je ne sème ni ne moissonne, et pourtant je veux manger ! »

Autrefois c'était surtout la guerre qui faisait vivre Monaco, de nos jours ce doit être le jeu.

CHAPITRE XIV.

MENTON ET SES ENVIRONS.

Renseignements divers.

Le principal *hôtel* de Menton est celui de *Turin*, situé non loin du port, au centre même de la ville basse. La plupart des autres hôtels, ceux de *France*, des *Quatre Nations, Victoria*, etc., sont également sur la grande rue qui se prolonge à l'ouest du port parallèlement à la mer. L'*hôtel de Londres*, construit en dehors de la ville, sur la route de Nice, est presque exclusivement habité par des Anglais. Il en est de même de la *Pension anglaise*, située à l'est de la ville dans le quartier des Cuses.

Les prix sont en général assez élevés dans les hôtels, surtout pendant la saison d'hiver. Il est vrai que les approvisionnements de la ville, se faisant en grande partie par le col de Tende, sont parfois assez difficiles. On doit envoyer chercher le beurre jusqu'à Milan.

Les personnes qui désirent séjourner longtemps à Menton feront bien de louer aussitôt après leur arrivée un appartement meublé, ou, si leurs moyens le leur permettent, une bastide des environs. Plus de 300 familles peuvent facilement trouver à se loger dans les hôtels, les pensions et les villas de plaisance de Menton. Pendant la saison, presque toutes les grandes maisons de la ville sont mises en location par les propriétaires qui se retirent à la campagne ou bien se réservent seulement soit le rez-de-chaussée, soit l'étage supérieur. Pour obtenir des renseignements sur le prix, la situation et toutes les conditions diverses des chambres et des maisons vacantes, on peut s'adresser à plusieurs agences, entre autres à celles de MM. Willoughby et Ruggieri. En louant un appartement il ne faut pas oublier que les différents quartiers ne présentent pas tous les mêmes avantages au point de vue de l'exposition et du climat général. Le prix de location d'un premier étage peut s'élever en moyenne à 2000 francs (1864).

Les *restaurants* proprement dits et les *cafés* sont relativement moins nombreux que dans la plupart des localités fréquentées par les étrangers; mais ils suffisent amplement aux besoins de la population. La ville a récemment fait construire sur le bord de la mer un *casino* qui renferme une salle de concerts et de bal, un petit théâtre, des salons de lecture abonnés aux principaux journaux français, anglais et italiens. Au bazar de Menton, tenu par M. Amarante, on trouve tous les ouvrages et les opuscules divers qui ont été publiés sur Menton, ainsi que les photographies des sites les plus curieux de la Corniche.

Les *voitures de promenade* sont moins nombreuses et plus chères à Menton qu'à Sanremo et dans les autres villes de la Ligurie italienne. Du reste, par suite du manque de routes, les étrangers ne peuvent s'en servir que pour se rendre à Monaco, à Nice ou dans les autres villes de la Corniche, dans la vallée du Carei, et à l'entrée de celle du Boirigo.

Pour monter aux villages de l'intérieur ou même pour faire de véritables ascensions sur les cimes environnantes, les personnes qui redoutent la fatigue de la marche peuvent louer des ânes ou des mulets. Souvent des familles anglaises de Menton organisent de grandes cavalcades à ânes fort réjouissantes. Sur la grève du port se trouvent quelques bateaux de plaisance dans lesquels on s'embarque pour se rendre au cap Martin, à Monaco, à la pointe de la Murtola, à Ventimiglia.

Situation. — Climat.

La jolie ville de Menton, en italien *Mentone*, s'élève en amphithéâtre sur un promontoire qui coupe en deux segments égaux une baie semi-circulaire de 8 kilomètres de développement, limitée à l'est par les falaises du cap de la Murtola, à l'ouest par la colline allongée du cap Martin. L'échancrure orientale de la baie, assez irrégulière de contours, est dominée par des falaises et des collines abruptes qui redressent leurs escarpements à une faible distance du rivage; l'autre échancrure, appelée **golfe de la Paix** (*sinus pacis*), sans doute à cause de la tranquillité de ses eaux et de la forme gracieuse de son rivage, est bordée de terrains d'alluvions au milieu desquels viennent mourir les pentes des montagnes environnantes, et qu'arrosent en hiver et après les fortes pluies, les trois torrents de Carei, de Boirigo et de Gorbio. L'ensemble du littoral de Menton est tourné vers le sud-est ; à l'ouest et au nord les contre-forts des Alpes décrivent un immense demi-cercle de cimes atteignant une élévation moyenne de 1000 à 1300 mètres. Partout on aperçoit la verdure : près du rivage, celle des citronniers, des orangers, des arbres exotiques ; plus haut, celle des oliviers ; plus haut encore, sur les pentes supérieures, celle des pins.

Le climat de Menton ressemble à celui de ses voisines, Cannes et Nice, par sa douceur et la faiblesse de ses oscillations thermométriques. La moyenne annuelle de la température est de 16°,1 de l'échelle centigrade, c'est-à-dire, égale à celle de Cannes et de Naples et supérieure d'un demi-degré à celle de Nice, de Rome et de Pise. Les moyennes sont pour les diverses saisons : de 9°,6 l'hiver, de 15°,3 le printemps, de 23°,6 l'été, et de 16°,8 l'automne. C'est à quelques dixièmes près le climat moyen de Naples dans les quatre saisons de l'année ; mais la métropole du midi de l'Italie est exposée à des revirements de température très-rapides, à de brusques changements de vents qui occasionnent tantôt un froid vif et sec, tantôt une atmosphère chaude et humide. A Menton comme à Nice l'écart total entre les moyennes des quatre saisons est de 13 degrés : sur le littoral de la Méditerranée, une seule ville jouit d'une température annuelle comprise entre des limites extrêmes plus rapprochées, c'est la ville de Cannes, où l'écart entre la chaleur moyenne de l'été et celle de l'hiver est de 12 degrés seulement.

Grâce à l'abri que lui offrent les montagnes du côté du nord et à la reverbération des rayons solaires sur les pentes, Menton n'est pour ainsi dire jamais visitée par des froids inférieurs au zéro de l'échelle centigrade : de 1818 à 1861, le thermomètre s'est abaissé quatre fois seulement jusqu'à ce point, et pendant quelques heures à peine. « Il y a même des années, dit M. Bonnet de Malherbe, où le terme extrême du froid est de 8 degrés au-dessus de zéro. » En été, les bises constantes qui soufflent, le jour vers la terre, et la nuit vers la mer, rafraîchissent incessamment la température ; rarement le maximum de chaleur dépasse 30 degrés ; le 3 août 1859 il atteignit 32 degrés, chaleur de beaucoup inférieure au maximum observé dans les villes du centre et du nord de l'Europe, y compris Saint-Pétersbourg.

Une série d'observations faites par M. de Bréa pendant dix années, de 1851 à 1860, prouve qu'en moyenne la pluie tombe en plus ou moins grande quantité pendant 80 jours, tandis que le ciel est parfaitement clair et dégagé de nuages pendant 214 jours ; il est parsemé de nuages ou couvert pendant 71 jours. Quant aux vents forts, ils soufflent presque uniquement de l'est et du sud-ouest, c'est-à-dire de la haute mer ; les vents froids du nord et le terrible mistral, arrêtés par l'infranchissable barrière de montagnes qui entoure le bassin de Menton, ne se font pas sentir sur le rivage. Les quartiers de la ville, situés sur la baie de l'est à la base et sur les pentes rapides des collines, ont la température moyenne la plus élevée, mais ils sont aussi plus exposés au vent d'est ; les quartiers occidentaux sont mieux garantis et plus frais.

Les saisons les plus agréables à Menton sont l'hiver et l'été ; en automne, surtout au mois de novembre, les pluies d'orage sont parfois désagréables et les changements de température sont assez brusques. Quant au printemps, il existe à peine. « A un temps régulier et paisible, dit M. Rendu, succède tout à coup un temps violent et étrange ; mars est arrivé avec ses vents impétueux ; la nature entre alors en convulsion et ne se repose qu'à de rares intervalles. Avril compte bien quelques jours d'une inaltérable sérénité ; mais ils ne peuvent faire oublier les épreuves qui les suivent : c'est l'humide levant qui apporte les fatigantes bourrasques ; c'est le redoutable sud-ouest, ce précurseur des ouragans auxquels rien ne paraît devoir résister. Il est vrai que ces vents si pénibles

Menton, vue prise de la route de Gênes.

visitent rarement les profondeurs des vallées, où il reste de nombreux abris à qui veut aller les chercher. »

La plupart des malades qui se rendent à Menton souffrent de la poitrine. Les personnes qui sont encore dans la première phase de la phthisie s'en retournent souvent guéries ou du moins prolongent leur vie de quelques années; mais le climat ne peut rien pour sauver les poitrinaires arrivés à la dernière période de la maladie. Les affections qui cèdent le plus facilement à la douce influence de la température de Menton sont les bronchites et les catarrhes, les rhumatismes, la goutte, les calculs urinaires, les scrofules, etc. En général, les patients dont le tempérament est mou, lymphatique, se trouveront bien de leur séjour à Menton, tandis que les personnes trop nerveuses pourraient en souffrir[1].

Menton, de même que les autres villes du littoral, ne convient pas à tous les malades que l'on y envoie; en revanche, quel délicieux séjour pour les personnes qui se portent bien! Des bosquets d'orangers, de citronniers, parfument l'atmosphère; des villas élégantes, des châteaux à colonnades et à terrasses se montrent au milieu de la verdure et des fleurs; de profondes vallées aux versants ombragés d'oliviers plongent au loin dans le cœur des montagnes et se ramifient en gorges rocailleuses; des villages, semblables à des forteresses, couronnent les cimes abruptes qui se dressent autour du cirque verdoyant. Et, comme pour former un contraste avec le relief accidenté des terres, la mer étend sa nappe unie jusqu'à l'horizon et vient frémir doucement sur le rivage. D'un côté les vallons et les rochers invitent aux promenades tranquilles, aux ascensions hardies; de l'autre, la charmante grève du golfe de la Paix invite aux bains de mer.

[1]. Plusieurs brochures ont été publiées sur le climat de Menton. Il faut citer principalement: *Du choix d'un climat d'hiver*, par M. Bonnet de Malherbe; *The Winter climate of Mentone*, par M Price; *Menton*, par M. Farina.

Histoire.

Des archéologues à l'imagination fertile prétendent que Menton doit son origine à des partisans d'Othon qui lui auraient donné le nom de leur empereur (*in memoriam Othonis*). Si l'on en croit une tradition populaire, les fondateurs de la ville auraient été des pirates de l'île de Lampedousa débarqués sur la côte de Ligurie vers la fin du VIIIe siècle. Après l'expulsion des Sarrasins, les comtes de Ventimiglia s'emparèrent de Menton, puis, vers le milieu du XIIIe siècle, ils la cédèrent au noble Génois Guillaume Vento, qui avait le droit de frapper monnaie. Les luttes des Guelfes et des Gibelins désolèrent aussi cette partie de l'Italie. En 1273, Vento, ligué avec quelques grands seigneurs exilés de Gênes, invoqua l'aide de Charles d'Anjou contre sa patrie et lui ouvrit les portes de son château de Menton. Une armée génoise commandée par Spinola essaya vainement de reprendre cette forteresse. Donnée de plein gré à la suite de quelques alliances, la place de Menton fut, lors d'une seconde guerre, assiégée et prise par le roi Robert d'Anjou, puis reconquise immédiatement après par les Génois.

Vers le milieu du XIVe siècle, Charles Grimaldi, seigneur de Monaco, devint par achat propriétaire de Menton, et cette ville, considérée comme un simple immeuble, fut tour à tour vendue, troquée, dépecée par moitié, par quart, par douzième. Divers suzerains à la fois en eurent leur part, les Grimaldi, les del Caretto, les Lascaris, les ducs de Savoie. Enfin, au commencement du XVIe siècle, Lucien de Monaco réunit dans sa main toutes les fractions de souveraineté sur Menton, qui désormais suivit à peu près les destinées de la ville dont elle dépendait. En 1506 seulement elle fut occupée pendant quelques mois par les Génois. En 1524, André Doria, voulant se venger de Monaco, et n'osant en braver le canon, bombarda la paisible ville de Menton.

Pendant toute la durée de la République et de l'Empire, Menton, de même que le reste de la principauté, fit partie intégrante de la France; puis, en 1815, elle devint la proie du prince Honoré V, si connu par ses spéculations mercantiles et sa grande habileté dans l'art d'imposer son peuple (voir chapitre XIII). Elle subit pendant vingt-cinq ans, en osant à peine se plaindre, le monopole qui la ruinait complétement; mais, lorsque le successeur d'Honoré V, Florestan, vint pour la première fois à Menton, les habitants l'entourèrent en réclamant l'abolition de cet accaparement monstrueux qui les obligeait à manger le pain frelaté du prince. Effrayé, Florestan promit tout. Quelques jours après, la liberté des céréales était proclamée; mais presque tous les anciens monopoles furent conservés.

Vers la fin de 1847, après les premiers événements de Rome, l'agitation recommença. Le 8 décembre, le prince Florestan, qui habitait presque toujours Paris, arrive à Menton; mais, sans prendre nul souci des réclamations du pays, il se renferme dans son castel solitaire, et « interdit aux au-« torités et au peuple de Menton de se présenter devant lui. » Le 14 du même mois, près de 5000 personnes, précédées de toutes les bannières, du clergé, du tribunal et des consuls, se dirigent vers la résidence du prince à Carnolès. Des explications sont échangées. Florestan promet encore; mais aussitôt après il fait partir son fils pour aller demander à Turin l'appui des baïonnettes sardes. En effet, le 4 janvier, le général Gonnet, suivi de deux bataillons, pénètre dans la ville. La population marche au-devant de lui portant le buste de Charles-Albert. Les soldats chargent leurs armes; mais ils ne tirent pas et se rangent comme pour saluer des triomphateurs.

Enfin, le 2 mars 1848, après de nouvelles promesses non suivies d'effet, le drapeau italien fut arboré et un gouvernement provisoire de 39 membres élus par acclamation fut constitué. Le 21, la ville de Menton, entraînant avec elle son annexe Roquebrune, se proclama ville libre et indépendante sous la protection de la Sardaigne. En dépit de continuelles intrigues et d'une émeute ridicule (1854) à la suite de laquelle les Mentonais se contentèrent généreusement d'incarcérer Florestan, la petite république jouit de son autonomie durant treize années. Pendant cet espace de temps, elle ne payait d'impôts qu'à elle-même et n'était point soumise à la conscription militaire. Les douanes du port étaient affermées par le gouvernement sarde pour la somme de 50 000 francs par an.

En 1860, Menton a perdu son titre de capitale d'une petite république pour devenir chef-lieu d'un canton français. Le prince de Monaco a touché 4 millions de francs pour céder cette ville qui ne lui appartenait plus, si ce n'est en vertu du vieux droit féodal. Après l'annexion, plusieurs familles italiennes quittèrent Menton pour aller s'établir au delà des frontières, en diverses villes de la Ligurie génoise.

La population de Menton, qui grandit rapidement, dépasse aujourd'hui 5000 âmes.

La Ville et ses Monuments.

De même que toutes les cités du littoral ligurien, Menton se compose de deux villes : l'ancienne et la moderne. Le quartier du moyen âge, formé de hautes maisons serrées les unes contre les autres, et bâti sur les flancs de la colline escarpée que couronnait autrefois le château fort, a conservé son antique physionomie féodale, ses murailles de défense, ses escaliers tournants, ses arcades sombres, ses rues étroites, mal pavées, sales et tortueuses. La ville moderne, qui n'a plus besoin de se défendre contre les attaques des pirates musulmans ou chrétiens, consiste en une belle rue d'un kilomètre de longueur, qui se développe parallèlement à la mer, à la base de la colline. De nouvelles constructions, autour desquelles de nombreuses maisons viendront se grouper dans un avenir prochain et former un quartier considérable, s'élèvent à l'extrémité occidentale de cette grande rue, dans la vallée de Carei. A l'est du promontoire qui porte l'ancienne ville, aux Cuses, à Sainte-Anne, à Garavan, on ne cesse de bâtir des hôtels et des maisons particulières sur le bord de la mer et sur le versant des collines.

Il ne reste plus que d'insignifiants débris de la forteresse élevée en 1502 par le Grimaldi Jean II, sur les fondements d'un château des Vento ou de l'époque sarrasine. Cette forteresse est remplacée aujourd'hui par le *cimetière*, auquel une vieille tour, des rangées d'arcades cintrées et de hautes terrasses portées par des murs de soutènement, donnent toujours l'aspect d'une citadelle, et qu'on appelle encore le château de Menton. Au-dessous de la plate-forme du cimetière, commence la rue Longue, qui traverse en serpentant tout l'ancien quartier jusqu'au pied de la colline. Dans cette rue, qui fut autrefois la grande artère centrale de Menton, on remarque la porte de Saint-Julien, la seule qui subsiste encore des fortifications féodales, et un « palazzo » construit par Honoré II avec les débris du château de Jean II. Au-dessous de cette ancienne demeure seigneuriale, servant aujourd'hui de maison d'école, on distingue encore des degrés taillés dans le roc, qui conduisaient à l'embarcadère.

La principale *église* de Menton, dédiée à saint Michel, est située entre la vieille ville et la ville moderne, à l'angle extrême du promontoire et sur une plate-forme qui domine la pointe du quai. Cette église, que domine un campanile à trois étages terminé par un petit dôme et des clochetons, est d'origine ancienne, car les chroniques en parlent dès l'année 1363; elle fut réparée et agrandie par Honoré II en 1619, puis en 1675 par Louis Ier. L'intérieur est richement décoré de dorures et de fresques. On y conserve précieusement une croix dont le bâton n'est autre chose qu'une lance turque conquise par le prince Honoré I*er* à la bataille de Lépante. Au-dessus de l'église Saint-Michel, se dressent sur une plate-forme supérieure la nef et le gracieux campanile d'une autre église qui, de loin, semble former avec la première un seul et même édifice. Cette nef, consacrée à la Vierge, est une salle décorée de statues de plâtre. L'hôpital fait partie du groupe de constructions que dominent les deux églises.

L'*hôtel de ville*, situé à une petite distance à l'ouest de Saint-Michel, également sur le versant de la colline, est une maison basse n'offrant aucun intérêt au point de vue architectural. C'est là que se trouve la bibliothèque publique léguée récemment à la ville par une dame. On y conserve une pierre de la Bastille, envoyée à Menton par l'Assemblée nationale. En face de la mairie se trouve une petite église dont la nef obscure renferme un horrible tableau du Cœur sanglant de saint Jean-Baptiste. Les autres monuments de Menton sont la grosse tour carrée, qui se dresse sur une base d'écueils, à la pointe la plus avancée du promontoire et à l'extrémité d'un quai très-élevé bâti par les Français; le temple protestant, bâti au bord de la mer, dans le faubourg oriental de Menton; le nouveau Casino, bâti près du centre de la ville moderne, sur la berge de la marine; enfin de nombreuses villas et des châteaux de plaisance.

Industrie et Commerce.

Après l'*exploitation* des étrangers, la principale industrie des habitants de Menton consiste dans la culture des citronniers, des orangers, des oliviers et d'autres arbres à fruits qui croissent sur le littoral méditerranéen. Les citrons sont les produits qui contribuent dans la plus forte mesure à l'aisance des Mentonais. Renommés dans le monde entier par leur saveur et leur délicatesse, ces fruits sont aussi plus faciles à conserver que ceux de la Corse, de la Sicile, de la péninsule italienne; les citrons que l'on recueille en été, les *verdami*, peuvent même supporter, sans se gâter, de longues traversées. Chaque année, le territoire de Menton produit une trentaine de millions de ces fruits. Aussi, que de soins les cultivateurs donnent-ils à l'arbre précieux et au sol qui le nourrit! Pour accroître l'étendue de leurs jardins, ils achètent des rochers nus, puis ils y portent péniblement de la terre et construisent des terrasses, afin de retenir sur les pentes le sol végétal que les pluies pourraient entraîner; ensuite ils plantent des citronniers qui n'entrent en rapport que la troisième année. Il faut les arroser régulièrement toutes les semaines; chaque année on les taille; tous les deux ans on creuse un fossé autour des racines, et on emplit cette tranchée de raclures de corne, de chiffons de laine, de vieux habits de drap, de matières fécales, qui nourrissent la plante. Lorsque le citronnier est malade, ce qui arrive fréquemment, de nouveaux soins sont nécessaires; souvent même les ouvriers doivent nettoyer avec des éponges les parties affectées de l'arbre. Le doux climat de Menton contribue lui-même à interdire le repos à l'horticulteur, car, dans ce pays, où la température ne varie que faiblement, le citronnier demeure constamment chargé de fleurs et de fruits, tandis qu'en Sicile, on ne recueille les citrons que pendant l'hiver[1]. Les plus beaux citronniers croissent à l'est de la ville, au quartier des Cuses ou Chyuses (*clus*, *clos*), ainsi nommé parce qu'il se trouve complétement à l'abri des vents du nord.

Les oranges, les cédrats, les figues, les fleurs et les feuilles qui servent à la fabrication des parfumeries, les essences et surtout l'huile d'olive donnent également lieu à un mouvement d'exportation assez notable. La ville de Menton est aussi connue dans le commerce par ses jolis meubles en bois de caroubier, d'olivier et de citronnier, que les marchands

---

1. On trouvera plus de détails sur ce sujet dans le livre intéressant de M. Abel Rendu, *Menton, Roquebrune et Monaco*.

vendent aux étrangers à des prix de fantaisie. Enfin la pêche occupe un certain nombre de marins.

Ce qu'on appelle le port de Menton est un espace étroit, complétement ouvert aux vents du sud et du sud-ouest, et médiocrement protégé contre le vent d'est par les écueils et la petite jetée que domine la grosse tour. Aussi les embarcations ne peuvent-elles mouiller sans danger près du bord, et les hommes d'équipage sont obligés de les traîner à sec hors de la portée des vagues. Il est actuellement question d'agrandir et d'améliorer le port au moyen de môles et de brise-lames ; mais la rade est tellement ouverte aux vents du large qu'on ne pourrait y établir un bon port sans des travaux gigantesques. En 1861, le mouvement de la navigation a été de 3461 tonneaux à l'entrée et de 3191 tonneaux à la sortie, soit un total de 6652 tonneaux.

Promenades.

Menton ne possède qu'une seule promenade dans le sens spécial qu'on attache à ce mot ; c'est l'allée plantée de palmiers et d'arbres exotiques, que l'on a récemment tracée sur le bord de la mer, de l'hôtel de Turin et du nouveau Casino à l'embouchure du Carei. Cette allée, très-agréable le matin et le soir, n'offre pas encore d'ombrage contre les rayons du soleil ; aussi est-elle peu fréquentée. En général, les promeneurs préfèrent la route de Nice ou celle du Carei, au-dessus desquelles les branches de magnifiques platanes s'arrondissent en forme de voûte. Le soir, la route de Gênes est également très-animée, parce qu'on y jouit à la fois de la brise, des reflets argentés de la mer et du bruit harmonieux des vagues.

C'est de la jetée du port, qu'en restant dans la basse ville, on a pendant le jour la plus belle vue sur la mer et les rivages, car, de ce point, on peut voir à la fois la baie de Garavan et le golfe de la Paix ; d'un côté, ce sont les bosquets de citronniers, les villas éparses, les falaises des Baussi-Rossi, la citadelle de Ventimiglia, le promontoire verdoyant de Bordighera; de l'autre côté, ce sont les gracieux contours du golfe, les longues pentes couvertes d'oliviers du cap Martin, et, plus loin, la haute cime pyramidale du Mont-Agel. Mais, pour contempler ce panorama dans toute sa beauté, il faut gravir la colline de Menton jusqu'au cimetière, dont la plate-forme est élevée de 46 mètres au-dessus de la Méditerranée, ou mieux encore, il faut escalader les coteaux qui se redressent au nord. Là, le spectacle de la ville et celui de l'amphithéâtre circulaire des montagnes s'ajoutent à la vue des deux baies que sépare le promontoire de Menton. Vers le sud-est, l'ile de Corse s'élève au-dessus de l'horizon. « Deux fois par jour, dit M. Hare, la féerique apparition nous salue : au lever du soleil, elle se montre au delà des eaux couleur de saphir et se découpe si distinctement sur le ciel qu'on pourrait compter les ravins et les indentations des montagnes hérissées d'aiguilles; on se figure alors être séparé de cette scène lointaine par un mince détroit qu'un petit bateau franchirait en une heure. Le soir, elle s'évanouit comme un esprit vaporeux à peine distinct des nuages qui l'entourent, et, reculant jusqu'à une distance infinie, elle s'estompe vaguement dans la lumière jaunâtre du crépuscule[1]. »

GORBIO.

Ce village est situé à 7 kilomètres de Menton; mais on ne peut guère s'y rendre en moins de 2 heures et demie, car le chemin est très-roide en certains endroits et la hauteur moyenne de Gorbio n'est pas moindre de 435 mètres. Le sentier, praticable aux bêtes de somme, se détache de la route de Nice, à 2 kilomètres de Menton, près de la villa du prince de

---

1. *A Winter at Mentone.*

Monaco, et remonte la charmante vallée de Gorbio ou de la Balme, en suivant d'abord le versant oriental, puis la base des hauts escarpements qui se dressent à l'ouest du torrent. Des moulins pittoresques, des ponts en ruine, des maisonnettes éparses, des bosquets de châtaigniers, et plus haut des rochers nus et des bois de pins aux couleurs sévères varient incessamment l'aspect du paysage.

Gorbio est bâti sur une terrasse verdoyante entourée de ravins et dominée à l'ouest par des pentes en amphithéâtre qui se redressent vers le Mont-Agel et le Garillan; comme dans la plupart des autres villages des Alpes-Maritimes et de la Ligurie, on n'y voit que des rues étroites, des maisons reliées entre elles par des arcades cintrées, une église à la sombre nef et un ancien château en ruine; mais on y jouit en outre d'une vue admirable sur les vallons boisés qui plongent vers Menton. Gorbio, étant situé sur le revers du chaînon de montagnes qui défend à l'orient Nice et la vallée du Paillon, est un point stratégique de la plus haute importance; maintes fois les armées ennemies se le sont disputé avec acharnement. En 1745, les Austro-Sardes y attaquèrent les troupes françaises commandées par le maréchal de Maillebois, tandis que le roi Victor-Emmanuel se portait sur la Turbie pour en forcer le passage. Sur les deux points, les Français furent obligés de battre en retraite après une lutte sanglante. A Gorbio, le général Govani, chef de l'armée autrichienne, fut tué pendant l'attaque.

Au lieu de redescendre à Menton par le chemin suivi à la montée, on fera bien de revenir par Sainte-Agnès (voir ci-dessous) ou par Roquebrune (voir chapitre XII). On peut aussi franchir, à l'ouest, la crête du Garillan pour se rendre soit à Peille, soit à Peillon (voir chapitre VII), d'où l'on gagne la route de Nice à Turin en amont de Drap. Enfin Gorbio est un point de départ très-favorablement situé pour les personnes qui désirent faire l'ascension du Mont-Agel.

SAINTE-AGNÈS.

L'excursion de Menton à Sainte-Agnès est assez pénible pour les piétons, à cause des pentes rapides qu'il faut escalader; elle demande au moins 3 heures de marche, bien que la distance, à vol d'oiseau, ne dépasse guère 9 kilomètres. On suit d'abord la route de Nice jusqu'à l'embouchure du Boirigo; ensuite on longe le torrent pendant un kilomètre environ, puis, traversant le Boirigo, on attaque directement les pentes supérieures pour monter vers Sainte-Agnès, soit par le val ombreux des Châtaigniers, soit par la combe plus sauvage de Cabrolles, soit encore par l'étroite crête qui sépare les deux vallées. Les trois sentiers serpentent d'abord sous l'ombrage des châtaigniers ou des pins, à travers les touffes de myrtes; plus haut, ils s'élèvent en lacets sur les flancs de promontoires coupés de précipices verticaux et finissent par se réunir au pied d'une espèce d'escalier tournant taillé dans le roc. Au-dessus de cette rampe, apparaît tout à coup le village, abrité derrière la pyramide de rochers aigus qui porte les ruines d'un vieux château des Sarrasins.

« Sainte-Agnès, dit M. Hare, se compose d'une longue rue de maisons délabrées, au-dessus desquelles s'élève un campanile solitaire dont le clocher, couvert de brillantes tuiles rouges et jaunes, est le seul objet vivement coloré du paysage. Dans l'espace environnant tout est sinistre et désolé; on ne voit plus ni pins, ni myrtes; à peine quelques traces de végétation se montrent-elles sur les promontoires d'un brun sombre; par delà ces premières cimes, se dresse une seconde rangée de montagnes encore plus nues, plus âpres, plus infertiles. » La température moyenne de Sainte-Agnès est à peu près la même que celle des bords du lac de Genève. En hiver, la neige recouvre toutes les cimes environnantes et le village lui-même ; aussi l'église, située à 670 mètres d'altitude au-dessus de la mer, a-t-elle été dédiée à Notre-Dame-des-Neiges. Au plus fort de la saison rigoureuse, des loups rôdent souvent autour de Sainte-Agnès.

A 100 mètres de hauteur au-dessus du village s'élèvent les ruines de l'ancien château, consistant en simples pans de murs qui semblent se confondre avec la roche dans laquelle ils s'enracinent. D'après la tradition, cette forteresse presque inaccessible aurait été bâtie dans la dernière moitié du xe siècle par un chef sarrasin du nom de Haroun qui se serait fait baptiser pour plaire à une jeune fille chrétienne dont les charmes l'avaient séduit. Le château et le village de Sainte-Agnès appartinrent, dans la suite, aux seigneurs de Ventimiglia, puis aux ducs de Savoie.

Les promeneurs qui ne tiennent pas à revenir immédiatement à Menton peuvent utiliser leur excursion à Sainte-Agnès en se rendant à Peille par l'âpre col de la Madone de Gorbio, qui s'ouvre directement à l'ouest, ou bien en gravissant le Mont-Aiguille ou Mont-Baudon, qui se dresse au nord du col. De ce passage et surtout du sommet du Baudon (1263 mèt.), on jouit d'une vue comparable à celle du Mont-Agel.

L'ascension du Baudon demande environ 2 heures de marche ; la course de Sainte-Agnès à Peille 2 heures et demie.

DE MENTON A SOSPEL.

La route carrossable qui doit réunir ces deux villes est commencée depuis plus de dix ans ; mais, bien qu'elle n'offre pas aux ingénieurs de sérieuses difficultés, elle n'est pas terminée (1864) : il faut encore faire le voyage à pied ou à dos de mulet ou se borner à parcourir en voiture une partie de la route. De Menton à Sospel la distance est d'environ 20 kilomètres.

L'ancien chemin, qui longeait la rive gauche du torrent de Carei, était connu sous le nom de *via della Pietra Scritta*, à cause d'une ancienne et mystérieuse inscription, qui était autrefois gravée sur le rocher, et qui depuis longtemps a disparu. La nouvelle route, qu'ombragent de beaux platanes, suit la rive droite du Carei, réduit le plus souvent à un simple filet d'eau coulant avec lenteur dans un lit de pierres roulées. Au sommet d'une colline (220 mèt.) qui s'élève à gauche, on aperçoit la chapelle de l'Annonciade, dont l'emplacement était occupé jadis par le village de Puypin ou de *Podium Pinum*, détruit et abandonné depuis des siècles.

A 2 kilomètres et demi de Menton, trois moulins pittoresques, superposés en forme de degrés à l'issue d'une combe latérale, semblent barrer la vallée : ce sont les moulins à huile où tous les habitants de la principauté de Monaco étaient autrefois tenus de faire presser leurs olives. En amont de ces moulins, la route doit gravir successivement plusieurs côtes. A droite s'élèvent des pentes couvertes d'oliviers au-dessus desquelles se montre le vieux bourg de Castellar; à gauche et sur le bord de la route sont éparses quelques bastides appartenant au village de **Monti**. Le hameau principal, dominé par une église moderne de style gothique, est situé sur un promontoire de rochers dont toutes les fissures et les anfractuosités sont remplies de lavandes et d'autres plantes odoriférantes. Les vignes des environs produisent un vin précieux connu sous le nom de *Maruverno*.

Au delà de Monti, à l'endroit où la route s'élève à gauche sur le flanc de la montagne par un double lacet, on voit s'ouvrir à droite un étroit défilé au fond duquel murmure un petit ruisseau. Cette entaille du rocher est le **gourg** (gouffre) de l'Ora. Le petit sentier qui pénètre dans cette gorge, entre les blocs épars et les touffes de myrtes, conduit au pied d'un escarpement du haut duquel une charmante cascade plonge dans un bassin d'eau verte. D'après la tradition, ce gouffre était insondable. Désirant s'assurer du fait, un Anglais le mesura au moyen d'une corde très-longue ; mais à un mètre déjà la sonde touchait le fond ; l'eau de l'abîme lui montait jusqu'à la ceinture.

« Au-dessus de la cascade, dit M. Hare, se dresse une montagne percée au sommet par une espèce de tunnel à travers lequel on voit la lumière. A côté de cette ouverture se trouve la caverne appelée grotte de l'Ermite, et d'un accès tellement difficile, que depuis longtemps personne ne l'avait visitée. Récemment, quelques Anglais ont pu escalader la pente presque verticale du rocher et gagner la grotte. L'entrée est fermée par une muraille blanchie à la chaux, pourvue d'une porte et d'une fenêtre et portant une inscription à demi effacée avec la date 1598. L'intérieur de la caverne, haut de 6 mètres environ et long de 10 mètres, est de forme assez irrégulière. On y lit ces mots :

Christo lo fece
Bernardo l'abita.

Après avoir dépassé l'entrée du défilé du gourg de l'Ora, la route se développe en zigzags, d'abord sur le versant occidental, puis sur le versant oriental du vallon de Chiaret et monte directement vers le col de Guardia, que l'on aperçoit en face. Une forêt de pins, aux troncs clair-semés, ombrage les pentes ; des myrtes, des bruyères, des cistes croissent sur les rochers partout où s'étend la plus légère couche de terre végétale. Vers l'extrémité supérieure de la gorge la végétation cesse presque entièrement ; mais en revanche on jouit d'une admirable vue sur la vallée de Carei, que dominent à l'ouest les formidables escarpements de Sainte-Agnès. Le bassin de verdure est limité par les molles sinuosités du rivage de la Méditerranée ; au loin s'avancent de hardis promontoires à la base desquels on distingue la frange des brisants ; çà et là des villages brillent au milieu des arbres, des voiles blanches au milieu des flots. Vers le sud-est, sur la limite extrême de l'horizon, se dessinent vaguement les montagnes de la Corse.

Un tunnel de 80 mètres de longueur traverse l'arête du col de Guardia, évitant ainsi aux voyageurs la roideur de la première descente. Sur un rocher placé au milieu de l'échancrure du col, entre le mont de l'Ours, à l'ouest, et le Rasel (1260 mèt.), à l'est, se dresse l'étrange bourg de **Castillon**, qu'entourent de hautes murailles percées de fenêtres étroites comme des meurtrières et dominées par des tourelles et des clochetons. On croirait voir, non pas une ville, mais le fantôme d'une ville. Posté à 715 mètres de hauteur entre les deux vallées qui plongent l'une vers Menton, l'autre vers Sospel, l'ancien village mauresque de Castillon était une sentinelle toujours au guet, soit pour avertir de l'approche de l'ennemi, soit pour faciliter une surprise de guerre. Aussi cette position militaire a-t-elle été vivement disputée pendant les siècles du moyen âge et, depuis, pendant les guerres de la Révolution. Tous les ans, au commencement de septembre, on y célèbre la fête de la Vierge par des processions solennelles et des coups de canon dont le bruit se prolonge en échos magnifiques sur les rochers de l'Ours, du Rasel et de la Boulabre.

La route de Castillon à Sospel est assez peu intéressante ; elle contourne, sur le versant oriental de la vallée du Merlanson, des pentes infertiles et pierreuses, puis des terrasses couvertes d'oliviers et de vignes ; à gauche, de l'autre côté du torrent, on voit se développer la route de Nice montant vers le col de Braus. Après avoir contourné la Tête de Maurigon dont le nom semble rappeler le séjour des Sarrasins dans le pays, on descend à Sospel (voir chapitre XI) par une succession de lacets.

CASTELLAR ET LE GRAND-MONT.

Une étroite et sale ruelle qui s'ouvre en face de l'hôtel des Quatre-Nations est le commencement du chemin de Castellar. Il serpente sur le flanc de la colline entre les murailles des jardins d'orangers, puis, attaquant directement les hauteurs, gravit un promontoire de grès jaunâtre où les pas des montures ont creusé des marches à peu près régulières. Arrivé au sommet, d'où l'on voit à ses pieds la terrasse et les arcades pittoresques du cimetière, on n'a plus qu'à suivre l'arête uniforme de la longue colline qui sépare la vallée du Carei de celle du Fossan. Des oliviers ombragent les deux pentes; quelques pins s'élèvent isolés ou en groupes sur l'arête de la colline et sur le tertre cônique du Mont-Gros (240 mèt.), que contourne le sentier.

Castellar, que l'on atteint en une heure et demie de marche, est un village à la physionomie féodale, formant une espèce de forteresse quadrilatérale, et situé sur une terrasse culminante, de manière à commander à la fois les deux vallées du Carei et du Fossan. Les façades extérieures des maisons ne sont autre chose qu'une muraille de défense percée de meurtrières; des tourelles flanquent les angles du village, des vestiges de fossés se montrent encore autour des murs. A l'intérieur, les hautes constructions noires et délabrées sont disposées sur trois rangées le long de deux rues parallèles qui communiquent ensemble par de sombres passages voûtés. On dit que les mœurs des habitants de Castellar étaient naguère en rapport avec l'aspect de ce village, semblable à un repaire de brigands. D'après le bruit public, les gens de Castellar auraient assassiné et dépouillé pendant la Révolution un grand nombre d'émigrés qui cherchaient un refuge en Piémont; mais ce n'est qu'une légende et combien d'autres légendes, racontées sur cette époque pourtant si rapprochée de nous, reposent uniquement sur l'ignorance ou sur la calomnie !

L'église, dont le clocher, situé à l'angle nord-ouest du village, servait de tourelle aux remparts, n'offre rien d'intéressant au point de vue architectural. A côté se trouve l'ancien palais seigneurial, simple maison, presque aussi délabrée que les autres, dans laquelle est né un Lascaris, grand maître de Malte, et dont les appartements sont décorés de fresques peintes par Carlone. Ce sont là tous les monuments de Castellar. Le promeneur peut sans remords se dispenser de les visiter ; mais il a pour se consoler de la fatigue de la course l'admirable panorama qui se déroule à ses yeux du haut de la terrasse située au sud du village, et dominant le rivage de la mer à près de 400 mètres d'altitude. De cette plate-forme, ombragée par l'antique ormeau qui représentait les libertés communales, on embrasse d'un coup d'œil la vallée du Carei, le col de Guardia, le village de Castillon, l'aiguille de rochers qui porte Sainte-Agnès, et la chaîne escarpée qui se termine du côté de la mer par les précipices de la Tête-de-Chien. Menton est caché par la cime du Mont-Gros.

Un sentier qui descend obliquement dans la vallée du Carei en suivant le flanc de la montagne à travers les bois d'oliviers, les forêts de pins et les rochers, mène en une demi-heure à la cascade du Gourg de l'Ora (voir ci-dessus), d'où l'on peut revenir à Menton par la route de voitures.

Le chemin que l'on doit prendre pour faire l'ascension du Grand-Mont se dirige vers le nord et contourne un promontoire pierreux qui domine le cirque profond et sauvage de l'Aigue, aux versants cultivés en terrasses. On passe à la base de rochers presque verticaux qui portent les ruines du *fraxinet* sarrasin appelé Castellar-Vieil, et bientôt après (1 h. de Castellar) on laisse à droite le sentier qui monte vers la double cime du **Berceau** ou Bress (1100 mèt.). Les touristes de Menton visitent assez fréquemment cette montagne, qui commande un admirable panorama des vallées avoisinantes, inférieur seulement à celui du Grand-Mont.

Au delà des rochers du Castellar-Vieil, le sentier s'élève sur le versant septentrional du cirque de l'Aigue, gravit un petit col que signale la chapelle ruinée de Saint-Bernard, puis après avoir dépassé les dernières cultures et les derniers chalets, s'engage dans un étroit vallon d'où il gagne les pâturages de Pra del Col, au-dessus desquels on voit se dresser la masse pyramidale du **Grand-Mont**[1]. Laissant à gauche le col de Treitore ou d'Olivetta, qui s'ouvre entre le Mulacé et le Grand-Mont et d'où un sentier descend à Olivetta, dans la vallée de la Bevera, on gravit directement les derniers escarpements de la montagne, couverts de pierres éboulées sur lesquelles l'ascension est très-pénible. Enfin, en 2 heures et demie de marche depuis Castellar, on atteint le plateau terminal dominé par deux cimes arrondies dont la plus élevée a 1377 mètres d'altitude : c'est le point culminant de toutes les montagnes qui se dressent entre la vallée du Paillon et celle de la Bevera.

Inutile de dire que du haut du Grand-Mont le panorama est très-étendu et d'une admirable beauté. A l'horizon du nord s'arrondit l'amphithéâtre des montagnes neigeuses entourant de son immense rondeur d'autres cirques de monts rougeâtres et nus ; à l'est le regard plonge dans la profonde gorge noire de pins que parcourt la Bevera et qui descend vers le sinueux champ de pierres de la Roya ; à l'ouest de la vallée du Carei s'élèvent les montagnes pittoresques de Castillon, de Sainte-Agnès, de Gorbio. Au sud enfin la cime noirâtre du Berceau cache la ville et le rivage ; mais par-dessus

---

1. On l'appelle aussi Grammont. Sur les cartes italiennes on le désigne sous le nom de *Gran Mondo* qui n'est justifié ni par l'étymologie ni par la prononciation usitée dans le pays.

cette cime noirâtre on contemple la nappe bleue de la Méditerranée qui va se confondre au loin avec le ciel, et sur laquelle flottent comme un nuage les montagnes de la Corse.

———

Pour redescendre du Grand-Mont, le voyageur a le choix entre plusieurs combes ouvertes dans la direction de Menton, de Sospel, d'Olivetta, de Ventimiglia. Les personnes qui désirent visiter le vieux château d'Appio feront bien de rejoindre la route du littoral en prenant le sentier de Ventimiglia.

On descend d'abord à travers les éboulis de pierres, mais en obliquant à droite de manière à gagner le versant méridional de la combe, on arrive bientôt sur des pentes gazonnées et boisées où la marche est moins pénible. En une heure on atteint le hameau de **Vilatella**, situé sur une terrasse couverte d'oliviers, à l'issue d'un défilé où se réunissent les eaux descendues du Grand-Mont. Les versants abrupts, qui s'élèvent des deux côtés de la vallée, offrent un aspect des plus étranges. Les strates de pierre dure qui les composent sont redressées presque verticalement, et du haut en bas de la montagne, font saillie par des arêtes aiguës, que des sillons ou couloirs parallèles de plusieurs mètres de largeur séparent les unes des autres. Ces sillons, que les eaux de pluie ont évidemment creusés dans les couches de marne friable intercalées entre les assises plus résistantes, sont remplis de pins et d'autres arbres alignés avec autant de régularité que des légumes dans un jardin. Ainsi les deux versants opposés sont rayés sur toute leur hauteur de bandes alternativement blanches et vertes, formées par les saillies du rocher nu et par les dépressions humides qui les séparent.

Au delà de Vilatella on contourne le versant méridional de la montagne par un sentier presque horizontal d'où l'on jouit d'une vue charmante sur les méandres de la Bevera et sur les villages qui la bordent, puis on franchit à droite un petit col qui sépare la vallée de la Bevera de la combe de Laite. Après avoir dépassé le hameau de San Antonio, on monte à gauche par un sentier des plus roides sur les hauteurs boisées et cultivées dont le château d'Appio (voir chapitre xv) domine le point culminant.

On compte environ 3 heures de marche du sommet du Grand-Mont à Ventimiglia.

Les autres excursions que l'on peut faire autour de Menton, à Monaco, au Mont-Agel, dans les villes et les villages de la Corniche française et de la Corniche italienne sont décrites dans les chapitres VII, XI, XII, XIII et XV.

CHAPITRE XV.

LA CORNICHE ITALIENNE.

LES CÔTES DE LA LIGURIE.

C'est à cette partie de la Corniche, terminée seulement en 1828, que s'applique la description suivante empruntée à un auteur italien [1], né lui-même dans une des plus charmantes cités de la Ligurie.

« Il est peu de grandes routes en Europe d'un parcours plus pittoresque ; il en est peu assurément qui réunissent trois éléments comparables de beauté naturelle : la Méditerranée d'un côté, les Apennins de l'autre, et au-dessus les splendeurs d'un ciel italien. La main de l'homme a fait ce qu'elle a pu, sinon pour rivaliser avec la nature, au moins pour ne pas la déparer. Des villes et des villages à profusion, les uns gracieusement couchés sur le rivage, baignant leur pied dans le flot argenté ; les autres répandus comme un troupeau de moutons sur les flancs de la montagne, ou bien escaladant coquettement quelque crête abrupte ; çà et là une chapelle solitaire, perchée au plus haut d'un rocher battu par la vague

---

1. Giovanni Ruffini.

ou à moitié perdue dans une forêt de verdure, à l'entrée de quelque vallon ; des palais de marbre et de gaies villas surgissant au milieu de vignes dorées, de jardins en fleurs, de bouquets d'orangers et de citronniers; des myriades de *casini* aux murs blancs, aux jalousies vertes, éparpillés sur des collines autrefois stériles, mais aujourd'hui, grâce à un ingénieux système de terrasses, garnies jusqu'au sommet de bouquets d'oliviers; en un mot, tout ce qui est l'œuvre de l'homme trahit ici l'activité et le génie d'une race éminemment artiste et puissamment douée.

« La route, obéissant aux capricieuses dentelures de la côte, est irrégulière et sinueuse. Tantôt de niveau avec la mer, elle passe entre des haies de tamaris, d'aloès et de lauriers-roses; tantôt étreignant le flanc de quelque montagne escarpée couverte de sombres forêts de pins, elle s'élève à une telle hauteur que l'œil hésite à mesurer la profondeur de l'abîme; ici, elle s'enfonce sous des galeries taillées dans le roc vif et disparaît totalement pour dominer au sortir du souterrain une vaste étendue de terre, de ciel et d'eau ; là elle fait un crochet et semble décidée à se forcer un passage à travers la montagne, puis tout à coup elle s'élance dans une direction opposée, comme si elle voulait se précipiter tête baissée dans la mer. La variété des paysages résultant pour le voyageur de ce continuel changement de position ne saurait se comparer qu'aux combinaisons infinies du kaléidoscope. Les mots sont impuissants à rendre la transparence de cette atmosphère, le tendre azur de ce ciel, le bleu foncé de cette mer, les douces gradations de tons qui nuancent les mille replis de ces montagnes, s'étageant les unes au-dessus des autres. »

Le chemin de fer du littoral, qui doit remplacer la route de la Corniche, est en construction de la frontière française à Savone sur une longueur de 115 kilomètres. De Savone à Voltri (30 kil.), il est presque complétement terminé ; il ne reste plus (février 1864) qu'à poser les rails. Enfin, de Voltri à Gênes

(15 kil.) la voie est depuis longtemps livrée à la circulation ; mais les diligences de Nice ne correspondent pas avec ce chemin de fer et portent directement à Gênes tous leurs voyageurs. En Europe, un bien petit nombre de voies ferrées pourront rivaliser avec celle de la Ligurie occidentale pour l'importance et le nombre des travaux d'art. De Nice à Gênes, sur une longueur totale de 198 kilomètres, on compte 33 kilomètres de tunnels.

Deux voitures publiques, tout à fait insuffisantes pour la multitude croissante des voyageurs qui parcourent les côtes de la Ligurie en vue de leurs affaires ou de leurs plaisirs, font chaque jour le service entre Nice et Gênes. La durée du trajet est de 24 heures. Les voyageurs qui prennent la diligence du matin en payant leur place entière jusqu'à Gênes ont le droit de s'arrêter le soir à Oneglia et d'y passer la nuit. De cette manière, ils peuvent jouir des admirables points de vue qui ont donné tant de célébrité à la côte occidentale de la Ligurie.

Nous ne saurions trop recommander aux personnes qui ont le temps et l'argent nécessaires de voyager à petites journées, soit à pied, soit en poste ou dans un *calessino* de louage. Il n'est pas d'hôtel, pas d'auberge dans les villes du littoral qui n'ait à la disposition des étrangers plusieurs voitures plus ou moins confortables. Il va sans dire que si l'on néglige avant le départ de bien régler les conventions avec les cochers, on risque fort de payer des prix de fantaisie ; mais, par suite de la concurrence excessive et des facilités de la vie matérielle, les prix courants ne sont pas très-élevés. On paye en moyenne 8 à 10 francs pour la location d'une voiture pendant une demi-journée ; 20 à 25 francs pour tout un jour ; 30 à 35 francs pour une voiture qui ne peut s'en retourner que le lendemain au point de départ.

Enfin on peut aussi voyager par mer. Plusieurs bateaux à vapeur font chaque semaine le service entre Nice et Gênes.

D'autres vapeurs, assez irréguliers dans leurs services, partent aussi de Porto-Maurizio, d'Oneglia et de Savone directement pour Gênes.

Les distances de Nice aux villes du littoral ligurien sont les suivantes (Menton, 31 kil.) :

41 kil. *Ventimiglia.*	103 kil. *Alassio.*	153 kil. *Savona.*
47 kil. *Bordighera.*	110 kil. *Albenga.*	163 kil. *Varazze.*
58 kil. *Sanremo.*	120 kil. *Loano.*	171 kil. *Cogoleto.*
81 kil. *Porto-Maurizio.*	129 kil. *Finale.*	174 kil. *Arenzano.*
84 kil. *Oneglia.*	138 kil. *Noli.*	183 kil. *Voltri.*
100 kil. *Laigueglia.*	148 kil. *Vado.*	198 kil. *Gênes.*

A l'est de Menton, la route de Gênes, qui prolonge le quai de la ville et qui semble destinée à devenir bientôt une véritable rue, est bordée à gauche d'hôtels, d'édifices nouveaux, de maisons de campagne, de jardins étagés sur le flanc des collines. C'est seulement à 1 kilomètre du port, à l'issue du petit vallon des Confins, que se termine le faubourg moderne des villas. On laisse derrière soi le groupe de maisons appelé Garavan, à cause de l'abri que lui offrent les rochers situés au nord (gare-à-vent?), et, cessant de longer le bord de la mer, on gravit peu à peu la rampe oblique et assez escarpée qui mène au **pont de Saint-Louis**. Cette arche de 22 mètres est jetée sur un ravin de 80 mètres de profondeur, ouvert sur les flancs de la montagne de la Giraude. C'est là que passe la ligne de frontière entre la France et l'Italie.

La côte devient graduellement plus sauvage; elle se hérisse de petits promontoires aux rochers perpendiculaires ou surplombants, et la route s'élève de biais sur le versant de la montagne jusqu'à un brusque tournant. De cet endroit, situé à 185 mètres de hauteur, on jouit d'une très-belle vue sur le pittoresque amphithéâtre des maisons et des jardins de Menton, et sur les collines du cap Martin aux longues pentes couvertes d'oliviers. A ses pieds on voit le cap della Murtola, qui projette dans la mer trois pointes aiguës comme

[Chap. 15] PONT DE SAINT-LOUIS. — BAUSSI-ROSSI. 457

les griffes d'une patte de lion. Plus loin, du côté de l'orient, s'arrondit l'anse de Ventimiglia.

Les rochers dont la route contourne les escarpements entre le pont de Saint-Louis et les hauteurs de la Murtola sont

Pont de Saint-Louis.

connus sous le nom de Baussi-Rossi ou de Rochers-Rouges, à cause de leur couleur. Ils offrent à différentes hauteurs et jusqu'à 60 mètres d'altitude au-dessus de la mer une multitude de petits trous, et çà et là de profondes cavernes d'une forme presque régulière. Depuis de Saussure, qui les a le premier signalées à l'attention du monde savant, ces grottes remarquables ont été souvent visitées par les géologues. La plus considérable s'ouvre immédiatement à la base du rocher, à une petite distance de la grève; elle a 8 mètres de haut sur 7 mètres de large, et sa profondeur totale dépasse 30 mètres. « Comme toutes les excavations ont par le haut la forme de voûtes solides, qu'elles sont dépourvues de toute ouverture intérieure et creusées sur la face verticale d'un roc sain aussi dur que le marbre, elles ne sauraient être l'ouvrage des eaux pluviales.... Je regarde donc ces cavités comme l'ouvrage des eaux de la mer. Si cette conjecture est fondée, il faut que la mer ait été dans cet endroit d'environ 200 pieds plus haute, ou le rocher de 200 pieds plus bas qu'aujourd'hui [1]. » Quelques-unes de ces cavernes sont utilisées par les paysans du voisinage et servent de granges ou de fours à chaux.

En deçà du petit hameau de la Murtola, la route pénètre par un lacet très-allongé dans un vallon qui remonte au nord-ouest vers la Roche d'Orméa. Ensuite elle traverse le hameau situé sur les pentes inférieures de la montagne cônique de Bellinda (560 mèt.) et descend graduellement vers le rivage. Des maisons de campagne décorées du nom de palais sont éparses sur les versants des collines et dans les vallons. L'une d'elles a probablement remplacé la villa dans laquelle la mère d'Agricola fut assassinée par les matelots de la flotte d'Othon.

VENTIMIGLIA.

Cette ville, la première que rencontre le voyageur sur le territoire italien, est bâtie sur une terrasse de forme triangulaire et très-allongée, que la mer baigne au sud et dont le

---

1. De Saussure. *Voyages dans les Alpes.*

fleuve Roya ronge la base septentrionale. Du côté de la France, Ventimiglia est défendue par de hautes murailles bordées de fossés et par une forteresse d'assez belle apparence qui se dresse au sommet d'une colline escarpée à 165 mètres d'altitude. La grande route ne pénètre pas dans la ville proprement dite ; elle contourne les talus de la terrasse, de sorte qu'il faut gravir des rampes assez rapides pour visiter l'intérieur

Ventimiglia.

de Ventimiglia. Les deux principales auberges sont *la Piemontesa* et *il Sole*. Dans le faubourg de la rive gauche se trouvent deux autres auberges, la *Scutola* et l'*Italia*.

Ventimiglia, en français Vintimille, est une antique cité ligurienne connue par les Romains sous le nom d'*Albium (Alpium) Intemelium* ou simplement d'*Intemelium*. Strabon la mentionne comme une assez grande ville, servant de capitale aux Ligures Intéméliens qui habitaient le versant méridional des Alpes, entre Monaco et Albenga. Le sang ligure se révèle encore à Ventimiglia par la singulière beauté des femmes. Les dames étrangères elles-mêmes, en général plus difficiles que leurs compagnons, ne peuvent s'empêcher de témoigner leur vive admiration à la vue de ces types exquis de finesse et de pureté.

La forte position de Ventimiglia en fit un objet de convoitise pendant le moyen âge pour tous les seigneurs, rois, comtes, barons et podestats qui se disputaient la possession de la côte ligurienne. En 1140 les Ventimilliens avaient enfin trouvé la paix en implorant la protection de la République génoise; mais ils eurent sans doute à se plaindre de leur puissante métropole, car en 1221 ils se révoltèrent. Le podestat de Gênes, suivi de troupes considérables, mit aussitôt le siége devant la cité; il fit détourner le cours de la Roya, construisit deux forteresses sur la colline de la rive gauche, bâtit une nouvelle ville dans la plaine; mais les défenseurs de Ventimiglia tinrent bon pendant une année et ne se rendirent qu'après avoir subi toutes les horreurs de la famine. En 1288, l'ambition de Charles d'Anjou, qui se fit céder la suzeraineté de Ventimiglia par le comte titulaire, occasionna de nouvelles dissensions : les incursions hostiles, le pillage des bourgs environnants, la dévastation des campagnes recommencèrent de plus belle et continuèrent jusqu'à ce que la maison de Savoie se fût emparée de Ventimiglia. Éprouvée par tant de désastres et d'ailleurs dépourvue de port et de moyens de communication, l'ancienne capitale des Ligures Intéméliens ne pouvait avoir dans les temps modernes qu'une importance stratégique. Elle est aujourd'hui peuplée d'environ 6300 âmes. Ventimiglia est aussi le siége d'un évêché; les habitants dévots rappellent avec orgueil la légende qui leur donne saint Barnabas pour premier évêque.

La ville est pittoresque; mais elle est loin d'être belle, dans le sens moderne que l'on attache à ce mot. Les rues sont étroites, montueuses, mal pavées, çà et là transformées en tunnels obscurs par des voûtes basses chargées de maisons. Les édifices religieux, les couvents sont très-nombreux, et peut-être occupent en superficie la moitié de la ville ; mais ils n'offrent qu'un faible intérêt au point de vue architectural, et l'artiste peut sans remords se dispenser de les visiter. La *cathédrale* passe pour avoir été construite sur les débris d'un temple de Junon ; une pierre du seuil porte en effet une inscription en l'honneur de *Juno Regina*. L'église de Saint-Michel était aussi, d'après la légende, un temple païen consacré à Castor et à Pollux ; elle renferme quelques débris antiques et peut-être une partie de l'abside est-elle de construction romaine. Telles sont, avec la forteresse, les curiosités de la ville. La bibliothèque du couvent de Saint-Augustin, fondée pendant le cours du XVIIe siècle par un érudit du nom d'Aprosio, a perdu la plus grande partie de ses trésors et compte seulement 5000 volumes en mauvais état.

La Roya, qui mine la base de la terrasse de Ventimiglia, est le torrent le plus considérable qui se jette dans le golfe de Gênes entre le Var et la Magra ; cependant, malgré la masse de ses eaux, il ne mérite guère que le nom de torrent. Sa pente est très-rapide, et, dès que les pluies ou la fonte des neiges ont gonflé ses eaux, il entraîne dans son cours une quantité de débris arrachés à ses rives. Immédiatement en amont de l'embouchure, le courant devient plus rapide à cause de l'étranglement du lit fluvial réduit de 600 à 300 mètres. L'eau jaune de la Roya, lancée dans la mer avec une grande force d'impulsion et glissant à la superficie des eaux plus lourdes de la Méditerranée, s'étend pendant les grandes crues jusqu'à une distance considérable : presque toujours on peut suivre du regard la ligne plus ou moins ondoyante qui sépare l'eau bleue de la mer du liquide boueux apporté par la Roya. Les troncs d'arbres livrés au cours du fleuve par les bûcherons de Tende et de Briga sont parfois entraînés jusqu'en pleine mer et saisis par les courants maritimes. Lorsque la mer est calme, ils sont généralement perdus ou se retrouvent seulement sur des côtes lointaines; mais, lorsque les vagues brisent avec violence, elles rejettent le bois sur le rivage sablonneux de l'embouchure.

Le soir, la promenade la plus agréable que l'on puisse faire, consiste à flâner sur la plage allongée qui sépare le courant du fleuve et la Méditerranée. Vues d'en bas, les falaises qui portent la ville offrent un aspect remarquable. Les couches supérieures de ces falaises sont formées d'une espèce de conglomérat grossier reposant sur des masses d'argile sableuse. La mer, les pluies, délayent constamment ces assises inférieures, et quand la base vient à manquer, les strates supérieures s'écroulent par énormes blocs et roulent jusque dans les flots. Au pied de la citadelle, deux de ces rochers éboulés se dressent au-dessus des sables; de loin on dirait deux obélisques élevés par la main de l'homme.

Le commerce de Ventimiglia n'est pas important; quelques chaloupes de cabotage transportent à Gênes, à Nice et à Savone les produits des campagnes environnantes; mais la rade étant complétement sans abri, ces embarcations ne peuvent tenir la mer au large de la ville et doivent être, pendant les intervalles des voyages, retirées sur la plage à une certaine distance du bord. Les échanges avec l'intérieur sont aussi presque nuls à cause du manque absolu de routes carrossables; mais, lorsque le chemin de fer du littoral sera terminé, il n'est pas douteux qu'on ne se hâte d'achever la route, depuis longtemps concédée, qui doit remonter directement vers le col de Tende par la vallée de la Roya. Cette route n'offre pas de difficultés aux ingénieurs jusqu'au confluent de la Bevera et de la Roya, à 4 kilomètres en amont de Ventimiglia; mais, plus haut, la vallée du torrent, se rétrécissant graduellement, se change en une sinueuse gorge où les roches dures arrêteront longtemps les travaux. Une fois achevée, la route de la Roya permettra aux nombreux voyageurs de Turin à Nice d'éviter les deux pénibles cols de Brouis et de Braus, et les mènera directement à la mer et à la voie ferrée par une des vallées les plus sauvages et les plus pittoresques des Alpes liguriennes. Alors Ventimiglia deviendra, après Gênes et Savone, le principal débouché de Turin sur la Méditerranée.

Une autre route, également en projet, contribuera à l'importance de Ventimiglia : c'est le chemin de la vallée de la **Nervia**, qui doit s'embrancher sur la grande route à 1 kilomètre à l'est du faubourg oriental de la ville. Ce chemin passera au village important de *Camporosso*, ainsi appelé peut-être à cause des lauriers-roses qui ombragent le cours de la Nervia, puis à Dolceacqua, qu'entourent des bosquets d'oliviers et que domine un superbe château fort, encore assez bien conservé ; au pied de ce château un beau pont d'une arche de 33 mètres d'ouverture franchit la Nervia. Le village que la route desservira plus haut est celui d'*Isola Buona*, près duquel sourd une fontaine sulfureuse, depuis longtemps signalée par Fodéré et d'autres médecins comme excellente pour le traitement des maladies de la peau. Enfin, à 23 kilomètres de Ventimiglia, les voitures atteindront le bourg de **Pigna**, destiné probablement à devenir tôt ou tard un centre d'attraction pour les étrangers, à cause de son abondante source sulfureuse et légèrement thermale qui jaillit de la base d'un rocher et verse dans la Nervia environ 100 litres par minute. Elle est aujourd'hui presque complétement négligée.

Si le voyageur dispose d'un petit nombre d'heures, qu'il se contente d'aller visiter, aux environs de Ventimiglia, le **château d'Appio** qui se trouve sur une haute colline à 2 kilomètres et demi au nord-ouest de la ville ; on peut y monter facilement en 40 minutes. Cette forteresse, construite par les Génois après le siége de Ventimiglia, en 1221, est encore entourée de ses murailles et flanquée de ses tours ; mais immédiatement au delà s'ouvre un énorme cirque d'érosion, dans lequel le château s'engouffrera tôt ou tard. La colline tout entière semble condamnée à disparaître ; les terres glaises, les marnes friables qui la composent, sont dissoutes et emportées par les eaux de pluie ; à leur place se creusent des précipices incessamment agrandis, et séparés les uns des autres par des rangées d'obélisques boueux qui se fondent pendant les averses. Il faut voir ce gouffre pour se faire une idée de la puissance de destruction exercée par les intempéries sur les terres friables.

Au pied des murailles, on voit tout le beau panorama de la côte, jusqu'à la Tête de Chien, et par delà Monaco, jusque sur la pointe d'Antibes. A l'est, de l'autre côté de la large vallée dans laquelle la Roya coule en filets sinueux, on remarque des grottes profondes semblables à celles des Baussi Rossi (voir page 457) et comme elles, creusées autrefois par les vagues de la mer. Quelques-unes de ces cavernes ont d'énormes proportions : on dirait les portes de la montagne.

Au sortir de Ventimiglia, on traverse la Roya sur un vieux pont délabré, puis, au delà du faubourg de San Agostino, on arrive au bord de la Nervia que franchit un beau pont moderne de 3 arches en briques. La côte est tout à fait basse et parsemée de marais. A gauche s'ouvre la petite vallée de Crosa, à l'extrémité supérieure de laquelle on aperçoit au sommet d'une colline le bourg de **Perinaldo**. Là naquit, en 1625, Jean-Dominique Cassini, le célèbre astronome qui découvrit les satellites de Saturne et les révolutions des taches solaires. L'astronome Maraldi, neveu de Cassini, était également natif de Perinaldo. On y voit encore sa bibliothèque. Dans l'église est conservé un *ex-voto* de Dominique Cassini.

Bordighera, que depuis longtemps on apercevait à l'extrémité de la route, est une ville de 1500 habitants, construite en amphithéâtre sur la pente d'une colline couverte de verdure. En cet endroit, la côte change de direction et forme le cap de San Ampeglio en tournant brusquement au nord-est. De ce promontoire on jouit d'une des plus belles vues du littoral.

La ville de Bordighera était autrefois la capitale d'une petite république indépendante, comprenant les principaux villages des vallées voisines. Son importance commerciale serait presque nulle si elle n'expédiait en Hollande, en France et surtout à Rome la plus grande partie des palmes qu'on emploie le dimanche des Rameaux. Tous les jardins, tous les vergers de Bordighera sont remplis de palmiers, qui donnent à la ville un aspect oriental. Quelques-uns de ces arbres exotiques atteignent parfois une hauteur considérable; mais leurs fruits n'arrivent que très-rarement à maturité. On les cultive uniquement à cause de leur feuillage : aussi prend-on le plus grand soin du panache terminal et l'enroule-t-on de ficelles afin que le vent ne puisse le ployer, ni la poussière le salir.

Les édifices de Bordighera n'offrent rien de curieux. Au sommet de la colline s'élève un ancien monastère qui appartenait autrefois à la puissante communauté des moines de Lérins. La partie orientale de la ville, complétement abritée des vents d'ouest et du nord par le cap de San Ampeglio et par de hautes rangées de collines, semble très-favorable à la construction de villas pour les étrangers de santé délicate, car nulle part sur la côte de la Ligurie la température n'est à la fois plus douce et plus égale. Dans un avenir prochain de nombreuses familles d'Anglais viendront certainement s'établir sous l'ombrage des célèbres palmiers de Bordighera.

Les marins pêchent dans l'anse voisine d'excellent poisson qui se vend ensuite sur les marchés de Menton et de Sanremo.

A 7 kilomètres au nord de Bordighera se dresse, sur une colline escarpée, l'église de **Seborga**, en français Sabourg. Le fief de ce nom, que possédèrent longtemps les abbés de Lérins, avait titre de principauté, avec le droit de battre monnaie.

A une petite distance au delà de Bordighera, la route de Gênes passe à côté de la petite chapelle et de la batterie de la *Madona della Ruota*, près de laquelle une petite anse reçoit les embarcations des pêcheurs. A gauche, au pied de la colline appelée Monte Nero, jaillit dans un ravin étroit et sauvage une fontaine sulfureuse non encore utilisée. Des palmiers et des citronniers en ombragent le filet d'eau. On traverse ensuite le village *degli Ospidaletti*, ainsi nommé parce qu'il s'y trouvait autrefois un hospice de lépreux, puis on contourne le promontoire appelé Cap Nero; le chemin de fer doit le percer par un tunnel.

SANREMO.

La cité de Sanremo[1], de même que la plupart des villes de la côte de Ligurie, s'élève en forme de triangle sur la pente et à la base d'une colline escarpée. La rue principale, qui est en même temps la grande route, contourne le pied de cette colline et sépare le quartier maritime de la ville haute. Celle-ci, construite pendant les mauvais jours du moyen âge, alors que chaque maison devait servir de forteresse, est un affreux labyrinthe de ruelles et de couloirs, semblables à des égouts. De certains endroits, principalement du côté de l'est, elle ressemble à une énorme pyramide de maisons superposées et formant une espèce de pagode monstrueuse. Les hautes masures sont tellement enchevêtrées les unes dans les autres par des voûtes et des arcades, qu'en montant jusqu'au sommet de la colline on ne voit le bleu du ciel qu'à de rares intervalles. Ainsi que le dit Charles Dickens dans ses *Notes de*

---

1. Les Italiens écrivent Sanremo (*Saint-Remus*) sans trait d'union.

voyages, « on pourrait au besoin parcourir la ville en se promenant de cave en cave. »

Ce hideux et trop pittoresque quartier de Sanremo est de plus en plus délaissé par les habitants ; la population descend graduellement au pied de la colline et s'agglomère dans les rues commerçantes qui aboutissent à la grande route. C'est là que se trouvent les principaux hôtels et les divers établissements fréquentés par les étrangers. Citons en première ligne

Sanremo.

l'*hôtel de la Grande-Bretagne*. L'*hôtel de Londres*, situé à l'ouest de la ville, au milieu des jardins, jouit aussi d'une nombreuse clientèle, composée surtout de personnes d'une santé délicate. Parmi les restaurants et les cafés, signalons la *Trattoria d'Italia*, la *Trattoria nazionale*, le café *Garibaldi* et celui de *la Concordia*. La ville ne possède qu'une seule librairie méritant ce nom, celle de Gandolfo, sur la place Neuve.

Les étrangers ont aussi les ressources que leur offre le Casino, situé dans la rue Gioberti[1].

Il est bien peu de villes italiennes qui ne prétendent à une antique origine. Sanremo, comme la plupart des autres cités de la Ligurie, fait remonter à vingt siècles au moins l'époque de sa fondation; et certes, quand on voit l'heureuse position de la ville, on peut croire sans peine que des groupes de maisons se sont élevés en cet endroit depuis les temps les plus reculés de l'histoire. Quoi qu'il en soit, il paraît qu'il existait au pied de la colline, vers la fin du IXe siècle, une villa du nom de *Matuta*, dans laquelle vint mourir un archevêque de Gênes, saint Romulus. En l'honneur du défunt, le bourg prit le nom de San Romolo ; mais ce nom ne lui porta pas bonheur, car les Sarrasins débarquèrent sur la côte et mirent toutes les maisons au pillage. Les habitants bâtirent alors sur une colline escarpée un autre San Romolo, environné de murailles et de bastions. En 973, lorsque le danger des incursions barbaresques devint moins pressant, quelques citoyens de San Romolo descendirent dans la plaine et fondèrent sur l'emplacement de l'ancienne Matuta une nouvelle ville à laquelle on donna le nom de Sanremo (San Remo), pour indiquer ainsi la fraternité des deux cités voisines. Sous divers suzerains plus ou moins puissants, la nouvelle commune resta presque indépendante, et d'anciens documents nous montrent en l'année 1170 la cité traitant d'égale à égale et comme république libre avec les deux communes de Nice et de Gênes, dont la navigation était menacée par les flottes de Pise. Quelques années plus tard, Sanremo était déjà tombée sous la domination de Gênes, sa puissante rivale, et jusque vers le milieu du XVIIIe siècle elle ne cessa, en dépit de ses protestations et de ses révoltes, d'être gouvernée, directement ou indirectement, par les magistrats de la république génoise.

---

1. 24 fr. par an, 4 fr. par mois.

En 1745, les Anglais la bombardèrent. Sanremo est aujourd'hui chef-lieu d'un arrondissement (*circondario*). Sa population, qui a diminué depuis le siècle dernier, était, en 1861, de 9500 habitants.

Le climat de Sanremo est l'un des plus doux et des plus agréables de toute la côte ligurienne ; grâce aux Anglais, ces infatigables découvreurs qui se chargent de parcourir la terre et de signaler aux autres peuples toutes les ressources ignorées, Hyères, Cannes et Menton auront bientôt une nouvelle rivale, et des milliers de personnes faibles ou malades iront chaque année jouir de la vivifiante atmosphère qui baigne les citronniers de Sanremo. Déjà des étrangers ont pris possession des villas les mieux situées ; d'autres familles attendent seulement pour s'établir à leur tour dans le pays que le comfort des habitations et de la vie matérielle soit un peu mieux compris. La hauteur moyenne du thermomètre à Sanremo est, en hiver, de 12 à 15 degrés centigrades ; au printemps, de 17 à 20 ; en été, de 22 à 26, et de 19 à 22 en automne[1]. Une seule fois, en 1820, la colonne thermométrique est tombée à 4 degrés au-dessous de zéro. On compte annuellement à Sanremo 40 à 50 jours de pluie, répartis d'une manière à peu près égale sur les saisons d'automne, d'hiver et de printemps. La moyenne de l'été est seulement de 5 à 6 jours de pluie. Le ciel est parfaitement clair pendant plus des deux tiers de l'année. Les vents dominants sont ceux de l'est et de l'ouest : ce dernier apporte quelque humidité, tandis que le premier est généralement sec. Le mistral n'est malheureusement pas tout à fait inconnu, et l'on peut redouter aussi le vent du nord-est, qui annonce parfois en hiver de légères gelées, et le vent du sud-est, qui apporte en été des chaleurs suffocantes.

Sanremo est renommé sur tout le littoral méditerranéen

---

1. Dr Onetti, *Sanremo e suoi dintorni*.

pour ses fruits, ses fleurs, sa végétation presque tropicale. Pendant la courte durée de la République de Ligurie, à la fin du siècle dernier, le district de Sanremo avait reçu le nom de Circuit des Palmiers. Les dattiers sont, il est vrai, beaucoup moins nombreux dans les jardins de Sanremo que dans ceux de Bordighera ; mais ils ne leur sont pas inférieurs en beauté, et l'on en voit plusieurs qui étalent leur panache à 20 mètres au-dessus du sol. On en remarque surtout deux qui s'élèvent dans la ville même, au bord de la route, et que photographes aussi bien que dessinateurs ne manquent jamais de reproduire. Le monopole de l'expédition des palmes à la maison du pape appartient exclusivement à la famille Bresca de Sanremo, en récompense d'une parole prononcée au bon moment par un ancêtre de la famille. A peine est-il besoin de rappeler ici cette anecdote bien connue. En présence de Sixte-Quint et de tout le peuple de Rome, le célèbre ingénieur Fontana faisait dresser sur la place de Saint-Pierre le grand obélisque de granit rouge qui s'y trouve aujourd'hui. Un silence terrible planait sur la foule, car le pape avait décrété la peine de mort contre tout homme qui élèverait la voix avant que le monolithe ne fût complétement érigé. Déjà la pierre était à demi dressée ; mais les chevaux, arrivés à l'extrémité de la place, ne pouvaient plus avancer et l'ingénieur commençait à perdre la tête. Tout à coup une voix s'élève malgré la défense papale : « De l'eau ! de l'eau ! arrosez les cables ! » Les cables gonflés par l'humidité se tendent de nouveau, soulèvent encore la colonne, et bientôt celle-ci repose enfin sur son piédestal. L'homme qui avait rompu le silence était un vieux marin de San Remo : il ne fut point décapité et reçut au contraire en témoignage de la faveur du pape le monopole de la fourniture des palmes à la maison pontificale.

Bien plus importants que les plantations de palmiers sont les jardins d'orangers, de citronniers, de grenadiers qui entourent la ville. Sanremo produit, dit-on, les meilleurs citrons de la côte ligurienne, et c'était là que les juifs d'Allemagne envoyaient chercher autrefois les fruits de cette espèce qui leur étaient nécessaires pour la célébration de la fête des Tabernacles. Le parfum pénétrant qui s'exhale des vergers est tellement intense que souvent les marins, avant d'avoir vu la terre, ont été avertis par l'odorat du voisinage de Sanremo. C'est probablement aux verdoyants coteaux et aux vallons des environs que pensait Arioste en écrivant les vers suivants :

> Indi i monti Ligustici e riviera,
> Che con aranci e sempre verdi mirti,
> Quasi avendo perpetua primavera,
> Sparge per l'aria i bene olenti spirti.

Au point de vue architectural, les édifices de Sanremo n'offrent pas un grand intérêt : les œuvres de l'homme sont encore bien peu de chose comparées aux splendeurs de la nature environnante. Le plus bel édifice de la ville est le *palais Borea*, construction de proportions énormes qui pourrait se mesurer avec les beaux palais de Gênes, si elle n'était dans un état de délabrement complet. De misérables échoppes sont établies dans les salles du rez-de-chaussée; les colonnes de marbre du vestibule sont souillées par les ordures; les escaliers s'effondrent, les boiseries sont vermoulues, les peintures écaillées et déchirées, les cours remplies de plâtras écroulés. D'autres grandes maisons de Sanremo, qualifiées de palais, ne sont pas dans un meilleur état de conservation et n'ont rien gardé de leur antique splendeur.

Les *églises* sont très-nombreuses pour une ville aussi peu considérable. La cathédrale, consacrée à San-Siro, n'est remarquable que pour son ancienneté. L'église de San-Stefano, rebâtie par les Jésuites en 1734, possède un tableau de Domenico Piola et des fresques de Merano. On voit un autre tableau de Piola dans l'oratoire de San-Costanzo. L'église de l'Assomption, qui s'élève au point culminant de la colline de

Sanremo, et à laquelle on monte par une belle rampe pavée, est un édifice d'assez mauvais goût construit en 1630 et déjà tout lézardé. On remarque dans l'intérieur un beau tableau de la Sainte-Famille ; mais ce qui paye amplement les fatigues de l'ascension, c'est l'admirable panorama que l'on contemple de la terrasse. La Méditerranée, les plages basses qui se déroulent de promontoire à promontoire, la ville qui descend sur le flanc de la colline comme une cataracte de pierres, les vallons remplis de citronniers, les hauteurs revêtues d'oliviers et couronnées de fruits ; enfin, les arêtes lointaines des Alpes composent un de ces admirables tableaux si nombreux sur les côtes de la Ligurie.

Les autres édifices de Sanremo sont l'hôtel de ville et les couvents des Capucins, des Franciscains, des Augustins, des Célestins, etc. Sanremo était autrefois une des cités de l'Italie qui renfermait le plus de moines, et plusieurs villages des environs fournissaient à ses couvents des centaines de religieux par chaque génération. Depuis 1848, la population des monastères a considérablement diminué ; cependant, on voit encore dans les rues et les cafés un grand nombre de ces jeunes gens en soutane, à la démarche élégante, à l'œil vif et à la parole leste, si différents de nos moines français, au regard sombre et aux vêtements austères.

Si les couvents sont moins peuplés, en revanche, les écoles sont plus fréquentées, et l'on a récemment fondé un lycée dont les cours sont suivis par un grand nombre d'élèves. En outre, on a construit au sommet de la colline, près de l'église de l'Assomption, un *hôpital* pour la guérison des maladies cutanées, très-communes parmi les marins et les pêcheurs du littoral. On a également amené dans la ville des eaux salubres, et sur la place Neuve on a exproprié, pour l'usage des habitants, une source d'eau exquise qu'un chanoine voulait garder pour lui en vertu de quelque privilége antique. Autrefois, lorsque les eaux de la ville étaient encore insalubres, le ver solitaire faisait chaque année de nombreuses victimes.

Le commerce de Sanremo a singulièrement diminué depuis la fin du siècle dernier. A cette époque il n'était dépassé sur toute la côte de Ligurie que par celui de Gênes. En 1797, les armateurs de Sanremo possédaient 80 bâtiments de grand cabotage; mais ces navires, ayant été mis en réquisition par le général Bonaparte pour l'expédition d'Égypte, furent tous capturés ou coulés par les Anglais. La marine de Sanremo ne s'est pas relevée de ce désastre. Cependant, les matelots de ce port ont conservé la réputation d'être les meilleurs hommes de mer de tout le littoral génois et peut-être de la Méditerranée et du monde. C'est à bord d'un petit navire de Sanremo que Garibaldi a fait son apprentissage de marin. La ville possède une école de navigation, de même que les trois autres cités commerciales les plus importantes de la côte : Oneglia, Alassio et Savone.

Le port, défendu à l'ouest par une citadelle de forme triangulaire, que les Génois avaient fait construire pour tenir la ville en respect, est un espace quadrangulaire de 4 hectares de superficie, limité au sud-ouest et au nord-est par deux jetées parallèles en enrochements. Sa profondeur ne dépasse pas 3 mètres, de sorte que les navires d'un tirant d'eau considérable sont obligés de mouiller en rade à une certaine distance de la plage. Les exportations consistent en fruits du pays, en huile d'olive — environ 10 000 quintaux métriques par an — en vins communs et *moscatello*, en bois de construction. On expédie aussi à Gênes diverses essences préparées dans les parfumeries locales et jouissant en Italie d'une grande réputation d'excellence. A côté du port se trouve un chantier de construction qui utilise les billes de pins et de mélèzes apportées des montagnes voisines.

On peut varier à l'infini ses promenades dans les environs de Sanremo. La plage, beaucoup plus agréable que celle de

Nice et comparable à celle de Cannes, consiste en sable fin et les baigneurs peuvent sans crainte s'avancer sur le fond doucement incliné. Dans les vallons et sur les pentes des collines qui entourent Sanremo, on visite les innombrables jardins et les villas qui donnent une apparence si coquette à tout le paysage. Le but de promenade le plus fréquenté est l'ermitage de **San Romolo**, situé dans une combe charmante, au pied du Monte-Bignone (1291 mèt.) et à 7 kilomètres au nord-ouest de Sanremo. Le 13 octobre de chaque année, des milliers de personnes, venues de la ville et des bourgades environnantes, y célèbrent leur grande fête patronale.

On sort de Sanremo par une belle allée de platanes ; puis on contourne le cap Verde, que percent les tunnels du chemin de fer et qui doit son nom aux jardins, aux bosquets d'oliviers, aux bois de pins de ses collines et de ses montagnes. Après avoir traversé le torrent d'Arma et laissé à gauche une route carrossable qui remonte la vallée vers Ceriana, on passe à côté d'une belle forteresse carrée du XVIe siècle, qui domine *Arma-di-Taggia*. Ce bourg, blotti au pied de la citadelle, est habité par des familles de pêcheurs et de marins qui exportent dans les villes du littoral les denrées des nombreux et populeux villages situés sur les hauteurs environnantes. Une de ces collines, qui se dresse à l'ouest de la rapide Argentina ou Taggia, est même couronnée par les murailles d'une ville qui fut le siège d'une questure au temps de la domination romaine. « Étrange cité que cette **Taggia**, avec son aspect moyen âge, ses rues bordées à droite et à gauche de sombres voûtes et d'arcades mystérieuses, et ses rapides échappées de verdure qu'on dirait percées tout exprès pour reposer les yeux. Nombre de ponts de pierre massifs sont jetés en travers des rues, de maison en maison, afin de protéger les habitants contre un fréquent et désastreux visiteur, le tremblement de terre. » C'est ainsi que Giovanni Ruffini, l'auteur du *Dottore Antonio*, décrit sa ville natale. Le sculpteur Revelli était également de Taggia. Un chemin, qui traverse le torrent, s'élève au nord-est (45 min.) vers le célèbre oratoire de la *Madone de Lampedusa*.

Taggia est un point stratégique très-important et très-célèbre dans l'histoire des guerres d'Italie, à cause des nombreux passages qui s'ouvrent au nord de la vallée à travers la crête des Apennins. Après la bataille de Pavie, François Ier captif s'embarqua pour l'Espagne sur le rivage de Taggia.

Au delà du large torrent d'Argentina, qui déborde souvent en hiver et au printemps et dévaste les campagnes de la vallée, la route traverse successivement les villages de Riva-di-Taggia, de San-Stefano et de San-Lorenzo, situés au pied de coteaux où l'on récolte d'excellent vin *moscatello*. Ces trois villages sont encore gardés par de vieux fortins en mauvais état, construits pendant la seconde moitié du XVIe siècle pour protéger les riverains de la Ligurie contre les incursions des Barbaresques. Jusqu'à sa mort, Doria protégea de ses vaisseaux et de sa gloire les côtes génoises; mais, aussitôt après, les pirates commencèrent leurs ravages. En 1561, en 1562, en 1564 et maintes fois encore pendant le cours des deux siècles suivants, San-Lorenzo et d'autres villages des environs de Porto-Maurizio furent attaqués par les corsaires turcs; à chaque razzia nombre des habitants du littoral étaient emmenés en esclavage.

PORTO-MAURIZIO, ONEGLIA.

Situées à 2 kilomètres seulement l'une de l'autre, ces deux villes sœurs forment un charmant contraste et se complètent mutuellement dans le paysage. Tandis que Porto-Maurizio couronne pittoresquement de ses constructions le sommet d'une colline escarpée, Oneglia s'étale au fond d'une anse, le long d'une plage basse. La première offre un aspect superbe, la seconde est gracieuse ; toutes les deux, également entourées d'une zone de verdure, parsèment de villas, de hameaux et de chapelles les coteaux environnants. En mer, elles tournent l'une vers l'autre leurs deux ports quadrangulaires de même forme et, jusqu'au milieu de l'anse, le navire qui cingle vers la côte semble hésiter entre les deux bassins qui s'ouvrent pour le recevoir. De même, le voyageur qui veut rester pendant quelques jours dans la contrée, peut hésiter entre les deux villes, car si l'une présente de plus beaux points de vue, l'autre est plus agréable pour la vie matérielle. Les hôtels de Porto-Maurizio sont ceux du *Commerce* et de *France ;* à Oneglia les principaux sont l'*hôtel Victoria* et l'*hôtel de Londres*.

Porto-Maurizio, en français Port-Maurice, doit peut-être son nom à un ancien établissement des Maures. C'est une ville relativement moderne, car l'histoire la mentionne pour la première fois vers le milieu du XIe siècle, et, d'après Bertolotti, ce n'était alors qu'un simple château inféodé à la république de Gênes. Grâce à son heureuse position et à la fertilité de ses campagnes couvertes d'oliviers, Porto-Maurizio augmenta rapidement en importance, et bientôt elle réclama de la république génoise le titre de commune alliée ; mais la jalouse suzeraine refusa obstinément de faire cette concession, et voulut rester purement et simplement maîtresse. Aujourd'hui Porto-Maurizio est un chef-lieu de province ; sa population est de 6000 habitants.

Vus de loin, les édifices de Porto-Maurizio ont une certaine apparence de majesté ; mais ils ne gagnent pas à être considérés de près. L'*église*, située sur une place de la ville haute, est un bâtiment de vastes proportions précédé d'un péristyle de marbre et couronné d'un large dôme. Commencé en 1780 et terminé il y a quelques années à peine, cet édifice devait être un autre Saint-Pierre ; mais les haines locales, les rivalités d'influences, les rivalités d'architectes, maintenues avec frénésie pendant la durée de deux générations, ont souvent fait modifier le plan primitif et donné à l'ensemble un aspect incohérent et délabré. Le *théâtre*, récemment construit, est un édifice à colonnades d'assez jolie apparence. Mais ce qu'il faut surtout visiter à Porto-Maurizio, c'est le point culminant de la colline qui s'élève à 156 mètres de hauteur, et qui commande un admirable panorama de la Méditerranée, des promontoires et des anses de la côte, des villas parsemées sur le littoral. Au nord-est, se dresse la belle montagne de Torre à la forme pyramidale (982 mèt.). Les villages épars dans la petite vallée qui débouche à l'ouest de Porto-Maurizio, les oratoires bâtis sur le sommet des collines, offrent aussi de charmants points de vue. Dans la chapelle de San-Pietro se trouve, dit-on, un tableau du Dominiquin ; dans l'église de *Moltedo*, située à l'extrémité supérieure de la vallée, à 7 kilomètres de la ville, on admire une belle *Sainte Famille* de Van Dyck.

Le port, enfermé entre deux jetées en enrochements dont l'une porte un petit phare à feu fixe, est tout à fait insuffisant pour une ville comme Porto-Maurizio. Sa profondeur est de 3 mètres à l'entrée et de 1 à 2 mètres à l'intérieur ; la superficie totale du bassin est à peine de 5 hectares. On y expédie chaque année de grandes quantités d'huile à destination de Gênes et autres villes de la Méditerranée. Depuis plusieurs siècles, l'exportation de cette denrée est si considérable que les marins ont donné à Porto-Maurizio le surnom de *fonte d'olio*. Des bateaux à vapeur font un service direct pour les voyageurs et les marchandises entre Porto-Maurizio et Gênes.

Oneglia, en français Oneille, est assez régulièrement bâtie sur le bord de la mer, et à une petite distance de la rive gauche du fleuve Impero, que traverse un beau pont suspendu décoré d'arcs de triomphe en marbre blanc. Cette ville n'est guère plus ancienne que Porto-Maurizio, et sa première histoire est tellement enveloppée d'obscurité, qu'on ignore si Oneglia était un fief de l'empire ou une propriété de la république de Gênes. En tout cas, elle appartenait aux Doria vers la fin du XIII⁰ siècle, et resta soumise à cette famille jusqu'en l'année 1576, époque où elle fut vendue avec tous ses habitants au duc de Savoie Emmanuel-Philibert, pour la somme de 6000 ducats. Depuis lors, elle forma, au milieu des domaines de la république génoise, une enclave connue sous le nom de Savoie ; de nos jours encore, les habitants d'Oneglia se distinguent par l'épithète de Savoyards des habitants génois de Port-Maurice. En 1792, la garnison d'Oneglia ayant tué un parlementaire français, l'amiral Truguet bombarda la ville et la réduisit en cendres. Relevée de ses ruines, elle est aujourd'hui un simple chef-lieu de mandement et compte une population de 6500 âmes. Parmi les hommes célèbres auxquels elle a donné le jour, il faut citer André Doria, né en 1466, et le patriote Jean-Pierre Vieusseux, qui a tant fait par ses conseils et son influence pour l'unité de l'Italie. Il était né en 1779.

Les monuments d'Oneglia n'offrent rien d'intéressant. Ce sont des constructions modernes, remarquables seulement par leur grandeur et le nombre de leurs fenêtres; la caserne, l'hôpital, les prisons, le séminaire. Une partie de la rue principale est bordée d'arcades, à l'ombre desquelles se promènent les élégants d'Oneglia. Le port, qui couvre une superficie de 9 hectares, est plus profond que celui de Porto-Maurizio, puisqu'il a de 6 à 7 mètres à l'entrée et de 3 à 5 mètres dans l'intérieur ; mais il est moins bien abrité contre les vents ; à l'extrémité du môle oriental s'élève un feu de port blanc et rouge. Les chantiers de construction sont assez importants.

Les environs d'Oneglia sont charmants comme ceux de sa voisine; mais le climat de ces deux villes n'est pas comparable à celui de Sanremo et des villages si bien abrités des environs de Gênes. Les courants atmosphériques descendus des froides montagnes du nord parcourent sans obstacle de larges vallées jusqu'à la mer, et souvent, quand l'air est calme, des brouillards malsains s'élèvent des bas-fonds. On ne cultive plus guère de citronniers dans les environs d'Oneglia ; pour revoir des bosquets de ces arbustes, il faut remonter au nord jusqu'à Diano.

Oneglia tire en grande partie son importance de la route carrossable qui l'unit à travers la chaîne des Alpes aux campagnes du Piémont, et lui permet d'expédier par terre son huile et ses autres denrées agricoles. Cette route, que desservent régulièrement des carioles détraquées auxquelles on donne le nom d'omnibus, remonte d'abord la large et fertile vallée de l'Impero, passe au pied de *Borgo d'Oneglia*, l'ancien bourg ruiné dont la ville actuelle est une simple colonie, et s'élève vers la grande chaîne, en traversant une mer d'oliviers. Elle franchit un chaînon latéral au col de San-Bartolomeo, puis redescend à **Pieve**, ville de 3100 habitants, située sur la rivière d'Arosia, qui se jette dans la mer à Albenga. C'est au delà de cette ville que commence la grande ascension. La route monte à travers des bosquets de châtaigniers au fameux *col de Nava*, haut de 954 mètres, puis à la descente, franchit le Tanaro sur un pont de marbre, et ne cesse de suivre les bords de la rivière jusqu'à Ceva, où passe la grande route de Savone à Mondovi (voir ci-dessous).

A l'est d'Oneglia, la route gravit une forte côte pour contourner le cap de Berta ou de Diano, du haut duquel on contemple le double tableau offert d'un côté par l'anse d'Oneglia et de Porto-Maurizio, de l'autre par les deux baies gracieusement arrondies de Diano et d'Andora que limite à l'orient le promontoire aigu delle Melle. Toutes les pentes sont vertes d'oliviers ; des villages se dressent sur toutes les hauteurs; au loin se profile la chaîne des montagnes de Garessio, encore neigeuse à la fin du printemps. Quand il fait beau, on peut voir jusqu'au cap d'Antibes.

Le premier village que l'on traverse après la descente du cap de Berta est **Diano Marina**, plus important et moins curieux que l'ancien village, *Castel-Diano*, perché au sommet de la colline. Dans ce petit coin abrité, on retrouve les palmiers et les orangers; les coteaux produisent une huile de qualité supérieure et des vins excellents. A l'abri du cap, une jetée enserre un petit port assez profond, que défendait une tour génoise aujourd'hui ruinée.

Après Diano viennent *Cervo*, pittoresquement placé sur un promontoire, puis *Andora*, village au vieux nom ligure, situé dans une plaine marécageuse et d'apparence peu fertile que dominent des collines nues ou faiblement boisées de pins au feuillage sombre. M. de Saussure trouva ce paysage charmant, parce qu'il eut le bonheur d'y voir ce que la côte de la Ligurie ne lui avait pas encore offert, c'est-à-dire une véritable prairie, et des bestiaux paissant parmi les fleurs; maintenant cette prairie n'existe plus, ou du moins faut-il chercher longtemps pour en découvrir quelques restes. Comme tous les autres groupes de maisons du littoral, Andora possède son vieux castel en ruines. Le village est en grande partie abandonné à cause de l'insalubrité du climat.

Au delà du castel, on recommence à monter. La côte est longue et pénible; mais heureusement la route, tracée au-dessus de pentes abruptes qui descendent d'un jet vers la mer, reste toujours en vue de la Méditerranée. Le promontoire que l'on escalade ainsi est le **cap delle Melle**, qui forme le milieu géographique de la Rivière du Ponent : c'est le point de la côte le plus rapproché de l'île de Corse (140 kil.). Un sémaphore et un phare à feu fixe de premier ordre, situé à 93 mètres d'altitude, et visible jusqu'à 37 kilomètres, le signalent de loin aux navigateurs. Angle de tout l'édifice continental, le cap delle Melle marque un changement de direction, non-seulement pour la côte elle-même, mais aussi pour la chaîne de montagnes qui se redresse dans l'intérieur : d'un côté les Alpes courent de l'ouest à l'est, de l'autre les Apennins développent leurs cimes du sud-ouest au nord-est. Même au point de vue climatérique, le cap delle Melle est comme une borne posée entre deux régions distinctes; dans la région d'Oneglia, les oliviers donnent une huile exquise ; vers Alassio, ils fournissent une huile plus grasse, meilleure pour les fabriques, mais de beaucoup moins agréable au goût[1]. Inutile de hasarder la description de l'admirable vue que l'on a du cap delle Melle sur les deux anses à la courbe rhythmique d'Alassio et de Finale, sur l'île de Gallinara et le promontoire abrupt de Noli. Ce sont là des spectacles qu'il faut contempler et non décrire.

 Le premier village que l'on rencontre à la descente du cap delle Melle, **Laigueglia** ou Lingueglia, est habité par des marins qui jouissent d'une grande réputation d'intelligence et d'audace sur tout le littoral ligurien. Sur leurs petits brigantins, ils se hasardent sans peur non-seulement dans toutes les parties de la Méditerranée, mais aussi dans l'Atlantique et dans les mers du Sud. Un capitaine de Laigueglia s'est rendu en 96 jours de Callao à Gênes, accomplissant ainsi la traversée la plus rapide qui ait jamais été faite entre ces deux ports. Dans toutes les villes de l'Italie, à Buenos-Ayres, à Monte-Video, on trouve un grand nombre de négociants originaires de Laigueglia et de la ville voisine d'Alassio. Pendant les guerres de l'Empire, Laigueglia fut bombardée par les Anglais, qui firent dans ce village plusieurs descentes repoussées avec succès.

 De Laigueglia à la ville d'Alassio, on suit le bord de la plage la plus agréable pour les bains que l'on puisse ima-

---

1. Davide Bertolotti.

giner. En certains endroits, surtout dans le voisinage de la petite chapelle de Porto-Salvo, s'élèvent quelques dunes de 3 à 4 mètres de hauteur; mais, en général, la nappe de sable fin descend en pente douce vers la mer, et la même inclinaison continue au-dessous de l'eau. Pas un coquillage ne se montre sur le sable; du promontoire de Porto-Fino, à l'est de Gênes, jusqu'à Laigueglia, sur une distance de 140 kilomètres, de Saussure n'en a pas vu un seul. En pensant à l'agrément que la belle plage de Laigueglia offre aux baigneurs, à la position abritée et salubre du village, à la beauté des campagnes ombragées de noyers et de cerisiers, on ne saurait douter que les coteaux voisins ne se couvrent bientôt de villas de plaisance pour les étrangers.

Alassio, ville de 4600 habitants, est une simple rue qui se développe parallèlement à la plage sur une longueur de 2 kilomètres. De vieilles murailles flanquées de tours, complétement inutiles pour la défense, l'entourent encore. Cité jadis très-commerçante, elle avait monopolisé tous les échanges entre la terre ferme et l'île de Sardaigne, et ses pêcheurs poursuivaient le thon dans toutes les criques de cette grande île. Avant les guerres de l'Empire, Alassio possédait 70 gros navires; mais elle ne s'est pas relevée des pertes que lui firent subir les Anglais. Cependant toutes les industries des habitants d'Alassio se rattachent encore à la pêche et à la navigation. Des chantiers de construction, des corderies, des voileries, des fabriques de biscuits de mer, occupent la plus grande partie des ouvriers de la ville. La baie d'Alassio est, dit-on, la plus poissonneuse de toute la côte.

Immédiatement à l'est d'Alassio, on commence à gravir les pentes du cap de Santa-Croce. A 2 kilomètres en mer jaillissent de l'eau bleue les deux petites collines unies de **l'île de Gallinara** ou d'Albenga, dont le point culminant (87 mèt.) est couronné d'une vieille tour au sommet surplombant. Cette île était appelée *Gallinaria* par les Romains, à cause, nous dit

Varron, des poules sauvages qu'on y avait lâchées et qui s'y étaient multipliées d'une manière étonnante. D'après une légende, saint Martin de Tours, poursuivi par les Ariens, se réfugia dans une caverne de Gallinara et vécut pendant une année en paissant les touffes d'herbe et même les plantes vénéneuses qui croissent dans les crevasses des rochers. En l'année 1004, les Bénédictins fondèrent au milieu de l'île un couvent dont on distingue encore les restes. De nos jours Gallinara n'est guère visitée que par les pêcheurs et les chasseurs de lapins. Une tradition, que l'examen géologique des lieux est loin de confirmer, affirme qu'autrefois le rivage septentrional de l'île était assez proche du continent pour qu'un homme pût facilement y lancer une pierre. Le détroit qui passe au nord de l'île n'a pas une profondeur moindre de 18 mètres, et les navires de guerre peuvent s'y hasarder sans crainte.

ALBENGA.

Cette antique cité, que contourne la route, offre un aspect tout différent de celui des autres villes de la côte ligurienne. Éloignée de la mer, environnée de campagnes basses et humides, arrosée par un large fleuve, encore enserrée dans sa haute enceinte de murailles et de tours crénelées, elle rappelle les vieux bourgs de la Lombardie et du Piémont. Dans le paysage, on ne voit pas un seul rocher; deux larges vallées remontent à l'ouest et au nord-ouest vers la chaîne bleue des grandes montagnes; des collines à la base verdoyante, aux cimes rouges et nues, forment le premier plan.

Albenga est d'une origine beaucoup plus ancienne que ne le ferait supposer au premier abord sa physionomie toute féodale. Avant la conquête de la Ligurie par les Romains, elle était la capitale des Ingauniens et avait pris, en conséquence, le nom d'Albingaunum (*Albium* ou *Alpium Ingau-*

num, l'Ingaunum des Alpes), de même que la capitale des Intéméliens était désignée par l'appellation d'Albintemelium (page 459). Albenga devint l'alliée des Carthaginois contre Rome ; vaincue et livrée au pillage, elle perdit presque tous ses habitants. Strabon la mentionne comme une très-petite ville. Toutefois elle était trop bien située à l'embouchure de la Centa pour disparaître complétement. En 641, les Lombards la dévastèrent ; en 1165, les Pisans la réduisirent en cendres ; mais quelques années après, elle avait déjà repris assez d'importance pour faire alliance avec la commune de Gênes, en qualité de république vassale régie par ses propres magistrats. Albenga est le siége d'un évêché depuis l'introduction du christianisme dans la contrée. Elle est le chef-lieu d'un arrondissement et compte une population de 4200 habitants.

Les *monuments* anciens d'Albenga sont nombreux. Près de l'église de San Michele se trouve un petit temple octogone de construction romaine, soutenu par huit colonnes granitiques d'ordre corinthien et servant aujourd'hui de baptistère. Ce temple date probablement du ve siècle, époque à laquelle les habitants d'Albenga étaient déjà chrétiens, car la mosaïque du pavé représente l'agneau mystique entouré de colombes et porte le monogramme du Christ. Plusieurs inscriptions romaines sont encastrées dans les murs des églises et des maisons nobiliaires du lieu. Ce sont là, pour les archéologues, les vestiges les plus curieux du temps passé ; mais de beaucoup les plus intéressants pour l'artiste et le simple voyageur sont les cinq tours plus ou moins bien conservées qui furent érigées pendant le moyen âge pour la défense de la ville. La plus haute de ces tours est une énorme masse quadrangulaire connue sous le nom de Balestrina. Du haut de sa plate-forme crénelée, on jouit de l'admirable spectacle offert par les crêtes des Alpes, les vallées qui convergent vers Albenga et le vaste demi-cercle de villes blanches qui se déroule au bord de la mer, du cap de Santa-Croce au promontoire de Noli. Quand le temps est clair, on peut distinguer la péninsule de Porto-Fino, au delà du golfe de Gênes.

La plaine d'Albenga est très-curieuse à étudier au point de vue géologique. En effet, elle est tout entière composée d'alluvions modernes qu'ont apportées les deux rivières d'Arosia et de Neva, réunies en amont de la ville sous le nom de Centa. Toutes ces terres de rapport déposées à l'issue des deux vallées ont graduellement empiété sur la Méditerranée et projeté au milieu des eaux une pointe basse qui ne cesse de s'allonger. Du temps des Romains et même jusque dans le milieu du moyen âge, Albenga était un port de mer. De vieilles archives prouvent qu'en 1534 elle possédait encore un bassin à flot ; mais l'entretien de ce port intérieur finit par devenir trop coûteux ; les habitants d'Albenga, voyant la mer reculer constamment, durent forcément abandonner la navigation et reporter toute leur attention sur la culture des fertiles campagnes environnantes. Par suite des apports successifs de la Centa, le niveau de toute la plaine s'est considérablement exhaussé. C'est ainsi que le petit baptistère de San Michele, qui fut évidemment construit sur le sol uni, est aujourd'hui à demi enterré et l'on est obligé d'y descendre par un escalier de treize marches. De même un *pont romain* de dix arcades, qui se trouve immédiatement en dehors de la ville, à gauche de la route de Gênes, ne s'élève plus qu'à 3 mètres et demi au-dessus du sol : tout le reste est enfoui dans les alluvions. Le fleuve, qui coulait autrefois sous les dix arches de ce pont, n'a cessé de gagner à l'ouest en élevant le niveau des terrains ; maintenant il passe à l'ouest d'Albenga. C'est un travail difficile de contenir la Centa et les deux torrents qui la forment ; les inondations sont fréquentes.

Jadis le territoire d'Albenga était justement redouté à cause de son insalubrité. Les eaux des crues séjournaient dans les mares ; l'eau, séparée du golfe par des levées d'alluvions, se corrompait au soleil ; les débris de toute espèce entraînés par le fleuve s'arrêtaient dans les fossés qui coupent la plaine; l'air était rempli de miasmes, et les fièvres intermittentes faisaient chaque année de nombreuses victimes. « *Hai faccia di Albenga,* » disait-on d'un homme à figure blême ou jaunâtre. Aujourd'hui ces causes d'insalubrité n'existent plus qu'en partie : les campagnes ont été asséchées et drainées ; les eaux stagnantes ont été déversées dans la mer ; des plantations d'arbres bordent les routes et les fossés d'écoulement. Aussi les fièvres paludéennes sont-elles beaucoup plus rares, et la vie moyenne s'est-elle allongée de plusieurs années.

On peut faire de charmantes promenades dans l'une ou l'autre des deux vallées qui s'unissent en amont d'Albenga. Le bourg le plus souvent visité est celui de **Garlenda**, situé à 11 kilomètres environ à l'ouest de la ville, sur les bords d'un affluent latéral de l'Arosia. L'église de ce bourg possède trois célèbres tableaux, la *Nativité* de Guarini, le *Saint-Érasme* de Nicolas Poussin et la *Sainte Famille* par le Dominiquin. Malheureusement la toile du Poussin est presque en lambeaux; celle du Dominiquin est un peu endommagée. La fabrique du village avait consenti à la vendre pour la somme de 20 000 francs; mais la population s'insurgea et ne permit pas aux acheteurs d'emporter ce chef-d'œuvre.

Une route de voitures, qui traverse la grande chaîne, unit Albenga aux plaines du Piémont. Cette route longe d'abord le bord de la Centa, puis remonte la vallée sinueuse de la Neva, dominée par des collines que couronnent des villages et des châteaux forts. Au delà de Zuccarello, elle gravit par de longs lacets les pentes de la montagne, et, après avoir franchi un torrent qui coule dans un lit de marbre blanc, gagne enfin le *col de San-Bernado*, ouvert sur la crête de la chaîne à 966 mètres au-dessus du niveau de la mer. De là on voit à ses pieds de longues pentes couvertes de châtaigniers et les prairies qui entourent la ville de Garessio. C'est là que se réunissent les deux routes d'Albenga et d'Oneglia pour descendre ensemble à Ceva par la vallée du Tanaro.

Au sortir d'Albenga, on passe à côté du pont romain, et l'on se dirige en droite ligne vers la plage marine. On l'atteint à *Ceriale*, misérable village dans lequel, en 1636, les corsaires barbaresques enlevèrent 340 personnes en une seule nuit : pour racheter leurs concitoyens esclaves, les habitants restés à Ceriale durent tellement s'endetter que les créances n'étaient pas encore éteintes à la fin du siècle dernier. Après Ceriale vient *Borghetto di Santo Spirito*, situé à l'orient d'un petit cap où Masséna avait établi de solides retranchements pendant sa campagne de 1795. Au nord de Borghetto, sur le flanc de la colline, on aperçoit le village de Toirano, près duquel s'ouvre la *grotte de Santa-Lucia*, transformée en chapelle. D'après Bertolotti, cette grotte, remplie de stalactites, est la plus belle des monts de la Ligurie.

Loano est une longue rue, peuplée de 3500 habitants et prétendant au titre de ville. Elle est encore entourée de murailles à demi ruinées qui s'appuient sur des fortins dégradés ; du côté de l'orient, les remparts, qui sont encore dans un état presque parfait de conservation, présentent avec leurs tourelles et leurs poternes des points de vue très-pittoresques. Les campagnes qui s'étendent autour de Loano sont d'une grande fertilité et contrastent d'une manière agréable avec les pentes rougeâtres et nues du Monte-Calvo qui dresse au nord sa masse pyramidale. On dit que le climat de la contrée est assez insalubre.

Les *églises* de Loano sont nombreuses; mais elles ne méritent guère de visite, à l'exception de celle du Mont-Carmel, située sur un monticule au nord de la ville et réunie au faubourg par un viaduc en briques servant d'espalier à de magnifiques orangers. Cette église, bâtie en 1609, renferme cinq tableaux qui ne sont pas sans mérite; elle commande aussi une admirable vue de la plaine et de la Méditerranée. A côté s'élèvent un couvent dégradé et un groupe de maisons pittoresques qui furent autrefois un château. Un grand nombre de navires se construisent sur la plage de Loano.

A l'est de cette ville, on traverse successivement la Pietra et Borgio, puis on contourne le promontoire de Capra-Zoppa, à la base duquel des talus de sable blanc, graduellement redressés par le vent de la mer, s'élèvent à 30 et 40 mètres de hauteur. On entre ensuite dans un tunnel creusé à travers les assises d'une belle roche calcaire, et, tout à coup, au sortir du souterrain, on voit l'admirable tableau qu'offre l'ensemble des bourgs, des hameaux, des châteaux et des villas de Finale épars dans un étroit espace, au bord de la mer et sur les flancs des collines. Des jardins remplis d'orangers et d'oliviers magnifiques entourent les différents quartiers comme les bras sinueux d'un fleuve de verdure.

Finale se compose, en réalité, de trois villes distinctes : Final Borgo, qui s'élève au sommet d'un coteau; Final Marina, assise auprès du port; Final Pia, construite également sur le bord de la mer, mais plus à l'est. Vers le xiie siècle, Finale, connue alors sous le nom de Finaro, était une commune importante, vassale de la république génoise. En 1602, le comte del Caretto, suzerain nominal, fils d'un tyranneau que les habitants de Finale avaient expulsé, céda ses prétendus droits au roi d'Espagne; celui-ci s'empressa de prendre possession de ce petit coin de terre qui lui ouvrait un chemin direct vers son duché de Milan, et le fit solidement fortifier. En 1713, lorsque Charles VI, compétiteur de Philippe V à la couronne d'Espagne, vendit Finale pour 6 millions à la république de Gênes, les trois villes étaient défendues par sept forteresses de dimensions considérables. Il en reste deux, l'une à Final Marina, sur le bord de la Méditerranée, l'autre sur la hauteur, à Final Borgo. La population totale de Finale est de près de 5000 habitants. Final Borgo est un chef-lieu de mandement. Son port est sûr et renferme, en général, un grand nombre de navires; ses chantiers de construction sont importants.

Le principal monument de Final Marina est l'*église de San Battista*, dessinée par le cavalier Bernin ; le péristyle est en marbre blanc, de même que les seize colonnes qui partagent en trois nefs l'intérieur de l'édifice. Sur tous les rochers voisins s'élèvent de vieilles tours. Les ruines les plus curieuses sont celles du *château Gavone*, qui se dressent au sommet d'une colline escarpée, dont les talus inférieurs sont chargés d'oliviers, tandis que des agaves et des cactus jaillissent de toutes les anfractuosités des roches supérieures.

A peine a-t-on dépassé le groupe si pittoresque des trois villes, que l'on commence à remonter pour contourner un nouveau cap. On s'engage dans un tunnel de quelques mètres de longueur, puis on longe à mi-hauteur de beaux rochers calcaires qui portent de vieilles tours sur leurs crêtes aiguës et dont les bases sont cachées par des talus d'éboulement ou des amas de sable marin. Franchissant un petit col qui rattache aux montagnes la pointe extrême du **cap de Noli**, on descend sur la plage d'une anse sablonneuse et l'on se trouve au pied de superbes falaises complétement perpendiculaires d'une hauteur de plus de 100 mètres. Nulle part, sur tout le littoral génois, on ne voit de rochers d'un plus grand caractère et formant avec la mer et les rivages éloignés un paysage d'un effet plus sévère et plus beau. Des grottes semblables à des portes énormes s'ouvrent dans les parois nues de la falaise et sont fermées à demi par des blocs détachés de la voûte ; sur le bord de la mer profonde, des plages de sable d'une blancheur éblouissante s'arrondissent en demi-cercle entre les groupes de noirs écueils ; au loin se développe l'immense courbe bleuâtre du littoral génois jusqu'à la Lanterne, jusqu'à Porto-Fino, jusqu'à l'île de Porto-Venere. Au sortir d'un tunnel de

120 mètres, creusé dans le marbre au-dessus du grand souterrain du chemin de fer, on voit soudain apparaître une petite vallée verdoyante, et, sur le flanc de la colline, la ville de **Noli**, encore entourée comme Hyères, de son enceinte de murailles de tours, et dominée par sa cathédrale du XIIIe siècle. Noli, ville déchue, était autrefois une petite République alliée de Gênes, régie par des consuls librement élus et possédant de 50 à 60 galères. Au large de Noli et du cap, la mer est extrêmement profonde : à 2 kilomètres la sonde trouve 500 mètres.

Le premier village au nord de Noli est Sportono, qui possède d'importantes carrières à chaux, et dont le proverbe parle en ces termes peu flatteurs : *Spotorno, Spotorno, mai piu non vi torno*. Ensuite on dépasse l'îlot escarpé de Berggeggi sur lequel on aperçoit encore les restes d'une ancienne abbaye des moines de Lérins; on passe au-dessus d'une grotte célèbre que la mer a creusée au pied des rochers; puis, au détour d'un cap que couronne le fort de Santo Stefano, on voit se déployer toute la baie de Savone avec sa ceinture de maisons presque continue, ses innombrables maisons de campagne éparses sur les coteaux, ses pentes ravinées couvertes d'oliviers et de pins.

La partie occidentale de cette baie, connue sous le nom de *Porto di Vado*, forme une excellente rade, la meilleure de toute cette partie du littoral, car elle n'est ouverte qu'à l'est et au sud et présente aux navires un excellent mouillage de 15 à 35 mètres de profondeur. Jamais embarcation n'a fait naufrage dans cette rade que bientôt une longue jetée protégera du côté du sud. Au delà du petit hameau du port, la route laisse à droite le fort et le petit phare de San-Lorenzo, construit sur la plage, et traverse le ruisseau du Segno, puis un faubourg de **Vado**, l'antique *Sabata*, capitale des Ligures Sabasiens. Cette ville s'élevait alors sur les pentes du coteau voisin; mais ayant été transférée dans la plaine marécageuse où elle se trouve, elle perdit peu à peu de son importance, et de capitale, puis d'évêché, devint le misérable groupe d'habitations que l'on voit aujourd'hui.

Entre Vado et Savone, s'allonge des deux côtés de la route un interminable faubourg industriel, possédant un grand nombre de briqueteries, de poteries et d'autres usines.

SAVONA.

Savona, en français Savone, le centre commercial le plus important de la côte de Ligurie entre Nice et Gênes, est une ville aux rues étroites et sinueuses assez irrégulièrement bâtie entre deux collines, dont l'une, baignée au sud par la mer, porte une forteresse considérable, tandis que l'autre, située au nord, est couverte de villas et couronnée de petites chapelles. La dépression qu'occupe la ville est inclinée en pente douce du côté de l'est vers un port semi-circulaire qu'une péninsule triangulaire sépare de la Méditerranée. Au nord, aussi bien qu'à l'ouest, Savone projette de longs faubourgs des deux côtés de ses grandes routes; mais un promontoire rocheux n'a pas permis à la ville de se développer dans la direction de Gênes. Un tunnel creusé sous une partie de ce promontoire met en communication la cité proprement dite avec les quelques maisons construites au delà. Chacun des deux grands hôtels de Savone est situé près d'une extrémité de ce souterrain. D'un côté c'est la *Pension suisse* (établissement de bains, voitures); de l'autre, c'est l'*Albergo reale* ou *della Posta* (id).

En l'an de Rome 547, l'antique *Savo* avait été choisie par le général carthaginois Magon, pour devenir une de ses bases d'opération : c'est là qu'il déposa tout le butin qu'il fit à Gênes. Sous la domination romaine, cette ville, qui occupait alors l'emplacement de la forteresse actuelle, acquit une certaine importance à cause de son excellente position géographique ; mais ensuite vinrent successivement les Goths, les Franks, les Sarrasins, les Impériaux, et Savone eut d'autant plus à souffrir qu'elle avait amassé plus de richesses dans l'intervalle de chaque pillage. Pendant le cours du XIIe siècle, elle tomba au pouvoir de sa puissante voisine, la république de Gênes, et malgré tous les efforts qu'elle fit pour secouer le joug, elle ne put jamais recouvrer son indépendance.

Ses diverses tentatives eurent même pour résultat de la priver en grande partie de l'avantage matériel le plus considérable qu'elle eût reçu de la nature. Pendant le XIIIe et le XIVe siècle, le port de Savone, deux fois aussi grand et beaucoup plus profond qu'il ne l'est aujourd'hui, pouvait recevoir facilement des flottes entières. Jaloux de leur suprématie commerciale, les Génois toléraient avec peine l'existence d'un port semblable dans le voisinage de leur ville ; aussi saisirent-ils avec empressement l'occasion de l'endommager ; déjà ils y avaient coulé par diverses fois et sous maints prétextes des navires chargés de pierres, lorsque François Ier s'empara de Savone, lui concéda divers priviléges et en fit l'un de ses principaux arsenaux. Les Génois jurèrent alors de se venger, et, devenus maîtres de leur rivale, ils employèrent quatre années, de 1526 à 1530, à combler toute la partie méridionale du port. Les sables de la mer firent le reste et maintenant une longue péninsule s'étend à l'endroit même où flottaient les vaisseaux. L'avant-port et le bassin offrent toujours la sécurité la plus complète aux embarcations ; mais ils ne peuvent guère recevoir ensemble plus de 100 navires de 100 à 200 tonneaux ; leur profondeur moyenne est de 4 à 5 mètres.

En perdant la moitié de son port, Savone perdit aussi un grand nombre de ses commerçants et de ses marins. La population tomba graduellement de 15 000 à 6000, et le mouvement de décadence ne s'arrêta qu'à l'époque de la Révolution française. Depuis lors, Savone a de nouveau grandi. Le chemin de fer qui doit relier directement Turin à Savone contribuera beaucoup à l'importance de cette ville prospère ; en prévision de ses destinées futures, elle s'occupe maintenant d'agrandir son port par la prolongation des môles et le creusement de la plage. En 1861, Savone comptait 19 000 habitants. Elle est le chef-lieu d'un arrondissement et le siége d'un évêché. Jules II fut l'un de ses évêques. Grégoire VII et le poëte Chiabrera y sont nés.

Les *ciceroni* fleurissent à Savone et se pressent autour du voyageur pour avoir le privilége de lui montrer les curiosités du lieu. A la **cathédrale**, édifice élevé en 1604, ils lui signalent un tableau de Ludovico Brea, l'*Annonciation* et la *Présentation* de l'Albane, un *Jésus à la colonne* de Luca Cambiaso, une chaire en marbre blanc ornée de bas-reliefs, des fresques, etc.; dans l'église des Dominicains, ils mènent l'étranger devant un beau triptique d'Albert Dürer représentant l'*Adoration des Mages*. Quelques autres églises et des maisons particulières qui s'ouvrent facilement aux voyageurs, possèdent aussi des tableaux intéressants. Parmi les édifices modernes, on remarque surtout le *théâtre* situé sur la grande place et consacré à la mémoire du poëte Chiabrera : sa façade, à double colonnade de marbre blanc, est ornée aux quatre angles des statues de Métastase, de Rossini, de Goldoni, d'Alfieri, et porte au sommet du fronton une belle statue de la Poésie. Quand on a vu les églises et le théâtre, il ne reste plus qu'à parcourir les belles *promenades* situées sur la péninsule qui sépare le port de la Méditerranée, et à monter sur les remparts de la *citadelle* qui couronne les rochers de Saint-Georges : c'est là que Pie VII fut emprisonné en 1812. A l'ouest de la ville, on visite aussi les restes d'un *pont romain* au-dessous duquel le ruisseau a cessé de couler et qui est à moitié enfoui dans le sol.

Quant au célèbre sanctuaire *della Madonna di Savona*, où

les pèlerins se rendent en foule le 18 mars de chaque année, il est situé à 8 kilomètres au nord-ouest de la ville dans la vallée du Letimbro. On y conserve une *Sainte Famille* très-ancienne, une *Présentation* du Dominiquin, des bas-reliefs du Bernin. Pendant la Révolution, on vendit pour une somme d'environ 1 million et demi les *ex-voto* déposés dans l'église.

Savone est une ville très-active. Depuis le temps où, suivant une légende douteuse (voir page 402), le père de l'empereur Pertinax y travaillait en qualité de potier, la fabrication des vases de toute espèce a été la principale industrie des habitants de la ville et des villages environnants. Savone possède également de nombreuses savonneries, et, si l'on en croit quelques auteurs, qui s'appuient peut-être uniquement sur la coïncidence des noms, ce serait à Savone qu'on aurait inventé le moyen de faire du savon par le mélange de l'huile et de la soude. La marine, les chantiers de construction, les travaux du port, et dans les faubourgs de la ville, la culture des jardins, occupent aussi un grand nombre de bras. Les pêches de Savone sont célèbres dans toute l'Italie.

C'est au-dessus de Savone que la crête des Apennins s'abaisse le plus, de manière à former un véritable seuil géographique entre les plaines du Piémont et la région du littoral. L'élévation du col ne dépasse pas 457 mètres, et les pentes qu'il faut gravir pour l'atteindre sont du plus facile accès. Aussi les Romains considéraient-ils cette dépression comme le point de partage entre les Alpes et les Apennins. Leurs armées, puis celles de tous les peuples qui se sont disputé l'Italie, ont souvent occupé ce passage à cause de son extrême importance stratégique. Les noms des villages voisins, Montenotte, Millesimo, rappellent encore les fleuves de sang qu'on a versés pour la possession de ce col. Aux affreuses luttes de la guerre ont succédé les travaux de la paix.

Une belle route carrossable a été tracée sur le **col de Carcare** ou **d'Altare**, ensuite on a longtemps discuté le plan d'un canal navigable, qui aurait gravi par 50 écluses les pentes méridionales de l'Apennin; maintenant on travaille activement à la construction d'un chemin de fer direct de Savone à Turin : cette voie ferrée passera au nord de la route de terre, dans la vallée du Letimbro et sous le *col de Sella*. Le tunnel aura 1600 mètres de longueur.

A une petite distance de Savone, la route du Piémont traverse le Letimbro, et s'engage dans l'étroite vallée de la Vanestra, où les cultures de la plaine sont remplacées par les vignes et les bosquets de châtaigniers. On ne monte de côte proprement dite que pour gagner **Cadibona**, village situé sur une crête dans le voisinage d'importantes mines de lignite occupant environ 200 ouvriers. Au delà de Cadibona, on suit le sommet de la crête, puis on s'engage dans un tunnel de 300 mètres de longueur. C'est le souterrain du col. Du côté du Piémont, la descente est des plus faciles. On dépasse le grand village d'*Altare*, puis, après avoir franchi la branche occidentale de la Bormida, on n'a plus qu'à traverser un petit col pour atteindre *Carcare*, bourg sale et pittoresque situé sur les deux bords d'une autre Bormida. Là, on a le choix des routes. On peut descendre directement vers la plaine d'Acqui, par la vallée de la Bormida. On peut aussi prendre la route beaucoup plus montueuse et pittoresque qui se dirige à l'ouest vers Mondovi. Chaque nom de ville et de village rappelle quelque grand fait d'armes de nos guerres républicaines. Ce sont les ruines de Cosseria; c'est le pittoresque bourg de Millesimo ; ce sont les hauts plateaux nus de Montezemolo; c'est la sombre ville de Ceva.

Bientôt un chemin de fer à une seule voie perçant par des tunnels tous les promontoires, permettra de se rendre de

Savone à Gênes en moins d'une heure; mais les voitures, encore obligées (1864) de gravir, puis de redescendre successivement plusieurs rampes très-inclinées, ne peuvent faire le trajet en moins de 4 à 5 heures. Malgré la beauté du panorama qu'offrent la mer et les collines, on se plaint quelquefois de la longueur du voyage à cause des flots de poussière que soulèvent les roues de centaines de véhicules.

Au delà du premier promontoire, on traverse *Albizzola*, village de potiers où naquirent Jules II et Sixte IV ; puis, à l'est d'un deuxième cap, on descend à *Celle*, dont l'église possède un tableau de Perino del Vaga, offert en *ex-voto* par le peintre à la suite d'une violente tempête à laquelle il avait échappé. Vient ensuite le bourg très-important de **Varazze**, où plus de 5000 ouvriers sont occupés à la construction des navires, à la fabrique des cordages, des voiles, des ancres et de tous les objets nécessaires à la navigation : c'est le chantier maritime le plus considérable des deux rivières de la Ligurie. En dépit de ses hauts fourneaux, le village de **Cogoleto**, séparé de Varazze par les escarpements du cap d'Invrea, est moins riche et moins actif ; mais c'est là, dans une pauvre demeure décorée de fresques grossières que, d'après la tradition, serait né Christophe Colomb, le découvreur du Nouveau-Monde. Nombreux, surtout parmi les Génois, sont les érudits qui attaquent cette tradition pour attribuer à Gênes la gloire d'avoir donné naissance à l'immortel navigateur ; mais, quelle opinion que l'on adopte, on ne peut s'empêcher d'être saisi d'émotion à la vue de la maison délabrée dans laquelle se trouva peut-être son berceau. Lorsque je passai dans l'étroite rue de Cogoleto, un industriel faisait tourner un globe de plusieurs pieds de diamètre devant les paysans assemblés et leur faisait suivre des yeux la route que leur illustre compatriote avait parcourue le premier. Ils regardaient avec fierté, comme si chacun d'eux avait découvert sa part du continent américain.

Aussitôt après avoir franchi le torrent Leirone, qui fait mouvoir les roues de plusieurs usines, on cesse de suivre le bord de la mer pour gravir en lacets la rampe d'un petit col d'où l'on descend à **Arenzano** par un vallon rempli de manufactures et de villas. A l'ouest de ce village, on n'a plus qu'à contourner un autre cap dont la voie ferrée perce toutes les pointes rocheuses par une série de tunnels, et l'on arrive à **Voltri**, qui peut être considérée comme l'extrémité de cette longue rue de fabriques et de palais que Gênes[1] projette à l'ouest, parallèlement au rivage de la mer, sur une longueur de 15 kilomètres. Voltri, patrie d'Antonio Noli, découvreur des îles du cap Vert, est une ville de manufactures. Outre ses chantiers de construction, elle possède plus de 200 établissements industriels employant plus de 3000 ouvriers. On y fabrique des étoffes, des tissus de coton et le meilleur papier de toute l'Italie. Il faut probablement attribuer la bonté de ce papier à l'eau sulfureuse qui sert à le préparer; la source, très-abondante et connue sous le nom d'*Acqua santa*, alimente

---

1. Pour la description de la ville de Gênes, de ses environs et de toute l'Italie, nous recommanderons à nos lecteurs l'*Itinéraire descriptif, historique et artistique* de l'Italie et de la Sicile, par *A. J. Du Pays*. C'est un beau vol. in-18 jésus de 800 pages imprimées sur deux colonnes, comprenant : un aperçu historique sur les origines de l'art en Italie; un résumé des campagnes d'Italie; les routes venant de France, de Suisse, du Tyrol et d'Autriche, de l'Illyrie et aboutissant à l'Italie du Nord; le Piémont, la Lombardie. Venise, les anciens duchés, les États de l'Église, l'ancien royaume de la Sicile, et renfermant : 3 cartes routières générales, 2 cartes spéciales, 14 plans de villes, 3 plans du Forum de Rome, un plan de Pompeï, un plan des Uffizi de Florence, un plan du Vatican, et un plan du musée de Naples. 3ᵉ édition, revue et considérablement augmentée (1862, Paris, Hachette et Cie).

Nous recommanderons aussi aux personnes qui, dans leur voyage ou pendant leur séjour sur les bords de la Méditerranée se seront servies de notre Guide, *les Plages de France et d'Italie*, nouvelle collection de vues représentant les principaux sites des côtes de la Provence et de la Ligurie, par Victor Petit. Le premier album, que nous avons reçu au moment où s'imprimait ce volume, contient Cannes, Antibes et Fréjus.

un établissement de bains fréquenté par les personnes atteintes de maladies cutanées.

Voltri est encore (1864) la station la plus avancée du chemin de fer de la Ligurie; mais on peut dire que là on est déjà dans Gênes. Les maisons d'ouvriers, les chantiers, les fabriques se succèdent presque sans interruption au bord de la mer, tandis que les pentes des collines sont couvertes de villas, de châteaux, de palais. Les jardins aux terrasses étagées sont remplis d'orangers et de citronniers qui parfument l'air; les statues, les colonnes de marbre se montrent à travers le branchage des arbres groupés avec art. « Qu'on ne s'avise, disait le président de Brosses, qu'on ne s'avise de parler à ceux qui ont vu ceci, des environs de Paris, ni de Lyon, ni des bastides de Marseille. »

INDEX ALPHABÉTIQUE.

A

Agay, 30.
Alassio, 482.
Albenga, 483.
Albizzola, 496.
Altare (col d'), 495.
Andora, 480.
Annot, 291.
Antibes, 177.
Appio (château d'), 463.
Arcs (les), 15.
Arenzano, 497.
Argens (bouches de l'), 27.
Argens (vallée de l'), 14.
Arma di Taggia, 474.
Aspremont, 279.
Authion (l'), 366.

B

Bar (le), 166.
Baudon (le mont), 444.
Baussi-Rossi (les), 445.
Beaulieu, 251.
Beinette, 385.
Belvédère, 336.
Bénat (cap), 85.
Bendejun, 269.
Berceau (le), 450.
Berghe (gorge de), 369.
Besimauda (la), 388.
Beuil, 316.
Blausasco (combe de), 361.
Boline (la), 321.
Bollène, 331.
Bordighera, 464.
Borghetto di Santo Spirito, 487.
Borgo-San-Dalmazzo, 383.
Bormes, 85.
Boulouris (carrières de), 140.
Braus (col de), 363.
Breganson, 85.
Breil, 366.

Briga, 372.
Broc (le), 280.
Brouis (col de), 365.

C

Cabanères (eau des), 339.
Cadibona, 495.
Cagnes, 182.
Caille, 164.
Cairos (vallée de), 338.
Camarat (cap), 97.
Camporosso, 463.
Cannes, 101.
Cannet (le), 114.
Cannet (le) du Luc, 13.
Cap-Martin (le), 407.
Cap-Roux (le), 139.
Carnolès, 408.
Carnoules, 9.
Carros, 280.
Castellar, 448.
Castellar-Vieil, 449.
Castillon, 447.
Cavalaire, 83.
Cérèse (col de), 345.
Ceriale, 487.
Champ (clus du), 285.
Champs (col des), 303.
Chans (la), 164.
Châteauneuf, 327.
Cheiron (le), 169.
Chiusa, 386.
Cimiès, 260.
Coaraze, 269.
Cogoleto, 496.
Cogolin, 83.
Colla-Lunga, 322.
Colle-Nègre, 63.
Collobrières, 87.
Colmiane (la), 321.
Contes, 268.
Corniche (la) française, 391.
Corniche (la) italienne, 453.
Costebelle (val de), 61.

Coudon (le), 78.
Courmes (gorge de), 167.
Courmettes, 168.
Coursegoules, 168.
Crau (la), 4.
Croix (la), 295.
Croix (la) des Gardes, 113.
Crous (col de), 319.
Cuers, 7.

D

Daluis, 297.
Diano-Marina, 480.
Dolceacqua, 463.
Duranus, 329.

E

Echaudan (défilé de l'), 282.
Enfer (vallée et lacs d'), 374.
Entraque, 355.
Entraunes, 300.
Entrevaux, 286.
Ermitage (l'), 60.
Escragnolles, 163.
Esterel (l'), 135.
Estéron (vallée de l'), 281.
Eza, 396.

F

Falicon, 266.
Fenêtre (col de), 354.
Fenouillet (le), 77.
Ferro (col de), 313.
Finale, 488.
Fontan, 369.
Fréjus, 19.
Fugeret, 292.

G

Gallinara (île de), 482.
Gapeau (le), 5.

INDEX ALPHABÉTIQUE.

Garde (la), 3.
Garde-Freinet (la) 89
Garlenda, 486.
Gassin, 82.
Gaude (la), 278.
Giandola, 367.
Giens (plages de), 65.
Giens (presqu'île de), 67.
Gilette, 280.
Golfe-Jouan, 172.
Gonfaron, 11.
Gorbio, 441.
Gordolasque (la), 337.
Gourg (le) de l'Ora, 445.
Grand-Coyer (le), 294.
Grand-Mont (le), 450.
Grasse, 145.
Grimaud, 91.
Grimaud (golfe de), 95.
Guardia (col de), 447.
Gueidan (pont et clus de), 288.
Guillaumes, 298.

H

Hyères, 35.
Hyères (îles d'), 71.
Hyères (rade d'), 70.

I

Ilonse, 307.
Isolabuona, 463.

L

Laguet, 400.
Laigueglia, 481.
Lantosque, 331.
Laval (plaine de), 130.
Léoube, 84.
Lérins (île de), 116.
Lescarène, 362.
Levant (île du), 74.
Levens, 328.
Lieussola, 309.
Limone, 381.
Loano, 487.
Louche (cascade de), 310.
Luc (le), 12.

M

Madone (la) de Fenêtre, 353
Magnan (vallon du), 272.
Martin (cap), 407.
Maures (montagnes des), 79.
Maurettes (les), 77.
Méaille (grotte de), 293.

Melle (cap delle), 480.
Menton, 427.
Miniera (la), 373.
Molières, 342.
Moltedo, 477.
Monaco, 407.
Monnier (le), 316.
Mons (grotte de), 161.
Mont-Agel, 405.
Montalban, 255.
Mont-Bego, 375.
Montboron, 255.
Mont-Cau, 265.
Mont-Gros, 254.
Monti, 445.
Mont-Leuze, 395.
Montrieux (chartreuses de), 6.
Mouans-Sartoux, 142.
Mougins, 142.
Muy (le), 17.

N

Napoule (la), 133.
Nava (col de), 479.
Nervia (vallée de la), 463.
Nice, 191.
Noli, 490.
Noli (cap de), 489.
Notre-Dame des Anges, 10.

O

Oiseaux (montagne des), 63.
Oneglia, 477.

P

Paillat (le mont), 98.
Peille, 270.
Peillon, 270.
Péone, 318.
Perinaldo, 464.
Pesio (chartreuse de), 387.
Pesquiers (étang des), 67.
Peyresc, 294.
Pierrefeu, 86.
Pieve, 479.
Pigna, 463.
Pignans, 10.
Pomponiana, 62.
Pont-à-Dieu (le), 158.
Pont (le) du Var, 189.
Porquerolles (île de), 72.
Portcros (île de), 73.
Porto-Maurizio, 476.
Puget de Cuers (le), 9.
Puget-Théniers, 285.

R

Ramatuelle, 98.
Raus (col de), 338.
Ray (le) du Borréon, 343.
Ray (sources du), 264.
Rimplas, 320.
Roccavione, 383.
Roquebillère, 332.
Roquebillère (sources de), 333.
Roquebrune, 18.
Roquebrune, 406.
Roque-Estéron, 281.
Roquetaillade, 162.
Roubion, 315.
Roue (col de la), 296.
Rouey, 311.
Roure, 314.
Roya (la), 359.

S

Sabbione (col de), 375.
Saint-André (grotte de), 258.
Saint-Arnoux, 168.
Saint-Auban (clus de), 165.
Saint-Benoît (grotte de), 289.
Saint-Cassien, 132.
Saint-Cézaire, 159.
Saint-Dalmas de Tende, 370.
Saint-Dalmas du Val de Blore, 321.
Saint-Dalmas le Sauváge, 312.
Sainte-Agnès, 443.
Sainte-Baume (la), 138.
Sainte-Marguerite (île de), 125.
Sainte-Maxime, 98.
Saint-Étienne des Monts, 312.
Saint-Honorat (île de), 117.
Saint-Honorat (mont de), 297.
Saint-Hospice, 252.
Saint-Jean, 252.
Saint-Jeannet, 279.
Saint-Joseph (clus de), 291.
Saint-Laurent du Var, 186.
Saint-Louis (pont de), 456.
Saint-Martin d'Entraunes, 300.
Saint-Martin du Var, 280.
Saint-Martin Lantosque, 334.
Saint-Pierre (montagne de), 98.

INDEX ALPHABÉTIQUE.

Saint-Pierre d'Almanarre, 61.
Saint-Pierre des Horts, 61.
Saint-Pons (abbaye de), 255.
Saint Raphaël, 28.
Saint-Salvadour, 307.
Saint-Tropez, 93.
Saint-Vallier de Thyeis, 157.
Salins-Neufs (les), 67.
San-Bernardo (col de), 486.
Sanremo, 466.
San-Romolo, 474.
Salèze (combe de), 340.
Saorge, 367.
Savona, 491.
Seborga, 465.
Séranon (montagne de), 164.
Siagne (source de la), 158.
Sigale, 281.
Solliès-Farlède, 4.
Solliès-Pont, 5.
Solliès-Ville, 5.

Sospel, 363.
Spotorno, 490.

T

Taggia, 474.
Tende, 376.
Tende (col de), 379.
Tête (la) de Chien, 404.
Théoule, 135.
Thoët, 363.
Tinée (la), 305.
Touet (le) de Beuil, 284.
Tour ttes, 327.
Tour-Fondue (la), 68.
Turbie (la), 402.

U

Utelle, 329.

V

Vado, 490.
Val de Blore, 321.
Valdieri, 357.

Valdieri (les bains de), 346.
Vallauris, 175.
Va lon obscur (le), 271.
Valmasca (combe de), 376.
Var (le), 275.
Var (embouchure du), 273.
Var (source du), 301.
Varazze, 496.
Venançon, 334.
Vence, 185.
Ventimiglia, 458.
Vernante, 382.
Verne (chartreuse de la), 88.
Vésubie (la), 325.
Vidaudan, 14.
Vieux-Salins (les), 75.
Vilatella, 451.
Villars (le) du Var, 284.
Villas (les de Nice, 242.
Villefranche, 244.
Vinadio (sources de), 322.
Vinaigrier (le), 254.
Voltri, 497.

PARIS. — IMPRIMERIE DE CH. LAHURE
Rue de Fleurus, 9

www.ingramcontent.com/pod-product-compliance
Lightning Source LLC
Chambersburg PA
CBHW071609230426
43669CB00012B/1890